全国高职高专轨道交通类专业精品规划系列教材

轨道车辆制动检修实务

张庆玲 王 洋 主编
吕 娜 韩 冰 副主编

清华大学出版社
北京

内 容 简 介

本书是全国高职高专轨道交通类专业精品规划系列教材,也是职业教育现代学徒制的实践成果。全书按企业岗位工作编写,共包括 10 项岗位工作,依次为轨道车辆制动系统认识、检修基础制动装置、检修空气制动机、检修电空制动机、检修分配阀、检修风源系统、检修防滑装置、城轨车辆制动系统调试、检修动力制动和磁轨制动、检修液压制动系统,涵盖了铁路车辆及城轨车辆制动系统的结构原理及检修方法。本书既可作为职业院校师生教学用书,也可作为轨道交通企业员工培训教材。

本书封面贴有清华大学出版社防伪标签,无标签者不得销售。
版权所有,侵权必究。举报:010-62782989,beiqinquan@tup.tsinghua.edu.cn。

图书在版编目(CIP)数据

轨道车辆制动检修实务/张庆玲,王洋主编.--北京:清华大学出版社,2015(2022.8重印)
全国高职高专轨道交通类专业精品规划系列教材
ISBN 978-7-302-40461-3

Ⅰ.①轨… Ⅱ.①张… ②王… Ⅲ.①轨道车-制动装置-检修-高等职业教育-教材 Ⅳ.①U216.6

中国版本图书馆 CIP 数据核字(2015)第 126475 号

责任编辑:王宏琴
封面设计:常雪影
责任校对:刘 静
责任印制:刘海龙

出版发行:清华大学出版社
    网　　址:http://www.tup.com.cn,http://www.wqbook.com
    地　　址:北京清华大学学研大厦 A 座　　邮　编:100084
    社 总 机:010-83470000　　邮　购:010-62786544
    投稿与读者服务:010-62776969,c-service@tup.tsinghua.edu.cn
    质量反馈:010-62772015,zhiliang@tup.tsinghua.edu.cn
    课件下载:http://www.tup.com.cn,010-62795764
印 装 者:北京九州迅驰传媒文化有限公司
经　　销:全国新华书店
开　　本:185mm×260mm　　印　张:21　　字　数:478 千字
版　　次:2015 年 8 月第 1 版　　印　次:2022 年 8 月第 6 次印刷
定　　价:59.00 元

产品编号:063097-02

《轨道车辆制动检修实务》编委会

主　审：隋秀梅
主　编：张庆玲　王　洋
副主编：吕　娜　韩　冰
参　编：代　兵　彭　晶　王新铭
　　　　王　迪　聂　影　范志丹

前言

FOREWORD

现代学徒制作为职业教育的一种新模式,已在我国部分职业院校开始试点。但作为以"工学交替"为主要特征的一种教学模式,与之配套的教材当前还较匮乏,本教材是与企业合作编写的适应现代学徒制教学的课程教材。

本书全面、详细地介绍了轨道车辆制动系统检修的流程,汇集了当前最先进的关于轨道车辆制动的前沿技术,注重介绍轨道车辆制动检修岗位实操工作内容。全书共分为10个岗位工作:岗位工作1轨道车辆制动系统认识;岗位工作2检修基础制动装置;岗位工作3检修空气制动机;岗位工作4检修电空制动机;岗位工作5检修分配阀;岗位工作6检修风源系统;岗位工作7检修防滑装置;岗位工作8城轨车辆制动系统调试;岗位工作9检修动力制动和磁轨制动;岗位工作10检修液压制动系统。每个岗位工作都包括工作任务和岗位实践内容,与企业岗位工作紧密相连。

本书紧密联系轨道交通发展现状,从现代学徒制教学角度出发,将理论与实践相结合,针对企业生产实际,以轨道交通生产、运行、维修、维护为主要实例组织编写,体现了职业的针对性、内容的实用性、程度的适中性、技能的训练性。本书对于构造、作用性能较复杂的分配阀、控制阀、空重车调整装置及各试验台的试验原理等内容,尽量做到图文并茂;理论分析由简及难,层次、条理分明,便于自学者理解和掌握。

根据现代学徒制教学及培训要求,本书适于教学时数60~100学时。根据高职高专、中等职业教育、轨道交通行业不同的培训要求,可选学相关内容。本书适用于职工短期专项技术技能培训,可作为城轨车辆部门技术业务管理人员、工程技术人员及职工的自学参考书。

本书由张庆玲、王洋任主编,吕娜、韩冰任副主编,王迪、王新铭、代兵、彭晶、聂影、范志丹参加编写。全书由隋秀梅主审,由王洋、韩冰统稿。本书中的工作任务及岗位实践内容主要参考长春轨道交通集团有限公司的相关资料,在此表示感谢。

由于编者水平所限,书中疏漏和不妥之处在所难免,敬请读者批评、指正。

编 者
2015 年 7 月

目 录
CONTENTS

岗位工作 1　轨道车辆制动系统认识 ………………………………………………… 1

 工作任务 1.1　轨道车辆制动系统原理分析 …………………………………………… 1
  1.1.1　制动的基本概念及其作用 …………………………………………………… 2
  1.1.2　比较各种轨道车辆制动机的特点 …………………………………………… 4
 工作任务 1.2　空气制动系统认识 ……………………………………………………… 7
  1.2.1　空气制动系统的组成 ………………………………………………………… 8
  1.2.2　车辆制动装置的基本作用原理 ……………………………………………… 9
  1.2.3　制动机应具备的条件 ………………………………………………………… 10

岗位工作 2　检修基础制动装置 …………………………………………………………… 13

 工作任务 2.1　闸瓦的更换与间隙调整 ………………………………………………… 13
  2.1.1　车辆基础制动装置 …………………………………………………………… 14
  2.1.2　制动缸活塞行程调整 ………………………………………………………… 38
 工作任务 2.2　检修制动盘 ……………………………………………………………… 40
  2.2.1　盘形制动装置 ………………………………………………………………… 41
  2.2.2　制动倍率 ……………………………………………………………………… 44

岗位工作 3　检修空气制动机 ……………………………………………………………… 46

 工作任务 3.1　空气制动机附件检修 …………………………………………………… 46
  3.1.1　空气制动的原理 ……………………………………………………………… 47
  3.1.2　气源装置 ……………………………………………………………………… 50
  3.1.3　空气制动控制元件 …………………………………………………………… 54
  3.1.4　空气制动辅助元件 …………………………………………………………… 64
  3.1.5　空气制动机及主要附件 ……………………………………………………… 69

岗位工作 4　检修电空制动机 ··· 92

工作任务 4.1　F8 型制动机故障判断与处理 ··· 92
工作任务 4.2　104 型电空制动机常见故障及处理 ··· 104
4.2.1　104 型电空制动机 ··· 104
4.2.2　F8 型及 104 型集成化制动单元简介 ··· 109
工作任务 4.3　电空制动装置列检作业 ··· 118

岗位工作 5　检修分配阀 ··· 123

工作任务 5.1　分解保养 104 型分配阀 ··· 123
工作任务 5.2　分解保养 F8 型分配阀 ··· 160

岗位工作 6　检修风源系统 ··· 186

工作任务 6.1　空气压缩机保养 ··· 186
6.1.1　风源系统的组成和作用 ··· 187
6.1.2　空气压缩机组 ··· 187
工作任务 6.2　干燥器的保养与测试 ··· 196
6.2.1　空气干燥器 ··· 196
6.2.2　PD-10DF 型除湿装置 ··· 198
6.2.3　其他空气管路部件以及风源系统的工作模式 ··· 200

岗位工作 7　检修防滑装置 ··· 205

工作任务 7.1　长客车辆外加撒沙风泵装置及加热装置检修 ··· 205
7.1.1　防滑控制概述 ··· 206
7.1.2　防滑控制的机理分析 ··· 207
7.1.3　防滑控制系统 ··· 211

岗位工作 8　城轨车辆制动系统调试 ··· 224

工作任务 8.1　EP2002 阀工作电压调试、强迫缓解调试 ··· 224
8.1.1　KBWB 型制动控制系统 ··· 225
8.1.2　EP2002 型制动控制系统 ··· 238
8.1.3　KBGM 型制动控制系统 ··· 249
8.1.4　NABTESCO 型制动控制系统 ··· 260

岗位工作 9　检修动力制动和磁轨制动 ··· 269

工作任务 9.1　电阻制动检修 ··· 269
9.1.1　电磁涡流制动 ··· 270
9.1.2　再生制动 ··· 272

  9.1.3 电阻制动 ………………………………………………………………… 276
 工作任务 9.2 磁轨制动检修 ………………………………………………………… 278

岗位工作 10 检修液压制动系统 ………………………………………………… 281

 工作任务 10.1 液压制动检修 ………………………………………………………… 281
  10.1.1 液压制动的基本原理 …………………………………………………… 282
  10.1.2 液压制动辅助元件 ……………………………………………………… 284
  10.1.3 过滤器 …………………………………………………………………… 289
  10.1.4 油管与管接头 …………………………………………………………… 294
  10.1.5 油箱 ……………………………………………………………………… 300
  10.1.6 压力计及压力计开关 …………………………………………………… 302
  10.1.7 液压制动控制和调节元件 ……………………………………………… 303
  10.1.8 压力控制阀 ……………………………………………………………… 312
  10.1.9 流量控制阀 ……………………………………………………………… 314
  10.1.10 城轨车辆液压制动系统 ……………………………………………… 317

参考文献 ………………………………………………………………………………… 325

岗位工作 1

轨道车辆制动系统认识

知识目标
1. 掌握轨道车辆制动的基本概念及作用。
2. 掌握空气制动机的类型、结构及原理。
3. 理解电空制动机、电磁制动机的工作原理。
4. 掌握自动式车辆空气制动装置的作用及原理。

能力目标
1. 能够分析制动在轨道车辆中的作用。
2. 能分析各种制动机的工作原理。
3. 能分析自动式车辆空气制动装置的工作原理及作用。

工作任务 1.1　轨道车辆制动系统原理分析

轨道车辆制动系统是轨道车辆的重要组成部分,制动系统的优劣程度直接关系车辆运行的安全性、可靠性,因此人们致力于将更多的新技术和新设备应用到制动系统。随着科学技术在这一领域的不断发展,对城轨车辆制动系统的检修工作提出了更多、更大的挑战。

【任务目的】
1. 掌握制动系统的组成。
2. 能够叙述轨道车辆制动系统各部分的工作原理。

【任务内容】
1. 城轨车辆制动系统认识。

2. 城轨车辆制动系统原理分析。

【任务实践基本要求】

1. 在认真学习本任务"基础理论"的基础上完成实训。
2. 做好相关实训记录。
3. 遵守企业规章制度,按企业要求规范操作。

【设备及工具】

长春地铁制动系统模型。

基础理论

1.1.1 制动的基本概念及其作用

轨道车辆制动装置是列车制动装置的基本单元。车辆制动技术和制动机性能决定列车制动机性能。车辆制动技术,或者说是列车制动机性能,是铁路运输"重载、高速"这一跨越式发展战略目标实现的关键性前提条件之一。

1. 制动的基本概念

1) 制动作用

人为地施加于运动物体一个外力,使其减速(含防止其加速)或停止运动;或施加于静止物体,保持其静止状态。这种作用称为制动作用。实现制动作用的力称为制动力。

制动作用强调人为地施加的外力作用,意味着可以调整制动力的大小,即制动作用效果。

制动力对被制动物体来说是一种外力。列车制动力的产生是列车以外的物体产生而施加于列车的一种(外)力。这一外力只能是钢轨施加于车轮的与列车运行方向相反(与钢轨平行)的力。

2) 缓解作用

解除制动作用的过程称为缓解。

制动装置既要能实现制动作用,也要能实现缓解作用。

对于运动着的铁路列车,欲使其减速或停车,应根据需要施加于列车一定大小的与其运动方向相反的外力,即施行制动作用;列车在运行途中加速或启动加速前,要解除制动作用,即施行缓解作用。

3) 车辆制动装置

装于车辆上能实现制动作用和缓解作用的装置称为车辆制动装置。车辆制动装置包括空气制动机、人力制动机和基础制动装置3个部分。通常将空气制动机称为车辆制动机。

4) 列车制动装置

列车上能够实现制动作用和缓解作用的装置称为列车制动装置,也称为列车制动机。列车制动机由机车制动装置与所牵引的所有车辆的车辆制动装置组合而成。

5) 列车自动制动机

当列车自行分离(脱钩)后,列车前、后两部分均能自动地产生制动作用而停车的制动

机称为自动制动机。自动制动机还能在意外情况下,由除机车司乘人员以外的列车其他乘务人员在本辆车操作紧急制动阀,使列车紧急停车。

6) 制动距离

从机车的自动制动阀置于制动位起,到列车停车,列车所走过的距离称为制动距离。制动距离越短,列车的安全系数越大。《铁路主要技术政策》规定,列车紧急制动距离按不同情况,分别不超过:① 旅客列车,120km/h,800m;160km/h,1 400m;200km/h,2 000m;250km/h,2 700m;300km/h,3 700m;350km/h,4 800m。② 货物列车,90km/h,800m;120km/h,1 100m(25t 轴重 120km/h,货物列车,1 400m);160km/h,1 400m。

7) 制动波和制动波速

列车制动一般是由机车制动机产生制动作用,沿列车纵向由前及后,车辆制动机逐一产生制动作用。制动作用沿列车长度方向的传播现象称为制动波。制动波的传播速度称为制动波速。

制动波速是综合评定制动机性能的重要指标之一。在制动过程中,制动波速越高,则列车制动作用传播越快,列车制动力增长越快,列车前、后部制动作用同时性越好,即前、后部作用时间比较一致,前、后部车辆的减速度差值越小,制动过程中任一瞬间的平均制动力比较大。这既可缩短制动距离,确保列车运行安全,又可有效地缓和列车的纵向冲击作用。同时,制动波速越高,制动作用的传播长度就可加大,制动机越适应重载(长、大)、高速列车的要求。

2. 制动在轨道运输中的作用

制动装置对于铁路运输的意义可以通过下述实例理解。

如图 1-1 所示,列车运行于甲、乙两站之间。列车由甲站发车,行驶了 s_0 距离加速至 v_1。s_0 为启起加速距离,其长短决定于机车牵引功率的大小。若需要列车在乙站停车,制动功率较大的 A 列车,开始施行制动的地点可在距乙站较近的 a 点处,其制动距离为 s_1。若 B 列车的制动功率较小,则需提前于 b 点开始施行制动,制动距离为 s_2。因而 B 列车减少了高速行驶的时间,于是,B 列车的技术速度低于 A 列车。若 C 列车没有制动装置(或制动装置失效),仅靠自然的阻力使之停车,则该列车必须在距乙站更远的 c 点开始惰行,惰行距离为 s_3。显然,C 列车的技术速度更低。为了保障行车安全,铁道部在《铁路技术管理规程》中规定:限制列车在下坡道上的紧急制动距离,例如货车以 90km/h 速度运行时,规定为 800m。假如上例中 $s_1=800$m,则 B、C 列车在此区间的运行速度必须分别限制为 v_2 和 v_3。这样,降低了列车的区间运行速度,降低了铁路的通过能力。

制动装置的重要作用在于:一方面,使列车在任何情况下能够减速停车或防止加速,确保行车安全;另一方面,提高列车运行速度,提高牵引重量。衡量一个国家的铁路运输水平,首先要看其能制造多大牵引功率的机车。但牵引与制动是互相促进和制约的,没有先进的制动技术,就没有现代化的铁路运输。

另外,通过下述分析可进一步理解制动对铁路运输现代化发展的重要作用。

铁路运输能力与运输量永远是一对矛盾,也就是说,铁路部门要致力于不断解决运输

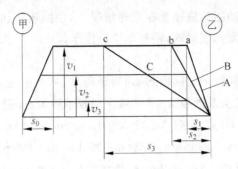

图 1-1 制动力、区间速度与制动距离的关系

能力与日益增长的运输量之间的矛盾。具体到列车,就是要提高列车的牵引重量及运行速度,即高速重载。

列车制动过程实际上是能量转换过程。制动过程要将具有一定运行速度的列车的巨大动能,部分或全部转化为其他形式的能,使列车达到减速或停车的目的。

设某列车的牵引重量为 W,运行速度为 v。假设制动过程中列车的制动力 B_K 是一个不变的量(实际上,制动过程中,B_K 是随闸瓦压力和列车运行速度变化的量),制动力 B_K 使列车产生减速度 a。对于列车来说,下式是成立的:

$$B_K = \frac{W}{G}a$$

制动力 B_K 在列车运行 ds 距离过程中做功,即

$$B_K ds = \frac{W}{G}a\,ds$$

$$B_K ds = -\frac{W}{G}\cdot\frac{dv}{dt}ds$$

$$B_K ds = -\frac{W}{G}v\,dv$$

在制动距离 s 区间求积分,有

$$\int_0^s B_K ds = \int_{v_0}^0 -\frac{W}{G}v\,dv$$

$$B_K s = \frac{1}{2}\cdot\frac{W}{G}v_0^2$$

在制动距离 s 范围内,列车的动能被制动力 B_K 做功转换。为了保证列车的运行安全,为制动距离 s 规定一个值。那么,提高运能(W、v)的前提条件是以足够的 B_K 作保证,即以先进的制动技术作保证;否则,不能保证列车运行安全,或者不能提高运输能力。

1.1.2 比较各种轨道车辆制动机的特点

制动过程是能量转换过程。车辆制动机是实现将列车运行过程中巨大的动能转化为其他形式的能量,从而使列车减速或停车的一种装置。目前在我国应用最广泛的是摩擦制动方式,即闸瓦压车轮踏面或闸片压制动盘产生摩擦力,通过车轮踏面与钢轨之间的作用,产生制动力。摩擦制动是将列车的动能转化为热能散发于大气中,达到制动的目的。车辆制动机有下述几种。

1. 手(人力)制动机

以人力作为动力来源,用人力来操纵,实现制动和缓解作用的制动机叫做手(人力)制动机。手(人力)制动机结构简单,不受动力的限制,任何时候都可使用,但制动力小。目前它只作为辅助制动装置,一般仅用于原地制动,或在调车作业中使用。

2. 真空制动机

以大气压力作为动力来源,用对空气抽真空的程度(真空度)来操纵制动和缓解的制动机叫做真空制动机。真空制动机的压力最高只能达到 1.01×10^5 Pa,制动力小,且气密性要求高。要增大制动力,只能通过扩大制动缸的直径或者提高制动倍率实现。这样,不仅增加了车辆自重,调整制动缸活塞行程的工作量将大大增加,而且列车编组长度受到限制。我国只在部分援外车辆上安装这种制动机。例如,20世纪70年代,我国援助坦桑尼亚—赞比亚的铁路车辆安装的就是真空制动机。

3. 空气制动机

空气制动机是以压缩空气为动力来源,用空气压力的变化速度来操纵的制动机。我国的机车车辆上均安装空气制动机。

根据不同的作用原理,分为直通空气制动机和自动空气制动机。

1) 直通空气制动机

直通空气制动机的基本组成形式如图1-2所示,由制造压力空气的空气压缩机1,储存压力空气的总风缸2,操纵列车制动机作用的制动阀4,贯通全列车的制动管5,以及将空气压力转换为机械推力的制动缸8等组成。

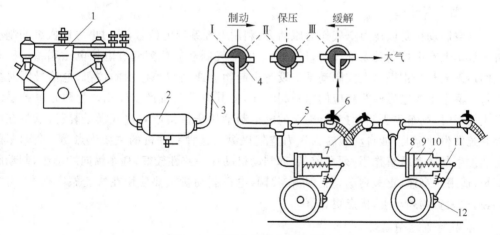

图 1-2 直通空气制动机原理图

1—空气压缩机;2—总风缸;3—总风缸管;4—制动阀;5—制动管;6—折角塞门;7—制动软管;8—制动缸;9—制动缸活塞;10—制动缸缓解弹簧;11—制动缸活塞杆;12—闸瓦

① 直通空气制动机的作用原理:制动阀手把有制动、保压和缓解三个作用位。制动阀手把置Ⅰ位(制动位)时,总风缸的压力空气经制动阀、制动管进入各车辆的制动缸,使制动缸活塞杆推出,闸瓦压紧车轮,列车产生制动作用;制动阀手把移至Ⅱ位(保压位)时,总风缸、制动管和大气之间的通路均被遮断,制动缸和制动管保持压力不变;制动阀

手把移至Ⅲ位(缓解位)时,制动管及所有制动缸压力空气经制动阀排气口排出,制动缸活塞被缓解弹簧推回,闸瓦离开车轮踏面,列车制动状态得到缓解。

② 直通空气制动机的特点:构造简单,用制动阀可直接调节制动缸压力,具有阶段制动和阶段缓解作用。对于很短的列车,操作方便、灵活,但不适用于较长列车,原因如下:其一,机车上的总风缸无法储存供应较长列车各车辆制动机制动时制动缸所需压力的空气;其二,制动和缓解时,各车辆制动缸的压力空气都要由机车上的总风缸供给和机车上的制动阀排气口排出,所以,制动时距离机车近的制动缸充气早、增压快,距离机车远的制动缸充气晚、增压慢;缓解时,距离机车近的制动缸排气早、缓解快,距离机车远的制动缸排气晚、缓解慢,造成列车前、后部车辆的制动和缓解作用一致性差,列车纵向冲动大。特别是当列车发生车钩分离事故时,整个列车将失去制动控制。因此,直通空气制动机在铁路车辆上已经淘汰(只在部分地方小铁路车辆上使用),被自动空气制动机代替。

2) 自动空气制动机

自动空气制动机在每辆车上增加了三通阀(分配阀或控制阀)及副风缸。副风缸在缓解位储存好本辆制动机制动时所需的压力空气。制动时,各制动缸的压力空气就近取自本车的副风缸;缓解时,各制动缸的压力空气经本车的三通阀排气口排出。因而列车前、后部各车辆的制动作用和缓解作用的产生过程均较快,一致性比较好,可有效地缩短制动距离,减小列车的纵向冲击力。自动空气制动机适用于编组较长的列车,现在我国的车辆均采用这种制动机。自动空气制动机的制动和缓解作用与制动管压力变化的关系是:制动管减压时制动,增压时缓解。当列车发生车钩分离事故或拉动紧急制动阀时,制动管减压,全列车均能够自动产生制动作用而停车。

4. 电空制动机

电空制动机是以压力空气作为原动力,利用电控系统电信号,通过电磁阀操纵的制动机。机车上有电控制动系统设备,每一辆车的空气制动装置配套有电控电磁阀箱。机车上的司乘人员分别操纵电控制动系统设备中起制动或缓解等作用的按钮,电信号同时控制每一辆车电控电磁阀箱相应的电磁阀动作,使其制动装置产生作用。为防止电控系统发生故障时,列车失去制动控制,现今的电空制动机仍保留压力空气操纵装置,以备在电控系统发生故障时,能自动地转为压力空气操纵。这种制动机的主要优点是:全列车能迅速发生制动和缓解作用,列车前、后部制动机动作一致性较好,列车纵向冲动小,制动距离短,适用于高速、重载列车。目前,在我国,电空制动机主要使用在快速旅客列车上,如用在长、大货物列车上,优点更显著。

5. 轨道电磁制动机

对于轨道电磁制动机,在每一个转向架上设有可起落的电磁铁,司机操纵制动时,将悬挂在转向架上导电后起磁感应的电磁铁放下,压紧钢轨,使它与钢轨发生摩擦而产生制动力。在高速旅客列车上,轨道电磁制动机与空气制动机并用,其优点是制动力不受轮轨间的黏着系数限制,避免车轮滑行,但其重量较大,增加了车辆的自重,并加速了钢轨的磨耗。

 岗位实践

1. 认识电制动

电制动是车辆在常用制动下的优先选择,仅带驱动系统的动车具有电制动。电制动又分为再生制动和电阻制动。

① 再生制动:当发生常用制动时,电动机变成发电机状态运行,将车辆的动能转变为电能,经逆变器整流成直流电反馈于接触网。

② 电阻制动:承担电机电流中不能再生的那部分制动电流,将电机上的制动能量转变成电阻的热能消耗掉。

2. 认识机械制动

机械制动分为空气制动和液压制动。

① 空气制动:空气制动用来补充制动指令要求的和电制动达到最大制动力之间的差额,以及没有电制动时完全由空气制动承担的列车制动要求。

② 液压制动:液压制动工作内容与空气制动完全相同,区别在于空气制动时的介质由空气转变为液压油。

3. 制动优先和混合原则

① 第一优先再生制动。再生制动与接触网线路吸收能力,即网压高低有关。

② 第二优先电阻制动。承担不能再生的那部分制动电流,再生制动电流加电阻制动电流等于由电制动要求的总电流。

③ 第三优先机械制动。常用制动时补充电制动的不足;当没有再生制动或电阻制动时,需要的总制动力必须由摩擦制动来提供。

工作任务 1.2　空气制动系统认识

 任务描述

空气制动系统是城轨车辆制动系统中最常见、应用最普遍的制动系统。我国大部分轨道交通车辆均采用此系统,其优点为原理简单、操作简便、检修方便、易操作,缺点为制动效果易受环境因素影响,昼夜温差大或气温低的城市采用此系统时制动效果差、故障率高。因此,空气制动系统是检修工作的重点。

【任务目的】

1. 掌握空气制动系统的组成。
2. 能够简单叙述空气制动系统的工作原理。

【任务内容】
1. 城轨车辆空气制动系统的认识。
2. 城轨车辆空气制动系统原理分析。

【任务实践基本要求】
1. 在认真学习本任务下"基础理论"的基础上完成实训。
2. 做好相关实训记录。
3. 遵守企业规章制度,按企业要求规范操作。

【设备及工具】
空气制动系统模型。

基础理论

1.2.1 空气制动系统的组成

列车空气制动系统的组成如图1-3所示。

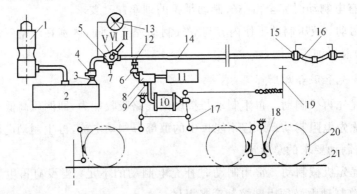

图1-3 列车空气制动系统的组成

1—空气压缩机;2—总风缸;3—总风缸管;4—给风阀;5—自动制动阀;6—远心集尘器;
7—制动阀排气口;8—三通阀(分配阀或控制阀);9—三通阀(分配阀或控制阀)排气口;
10—制动缸;11—副风缸;12—截断塞门;13—双针压力表;14—制动管;15—折角塞门;
16—制动软管;17—基础制动装置;18—闸瓦;19—手制动装置;20—车轮;21—钢轨

1. 空气压缩机 1 和总风缸 2

空气压缩机和总风缸是列车空气制动装置的动力源系统。空气压缩机制造800~900kPa的压力空气;总风缸用来储存空气压缩机制造的压力空气,供全列车制动系统使用。

2. 给风阀 4

给风阀将总风缸的压力空气调整至规定压力后,经自动制动阀充入制动管。

3. 自动制动阀 5

自动制动阀是操纵列车空气制动系统的部件。通过它,向制动管充入压力空气,或将制动管压力空气排向大气,以操纵列车制动系统产生不同的作用。

4. 制动管 14

制动管是贯通全列车的空气导管。通过它,向列车中各车辆的制动装置输送压力空气,并通过自动制动阀控制制动管内压力空气的压力变化,操纵列车各车辆制动机产生相应的作用。

5. 三通阀(分配阀或控制阀)8

三通阀(分配阀或控制阀)是车辆空气制动装置的主要部件(在机车上也有分配阀)。它和制动管连通,根据制动管空气压力的变化情况,产生相应的作用位置,控制向副风缸充入压力空气的同时把制动缸内的压力空气排向大气,实现制动机缓解作用;或者将副风缸内压力空气充入制动缸,产生制动机的制动作用。

6. 副风缸 11

副风缸缓解位储存压力空气,作为制动时制动缸的动力源。

7. 制动缸 10

制动时,制动缸用来把副风缸送来的空气压力变为机械推力。

8. 基础制动装置 17

制动时,将制动缸活塞推力放大若干倍并传递到闸瓦,使闸瓦压紧车轮产生制动作用;缓解时,依靠其自重,使闸瓦离开车轮,实现制动机的缓解作用。

9. 闸瓦 18、车轮 20 和钢轨 21

闸瓦、车轮和钢轨是制动时的能量转换部分,是实现制动作用的三大要素。制动时,闸瓦压紧转动着的车轮踏面后,闸瓦与车轮间的摩擦力接触钢轨,钢轨在与车轮接触点上产生与列车运行方向相反(与钢轨平行)的反作用力,即制动力。

1.2.2 车辆制动装置的基本作用原理

三通阀(分配阀或控制阀)属二压力机构阀,是自动空气制动机的关键部件。下面以三通阀为例,介绍二压力机构阀的作用原理。

三通阀与制动管、副风缸和制动缸相通。三通阀内有一个气密性良好的主活塞和带孔道的滑阀及节制阀。主活塞外侧通制动管,内侧通副风缸。当制动管内压缩空气的压力发生增或减变化时,主活塞两侧产生压力差(制动管与副风缸的空气压力差),当克服移动阻力后,推动主活塞带动滑阀、节制阀移动,形成不同的作用位置,实现以下各种作用。

1. 充气、缓解作用

如图 1-4 所示,当操纵自动制动阀使总风缸的压力空气向制动管充气时,三通阀内主活塞外侧压力增高,主活塞被推动,连同滑阀、节制阀向内移动,开放了充气沟 i。制动管的压力空气经充气气路进入副风缸储存起来(其压力最后可达到与制动管规定压力相等),准备制动时使用。同时,滑阀移动后,将制动缸和三通阀排气口连通。若制动缸内有压力空气,则经排气口排入大气,实现制动机充气及缓解作用。

2. 制动作用

如图 1-5 所示,当操纵自动制动阀使制动管内压力空气排入大气时,三通阀主活塞外

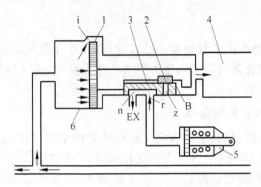

图 1-4 充气、缓解位作用原理

1—主活塞及主活塞杆；2—节制阀；3—滑阀；4—副风缸；5—制动缸；6—三通阀（分配阀或控制阀）；
i—充气沟；B—间隙；z—滑阀制动孔；r—滑阀座制动缸孔；n—滑阀缓解联络槽；EX—排气口

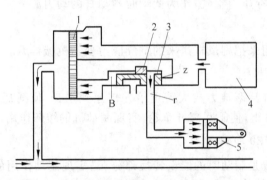

图 1-5 制动位作用原理

1—主活塞及主活塞杆；2—节制阀；3—滑阀；4—副风缸；5—制动缸；B—间隙；z—滑阀制动孔；
r—滑阀座制动缸孔

侧压力下降，主活塞被副风缸空气压力推动，连同节制阀、滑阀向外移动。移动到滑阀与滑阀座上的孔路，将副风缸和制动缸连通，副风缸内的压力空气经滑阀与滑阀座上的制动气路进入制动缸，实现制动机的制动作用。

3. 制动保压作用

如图 1-6 所示，制动后，当制动管停止向外排气时，由于三通阀仍处在制动位置，所以副风缸内的压力空气通过滑阀与滑阀座上的孔路继续充入制动缸，副风缸（滑阀室）的压力继续下降。当降到稍低于制动管压力时，主活塞带动节制阀向内移动间隙 B 距离（滑阀未动），节制阀将滑阀上的副风缸与制动缸通路遮断（滑阀制动孔被节制阀盖住），副风缸停止向制动缸充气，制动缸内压力不再上升，也不减少，形成制动保压作用。

1.2.3 制动机应具备的条件

为了使列车按需要及时、平稳地停车，或方便地调整列车运行速度，保证运行安全，车辆制动装置应具备下列条件。

① 具有足够的制动力，发生紧急情况时，能确保列车在规定的制动距离内安全停车。

② 制动与缓解作用灵敏、准确，制动力大小能按需要调节。制动波速要快，具有在

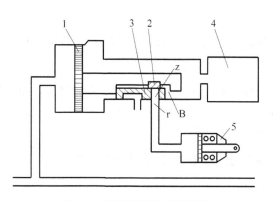

图 1-6 制动保压位作用原理
1—主活塞及主活塞杆；2—节制阀；3—滑阀；4—副风缸；5—制动缸；B—间隙；
z—滑阀制动孔；r—滑阀座制动缸孔

长、大列车中能使前、后部车辆制动机作用一致的性能，避免发生过大的纵向冲动。

③ 制动机应具有一定的稳定性，防止在列车运行中因制动管轻微泄漏等原因引起自然制动。

④ 采用的三通阀（分配阀或控制阀）能适应不同直径的制动缸；漏泄时，有自动补风作用；制动力均匀一致；在长、大下坡道运行时，具有制动力不衰减的性能。

⑤ 有可靠的紧急制动作用性能，并且除了机车司机操纵外，必要时可由其他乘务人员利用旅客列车或特种货车每辆车上的紧急制动阀紧急排风，以操纵全列车紧急停车，确保行车安全。

⑥ 列车在运行途中发生车钩分离事故时，全列车应能自动、迅速地产生紧急制动作用，在短距离内停车。

⑦ 在不致摩擦车轮的前提下，充分利用车轮与钢轨间的黏着力实现制动作用。货车制动机应具有空重车自重调整装置；高速旅客列车制动机还应安装防滑装置，以发挥制动机的最大效能。

⑧ 各种制动机应能在一列车中混编，其动作、效果协调一致。

⑨ 基础制动装置各部件应有足够的强度，结构合理，各连接部分灵活、耐磨，具有较高的制动效能；闸瓦耐磨、耐热，其摩擦系数应与轮轨黏着系数相适应。

⑩ 构造简单，便于制造和检修；尽量采用膜板结构等新技术、新材料，减少研磨件，尽可能采用标准件、通用件。

⑪ 能适应我国南、北方夏季和冬季较大温差的气候条件，制动机在±50℃均能产生正常作用。

 岗位实践

1. 认识基础制动装置

基础制动装置由制动盘、制动缸以及闸瓦等构成，用于实施基础制动。

2. 认识制动管路

制动管路贯穿于制动系统的各个组成装置中,用于传输制动空气。

3. 认识制动机

制动机一端与制动执行装置连接,另一端与动力输出装置相连接,分为制动、保压、缓解三个作用位,用于控制列车制动。

4. 认识空气压缩机

空气压缩机是制动动力的输出装置,提供制动空气。

思考题

1. 简述制动机在轨道运输中的作用。
2. 解释制动、缓解、制动距离及制动波速的概念及意义。
3. 简述车辆制动装置的种类。
4. 说明制动装置的基本作用。
5. 列举制动机应具备的条件。

岗位工作 2

检修基础制动装置

知识目标
1. 掌握基础制动装置的类型和特点,及其结构组成。
2. 掌握盘形制动装置的组成及结构。
3. 理解制动倍率的含义以及对制动效果的影响。
4. 理解制动缸活塞行程调整的意义,掌握其调整方法。

能力目标
1. 能够分析基础制动装置的组成及结构。
2. 能检修基础制动装置。
3. 能分析盘形制动装置的组成及结构。
4. 能检修盘形制动装置。
5. 能分析制动倍率对制动效果的影响。

工作任务 2.1 闸瓦的更换与间隙调整

任务描述

对于轨道车辆来说,闸瓦的厚度、闸瓦与制动盘之间的间隙是影响车辆制动效果的主要因素,因此在车辆检修过程中,闸瓦的更换与间隙调整是检修人员操作频繁且十分重要的一项工作。本任务要求按企业检修标准完成闸瓦的更换与间隙调整。

【任务目的】
1. 掌握合成闸片的检修标准及检修方法。
2. 能够对合成闸片进行检修。

【任务内容】

1. 城轨车辆合成闸片检修。
2. 城轨车辆制动盘与合成闸片之间间隙的调整。

【任务实践基本要求】

1. 在认真学习本任务"基础理论"内容的基础上完成实训。
2. 做好相关实训记录。
3. 遵守企业规章制度,按企业要求规范操作。

【设备及工具】

1. 长春地铁基础制动装置。
2. 活扳手、数显扳手、套筒、塞尺、内六角扳手。

基础理论

2.1.1 车辆基础制动装置

基础制动装置是指从制动缸活塞推杆到闸瓦之间的一系列杠杆、拉杆、制动梁、吊杆等零部件组成的机械装置。它的用途是把作用在制动缸活塞上的压力空气推力增大适当倍数以后,平均地传递给各块闸瓦或闸片,使其转变为压紧车轮踏面或制动盘的机械力,阻止车轮转动而产生制动作用。

1. 基础制动装置的形式及特点

基础制动装置的形式,按设置在每个车轮上的闸瓦块数及其作用,分为单侧闸瓦式、双侧闸瓦式、多闸瓦式和盘形制动基础制动装置等。其中,多闸瓦式应用较少。

1)单侧闸瓦式

单闸瓦式基础制动装置,简称单闸瓦式,也称为单侧制动,是只在车轮一侧设有闸瓦的制动方式,如图 2-1 所示。在我国,目前绝大多数货车的基础制动装置采用这种形式。

单闸瓦式基础制动装置的构造简单,节约材料,便于检查和修理。但制动时,车轮只受一侧的闸瓦压力 K 作用,使轴瓦受力 R 偏斜,易形成轴承偏磨,引起热量过大而出现热轴现象。此外,由于制动力受到闸瓦承受压力 Q 的能力的限制,制动力的提高也受到限制。若闸瓦单位面积承受的压力过大,容易造成闸瓦熔化,不仅加速闸瓦磨耗,而且磨耗闸瓦托,使制动力衰减,影响行车安全,有时甚至引起火灾,这种情况在长、大坡道地区特别严重。

根据理论计算和实际运用经验,闸瓦单位面积承受的压力一般不超过 1 000 kPa(极限值为 1 300 kPa)。目前我国采用 GK 型制动机和 103 型制动机的车辆。多数已达到和超过了这个限度(最高为 1 400 kPa),因此闸瓦熔化及磨耗的情况比较严重,这是单闸瓦式基础制动装置的主要缺点。在车辆不断向大型和高速方向发展,而闸瓦单位面积的压力不能再增加的情况下,应采用高摩擦系数的合成闸瓦,这不用改变原有的制动装置就可满足高速运行的要求。

2)双侧闸瓦式

双侧闸瓦式基础制动装置,简称双侧闸瓦式,也称为双侧制动,是在车轮两侧均有闸瓦的制动方式,如图 2-2 所示。目前一般客车和特种货车的基础制动装置大多采用这种形式。

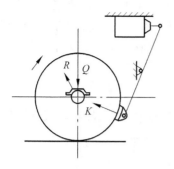
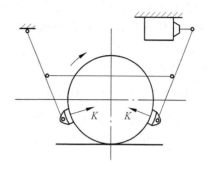

图 2-1　单侧闸瓦式制动示意图　　　　图 2-2　双侧闸瓦式制动示意图

对于双侧制动装置,在车轮两侧都安装有闸瓦,所以闸瓦的摩擦面积比单闸瓦式增加 1 倍,闸瓦单位面积承受的压力较小,不但能提高闸瓦的摩擦系数,而且散热面积大,可降低闸瓦与车轮踏面的温度,延长车轮的使用寿命,减少闸瓦的磨耗量,并可得到较大的制动力(指同一尺寸的制动缸与同一闸瓦压力的情况下)。同时,由于每轴的车轮两侧都有闸瓦,制动时两侧的闸瓦同时压紧车轮,可以克服单闸瓦式车轮一侧受力而引起的各种弊病。因此,目前一般客车和特种货车(机械保温车、长大货物车等)大多采用这种形式的基础制动装置。

3) 盘形制动

盘形制动装置是指制动时用闸片压紧制动盘而产生制动作用的制动方式。盘形制动的基础制动装置有两种类型:制动盘安装在车轴上的,叫作轴盘式;制动盘安装在车轮辐板上的,叫作轮盘式。盘形制动基础制动装置的基本结构如图 2-3 所示。

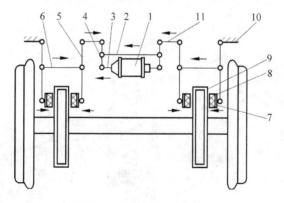

图 2-3　盘形制动(轴盘式)

1—制动缸;2—连接拉杆;3—制动缸活塞杆;4—制动缸杠杆;5—钳形杠杆;6—钳形杠杆拉杆;
7—闸片;8—闸片托;9—制动盘;10—固定支点;11—拉杆

盘形制动基础制动装置的结构比较简单,可以缩小副风缸和制动缸的容积,节省压力空气;各种拉杆、杠杆可以小型化,直接安装在转向架上,以减轻车辆自重;不用闸瓦直接磨耗车轮踏面,延长了车轮使用寿命;制动性能比较稳定,可减少车辆纵向冲动;同时,制动缸安装在转向架上,制动时动作迅速,可提高制动效率;采用高摩擦系数的合成闸片,可以增大制动力,缩短制动距离,并可延长闸片的使用寿命。目前,我国的快速客车

(速度在120km/h以上)大都采用这种制动装置。但由于不用闸瓦直接摩擦车轮踏面,踏面上的油污不能及时清扫,可能降低轮轨间的黏着系数。同时,当车轮踏面有轻微擦伤时,不能像闸瓦式制动装置那样利用闸瓦的摩擦来消除这种擦伤。为了克服这些缺点,需要增设踏面清扫装置。

2. 基础制动装置的构造和作用

下面以客车双闸瓦式基础制动装置为例,说明基础制动装置的构造及作用。

一般客车双闸瓦式基础制动装置的构造如图2-4所示。

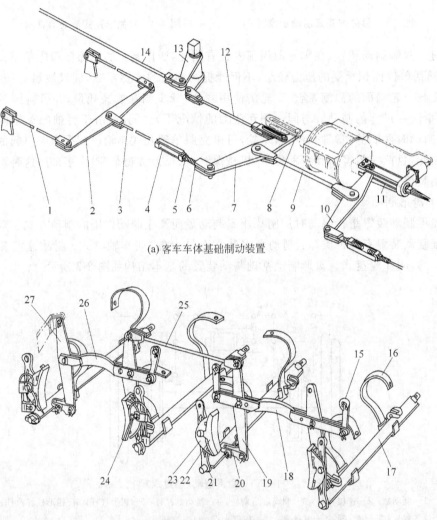

(a) 客车车体基础制动装置

(b) 客车转向架基础制动装置(202型)

图2-4 客车双闸瓦式基础制动装置布置图

1—均衡拉杆;2—均衡杠杆;3—均衡杠杆拉杆;4—调整丝套;5—锁紧螺母;6—制动缸前拉杆;7—制动缸前杠杆;8—销;9—连接拉杆;10—制动缸后杠杆;11—闸瓦间隙自动调整器;12—手制动下拉杆;13—手制动转筒;14—手制动上拉杆;15—移动杠杆拉杆吊;16—制动梁缓解弹簧;17—制动梁;18—移动杠杆拉杆;19—移动杠杆;20—拉环;21—闸瓦托吊;22—闸瓦;23—闸瓦托;24—闸瓦托弹簧;25—移动杠杆上拉杆;26—移动杠杆;27—固定杠杆

制动缸前杠杆 7 的一端连在制动缸活塞杆槽孔十字头圆销上,另一端与制动缸前拉杆 6 连接。制动缸后杠杆 10 一端连在闸瓦间隙自动调整器 11 的十字头上(新造客车用 ST_1-600 型闸调器时,此端圆销在制动缸后杠杆支点托上),另一端与制动缸后拉杆相连接。前、后两根制动缸杠杆用连接拉杆 9 相连。制动缸前、后拉杆通过调整丝套 4 与均衡杠杆拉杆 3 连接,该拉杆又经圆销与均衡杠杆 2 中部相连接。均衡杠杆的两端分别用两根均衡拉杆 1 与转向架内侧的两根移动杠杆 19 的上端相连接。移动杠杆的下部用拉环 20 连接制动梁 17,中部用移动杠杆拉杆 18 与另一移动杠杆相连。靠近摇枕两侧的移动杠杆的上端用移动杠杆上拉杆 25 连接。固定杠杆 27 上端连接在转向架的固定支点上,中部用移动杠杆拉杆 26 与相邻的移动杠杆相连接。移动杠杆拉杆 18 两端通过移动杠杆拉杆吊 15 及圆柱销固定在构架上。

制动梁 17 的两端安装着闸瓦托吊 21,托吊的上端固定在转向架的吊架上,中部设有闸瓦托 23,闸瓦托吊为三孔结构,闸瓦制动为间接作用式,制动时,制动拉力不是由制动梁 17 直接传给闸瓦 22,而是经由制动梁 17 作用于闸瓦托吊 21 的下端,并通过闸瓦托吊的杠杆作用,将力传到闸瓦 22 上。因为采用间接作用式,所以更换闸瓦时,不需动制动梁。

制动梁缓解弹簧 16 不仅在缓解时使基础制动装置起恢复原位的作用,而且起到制动梁安全托的作用。对于这种基础制动装置,因在制动拉杆两端有两根拉杆吊挂在构架上,使基础制动装置的重量由拉杆吊承担,可减小各部件的磨耗,保证机构作用良好。另外,各杠杆与拉杆及闸瓦托吊与吊架的连接都用圆销相结合,以保证其转动灵活。

客车双闸瓦式基础制动装置的作用如图 2-5 所示(图中箭头表示制动时各杆件的移动方向)。

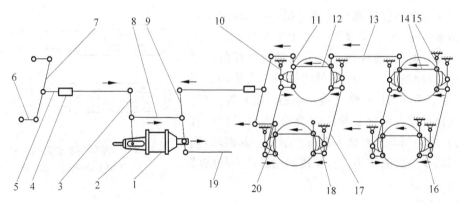

图 2-5 一般客车双闸瓦式基础制动装置作用示意图
1—制动缸;2—闸瓦间隙自动调整器;3—制动缸后杠杆;4—调整丝套;5—均衡杠杆拉杆;6—均衡拉杆;7—均衡杠杆;8—连接拉杆;9—制动缸前杠杆;10—闸瓦托吊;11—移动杠杆;12—移动杠杆拉杆;13—移动杠杆上拉杆;14—固定杠杆拉杆;15—固定杠杆;16—拉环;17—制动梁;18—闸瓦托;19—手制动拉杆;20—闸瓦

制动时,制动缸活塞推力使制动缸杠杆首先绕连接杠杆拉杆圆销转动,使杠杆的另一端拉动一位均衡杠杆拉杆向内移动。与此同时,制动缸前杠杆又以一位均衡杠杆拉杆圆销为支点转动,带动连接拉杆向右移动,从而牵动制动缸后杠杆中部,使其以闸瓦间隙自动调整器十字头圆销为支点转动,拉动二位均衡杠杆拉杆也向内移动。以一位为例分析,均衡杠杆拉杆带动均衡杠杆,均衡杠杆又牵动其两端的均衡拉杆,均衡拉杆再拉动第一根移动杠杆的顶端,使该杠杆以中部圆销为支点转动,牵动拉环把第四位制动梁移向车轮。闸瓦托吊的下部套在制动梁的端轴上,上部套在闸瓦托吊座的圆销上。制动梁向轮对方向移动时,它带动闸瓦托吊、闸瓦托、闸瓦移向轮对,直到闸瓦贴靠车轮踏面。当继续拉动第一根移动杠杆的上部时,该杠杆以下端圆销为支点转动,它的中部圆销拉动移动杠杆拉杆和第二根移动杠杆的中部圆销,使第二根移动杠杆绕其上部圆销转动,使第三位制动梁向车轮移动,最后使车轮另一侧的闸瓦也抱轮。

此后,第二根移动杠杆以下端圆销为支点转动,牵动移动杠杆上拉杆和第三根移动杠杆的顶部,直到转向架外侧轮对两侧的闸瓦靠贴车轮。最后一根垂直的杠杆称为固定杠杆,其上端用圆销固定在转向架的固定支座上。

在上面的叙述中,为了分析简便,人为地把杠杆的动作分为:先绕中间圆销转动,等到闸瓦贴靠车轮以后,再绕下部圆销转动。

当转向架上的8块闸瓦全部贴靠在车轮踏面上时,制动缸活塞推力开始传给闸瓦和车轮,发生有效的制动作用。二位的动作相同,不再重复。

缓解时,制动缸活塞缩回原位,这时各杠杆、拉杆失去外力,各制动梁、闸瓦托吊、闸瓦托和闸瓦依靠自身的重力和制动梁缓解弹簧的反拨移动,使闸瓦离开车轮,达到缓解的目的。

3. 基础制动装置的主要部件

1) 客车用制动缸活塞杆

客车用制动缸活塞杆是实心的,一端固定在制动缸活塞座上,另一端铆接一个十字头导框。当使用空气制动时,活塞杆顶着安装制动缸杠杆的圆销向外伸,推动制动缸杠杆起制动作用。当使用手制动时,由于手制动拉杆链直接拉动制动缸杠杆,使制动缸杠杆圆销在十字头导框内滑动,所以虽然没有推杆,使用手制动机时也不会带动活塞一起移动,同样起到减少阻力的作用。客车用制动缸活塞杆的结构如图2-6所示。

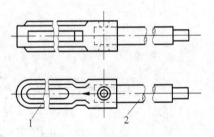

图2-6 客车用制动缸活塞杆
1—十字头导框;2—活塞杆

2) 杠杆

杠杆是基础制动装置中用于传递和扩大制动缸活塞推力的主要配件。对于客、货车采用的各种杠杆,由于安装位置和作用的不同,其名称也不同,但从形状上看大体相同,如图2-7所示。杠杆中部因受力较大,故其断面尺寸较大,两端稍窄,构成鱼腹形。

杠杆的种类从形式上主要有下列4种。

① 有4个圆销孔的四孔杠杆,多用于制动缸前杠杆,如图2-7(a)所示。

② 有3个圆销孔,但孔距不相等的三孔杠杆,多用于固定杠杆、制动杠杆、移动杠杆、

制动缸后杠杆等,如图 2-7(b)所示。

③ 有 3 个圆销孔,其两端孔距相等的三孔杠杆,多用于均衡杠杆等,如图 2-7(c)所示。

④ 双片杠杆,为焊接成一体的双片结构,如图 2-7(d)所示。

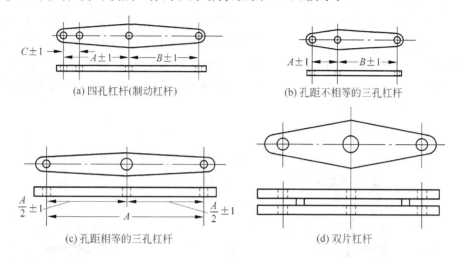

图 2-7　各形式杠杆图

各杠杆的孔眼均镶以 4~5mm 厚的磨耗衬套(衬套须经渗碳处理),以便孔眼磨耗时仅更换衬套即可,以减少修理的工作量,延长杠杆的使用寿命。

3) 客车制动梁

我国主型客车转向架采用的制动梁如图 2-8 所示。它是由制动梁体(20mm×100mm 的扁钢)、制动梁轴和拉环等组焊而成。

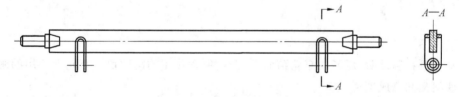

图 2-8　客车制动梁(菱板型)

4) 闸瓦托和闸瓦托吊

在基础制动装置中,除合理地确定各杠杆的尺寸外,还要合理地布置闸瓦的悬挂位置,这直接影响制动效果和列车的运行安全。闸瓦悬挂应当保证以下两点。

① 在同一个车轮上,前、后两块闸瓦的闸瓦压力应尽量相等;而且同一块闸瓦在车轮回转方向不同时,其闸瓦压力(径向)应尽量保持不变。

② 施行缓解作用时,闸瓦能以自身的重量而自动离开车轮;在运行中遇有振动时,闸瓦也不会碰靠车轮。

闸瓦托为安装闸瓦的支承件。客车的闸瓦托一般不直接安装在制动梁上,而是另安装在闸瓦托吊上。

闸瓦托用铸钢制成,闸瓦托与闸瓦的接触面的弧度为 $R451\mathrm{mm}$,中部两个支承面必须与闸瓦接触。闸瓦向闸瓦托上安装时,将闸瓦的鼻子嵌入闸瓦托的两个支承面中间,闸瓦插销由上向下插入,穿过闸瓦与闸瓦托的插销座,使闸瓦能在闸瓦托上保持定位。当闸瓦磨耗到限时,拔出闸瓦销,即可将闸瓦取下,然后装上新闸瓦,装、拆都比较方便。

客车闸瓦托吊有两种形式:一种为三孔结构,如图 2-9 所示,多用于 101 型、102 型、103 型及 202 型等转向架;另一种为二孔结构,如图 2-10 所示,多用于 201 型、206 型、209 型等转向架。三孔结构的闸瓦托吊设有闸瓦托弹簧和调整板,能调整闸瓦的上、下间隙,保证闸瓦托与闸瓦始终居于正位。二孔结构的闸瓦托吊只起悬挂制动梁的作用,不起杠杆作用。

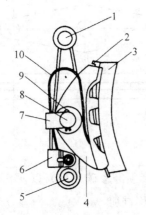

图 2-9　三孔式闸瓦托吊组装图

1—闸瓦托吊;2—闸瓦插销;3—闸瓦;4—闸瓦托;5—制动梁端轴;6—调整板;7—卡板;8—圆销;9—开口销;10—闸瓦托弹簧

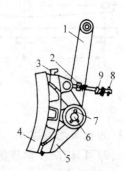

图 2-10　二孔式闸瓦托吊组装图

1—闸瓦托吊;2—弹簧座;3—闸瓦插销;4—闸瓦;5—闸瓦托;6—制动梁端轴;7,8—开口销;9—弹簧

5) 闸瓦

闸瓦是指制动时,压紧在车轮踏面上,产生制动作用的制动块。车轮上使用的闸瓦分为铸铁闸瓦和合成闸瓦。

铸铁闸瓦又分为中磷铸铁闸瓦和高磷铸铁闸瓦。在合成闸瓦中,按其基本成分,分为合成树脂闸瓦和石棉橡胶闸瓦;按其摩擦系数高低,又分为高摩擦系数合成闸瓦和低摩擦系数合成闸瓦(简称高摩合成闸瓦和低摩合成闸瓦)。中磷铸铁闸瓦、高磷铸铁闸瓦和低摩合成闸瓦,称为通用闸瓦,可互换使用(不用改变基础制动装置的结构)。

(1) 铸铁闸瓦

高磷铸铁闸瓦与中磷铸铁闸瓦比较,主要是提高了含磷量。中磷铸铁闸瓦的含磷量为 $0.7\%\sim1.0\%$,高磷铸铁闸瓦的含磷量为 10% 以上。高磷铸铁闸瓦的耐磨性比中磷铸铁闸瓦高 1 倍左右。

应用实践表明,高磷闸瓦的使用寿命约为中磷闸瓦的 2.5 倍以上。高磷闸瓦还有一个优点,就是制动时火花少。铸铁闸瓦的摩擦系数随含磷量的增加而增大,故高磷闸瓦的摩擦系数大于中磷闸瓦。但含磷量过高,将增加闸瓦的脆性。实验证明,当含磷量超过

1.0%时,闸瓦如不加钢背,有裂损的可能,所以高磷闸瓦需采用钢背补强。

中磷闸瓦和高磷闸瓦的基本形式如图 2-11 所示。

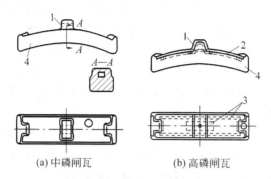

(a) 中磷闸瓦　　　(b) 高磷闸瓦

图 2-11　铸铁闸瓦

1—瓦鼻；2—钢背；3—加强筋；4—瓦体

闸瓦的厚度为 45mm,内圆弧半径为 440mm,适用于车轮直径为 840mm 的货车车轮及 915mm 的客车车轮。

(2) 合成闸瓦

合成闸瓦是以树脂、石棉、石墨、铁粉、硫酸钡等材料为主热压而成的闸瓦,分为高摩合成闸瓦和低摩合成闸瓦(见图 2-12)。高摩合成闸瓦的型号有 424 型、824 型、803 型和 120K 型；低摩合成闸瓦有 183B 型和 4-2H 型。

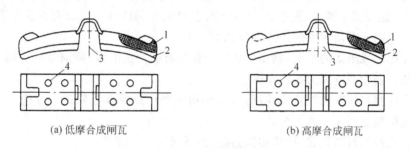

(a) 低摩合成闸瓦　　　(b) 高摩合成闸瓦

图 2-12　合成闸瓦

1—钢背；2—摩擦体；3—散热槽；4—冲孔

① 合成闸瓦的优点简述如下。
- 摩擦性能可按需调整。合成闸瓦的摩擦性能可根据需要,用改变、调整配方和工艺的办法获得较理想的效果,以便充分地利用轮轨间的黏着系数。
- 耐磨性能好,使用寿命长。合成闸瓦的耐磨性能好,使用寿命一般为铸铁闸瓦的 3～10 倍。
- 节约铸铁材料。
- 对列车车轮踏面的磨耗小,可延长车轮使用寿命。
- 重量轻,一般只为铸铁闸瓦的 1/2～1/3。
- 可避免磨耗铁粉的污损及因制动喷射火星而引起的火灾事故。铸铁闸瓦的磨耗铁粉不仅会污损机车车辆的电气设备,而且在制动过程中产生的红铁粉(长、大坡道区段更为严重)喷射出来容易引起火灾。合成闸瓦制动时没有或很少有磨耗铁粉飞散,能防止火灾事故,并减轻对电气设备的不良影响。
- 摩擦系数比较平稳,并能保证有足够的制动力。铸铁闸瓦在高速制动时,摩擦系数较小,可能造成制动力不足;而在低速,特别是接近停车时,其摩擦系数上升较多,很容易引起列车纵向冲动,甚至造成滑行而擦伤车轮。合成闸瓦具有摩擦系数比较平稳的特性,在高速时,摩擦系数值变化较小,仍能产生足够的制动力;在速度降低时,摩擦系数值增加不大,使停车平稳,提高旅客乘坐的舒适度,减轻或防止货物损坏。

由于摩擦系数值可以充分提高,采用合成闸瓦与小直径的制动缸配套,可节约压缩空气,在高坡地区连续制动时可缩短再充气时间,提高了列车在坡道地区运行的安全性。同时,降低了每块闸瓦的实际压力,使基础制动装置各杆件受力减小,减少磨闸瓦托和制动梁脱落等惯性事故。

② 合成闸瓦的结构:合成闸瓦由于其材料本身强度小,必须在其背部衬压一块钢板(钢背)增加它的抗压强度。整个合成闸瓦由钢背和摩擦体两部分组成,如图 2-12 所示。钢背内侧开有槽或孔,用于提高摩擦体与钢背的结合强度。低摩合成闸瓦钢背两端的中间部分制成凸起的挡块,两侧低平,以便与闸瓦托的四爪相结合。钢背外侧中部装有用钢板焊制成的闸瓦鼻子,其外形和中磷铸铁闸瓦相同。因高摩合成闸瓦的摩擦系数大,故不能与通用闸瓦互换使用。为了防止混淆,将高摩合成闸瓦钢背两端的中间制成低平,两侧凸起,正好与低摩合成闸瓦相反;钢背内侧还焊有加强筋,以增加钢背的刚度。为了增加散热面积和避免闸瓦裂损、脱落,合成闸瓦摩擦体的中部压成一条或两条散热槽。

③ 合成闸瓦在使用中的注意事项如下。
- 使用合成闸瓦的车辆,制动缸活塞行程尽可能调至上限,特别是不可调得太短,以免因制动力过强而擦伤车轮。
- 合成闸瓦的散热性较铸铁闸瓦差,使用中要注意检查车轮是否发生异状,有无热裂扩展至横裂纹的情况。
- 合成闸瓦材料较脆,严禁用锤猛敲,搬运时要防止摔坏。
- 合成闸瓦的鼻子容易变形,列检发现时要妥善处理,不可采用虎钳夹闸瓦鼻子的换装方法。

(3) 闸瓦制动装置

PC7YF 型单元制动器。广州、上海等地的地铁车辆采用的是由德国克诺尔制动机公司生产的单元制动机。在每个转向架上有两种型号的踏面单元制动器,分别为 PC7Y 型和 PC7YF 型,还附带弹簧制动器(也称为停放制动端)。该踏面单元制动器具有以下特点:有弹簧停车制动及手动辅助缓解装置(PC7YF 型);有闸瓦间隙调整器;制动传动效率高,均在 95% 左右;占用空间小,安装简单;性能稳定,作用可靠,维修方便。

为便于讲解 PC7Y 型单元制动器的结构和作用原理,本部分图 2-13~图 2-18 的图注统一顺序编号,并对各编号和符号做如下定义和解释,图中仅注明编号,不再单独解释图注。

1—制动缸;2—制动活塞;3—制动活塞杆;4,30—制动杠杆;5—单向闸瓦间隙调整器；6—闸瓦托；7—闸瓦托吊；8—缓解弹簧；9—透气滤清器；10—闸瓦托复位弹簧；11—推杆头；12—弹簧垫圈；13—调整螺母；14—螺栓；15—外体；16—闸瓦间隙调整器体；17—缓解活塞杆；18—螺纹套筒；19—制动弹簧；20—缓解拉环；21—连接环；22—止推螺母；23—调整环；24,29—压缩弹簧；25—调整衬套；26—推杆；27—缓解活塞；28—进给螺母；31—缓解风缸；L_1—制动杠杆转动中心；R—齿轮啮合面；Z_1—啮合锥面；Z_2—啮合面；H_0—制动行程；M_V—闸瓦和车轮踏面的磨耗量之和。

① 主要技术参数。

PC7Y 型和 PC7YF 型踏面单元制动器的主要技术参数如下所示。

常用制动器制动倍率：2.85；

弹簧制动器制动倍率：1.15；

制动缸工作压力：300～600kPa；

最大闸瓦压力：45kN；

弹簧制动缓解压力：5 300～80 000kPa；

闸瓦磨耗后一次最大调整量：15mm；

最大间隙调整能力：110mm；

PC7Y 型踏面单元制动器重量(包括闸瓦)：63kg；

PC7YF 型踏面单元制动器重量(包括闸瓦)：85kg。

② 基本结构。

PC7Y 型踏面单元制动器主要由制动缸 1、活塞 2、活塞杆 3、制动杠杆 4、单向闸瓦间隙调整器 5、闸瓦托 6、闸瓦托吊 7、缓解弹簧 8、闸瓦托复位弹簧 10 和用于更换闸瓦的推杆复位机构等组成，如图 2-13 所示。

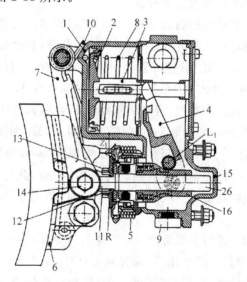

图 2-13　PC7Y 型踏面单元制动器(不带停车制动器)

PC7YF 型踏面单元制动器是在 PC7Y 型的基础上增加了一个用于停车制动的弹簧制动器，它包括停车缓解风缸 31，缓解活塞 27 及缓解活塞杆 17、螺纹套筒 18、制动弹簧

19、手动辅助缓解机构等,如图 2-14 所示。

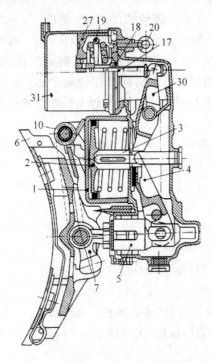

图 2-14　PC7YF 型踏面单元制动器(带停车制动器)

③ 作用原理。

闸瓦间隙调整器的工作原理如下所述。

闸瓦和车轮踏面无磨耗时的制动过程。闸瓦和车轮踏面无磨耗时的制动行程 H_0 是指调整衬套 25 碰到调整环 23 靠近推杆头 11 一端的凸环,且进给螺母 28 和调整衬套 25 的啮合锥面 Z_1(以下简称 Z_1 锥面)刚好脱开时的制动行程。当施行车辆制动时,压缩空气进入制动缸 1,推动制动活塞 2 及活塞杆 3,带动制动杠杆 4,将整个闸瓦间隙调整器及其所有零部件向车轮踏面方向移动,直到调整衬套 25 碰到调整环 23 为止。调整环 23 的凸环可防止调整衬套 25 进一步向制动方向移动,此时 Z_1 锥面刚好脱开。压缩弹簧 24 的作用力使调整衬套 25 作用于调整环 23。由于压缩弹簧 24 的作用,Z_1 锥面再一次啮合。当 Z_1 锥面刚好完全脱开时,无磨耗时的制动行程 H_0 完成,此时,闸瓦间隙已被消除,闸瓦与车轮踏面接触。当制动缸内空气压力继续上升时,踏面单元制动器产生制动作用力,如图 2-15 所示。

闸瓦和车轮踏面无磨耗时的缓解过程。当施行车辆缓解时,制动缸内的空气压力下降到一定值后,在缓解弹簧 8 的作用下,通过制动杠杆 4,带动整个闸瓦间隙调整器及其所有传动部件脱离车轮踏面,向后(即缓解方向)移动。此时,Z_1 锥面啮合。当调整衬套 25 碰到调整环 23 面远离推杆头 11 一端的凸环时,推杆 26 停止向后移动,回到缓解位置。而闸瓦间隙调整器体 16 等仍由于制动缸缓解弹簧的作用,通过制动杠杆 4 继续向缓解方向移动,止推螺母 22 和连接环 21 的啮合面 Z_2(以下简称 Z_2 面)开始脱开。由于压缩

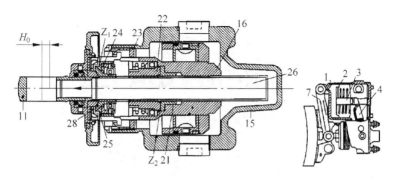

图 2-15 闸瓦和车轮踏面无磨耗时的制动过程

弹簧 29 的作用,Z_2 面再一次啮合,当 Z_2 面刚好完全脱开时,无磨耗的缓解过程完成。当制动缸完全缓解时,各运动着的零部件停止移动,其相对位置如图 2-16 所示。

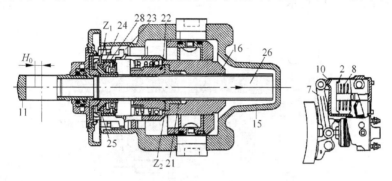

图 2-16 闸瓦和车轮踏面无磨耗时的缓解过程

闸瓦和车轮踏面有磨耗时的制动过程。制动开始时,各零部件的动作与无磨耗时的制动过程完全一样,不同的是,当调整衬套 25 碰到调整环 23 后,由于闸瓦和车轮踏面出现磨耗,制动行程进一步加长,即制动缸产生的制动力仍不断通过制动杠杆 4 传递到闸瓦间隙调整器体 16→连接环 21→止推螺母 22,从而传递到推杆 26,带动它们继续向前(即制动方向)移动,进给螺母 28 也随着推杆 26 向前移动,而调整衬套 25 由于受调整环 23 的限制,不能进一步向前移动,Z_1 锥面脱开。又由于推杆 26 和进给螺母 28 为非自锁螺纹连接,由于闸瓦磨耗,制动行程加长,推杆 26 等不断向前移动,压缩弹簧 24 的预压力引起进给螺母 28 在推杆 26 上转动,两者的相对位移量即为闸瓦和车轮踏面的磨耗量 M_V。此时,推杆 26 向前移动的行程比无磨耗时的制动行程 H_0 大,两者之差即为闸瓦和车轮踏面的磨耗量之和。各零部件的相对位置如图 2-17 所示。

闸瓦和车轮踏面有磨耗时的缓解过程。缓解开始时,各零部件的动作与无磨耗时的缓解过程完全一样,只是当调整衬套 25 碰到调整环 23 后,由于 Z_1 面的啮合,受调整环 23 限制的调整衬套 25 能防止进给螺母 28 在推杆 26 上转动,压缩弹簧 24 使 Z_1 锥面保持啮合,使推杆 26 不能进一步向后移动,止推螺母 22 也不能随着闸瓦间隙调整器体 16 和连接环 21 继续向后移动,从而使 Z_2 脱开;压缩弹簧 29 的作用使得止推螺母 22 在推杆 26 上转动,直到制动缸完全缓解,闸瓦间隙调整器体 16、连接环 21 回到缓解位,Z_1 面重新开始啮合而停止转动。两者的相对位移量为闸瓦和车轮踏面的磨耗量之和 M_V。此

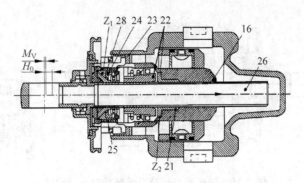

图 2-17 闸瓦和车轮踏面有磨耗时的制动过程

时,闸瓦和车轮踏面仍保持正常间隙,只是推杆 26 比无磨耗时向前伸出了 M_V。各零部件的相对位置如图 2-18 所示。

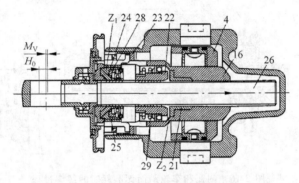

图 2-18 闸瓦和车轮踏面有磨耗时的缓解过程

推杆复位机构的工作原理。随着闸瓦的磨耗,推杆 26 在间隙调整过程中不断伸长。当闸瓦磨耗到限后,需要更换闸瓦时,只需顺时针转动调整螺母 13(如图 2-13 所示),啮合面 R 上的齿就能克服弹簧垫圈 12 的作用而滑脱,使推杆 26 右位,而不需要拆卸螺栓 14 和其他任何零部件。更换闸瓦后,闸瓦间隙恢复到无磨耗时的正常值范围,一般无须人工调整,即可准备下一次制动。

弹簧制动器的工作原理。弹簧制动器用于停车制动。当停车制动缓解风缸 31 排气后(如图 2-14 所示),制动弹簧 19 将缓解活塞杆 17 推向前方,带动停车制动杠杆 30,推动制动杠杆 4,最后将闸瓦推向车轮踏面,实现停车制动。

当向缓解风缸 31 充气时,压缩空气推动缓解活塞 27 克服制动弹簧 19 的作用力,使缓解活塞杆 17、制动杠杆 30 等分别复位,停车制动得到缓解。所以,停车制动是排气制动,充气缓解。另外,停车制动还可通过拉动辅助缓解装置的缓解拉环 20,使缓解活塞杆 17 和螺纹套筒 18(两者为非自锁螺纹连接)相对移动,释放弹簧作用力,达到缓解的目的。

(4) KLX-7 型踏面制动单元

车辆上安装的 KLX-7 型踏面制动单元有两个不同的踏面制动单元:标准踏面制动单元(E1)和带停放制动的踏面制动单元(E2),如图 2-19 所示。

通常在常用制动和紧急制动时直接采用摩擦制动力作用在车轮踏面上。弹簧停放制

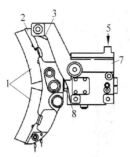 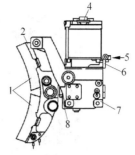

(a) 标准踏面制动单元　　　　(b) 带停放制动的踏面制动单元

图 2-19　KLX-7 型踏面制动单元的标准布置

1—闸瓦；2—闸瓦托；3—制动吊架；4—停放制动紧急缓解杆；5—空气进气口；6—安全阀；7—常用制动单元；8—定位螺母

动的作用是防止列车停车而没有完全停止时，由于自身重力的作用而溜车。当总风管压力排出且常用制动缓解时，弹簧停放制动将自动施加。需注意的是，弹簧的总压力以车辆能够停放在 4% 的坡道上为标准。

车轮上有两种标准模式的制动闸瓦，制动闸瓦托安装在常用制动缸安装座上，由中心销连接制动闸瓦托吊架悬吊。制动力直接由常用制动单元（或停放制动单元）通过推杆施加在闸瓦托上。

为了防止闸瓦不均匀磨损，在制动构架制动缓解基础上，在两个安装座之间安装两个压缩弹簧，有助于装有制动闸瓦的回转推杆从制动车轮上缓解。

弹簧停放制动装置安放在常用制动单元的制动缸体上，如图 2-20 所示，当通过停放制动轴杆实施停放制动时，如果在没有压力空气的情况下，需要通过执行制动缸上的紧急缓解装置对车辆进行缓解，从而保证制动缸的活塞能够缓解；但需注意的是，弹簧停放制动的再实施必须通过空气制动重新安排。

为了防止常用制动（空气压力）和停放制动（弹簧压力）组合制动力的施加，在每一个停放制动单元上安装安全阀（防混合阀）。它能够防止两种制动力同时施加。

两种型号的踏面制动单元基于同一个标准的空气制动单元。该单元由空气制动和活塞组成，由两个对称排列的凸轮连接起来，如图 2-21 所示，用来传送、放大由活塞产生的制动力。凸轮的传送能力由凸轮的具体形状决定。

自动松弛调节装置的作用是补偿制动闸瓦和车轮的磨损。该操作单元将自动调整闸瓦与车轮的间隙，并且在制动过程中清扫车轮的踏面。

制动闸瓦和车轮磨损自动调整装置将延伸到指向车轮的轴杆，在制动模块需要的时候调整间隙，它需要重新安装停放制动轴杆的位置，通过旋转推杆上的调整螺母调整。

① 常用制动单元：常用制动单元是将制动执行装置和松弛调整装置安装在一个紧凑的密封的箱体中的简洁的单元。外部制动吊杆和闸瓦托悬吊在安装构架的外部支架上。制动组成部件全部安装在制动缸体内。

制动推杆用来固定并传递制动力到制动闸瓦托。制动吊杆（铸铁）通过吊架的安装销固定在叉形安装座的端部，制动吊架离开两个超载压缩弹簧的情况下以制动位为基准。

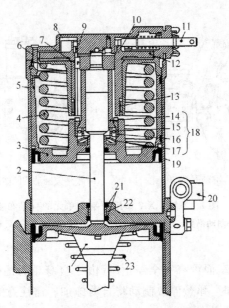

图 2-20 普通带停放制动装置的踏面制动单元

1—常用制动活塞；2—停放制动轴杆；3—停放制动活塞；4—弹簧；5—停放制动缸；6—内部盖；7—半圆键；8—外部盖；9—滚珠；10—引导槽；11—紧急缓解锁闭销；12—齿轮主装；13—针状轴承定位销；14—锥形螺母；15—滚珠轴承；16—圆柱弹簧；17—锥形环；18—连接机构；19—停放制动活塞；20—安全阀（防混合）；21—密封圈；22—导向环；23—常用制动缓解弹簧

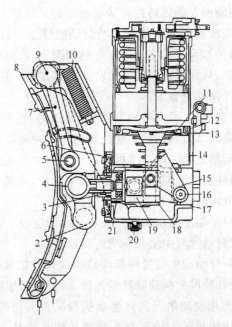

图 2-21 KLX-7 型带停放制动的踏面制动单元

1—闸瓦钎；2—摩擦盘；3—调整螺母；4—推杆；5—下部轴销；6—褶型风箱；7—制动吊杆；8—闸瓦托；9—吊轴销；10—压缩弹簧；11—常用制动复原弹簧；12—软密封圈；13—常用制动活塞；14—常用制动缸；15—凸轮1；16—安装销；17—气室；18—止推环；19—凸轮2；20—呼吸口；21—松弛调整器

闸瓦托悬吊在以制动吊架的低端为定位的较低的转轴上。为了防止闸瓦托的运动太灵活而影响制动梁和闸瓦，由弹簧和摩擦盘组成的部件通过两个螺帽安装在闸瓦托上，摩擦盘用来承担推杆的法兰产生的推力。闸瓦托（铸铁）用来安装闸瓦，承受由基础制动装置产生的推力，并将推力传送到车轮上。推力从制动缸的推杆传送到低轴点的制动头上，闸瓦托通过闸瓦钎将闸瓦固定在所在的位置。闸瓦钎通过一个弹性夹保证其安全性。活塞在常用制动缸体内运动，活塞上有一个叉状的伸出杆，每个伸出杆通过转轴安装在凸轮上。在活塞的下面是一个锥形的复原弹簧，它产生一个让制动缸活塞运动到缓解位的力。活塞上安装一个软密封圈，它允许活塞可以"摇动"，从而确保活塞杆成直角伸出，使得闸瓦能完全接触车轮踏面。每一个凸轮的反向安装的端部通过制动缸体上的针状滚子轴承产生局部转动。在每一个凸轮端部的侧面安装针状滚子轴承的止推环，止推环上的滑块能够传递松弛调整装置和传动装置。一个安装在护套内的呼排气口保证制动缸活塞的运动。滑槽是通过固定在缸体上的端盖来保护的，推杆头部通过制动缸体滑槽内的两个滑块来定位。闸瓦的磨损通过安装在制动缸制动执行机构上的松弛调整装置进行调整。当闸瓦磨损时，松弛调整装置的转轴将伸出重新定位，直到更换磨损的闸瓦。

② 弹簧停放制动：弹簧驱动的停放制动装置安装在常用制动缸上，通过停放制动活塞杆推动常用制动缸活塞进行动作，如图 2-20 所示。如果在没有压力空气的情况下让车辆制动，则需通过拉动停放制动缸紧急缓解装置，使车辆停放制动缓解。

停放制动装置由动力弹簧、停放制动活塞、停放制动活塞杆和紧急缓解装置安装在密封的制动缸内。在制动缸体的上部由内盖和外盖包裹，外盖是紧急缓解装置锁闭销和滚动轴承所在位置，内盖里包含动力弹簧和针状轴承的安装位置。停放制动缸的下部安装在常用制动缸体上，停放制动缸的底部为常用制动和停放制动的活塞杆提供一个压力密封盖。停放制动活塞位于制动缸体内，其压力密封装置由活塞密封环保证。活塞通过一个弹簧锥形离合器装置安装在活塞杆上，活塞通过缸体内的一个导向机构垂直安装在一个固定的大齿轮装置中。为了防止活塞在缸体内松动，在导向机构滑槽中沿径向方向用一个半圆键来安装。在停放制动缸上，为了防止常用制动力（压力空气）和停放制动作用力（弹簧力）同时施加，安装了安全阀（防混合阀）。

(5) PEC-7 型踏面制动单元

踏面制动单元 PEC-7 是气动操纵的制动设备，用于轨道车辆。它由制动气缸、变速机构和磨损补调器组合而成。其结构紧凑，节省空间，分为卧式和立式两种，特别适合安装在空间狭窄的转向架上。

无论是带挂接弹簧储能器，还是带手动制动杆，都可以作为常用制动器或停放制动器使用。弹簧储能器由压缩空气控制，使得列车中的所有停放制动器都可以从驾驶台集中启动和缓解。

踏面制动单元 PEC-7 具有以下结构特性：结构紧凑，无连杆；通过单作用气缸容量调节器自动修正闸瓦和轮子磨耗造成的闸瓦间隙；空气消耗量稳定；通过压缩空气，可在驾驶台上集中操纵弹簧储能器；在更换闸瓦时，无须进行调整工作。

为便于讲解 PEC-7 型踏面制动单元的结构和作用原理，本部分图 2-22～图 2-31 的图注统一顺序编号，并对各编号和符号做如下定义和解释，图中仅注明编号，不再单独解释图注：

A—弹簧垫圈；a_1—闸瓦托；a_2—弹簧闩；a_3—楔形闩；a_4—闸瓦；B—常用制动缸；b—固定螺栓；b_1—托架；b_2—吊耳螺杆；b_3—螺栓；b_4—活塞销；b_5—轴承销；C—常用制动缸的压缩空气接口；d_1—压紧环；d_2—支撑滚柱；e—通气塞；F—弹簧储能气缸的压缩空气接口；F—缓解压力；f—弹簧储能器；f_1—活塞回位弹簧；f_2,f_{10}—扭转弹簧；f_3—回位弹簧；f_4,f_5—储能弹簧；f_6,f_8—压缩弹簧；f_7,f_9—回位弹簧；g_1—外壳；g_2,g_6—气缸盖；g_3—气缸；g_4,g_5—罩盖；g_7—托架；h_1,h_2—吊耳；h_3—吊耳螺杆；h_4—板式控制臂；K—锥体连接器；k_1,k_4—活塞；k_2—活塞皮碗；k_3—凸轮盘；M—接地点；m_1—螺母；m_2—螺纹转轴；N—手动紧急缓解装置；n_1—棘爪；n_2—齿轮；n_3—锁定销；n_4—推杆；q—波纹管；R—复位六角头；S—插头；s—调节机构；s_1—连接管；s_2—推进螺母；s_3,s_6—齿式连接器；s_4—连杆头；s_5—调节器外壳；s_7—压紧螺母；s_8—转轴；s_9—止动环；s_{10}—齿式连接器；s_{11},s_{12}—止档；t—盘形弹簧组；u—连杆；v—推杆；V—磨损量；w—柔性拉杆；x—移动距离；X—闸瓦间隙和弹性延伸量。

① 常用制动踏面制动单元

a. 常用制动器结构：常用制动踏面制动单元结构如图 2-22 所示，活塞 k_1 在外壳 g_1 中滑动，它被活塞回位弹簧 f_1 保持在缓解位置，并通过两个活塞销 b_4 与两个凸轮盘 k_3 相连接。凸轮盘由轴承销 b_5 支承在外壳 g_1 中。压紧环 d_1 与其支承滚柱 d_2 一起靠在凸轮盘 k_3 上。在压紧环上有调节机构 s 及复位六角头 R。在调节结构 s 前端有连杆头 s_4 和螺栓 b_3，建立与闸瓦托 a_1 的连接。除此之外，闸瓦托 a_1 经吊耳 h_1、吊耳螺杆 b_2 和扭转弹簧 f_2 与托架 b_1 相连。制动闸瓦 a_4 装在闸瓦托 a_1 中，由弹簧闩 a_2 和楔形闩 a_3 固定。波纹管 q 将外壳正面密封，以防灰尘和水进入。在外壳最低点处有一个通气塞 e（排风口）。

b. 常用制动器工作方式如下所述。

- 常用制动器的制动：制动时，压缩空气通过接口 C 流入制动气缸，并作用在活塞 k_1 上，使之逆着活塞回位弹簧 f_1 的弹力被向下压。活塞的运动被传递给可在外壳 g_1 中转动的两个对称安装的凸轮盘 k_3。支承滚柱 d_2 在凸轮盘的弯道上滚动，整个调节机构 s 和闸瓦托 a_1 被推入制动位置。当制动闸瓦 a_4 抱在轮子上时，形成制动力。传动比，制动闸瓦上可产生的最大制动力，是由凸轮盘 k_3 的形状决定的。踏面制动单元 PEC-7 的标准化使其通过安装相应的凸轮盘，可达到 2.0～5.5 的传动比。

- 常用制动器的缓解：为进行缓解，使踏面制动单元的制动气缸重新排风。活塞回位弹簧 f_1 在吊耳的回位弹簧（如扭转弹簧 f_2 或回位弹簧 f_7，如图 2-25 所示）和调节机构 s 的回位弹簧 f_3（如图 2-24 所示）的支持下，使所有部件都回到起始位置。一个带摩擦件 r 的夹紧联轴节受弹簧负荷，使吊耳 h_1 或连杆头 s_4 旁的闸瓦托 a_1 与轮子保持平行，防止制动闸瓦 a_4 在制动器缓解时滑向轮子的一侧而造成斜向磨损。

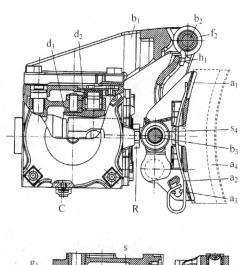

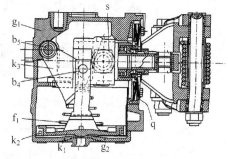

图 2-22　PEC-7 型踏面制动单元(不带弹簧储能器)

② 调节机构

关于踏面制动单元的调节机构 s 的结构和不同位置,如图 2-23(a)、(b)、(c)所示。

a. 调节机构松开:调节机构松开如图 2-23(a)所示。连接管 s_1 上的止动环 s_9 在回位弹簧 f_3 的弹力作用下,紧靠着外壳 g_1 的止挡 s_{11}。其与外壳一侧止挡 s_{12} 的距离 X 为所需的轮子闸瓦间隙的大小和在制动力作用下的弹性延伸量。

b. 不带补调功能进行制动时的调节机构:不带补调功能进行制动时的调节机构如图 2-23(b)所示。在刹车时,整个调节机构运动 X 距离进入制动位置。止动环 s_9 靠在止挡 s_{12} 上,回位弹簧 f_3 张紧。制动力从调节器外壳 s_5 通过齿式连接器 s_6 传送到压紧螺母 s_7、转轴 s_8、连杆头 s_4,再传送到闸瓦托 a_1 上。

c. 带补调功能进行制动时的调节机构:带补调功能进行制动时的调节机构如图 2-23(c)所示。当闸瓦间隙太大时(例如由于制动时闸瓦和轮子的磨损所致),闸瓦抱紧在轮子上需要经过的距离比 X 大,连接管 s_1 因止动环 s_9 被卡住而无法跟上。连接管中的齿式连接器 s_3 开启,推进螺母 s_2 在推力作用下在非自锁的转轴螺纹上转动。该转动作用使转轴 s_8 被拧出相应于磨损量 V 的一段距离。调节结束后,齿式连接器 s_3 重新啮合。在调节过程中,回位弹簧 f_3 由于调节器外壳 s_5 同样移动了 V 距离而被张紧。

缓解制动器时,调节机构通过回位弹簧 f_3 复位。一旦止动环 s_9 接触到止挡 s_{11},连接

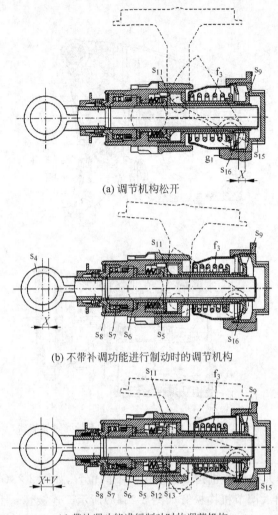

(a) 调节机构松开

(b) 不带补调功能进行制动时的调节机构

(c) 带补调功能进行制动时的调节机构

图 2-23 装在连杆头的调节机构

管 s_1、推进螺母 s_2 和转轴 s_8 的复位过程即告结束。调节器外壳 s_5 还必须移动一段距离 V 才能回到缓解位置。其间，调节器外壳中的齿式连接器 s_6 打开，压紧螺母 s_7 在调节器外壳运动过程中拧回到静止中转轴非自锁的螺纹上。当到达最终位置后，齿式连接器 s_6 重新啮合，调节机构即做好进行新的制动过程的准备。

d. 转轴的复位：在更换已磨损的闸瓦或拆卸踏面制动单元之前，必须将调节过程中转出的转轴 s_8 复位。调节机构配备的复位六角头 R 用于复位。通过该复位六角头转轴被拧入。根据踏面制动单元的形式或结构，复位六角头或者直接装在连杆头 s_4 的后面，或者装在调节机构后侧末端。在带横向移动吊耳的踏面制动单元 PEC-7 上，复位六角头通常装在调节机构后侧末端，如图 2-24 所示。

在转轴回转时，对于复位六角头的旋转方向，按图 2-24 所示的调节机构为顺时针方向；按图 2-25 所示的调节机构为逆时针方向。

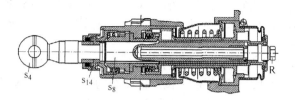

图 2-24　后置调节机构

转轴 s_8 和连杆头 s_4 在齿式连接器 s_{10} 上互锁,防止车辆运行中的振动造成位移。转轴回转时,齿式连接器随之"咔咔"作响。

③ 停放制动器

弹簧储能制动器是一种气动停放制动器,如图 2-25 所示。在制动时,储能弹簧 f_4 和储能弹簧 f_5 的弹力经过锥体连接器 K、螺母 m_1 和螺纹转轴 m_2 作用到踏面制动单元的常用制动缸 B 中的活塞 k_1 上。

弹簧储能器装有一个手动紧急缓解装置 N,使不带压缩空气接口的车辆在停车后停放制动器缓解。

a. 缓解位置:在缓解位置,以缓解压力 F 给气缸充风,如图 2-25 所示。活塞 k_4 由此逆着储能弹簧 f_4 和储能弹簧 f_5 的弹力被顶在其上部终端位置,螺母 m_1 和螺纹转轴 m_2 完全拧合在一起,螺纹转轴就不会顶在常用制动缸 B 的活塞 k_1 上,使停放制动器处于缓解位置。

b. 弹簧储能制动器的制动:在弹簧储能器作用时,如图 2-26 所示,气缸 g_3 通过接口 F 排风,活塞 k_4 传至储能弹簧 f_4 和储能弹簧 f_5 的反作用力降至 0。

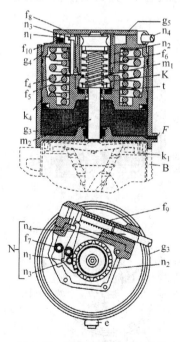

图 2-25　弹簧储能器气缸结构

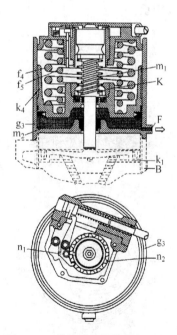

图 2-26　弹簧储能器在制动位置

放松的储能弹簧 f_4 和储能弹簧 f_5 的作用力通过活塞 k_4、锥体连接器 K、螺母 m_1 和螺纹转轴 m_2 作用在常用制动缸 B 的活塞 k_1 上,并将该活塞压入制动位置。接着,制动闸瓦在轮子上抱紧。

螺纹转轴 m_2 有非自锁的螺纹,储能弹簧(f_4 和 f_5)通过它产生一种扭矩,使螺纹转轴 m_2 向上从螺母 m_1 中拧出。然而,这种扭矩由闭合的锥体连接器 K 的摩擦连接以及齿轮 n_2 与棘爪 n_1 的互咬合来承接。因此,螺纹转轴 m_2 和螺母 m_1 之间不会相对扭转。

c. 弹簧储能器的紧急缓解:如果停放制动器缓解时没有压缩空气可用,可手动执行紧急缓解,如图 2-27 所示。为此,每个踏面制动单元都有一个装置(在本例中是推杆 n_4)用于操作棘爪 n_1。这种操作装置因车辆的不同而有差异,在此不详细介绍。

在操作棘爪 n_1 时,齿轮 n_2 被放开,因而螺纹转轴 m_2 的扭矩支撑消除。这时,由储能弹簧 f_4 和储能弹簧 f_5 向下作用的较大的力以及螺纹转轴 m_2 的非自锁螺纹产生的扭矩不再能够在棘爪 n_1 上得到支承,因而螺纹转轴 m_2 和齿轮 n_2 剧烈旋转,促使螺纹转轴 m_2 从螺母 m_1 向上旋出;同时,活塞 k_4 向下运动,将空气从气缸 g_3 中排挤出去。储能弹簧 f_4 和储能弹簧 f_5 被放松,直到活塞 k_4 贴在气缸底座上为止,此时储能弹簧的弹力不再作用在螺纹转轴 m_2 上。一旦活塞 k_4 向下运动,则锁定销 n_3 被压缩弹簧 f_8 向下压并将棘爪 n_1 闭锁,棘爪将不能再与齿轮 n_2 咬合。

通过常用制动缸活塞 k_1 对于螺纹转轴 m_2 的反作用力以及压缩弹簧 f_6 的弹力,螺纹转轴在活塞 k_4 已经贴靠底座的状态下向上旋拧,直到碰上罩盖 g_5。这时,旋转部件的回转动量使螺母 m_1 在螺纹转轴 m_2 上逆着盘形弹簧 t 的弹力向下旋拧,使锥体连接器 K 打开。螺母 m_1 和活塞 k_4 锥形圈之间的摩擦连接断开。自此,螺母 m_1 与螺纹转轴 m_2 及齿轮 n_2 一起旋转,直到它们的回转动量通过内摩擦完全衰减。停放制动器处于缓解状态。

d. 弹簧储能器重新准备就绪:在紧急缓解的状态下,弹簧储能器没有做好制动准备,如图 2-28 所示。

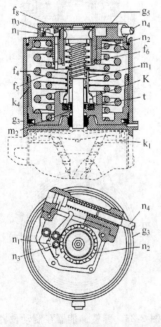 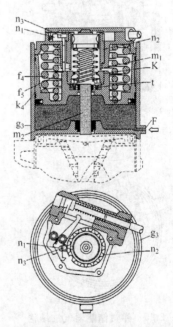

图 2-27 弹簧储能器紧急缓解　　图 2-28 弹簧储能器重新准备就绪

气缸 g_3 以缓解压力从接口 F 进气,取消紧急缓解状态。这样,活塞 k_4 逆着储能弹簧 f_4 和储能弹簧 f_5 的弹力向上顶,同时锥体连接器 K 顶着盘形弹簧 t 的力开启。因此,锥体连接器 K 中的摩擦连接断开,螺母 m_1 不再处于防扭转保护状态。由于有非自锁的螺纹,在活塞 k_4 继续向上运动的同时,螺母也在螺纹转轴 m_2 上向上旋拧。当活塞 k_4 向上运动到终点时,锁定销 n_3 被向上顶,棘爪 n_1 因此与齿轮 n_2 咬合,使齿轮和螺纹转轴 m_2 重新处于防扭转保护状态。一旦活塞运动结束,锥体连接器 K 自行关闭。

当到达图 2-28 中所示的终端位置时,储能弹簧 f_4 和储能弹簧 f_5 被张紧,弹簧储能器为一次新的制动做好了准备。

④ 手制动机构

手制动机构主要由专用气缸盖 g_6、连杆 u 和推杆 v 组成(如图 2-29 所示),由柔性拉杆 w 进行远端控制。柔性拉杆 w 用其软折管护套铰接在气缸盖 g_6 上,并用钢索通过一个叉形件挂在连杆 u 上。通过拉动柔性拉杆,使连杆摆动。连杆的运动经推杆 v 传递到常用制动缸 B 的活塞 k_1 上。当制动闸瓦在轮子上抱紧时,形成制动力。

当松开手闸时,弹簧的弹力使所有部件返回起始位置,如图 2-30 所示。

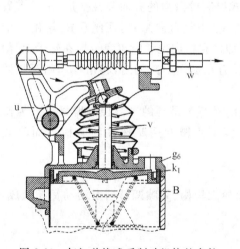

图 2-29 气缸盖换成手制动机构的套件

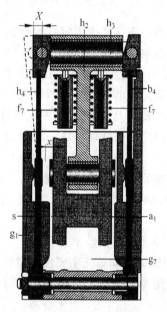

图 2-30 带横向移动吊耳的踏面制动

带横向移动吊耳的踏面制动单元是特殊形式。当轮子横摆较大,需要制动闸瓦侧向移动距离 x 时,需要使用该形式的装置,如图 2-31 所示。这样,可以避免横向力从水平方向,即与轮轴平行的方向上作用于踏面制动单元。

该特殊形式的横向移动式吊耳 h_2 与吊耳螺杆 h_3 一起支承在两个坚实的弹性板式控制臂 h_4 上,不像标准型那样支承在一个刚性支架上。板式控制臂的下端用螺栓与托架 g_7 固定在一起,并支撑在导向装置上。它将制动时产生的切向力传递给用法兰连接在踏面制动单元外壳 g_1 上的托架。在板式控制臂 h_4 的上端有用于支承吊耳螺杆 h_3 的支架,该

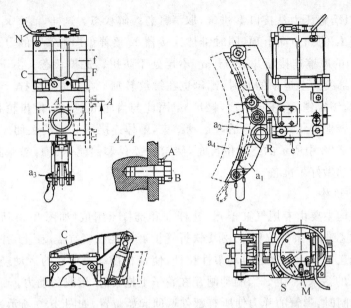

图 2-31　拆卸及安装踏面制动单元 PEC-7 带横向移动吊耳的踏面制动单元

吊耳螺杆两端用横穿螺栓固定。螺栓固定时,允许根据位移情况调整位置。

在轮轴横向位移时,由轮子凸缘产生的一种横向力作用于制动闸瓦上。它经过闸瓦托 a_1 和吊耳 h_2 传递到板式控制臂 h_4 上。板式控制臂沿力的方向弹性变形,吊耳带着闸瓦托随轮子横向运动。由于调节机构 s 在外壳 g_1 中呈万向悬置,而闸瓦托 a_1 由一个球形接头支承在转轴上,因而制动闸瓦的摩擦面即使在横向位移时也完全抱在轮子上,随着板式控制臂的弹性形变而形成一种弹力。该弹力在横向力减弱时,将吊耳和闸瓦托回复到起始位置。

在这种选型上没有配备摩擦件。闸瓦托由平行于吊耳的平行控制臂操纵。为使闸瓦托能均匀地抱在轮子的曲面上,平行控制臂可克服专用摩擦件的摩擦力而改变其长度。

(6) XFD 型踏面制动单元

XFD 型踏面制动单元主要由制动缸、楔角放大机构、间隙调整器及活动瓦托组成,其外形结构如图 2-32 所示。

(a) XFD-1H 型踏面制动单元

(b) XFD-2H 型踏面制动单元(带停放制动器)

图 2-32　XFD 型踏面制动单元外形结构图

① 作用力放大机构。

XFD 型踏面制动单元作用力的放大机构与传统踏面制动单元杠杆放大机构不同，它采用楔角放大原理，具有重量轻、体积小、输出力大且范围广等优点。

XFD 型踏面制动单元力的放大倍率仅与楔角角度有关。制动单元结构原理如图 2-33 所示，力的放大原理如图 2-34 所示。

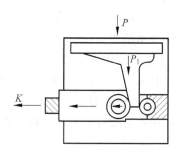 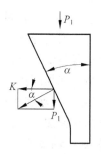

图 2-33　XFD 型踏面制动单元结构原理图　　图 2-34　楔角放大原理图

② 制动倍率计算。

制动倍率按下式计算：

$$K = P_1/\tan\alpha = P_1 \cdot n$$

故

$$n = K/P_1 = 1/\tan\alpha$$

式中：n 为制动倍率；P_1 为制动活塞作用力；K 为制动单元输出力；α 为楔角角度。

由于采用楔角放大原理，使 XFD 踏面制动单元结沟紧凑、重量轻、体积小、传动效率高；并且放大倍率不再是一个定值，而是一个选取范围，在不改变外形尺寸的情况下，在 1.8～4.47 倍内可任意选取。

③ 闸瓦间隙调整。

当闸瓦磨耗时，闸瓦间隙自动调整器能自动调整闸瓦与车轮踏面间隙变化，使之达到规定的正常间隙。

踏面制动单元在制动过程中产生弹性变形与位移，有可能使间隙调整器进行调整，造成车轮踏面与闸瓦间的有效间隙越来越小。为了防止该现象的发生，XFD 型踏面制动单元的单向间隙调整器内设置了制动盘机构，以保证弹性变形范围内，间隙调整器不调整，使闸瓦与车轮踏面之间的正常间隙始终保持不变。闸瓦间隙自动调整器具有手动调整功能，用于更换闸瓦后的调节。

④ 弧形滑块式闸瓦托。

XFD 型闸瓦托采用弧形滑块式结构，能自动保持均匀的闸瓦间隙。调整螺杆与闸瓦托，通过 V 形板弹簧和 Ω 形弹簧及弧形滑块组成径向活动机构，如图 2-35 所示。当制动时，在输出力 K 作用下，可自动调整闸瓦与车轮踏面间的

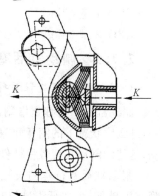

图 2-35　弧形滑块式径向活动闸瓦托简图

不均匀间隙,确保闸瓦均匀贴合。此结构还有避免偏载、弯曲和冲击载荷的传递,防止调整螺杆弯曲变形的特点。

⑤ 停放制动器。

停放制动的施加和缓解可以在司机台上完成,同时司机台上可以显示停放制动的状态。在列车停车时,总风压力下降后,停放制动能够自动施加;总风压力恢复时,停放制动能自动缓解并恢复停放制动的正常工作。一旦手动缓解了停放制动,停放制动失效,在总风压力正常范围内,执行一次制动操作,停放制动功能即自动恢复。

停放制动器每轴一个,在转向架上呈对角布置。XFD型踏面制动单元的停放制动器由弹簧的压缩力施加闸瓦压力。当停放制动缸有压力空气时,停放制动弹簧被压缩,停放制动缓解,当停放制动缸的压力空气被排出后,停放制动弹簧通过传动机构施加闸瓦压力。在停放制动施加后,当需要手动缓解时,拉动手动缓解装置可以释放被压缩的停放制动弹簧,使停放制动缓解。

⑥ 密封结构。

XFD型踏面制动单元采用全密封结构。制动缸活塞皮碗采用Y形骨架自封结构,安装方便,可延长检修期。

⑦ XDF踏面制动单元主要技术指标如下所示。

制动单元的制动缸直径:$\phi 177.8mm$;

最大闸瓦间隙调整能力:125mm;

闸瓦一次调整量:约10mm;

活塞最大行程:72mm;

闸瓦与车轮踏面正常间隙:4~8mm;

制动倍率:4.2;

制动单元输出力:33.52kN(制动缸压力为410kPa时);

弹簧停车制动器输出力:20kN。

踏面制动单元重量:

XFD-1型43kg;

XFD-2型63kg。

2.1.2 制动缸活塞行程调整

1. 制动缸活塞行程调整的意义

制动缸活塞行程是指制动时制动缸活塞移动的距离。这个距离由三个方面产生:其一,是缓解状态下的闸瓦间隙;其二,是各传动杠杆销接处各圆销与圆销孔之间的间隙;其三,是基础制动装置各种杆件在制动时产生的弹性变形。其中,闸瓦间隙的变化影响最大。

制动缸活塞行程的长短与制动力有密切的关系。当施行制动作用时,在相同的列车管减压量下,活塞行程过长时,制动缸容积增大,副风缸与制动缸的计算容积比减小,制动缸的空气压力降低,使制动力减小,延长制动距离,影响行车安全。反之,当制动缸活塞行程过短时,制动缸压力增大,容易抱死车轮,造成车轮踏面擦伤。而且,在列车中,如果各车辆的制动缸活塞行程长短相差过大,会使各车辆的制动力相差悬殊,从而增加列车的纵向动力作用。

此外,制动缸活塞行程超长会造成基础制动装置的作用不正确,使制动缸前杠杆和制动缸后杠杆的斜度扩大,产生杠杆与托架相抗的现象,即所谓的抗托现象。由于抗托,降低了制动效果,甚至无制动力。

制动缸活塞行程超长的危害很大,一些事故,如冒进、放飚、闸件脱落等都与制动缸活塞行程有关。因此,在运用中必须及时地对变化了的制动缸活塞行程进行适当调整,使之保持在规定的范围内。另一方面,尽快地使用闸瓦间隙自动调整器,从根本上解决制动缸活塞行程自动调整的问题。

2. 客车制动缸活塞行程调整

客车上早期使用过 J 型和 K 型闸瓦间隙自动调整器。这两种闸瓦间隙调整器结构相同,尺寸和使用上有所差别。J 型体积小,用在二轴转向架的客车上；K 型体积大,用在三轴转向架的客车上。因其只能单向调整制动缸活塞行程,且调整范围小,现已基本淘汰。目前,客车上使用的闸瓦间隙自动调整器均为 ST 型。客车人工调整制动缸活塞行程的处所和方法如下所述。

1) 转向架间隙调整器

转向架间隙调整器装在转向架靠外端两侧的构架上,每一侧一个,一辆车共装 4 个。其调整方法是：顺时针方向拧动调整螺母时,制动缸活塞行程伸长；逆时针方向拧动调整螺母时,制动缸活塞行程缩短,如图 2-36 所示。

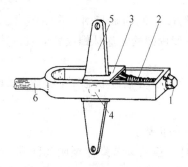

图 2-36 拉杆间隙调整器
1—调整螺母；2—调整螺杆；3—十字头；4—十字头圆销；5—固定杠杆；6—调整器拉杆

2) 均衡杠杆拉杆调整丝套

调整时,旋转均衡杠杆拉杆调整丝套,使均衡杠杆拉杆总长缩短时为缩短制动缸活塞行程；反之,旋转均衡杠杆拉杆调整丝套,使均衡杠杆拉杆总长伸长时为增大制动缸活塞行程。丝套要调整适当,注意两个转向架要均匀地调整。

3) 改变移动杠杆拉杆销孔位置

改变移动杠杆拉杆是用调整销孔位置的方法来实现。一般在车辆施行定检时使用。可根据所换车轮直径的大小移动圆销位置,例如车轮直径在 870mm 以上时,圆销移置外孔,使活塞行程伸长；车轮直径 870mm 以下的,圆销移置内孔,使制动缸活塞行程缩短。

另外,更换闸瓦后,由于车轮与闸瓦之间的间隙改变,使制动缸的活塞行程发生变化。更换新闸瓦,车轮与车轮之间的间隙变小,制动缸活塞行程缩短。

岗位实践

1. 合成闸片的检查

① 制动闸片的开口销如有损坏或缺失,必须更换或补齐开口销。

② 制动闸瓦如有断裂,更换新品。

③ 闸瓦厚度低于 5mm,必须更换新品。

2. 闸瓦与制动盘之间的间隙检查

① 检查是否有损伤和缺件现象,杠杆悬吊装置是否有断裂迹象,检查各开口销是否丢失或损伤。如有,必须更换或补齐开口销。

② 检查缓解状态时的制动盘间隙。缓解状态时,合成闸片不应对制动盘有作用力。

3. 合成闸片的更换方法

① 按照间隙调整的方法,闸瓦与制动盘之间间隙变大,变大的距离以能将制动缸拆卸下来为限。

② 拆卸制动缸上的 6 个内六角固定螺栓。将制动缸从转向架上分解脱离出来。

③ 拆卸制动缸上用于安装闸瓦的 2 个开口销。

④ 将闸瓦的 2 个定位销拆卸下来后,闸瓦脱离制动缸。

⑤ 更换闸瓦。

⑥ 按上述步骤的反向顺序,将制动缸与闸瓦重新组合。

⑦ 安装制动夹钳时,动车紧固螺栓需涂抹螺纹紧固胶。其紧固力矩为:动车 960N·m,拖车 150N·m。

备注:制动闸片应成对更换。在启车状态下,必须重新调节闸瓦间隙。

4. 间隙的调整方法

① 拆卸制动缸侧面的防松止垫。

② 用 17# 开口扳手顺时针扳动调节螺栓至闸瓦间隙 1~2mm。

注:顺时针扳动调节螺栓,使间隙变小;逆时针扳动调节螺栓,使间隙变大。1~2mm 距离用专用塞尺测量。

③ 间隙调节好后,将步骤①拆卸下来的防松止垫装回原处。

④ 拖车经过几次制动和缓解作用后,自动调整到标准值,不需人工调整。动车需按以上步骤人工调整。

工作任务 2.2　检修制动盘

任务描述

在城市轨道车辆中,制动盘是制动执行装置的重要器件,是影响车辆制动效果的主要因素。因此在车辆的检修过程中,更换制动盘是检修人员操作频繁且十分重要的一项工作。本任务要求按企业检修标准完成制动盘的更换。

【任务目的】
1. 掌握制动盘的检修标准及检修方法。
2. 掌握盘形制动单元的结构以及工作原理。
3. 能够对制动盘进行检修。

【任务内容】
更换城轨车辆制动盘。

【任务实践基本要求】
1. 在认真学习本任务"基础理论"内容的基础上完成实训。
2. 做好相关实训记录。
3. 遵守企业规章制度,按企业要求规范操作。

【设备及工具】
1. 长春地铁基础制动装置。
2. 活扳手、数显扳手、套筒、塞尺、内六角扳手。

基础理论

2.2.1 盘形制动装置

25 型盘形制动装置基本结构和作用如图 2-37 所示。由于盘形制动装置结构紧凑,能够承受巨大的制动压力,在新型客车上应用广泛。现在我国生产的双层空调客车、快速客车都采用盘形制动装置。基础制动装置采用盘形制动单元,由制动缸、内侧杠杆 7 和外侧杠杆 8、杠杆吊座 6、左闸片托 3 和右闸片托 2、闸片 1、闸片吊销 5 等部件组成,如图 2-38 所示。

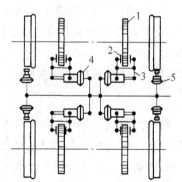

图 2-37 25 型客车盘形基础制动装置
1—制动盘;2—闸片;3—钳形杠杆;4—盘形制动单元;5—踏面清扫器

在每根车轴上装有两个制动盘,每个制动盘有一个盘形制动单元,以三点悬挂式悬挂在构架横梁的制动缸吊座上。中间悬挂点基本上是整个制动单元的重心处,承受全部重量。两个闸片吊承受两块闸片切向力,并将此力传递到转向架构架。中间悬挂点有带梯

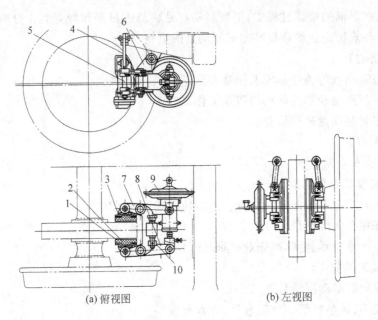

图 2-38 盘形制动单元

1—闸片；2—右闸片托；3—左闸片托；4—闸片托吊；5—闸片吊销；6—杠杆吊座；7—内侧杠杆；8—外侧杠杆；9—膜板制动缸；10—螺杆

形的螺杆，安装时转动螺杆移动制动单元，使两边的间隙比较均匀。每个转向架有 4 个膜板制动缸和 4 个踏面清扫制动缸，并有管系和制动缸连接。

盘形制动基础制动装置制动时，制动缸活塞受到压力空气的作用而推出活塞杆 3，以制动缸杠杆 4 中部连接圆销为支点，拉动拉杆 11 向内侧移动，带动钳形杠杆 5，使闸片 8 压紧制动盘。同时，带动钳形杠杆拉杆 6 向内侧移动，牵动制动盘外侧的钳形杠杆，使外侧压紧制动盘。在制动缸活塞杆推出时，带动连接拉杆 2 移动，通过制动缸后杠杆的作用，使钳形杠杆下端往制动盘方向移动，使闸片压紧制动盘；又由于带动钳形杠杆拉杆也向内侧（靠近制动缸）移动，于是带动制动盘外侧的钳形杠杆，使外侧闸片也压紧制动盘，使整个制动装置全部达到制动的目的。

缓解时，由于缓解弹簧的作用，各杠杆和拉杆恢复原位，闸片离开制动盘。

1. 制动盘

制动盘按照安装方式的不同，分为轴盘式和轮盘式两种。轴盘式的制动盘压装在车轴内侧。通常，对于构造速度在 160km/h 以下的客车，每条轮对装有 2 个制动盘；对于构造速度高于 160km/h 的客车，每条轴安装 3 个或 4 个制动盘。轮盘式制动盘根据车辆的空间，安装在车轮辐板的两侧或一侧。动车和机车的轮对车轴上装有牵引电机和齿轮箱，制动盘一般只能安装在车轮上。目前 206KP 型、209PK 型、209HS 型和 CW-2 型等转向架安装的都是 H300 型轴盘式制动盘，每条轮对对称装有 2 个制动盘。

轴盘式盘形制动装置由 H300 型制动盘、SP_2 到盘形制动单元、高摩擦系数合成闸片、杠杆夹钳等构成。闸片托上设有锁铁，闸片托为铸钢制成，分为左、右件。闸片托装上闸片后将锁铁锁紧,防止闸片脱落。制动装置中使用 Q275 材质制成的光圆销,圆销衬套采用自润滑的氟塑料金属耐磨材料,在运用中不需另加润滑油。

H300 型轴盘式制动盘由摩擦环、盘毂和连接装置组成,如图 2-39 所示。摩擦环由低合金特种铸铁制成,由两个半环组成,组装时用两个螺栓紧固在一起。这两个螺栓的作用是连接两个半环形摩擦环,并将其定位,使两个半环部分不会错动。

盘毂用铸铁制成。摩擦环与盘毂之间通过 8 个径向排列的弹性销套相连接。弹性销套中间穿有螺栓,两端装有锥形垫圈,并用弹簧垫圈和槽形螺母锁紧螺栓。弹性销套中的螺栓只承受较小的紧固力,不承受剪切力。摩擦环和盘毂间的力是靠弹性销套传递的。弹性销套的另一个作用是使摩擦环与盘毂之间既连接良好,又不固定死,当摩擦环受热产生膨胀时,能沿着 8 个径向弹性销套自由膨胀,可以减轻摩擦环的热应力和避免热裂。此外,这种弹性销套连接方式的热阻大,能够防止摩擦环的热量向盘毂传递,避免盘毂在车轴上产生松弛现象。

摩擦环制成对半分开式,是为了在摩擦环磨耗到限时可以方便地更换,而不需要退轮(因为无须更换盘毂,仅仅更换摩擦环)。

2. 合成闸片

与 H300 型制动盘匹配的合成闸片是用腰果壳改性酚醛树脂和丁苯橡胶掺和型作为黏结剂的高摩擦系数有机合成闸片。合成闸片有两种型号,H2480 型合成闸片用于普通双层空调客车,H25445 型合成闸片用于快速双层客车和快速客车。H25445 型合成闸片选用了钢纤维作为填充材料,提高了合成闸片的耐热强度、热稳定性和散热性能。

合成闸片的外形如图 2-40 所示。在闸片的摩擦面上有 5 条凹槽,使其既可以很好地与摩擦环接触,又能使磨耗下来的粉末通过凹槽排出,还防止热膨胀后的变形,使闸片与摩擦环这对摩擦副保持良好的接触。

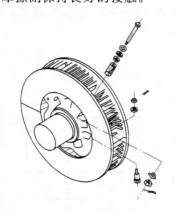

图 2-39　H300 型轴盘式制动盘的结构

图 2-40　合成闸片外形

在合成闸片的背面有 1.2mm 用钢板冲压成型并带有燕尾槽的钢背。使用钢背是为了增加合成闸片的强度,同时钢背是闸片与闸片托的连接件。通过钢背上的孔,经特殊处理后,使合成闸片与钢背牢靠地黏结在一起。合成闸片的原型厚度为 28mm,允许磨耗至 5mm,左、右两块闸片应同时更换。

2.2.2 制动倍率

1. 制动倍率

所谓制动倍率,是指制动缸活塞推力,经杠杆系统转换为闸瓦压力时增大的倍数,即

$$\beta = \frac{\sum K}{P_r}$$

式中:β 为制动倍率;$\sum K$ 为车辆按理论计算的闸瓦总压力(N);P_r 为制动缸活塞推力(N)。

制动倍率是基础制动装置的重要特性,其大小与制动缸活塞行程及闸瓦与车轮之间的间隙(闸瓦间隙)大小无关,仅与基础制动装置各杠杆的孔距尺寸有关。选择制动倍率应适中。制动倍率过小,要保证足够的闸瓦压力,必须考虑提高制动管定压,或增大制动缸直径,会造成空气制动系统耐压强度及漏泄严重的问题,或者增大制动缸直径而带来不便安装布置的困难;制动倍率过大,会带来闸瓦磨耗,引起制动缸活塞行程显著伸长,影响制动效果,检修工作量大的问题。对于我国客、货车的制动倍率,一般客车为 7~9,货车为 8~10。

2. 基础制动装置的制动效率

在制动过程中,由于基础制动装置中的各杠杆、拉杆销接处的摩擦,制动缸缓解弹簧和制动梁缓解弹簧的抵抗作用,制动缸活塞与制动缸壁的摩擦等,使得作用在各闸瓦上的实际压力值小于理论计算出来的闸瓦压力值。实际闸瓦压力值与理论闸瓦压力值的比值称为制动效率,一般用 η 表示,即

$$\eta = \frac{\text{全车实际闸瓦压力}}{\text{制动缸活塞推力} \times \text{制动倍率}}$$

制动效率的大小,与各杠杆和拉杆的结构形式、销套连接的多少、制动缸的直径大小,以及制动装置保养的好坏、气候条件等都有着直接的关系。同时,在车辆处于静止和运转的不同状态时,对制动效率的值也有较大影响。

目前,根据我国的具体情况,在计算闸瓦压力时,制动效率的取值如下:

① 在运行时,紧急制动客车取 0.85,货车取 0.90;

② 在停车时,制动效率大为降低,只有 0.70 左右。

常用制动时,由于减压量不同,制动缸的压力随之不同,但机械传动阻力(包括缓解弹簧反拨力)变化不大,因此其制动效率随减压量不同而发生变化,如图 2-41 所示。

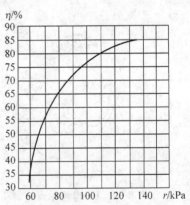

图 2-41 常用制动时制动效率与制动管减压量的关系

岗位实践

1. 制动盘的更换方法

（1）动车制动盘拆装

① 把制动盘的装配螺栓拧松。拆卸工具扭矩为68N·m。

② 从车轴上拉下轮缘制动圆盘。

（2）拖车制动盘拆装

① 把制动盘的装配螺栓拧松。拆卸工具扭矩为120N·m。

② 从车轮上拉下轮缘制动圆盘。

2. 制动盘的检查标准

（1）制动盘表面应无任何油脂。

（2）目视制动盘表面应无裂纹，否则更换。

（3）检查制动盘，动车制动盘厚度不低于54mm，拖车制动盘厚度不低于28mm。制动盘磨耗低于此限度，应及时更换新品。

（4）制动盘表面划痕深度超过1.2mm时，表面需修平。

（5）制动盘紧固螺栓无松动。

思考题

1. 基础制动装置有什么用途？
2. 单闸瓦式基础制动装置和双闸瓦式基础制动装置各有何优、缺点？
3. 合成闸瓦有哪些优点？
4. 什么是制动倍率？制动倍率过大或过小有何危害？
5. PC7Y型踏面单元制动器的构造和作用是什么？
6. PEC-7型常用制动器的缓解作用怎样实现？
7. PEC-7型常用制动器的制动作用怎样实现？
8. 简述弹簧储能制动器的制动作用。

岗位工作3

检修空气制动机

知识目标
1. 掌握空气制动的原理及常用元件的相关知识。
2. 掌握空气制动机的类型、结构及原理。
3. 掌握空气制动机的一般附件及检修方法。
4. 掌握104型空气制动机的结构原理及一般检修方法。

能力目标
1. 能够对空气制动机进行保养。
2. 能检修空气制动机的一般附件。
3. 能检修104型空气制动机。

工作任务3.1 空气制动机附件检修

任务描述

轨道车辆运行中,机械制动部分的操作要全部依靠制动机的工作来完成。制动机动作频繁,因此发生故障的频率高,故障部位集中。本次任务以空气制动机附件的检修为例,简述空气制动机的检修内容。

【任务目的】
1. 掌握空气制动机附件的检修内容。
2. 能够对空气制动机故障进行判断、处理。

【任务内容】
1. 制动软管连接器的检修。
2. 空气制动机制动缸的检修。

3. SP2 制动盘的检修。

【任务实践基本要求】

1. 在认真学习本任务"基础理论"内容的基础上完成实训。
2. 做好相关实训记录。
3. 遵守企业规章制度,按企业要求规范操作。

【设备及工具】

1. 空气制动机。
2. 十字旋具、活口扳手、手电筒。

基础理论

3.1.1 空气制动的原理

1. 空气制动机原理与作用

空气制动利用气压传动,其原理与气压传动系统相同。

1) 气压传动系统的工作原理

气压传动简称气动,是流体传动及控制学科的一个重要分支。气压传动系统的工作原理是利用空气压缩机将电动机或其他原动机输出的机械能转变为空气的压力能,然后在控制元件的控制和辅助元件的配合下,通过执行元件把空气的压力能转变为机械能,完成直线或回转运动并对外做功。

2) 气压传动系统的组成

典型的气压传动系统如图3-1所示,一般由以下4个部分组成。

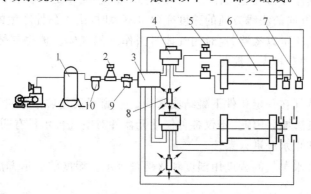

图3-1 气压传动系统的组成

1—气压发生装置;2—压力控制阀;3—逻辑元件;4—方向控制阀;5—流量控制阀;6—气缸;7—行程开关;8—消声器;9—油雾器;10—过滤器

① 气压发生装置:它将原动机输出的机械能转变为空气的压力能,其主要设备是空气压缩机。

② 控制元件:用来控制压缩空气的压力、流量和流动方向,保证执行元件具有一定的输出力和速度,并按设计的程序正常工作,如压力控制阀、流量控制阀、方向控制阀和逻

辑阀等。

③ 执行元件：将空气的压力能转变为机械能的能量转换装置，如气缸和气动马达。

④ 辅助元件：用于辅助保证气动系统正常工作的一些装置，如消声器、油雾器等。

2. 压缩空气性质

在气动系统中，压缩空气是传递动力和信号的工作介质。气动系统能否可靠工作，在很大程度上取决于系统中所用的压缩空气。因此，必须了解系统中使用的压缩空气及其性质。

1) 压缩空气的物理性质

(1) 空气的组成

自然界的空气由若干种气体混合而成，在城市和工厂区，由于烟雾及汽车尾气，大气中还含有二氧化硫、亚硝酸、碳氢化合物等。空气里常含有少量水蒸气，含有水蒸气的空气称为湿空气，完全不含水蒸气的空气称为干空气。

(2) 空气的密度

单位体积内所含空气的质量称为空气的密度，用 ρ 表示，单位为 kg/m^3。

$$\rho = \frac{m}{V}$$

式中：m 为空气的质量，kg；V 为空气的体积，m^3。

(3) 空气的黏性

黏性是由于分子之间的内聚力，在分子间相对运动时产生内摩擦力，而阻碍其运动的性质。与液体相比，气体的黏性要小得多。空气的黏性主要受温度变化的影响，且随温度的升高而增大。

没有黏性的气体称为理想气体。在自然界中，理想气体是不存在的。当气体的黏性较小，沿气体流动方向的法线方向的速度变化也不大时，由于黏性产生的黏性力与气体所受的其他作用力相比可以忽略，这时的气体可当作理想气体。理想气体具有重要的实用价值，可以使问题的分析大为简化。

(4) 湿空气

空气中的水蒸气在一定条件下凝结成水滴。水滴不仅会腐蚀元件，而且对系统工作的稳定性带来不良影响。因此，不仅各种气动元器件对空气含水量有明确规定，而且常需要采取一些措施防止水分进入系统。

湿空气中所含水蒸气的程度用湿度和含湿量表示。湿度的表示方法有绝对湿度和相对湿度之分。

① 绝对湿度：$1m^3$ 湿空气中所含水蒸气的质量称为绝对湿度，也就是湿空气中水蒸气的密度。

空气中水蒸气的含量是有极限的。在一定温度和压力下，空气中所含水蒸气达到最大极限的湿空气叫做饱和湿空气。$1m^3$ 的饱和湿空气中所含水蒸气的质量称为饱和湿空气的绝对湿度。

② 相对湿度：在相同温度、相同压力下，绝对湿度与饱和湿空气的绝对湿度之比称为该温度下的相对湿度。一般湿空气的相对湿度值在 0～100% 变化。通常情况下，空气

的相对湿度在 60%～70% 人体感觉舒适。气动技术中规定各种阀的相对湿度应小于 95%。

③ 含湿量：空气的含湿量指 1kg 质量的干空气中混合的水蒸气的质量。

④ 露点：保持水蒸气压力不变而降低未饱和湿空气的温度，使之达到饱和状态时的温度叫做露点。温度降到露点以下时，湿空气便有水滴析出。冷冻干燥法去除湿空气中的水分，利用的就是这个原理。

⑤ 析水量：实际上，气压传动中的工作介质是空气压缩机输出的压缩空气。未饱和的湿空气被空气压缩机压缩后，使原来在较大体积内含有的水蒸气都要挤压在较小的体积内，单位体积内含有的水蒸气的量就会增加。压缩空气被冷却后，温度下降，当温度下降到露点时，有水滴析出。每小时从压缩空气中析出水的质量称为析水量。

2) 气体体积的易变特性

由于气体分子间的距离较大，内聚力较小，故分子可以自由运动，因此气体的体积很容易随压力和温度的变化而变化。气体受到压力的作用而使体积缩小的性质称为气体的可压缩性。气体受温度的影响而使体积发生变化的性质称为气体的膨胀性。气体的可压缩性和膨胀性比液体大得多，故在研究气压传动时，应予考虑。

3. 压缩空气的污染

由于压缩空气中的水分、油污和灰尘等杂质不经处理直接进入管路系统时，会对系统造成不良后果，所以气动系统中使用的压缩空气必须经过干燥和净化处理后才能使用。压缩空气中的杂质来源主要有以下几个方面。

① 由系统外部通过空气压缩机等设备吸入的杂质。即使在停机时，外界的杂质也会从阀的排气口进入系统内部。

② 系统运行时内部产生的杂质。例如，湿空气被压缩、冷却，就会出现冷凝水；压缩机油在高温下会变质，生成油泥；管道内部会产生锈屑；相对运动件磨损会产生金属粉末和橡胶细末等。

③ 系统在安装和维修时产生的杂质，如安装、维修时未清除的铁屑、毛刺、纱头、焊接氧化皮、铸砂、密封材料碎片等。

4. 空气的质量等级

随着机电一体化程度不断提高，气动元件日趋精密。气动元件本身的低功率、小型化、集成化及微电子、食品和制药等行业对作业环境的严格要求和污染控制，都对压缩空气的质量和净化提出了更高的要求。不同的气动设备对空气质量的要求不同。若空气质量低劣，优良的气动设备也会频繁发生事故，使用寿命缩短。但若对空气质量提出过高的要求，会提高压缩空气的成本。

5. 供气系统管道

气动系统的供气系统管道包括以下内容。

① 空气压缩站内气源管道：包括压缩机的排气口至后冷却器、油水分离器、储气罐、干燥器等设备的压缩空气管道。

② 厂区压缩空气管道：包括从空气压缩站至各用气车间的压缩空气输送管道。

③用气车间压缩空气管道：包括从车间入口到气动装置和气动设备的压缩空气输送管道。

压缩空气管道主要分硬管和软管两种。硬管主要用于高温、高压及固定安装的场合，应选用不易生锈的管材（紫铜管或镀锌钢管），避免空气中的水分导致管道锈蚀而产生污染。气动软管一般用于工作压力不高、工作温度低于50℃及设备需要移动的场合。目前，常用的气动软管为尼龙管或PV管，其受热后耐压能力大幅下降，易出现管道爆裂，并且长期热辐射后会缩短其使用寿命。

6. 气压传动的特点

由于气压传动的工作介质为压缩空气，其具有防火、防爆、防电磁干扰、抗振动、抗冲击、抗辐射、无污染、结构简单和工作可靠等特点，所以气动技术与液压、机械、电气和电子技术相结合的方式，已发展成为实现生产自动化的一个重要手段。

气动技术广泛应用于机械、电子、轻工、纺织、食品等各个工业部门。气动机械手、组合机床、加工中心、生产自动线、自动检测和实验装置等大量涌现，它们在提高生产效率、自动化程度、产品质量、工作可靠性和实现特殊工艺等方面显示出极大的优越性。具体来讲，气压传动具有以下特点。

1) 气压传动的优点

① 以空气为工作介质，来源方便，用后排气处理简单，不污染环境。

② 由于空气流动损失小，压缩空气可集中供气，远距离输送。

③ 与液压传动相比，气压传动动作迅速、反应快、维护简单、管路不易堵塞，且不存在介质变质、补充和更换等问题。

④ 工作环境适应性好，可安全、可靠地应用于易燃、易爆场所。

⑤ 气动装置结构简单、轻便，安装、维护简单，压力等级低，故使用安全。

⑥ 空气具有可压缩性，气动系统能够实现过载自动保护。

2) 气压传动的缺点

① 由于空气有可压缩性，所以气缸的动作速度易受负载变化影响。

② 工作压力较低（一般为0.4~0.8MPa），因而气动系统输出力较小。

③ 气动系统有较大的排气噪声。

④ 工作介质空气本身没有润滑性，需要另加装置进行给油润滑。

空气制动机是指车辆制动装置中将压缩空气作为制动动力来源，以制动主管的空气压力变化来控制分配阀（三通阀或控制阀）产生动作，实现制动和缓解作用的装置。它包括从制动软管连接器至制动缸之间的所有制动部件。分配阀（三通阀或控制阀）是空气制动机的主要控制部件，它能根据制动管中空气压力的变化控制车辆制动装置的制动、缓解和保压作用。空气制动机是车辆制动装置的重要组成部分，有客车空气制动机和货车空气制动机之分。

3.1.2 气源装置

1. 气源装置的组成和布置

气源装置包括压缩空气的发生装置以及压缩空气的存储、净化等辅助装置。它为气动系统提供合乎质量要求的压缩空气,是气动系统的一个重要组成部分,一般由气压发生装置、净化及储存压缩空气的装置和设备、传输压缩空气的管道系统和气动三大件四部分组成,如图 3-2 所示。

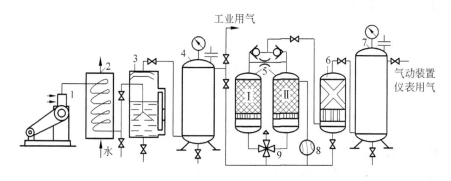

图 3-2 气源装置的组成和布置示意图
1—空气压缩机；2—后冷却器；3—油水分离器；4,7—储气罐；5—干燥器；6—过滤器；8—加热器；9—四通阀

在图 3-2 中,1 为空气压缩机,用于产生压缩空气,一般由电动机带动,其吸气口装有空气过滤器,以减少进入空气压缩机内气体的杂质量；2 为后冷却器,用于降温、冷却压缩空气,使气化的水、油凝结起来；3 为油水分离器,用于分离并排出降温、冷却后凝结的水滴、油滴、杂质等；4 为储气罐,用于储存压缩空气,稳定压缩空气的压力,并除去部分油分和水分；5 为干燥器,用于进一步吸收或排除压缩空气中的水分及油分,使之变成干燥空气；6 为过滤器,用于进一步过滤压缩空气中的灰尘、杂质颗粒；7 为储气罐；储气罐 4 输出的压缩空气用于一般要求的气压传动系统,储气罐 7 输出的压缩空气用于要求较高的气动系统(如气动仪表及射流元件组成的控制回路等)；8 为加热器,可将空气加热,使热空气吹入闲置的干燥器中进行再生,以备干燥器Ⅰ、Ⅱ交替使用；9 为四通阀,用于转换两个干燥器的工作状态。

2. 气压发生装置

1) 空气压缩机的分类

空气压缩机简称空压机,是气源装置的核心,用于将原动机输出的机械能转换为气体的压力能。空压机有以下几种分类方法。

(1) 按工作原理分类

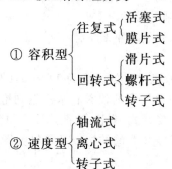

(2) 按输出压力 P 分类

鼓风机：$P \leqslant 0.2$MPa；

低压空压机：0.2MPa$\leqslant P \leqslant 1$MPa；

中压空压机：1MPa$\leqslant P \leqslant 10$MPa；

高压空压机：10MPa$< P \leqslant 100$MPa；

超高压空压机：$P > 100$MPa。

(3) 按输出流量 q_z（即铭牌流量或自由流量）分类

微型空压机：$q_z \leqslant 0.017$m³/s；

小型空压机：0.017m³/s$< q_z \leqslant 0.17$m³/s；

中型空压机：0.17m³/s$< q_z \leqslant 1.7$m³/s；

大型空压机：$q_z > 1.7$m³/s。

2) 空气压缩机的工作原理

气动系统中最常用的是往复活塞式空压机，其工作原理如图 3-3 所示。

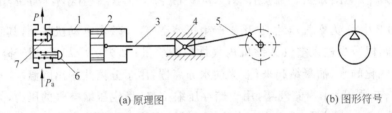

(a) 原理图　　　　　　　　　　(b) 图形符号

图 3-3　活塞式压缩机工作原理图

1—缸体；2—活塞；3—活塞杆；4—滑块；5—曲柄连杆机构；6—吸气阀；7—排气阀

当活塞 2 向右运动时，由于左腔容积增加，使得压力下降。当压力低于大气压力时，吸气阀 6 被打开，气体进入气缸缸体 1，此为吸气过程。当活塞向左运动时，吸气阀 6 关闭，缸内气体被压缩，压力升高，此为压缩过程。当缸内气体压力高于排气管道内的压力时，顶开排气阀 7，压缩空气被排入排气管，此为排气过程。至此完成一个工作循环，电动机带动曲柄做回转运动，通过连杆、滑块、活塞杆，推动活塞往复运动，空气压缩机连续输出高压气体。

3. 压缩空气净化设备

直接由空气压缩机排出的压缩空气如果不进行净化处理，不除去混在压缩空气中的水分、油分等杂质是不能被气动装置使用的。因此，必须设置一些除油、除水、除尘并使压缩空气干燥的提高压缩空气质量、进行气源净化处理的辅助设备。

压缩空气净化设备一般包括后冷却器、油水分离器、储气罐和干燥器。

1) 后冷却器

后冷却器安装在空气压缩机出口管道上。空气压缩机排出的温度为 140～170℃ 的压缩空气，经过后冷却器后，温度降至 40～50℃，使压缩空气中的油雾和水汽达到饱和，使其大部分凝结成滴而析出。后冷却器的结构形式有蛇形管式、列管式、散热片式和套管式等，冷却方式有水冷和气冷两种。蛇管式和列管式后冷却器的结构以及符号如图 3-4 所示。

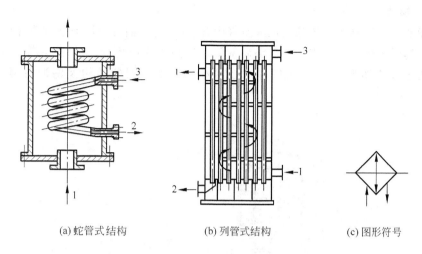

(a) 蛇管式结构　　　　(b) 列管式结构　　　　(c) 图形符号

图 3-4　后冷却器

1—冷却水；2—冷空气；3—热空气

2) 油水分离器

油水分离器安装在后冷却器后的管道上，作用是分离压缩空气中所含的水分、油分等杂质，使压缩空气得到初步净化。油水分离器的结构形式有环形回转式、撞击折回式、离心旋转式、水浴式以及以上形式的组合使用形式等。油水分离器主要利用回转离心、撞击、水浴等方法使水滴、油滴及其他杂质颗粒从压缩空气中分离。撞击折回并回转式油水分离器的结构及图形符号如图 3-5 所示。

3) 储气罐

储气罐的主要作用是储存一定数量的压缩空气，减少气源输出气流的脉动，增加气流连续性，减弱空气压缩机排出气流脉动引起的管道振动，进一步分离压缩空气中的水分和油分。储气罐的结构及图形符号如图 3-6 所示。

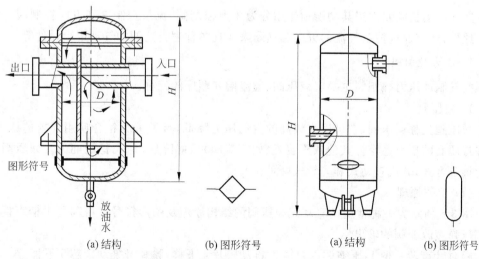

(a) 结构　　　(b) 图形符号　　　(a) 结构　　　(b) 图形符号

图 3-5　撞击折回并回转式油水分离器　　　图 3-6　储气罐

D—储气罐直径；H—储气罐高度　　　　　D—储气罐直径；H—储气罐高度；

4）干燥器

干燥器的作用是进一步除去压缩空气中含有的水分、油分和颗粒杂质等，使压缩空气干燥。它提供的压缩空气用于对气源质量要求较高的气动装置、气动仪表等。压缩空气干燥方法主要有吸附、离心、机械降水及冷冻等。干燥器的结构及图形符号如图3-7所示。

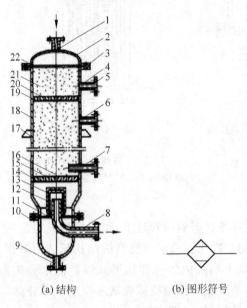

(a) 结构　　　　　　　　(b) 图形符号

图3-7　干燥器

1—湿空气进气管；2—顶盖；3,5,10—法兰；4,6—再生空气排气管；7—再生空气进气管；8—干燥空气输出管；9—排水管；11,22—密封垫；12,15,20—钢丝过滤网；13—毛毡；14—下栅板；16,21—吸附剂层；17—支撑板；18—筒体；19—上栅板

3.1.3　空气制动控制元件

空气制动控制元件按其功能和作用分为压力控制阀、流量控制阀和方向控制阀三大类。此外，还有通过控制气流的方向和通断来实现各种逻辑功能的气动逻辑元件等。

1. 压力控制阀

空气制动压力控制阀主要有减压阀、溢流阀和顺序阀三种。

1）减压阀

减压阀又称调压阀，它可以将较高的空气压力降低，且调节为符合使用要求的压力，并保持调后的压力稳定。其他减压装置（如节流阀）虽能降压，但无稳压能力。减压阀按压力调节方式，分成直动式和先导式两种。

(1) 工作原理

图3-8所示为一种常用的直动式减压阀的结构原理及图形符号。可利用手柄直接调节调压弹簧改变阀的输出压力。

顺时针旋转手柄1，压缩调压弹簧2，推动膜片4下移，膜片又推动阀芯5下移，阀口7被打开，气流通过阀口后压力降低；与此同时，部分输出气流经反馈导管6进入膜片气

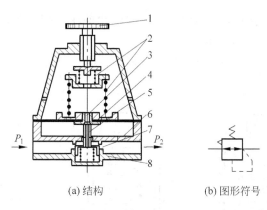

(a) 结构　　　　(b) 图形符号

图 3-8　直动式减压阀

1—手柄；2—调压弹簧；3—溢流口；4—膜片；5—阀芯；6—反馈导管；7—阀口；8—复位弹簧

室，在膜片上产生一个向上的推力。当此推力与弹簧力相平衡时，输出压力便稳定在一定的值。

若输入压力发生波动，如压力 P_1 瞬时升高，则输出压力 P_2 随之升高，作用在膜片上的推力增大，膜片上移，向上压缩弹簧，溢流口 3 有瞬时溢流，并靠复位弹簧 8 及气压力的作用，使阀杆上移，阀门开度减小，节流作用增大，使输出压力 P_2 回降，直到达到新的平衡为止。重新平衡后的输出压力基本上恢复至原值。反之，若输入压力瞬时下降，则输出压力也相应地下降，膜片下移，阀门开度增大，节流作用减小，输出压力基本上回升至原值。

如输入压力不变，输出流量变化，使输出压力发生波动（增高或降低），则依靠溢流口的溢流作用和膜片上力的平衡作用推动阀杆，仍能起稳压作用。

逆时针旋转手柄时，压缩弹簧力不断减小，膜片气室中的压缩空气经溢流口不断从排气孔 a 排出，进气阀芯逐渐关闭，直至最后输出压力降为零。

先导式减压阀使用预先调整好压力的空气来代替直动式调压弹簧进行调压，其调节原理和主阀部分的结构与直动式减压阀相同。先导式减压阀的调压空气一般由小型直动式减压阀供给。若将这种直动式减压阀装在主阀内部，称为内部先导式减压阀；若将它装在主阀外部，称为外部先导式或远程控制减压阀。

（2）减压阀的使用

在减压阀的使用过程中应注意以下事项。

① 减压阀的进口压力应比最高出口压力大 0.1MPa 以上。

② 安装减压阀时，最好手柄在上，以便操作。阀体上的箭头方向为气体的流动方向，安装时不要装反。阀体上的堵头可以拆卸下来，装上压力表。

③ 安装连接管道前，要用压缩空气吹净或用酸蚀法将锈屑等清洗干净。

④ 在减压阀前安装分水滤气器，阀后安装油雾器，以防减压阀中的橡胶件过早变质。

⑤ 减压阀不用时，应旋松手柄回零，以免膜片经常受压而产生塑性变形。

2）溢流阀（安全阀）

溢流阀和安全阀在结构和功能方面类似，有时可以不加区别。它们的作用是当气动回路和容器中的压力上升到超过调定值时，自动向外排气，以保持进口压力为调定值。实际上,溢流阀是一种用于维持回路中空气压力恒定的压力控制阀;安全阀是一种防止系统过载,保证安全的压力控制阀。

安全阀和溢流阀的工作原理相同,图 3-9 所示是一种直动式溢流阀的工作原理及图形符号。

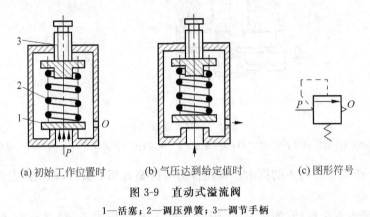

(a) 初始工作位置时　　(b) 气压达到给定值时　　(c) 图形符号

图 3-9　直动式溢流阀

1—活塞;2—调压弹簧;3—调节手柄

图 3-9(a)所示为阀在初始工作位置,预先调整手柄,使调压弹簧压缩,阀门关闭。图 3-9(b)所示为当气压达到给定值时,气体压力将克服预紧弹簧力,活塞上移,开启阀门排气;当系统内压力降至给定压力以下时,阀重新关闭。调节弹簧的预紧力,可改变阀的开启压力。

溢流阀(又称安全阀)的直动式和先导式的含义同减压阀相同。直动式安全阀一般通径较小;先导式安全阀一般用于通径较大或需要远距离控制的场合。

3) 顺序阀

顺序阀是依靠气压的大小控制气动回路中各元件动作的先后顺序的压力控制阀,常用来控制气缸的顺序动作。若将顺序阀与单向阀并联组装成一体,称为单向顺序阀。

图 3-10 所示为顺序阀的工作原理及图形符号。

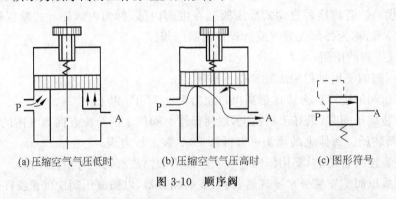

(a) 压缩空气气压低时　　(b) 压缩空气气压高时　　(c) 图形符号

图 3-10　顺序阀

图 3-10(a)所示为压缩空气从 P 口进入阀后,作用在阀芯下面的环形活塞面积上。当此作用力低于调压弹簧的作用力时,阀关闭。图 3-10(b)所示为当空气压力超过调定的压力值时,将阀芯顶起,气压立即作用于阀芯的全面积上,使阀达到全开状态,压缩空气便从 A 口输出。当 P 口的压力低于调定压力时,阀再次关闭。图 3-10(c)所示为顺序阀

的图形符号。

图 3-11 所示为单向顺序阀的工作原理。

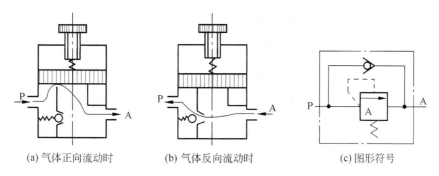

(a) 气体正向流动时　　(b) 气体反向流动时　　(c) 图形符号

图 3-11　单向顺序阀的工作原理

图 3-11(a)所示为气体正向流动时,进口 P 的气压力作用在活塞上。当它超过压缩弹簧的预紧力时,活塞被顶开,出口 A 有输出。单向阀在压差力和弹簧力作用下处于关闭状态。图 3-11(b)所示为气体反向流动时,进口变成排气口,出口压力将顶开单向阀,使出口 A 和排气口接通。调节手柄可改变顺序阀的开启压力。图 3-11(c)所示为单向顺序阀的图形符号。

2. 流量控制阀

流量控制阀主要有节流阀、单向节流阀和排气节流阀等,它们都是通过改变控制阀的通流面积实现流量控制的元件。

1) 节流阀

常用节流阀的节流口形式如图 3-12 所示。对于节流阀调节特性的要求是:流量调节范围要大,阀芯的位移量与通过的流量呈线性关系。节流阀节流口的形状对调节特性影响较大。

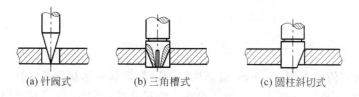

(a) 针阀式　　(b) 三角槽式　　(c) 圆柱斜切式

图 3-12　常用节流口形式

图 3-12(a)所示为针阀式节流口。当阀开度较小时,调节比较灵敏;当超过一定开度时,调节流量的灵敏度变差。图 3-12(b)所示为三角槽式节流口,通流面积与阀芯位移量呈线性关系。图 3-12(c)所示为圆柱斜切式节流口。通流面积与阀芯位移量呈指数(大于1)关系,能进行小流量精密调节。

图 3-13 所示为节流阀的结构原理图及图形符号。当压力气体从 P 口输入时,气流通过节流通道自出口 A 输出。旋转阀芯螺杆,可以改变节流口的开度,从而改变阀的流通面积。

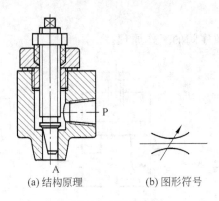

图 3-13　节流阀

2) 单向节流阀

单向节流阀是由单向阀和节流阀并联而成的组合式流量控制阀。该阀常用于控制气缸的运动速度,故也称为速度控制阀。

图 3-14 所示是单向节流阀的结构原理图和图形符号。当气流正向流动时(P→A),单向阀关闭,流量由节流阀控制;反向流动时(A→O),在气压作用下,单向阀被打开,无节流作用。

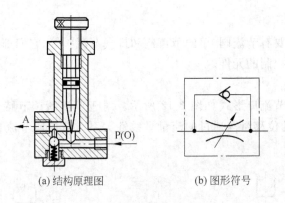

图 3-14　单向节流阀

若用单向节流阀控制气缸的运动速度,安装时,该阀应尽量靠近气缸。在回路中安装单向节流阀时,不要将方向装反。为了提高气缸运动的稳定性,应该按出口节流方式安装单向节流阀。

3) 排气节流阀

图 3-15 所示为排气节流阀的结构原理和图形符号。排气节流阀安装在气动装置的排气口上,控制排入大气的气体流量,以改变执行机构的运动速度。排气节流阀常带有消声器,以减小排气噪声,并能防止不清洁的气体通过排气孔污染气路中的元件。

排气节流阀宜用于在换向阀与气缸之间不能安装速度控制阀的场合。应注意,排气节流阀对换向阀会产生一定的背压。对于有些结构形式的换向阀而言,此背压对换向阀的动作灵敏性可能有些影响。

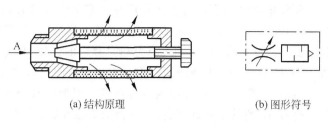

(a) 结构原理　　　　　(b) 图形符号

图 3-15　排气节流阀

4) 使用流量控制阀的注意事项

用流量控制阀控制气缸的运动速度,应注意以下几点。

① 防止管道中的漏损。有漏损,则不能期望有正确的速度控制。低速时,更应注意防止漏损。

② 要特别注意气缸的内表面加工精度和表面粗糙度,尽量减少内表面的摩擦力,这是控制速度不可缺少的条件。在低速场合,往往使用聚四氟乙烯等材料做密封圈。

③ 要使气缸内表面保持一定的润滑状态。润滑状态改变,滑动阻力也就改变,速度控制就不可能稳定。

④ 加在气缸活塞杆上的载荷必须稳定。若这种载荷在行程途中有变化,则速度控制相当困难,甚至不可能控制在不能消除载荷变化的情况下,必须借助于液压阻尼力,有时使用平衡锤或连杆等。

⑤ 必须注意速度控制阀的位置。原则上,速度控制阀应设在气缸管接口附近。使用控制台时,常将速度控制阀装在控制台上,远距离控制气缸的速度,但这种方法很难实现完好的速度控制。

3. 方向控制阀

气动方向控制阀和液压方向控制阀相似,分类方法大致相同。按其作用特点,分为单向型和换向型两种,其阀芯结构主要有截止式和滑阀式两种。

1) 单向型控制阀

单向型控制阀包括单向阀、或门型梭阀、与门型梭阀和快速排气阀。

(1) 单向阀

单向阀是指气流只能向一个方向流动,而不能反方向流动的阀。它的结构原理如图 3-16(a)所示,图形符号如图 3-16(b)所示,其工作原理与液压单向阀基本相同。

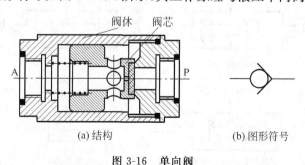

(a) 结构　　　　　(b) 图形符号

图 3-16　单向阀

正向流动时,P 腔气压推动活塞的力大于作用在活塞上的弹簧力和活塞与阀体之间的摩擦阻力,活塞被推开,P、A 腔接通。为了使活塞保持开启状态,P 腔与 A 腔应保持一定的压差,以克服弹簧力。反向流动时,受气压力和弹簧力的作用,活塞关闭,P、A 不通。弹簧的作用是增加阀的密封性,防止低压泄漏;另外,在气流反向流动时,帮助阀迅速关闭。

单向阀特性包括最低开启压力、压降和流量特性等。因单向阀是在压缩空气作用下开启的,因此在阀开启时,必须满足最低开启压力,否则不能开启。即使阀处在全开状态,也会产生压降,因此在精密的压力调节系统中使用单向阀时,需预先了解阀的开启压力和压降值。一般最低开启压力在 $0.1 \times 10^5 \sim 0.4 \times 10^5$ Pa,压降在 $0.06 \times 10^5 \sim 0.1 \times 10^5$ Pa。

在气动系统中,为防止储气罐中的压缩空气倒流回空气压缩机,在空压机和储气罐之间应装有单向阀。单向阀还可与其他阀组合成单向节流阀、单向顺序阀等。

(2) 或门型梭阀

在气压传动系统中,当两个通路 P_1 和 P_2 均与另一通路 A 相通,而不允许 P_1 与 P_2 相通时,要使用或门型梭阀,如图 3-19 所示。由于阀芯像织布梭子一样来回运动,因而称之为梭阀。该阀相当于两个单向阀的组合。在逻辑回路中,它起到或门的作用。

如图 3-17(a)所示,当 P_1 进气时,将阀芯推向右边,通路 P_2 被关闭,于是气流从 P_1 进入通路 A;反之,气流从 P_2 进入 A,如图 3-17(b)所示。当 P_1、P_2 同时进气时,哪端压力高,A 就与那端相通,另一端自动关闭。图 3-17(c)所示为该阀的图形符号。

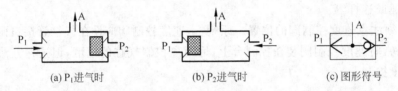

(a) P_1进气时　　(b) P_2进气时　　(c) 图形符号

图 3-17　或门型梭阀

(3) 与门型梭阀

与门型梭阀又称双压阀。该阀只有当两个输入口 P_1、P_2 同时进气时,A 口才能输出。图 3-18 所示为与门型梭阀。P_1 或 P_2 单独输入时,如图 3-18(a)、(b)所示,此时 A 口无输出,只有当 P_1、P_2 同时有输入时,A 口才有输出,如图 3-18(c)所示。当 P_1、P_2 气体压力不等时,气压低的通过 A 口输出。图 3-18(d)所示为该阀的图形符号。

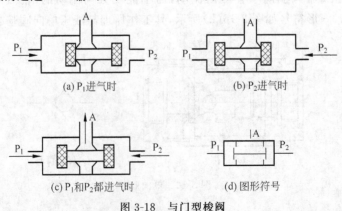

(a) P_1进气时　　(b) P_2进气时

(c) P_1和P_2都进气时　　(d) 图形符号

图 3-18　与门型梭阀

（4）快速排气阀

快速排气阀又称快排阀，它是为加快气缸运动做快速排气用的。图 3-19 所示为膜片式快速排气阀。当 P 口进气时，膜片被压下封住排气口，气流经膜片四周小孔，由 A 口流出，同时关闭下口。当气流反向流动时，A 口气压将膜片顶起封住 P 口，A 口气体经 T 口迅速排掉。

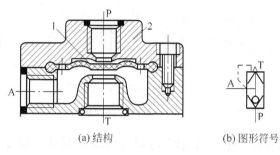

(a) 结构　　　(b) 图形符号

图 3-19　膜片式快速排气阀

1—膜片；2—阀体

2）换向型控制阀

换向型控制阀是指可以改变气流流动方向的控制阀。按控制方式，分为气压控制、电磁控制、人力控制和机械控制四种。按阀芯结构，分为截止式、滑阀式和膜片式等。

（1）气压控制换向阀

气压控制换向阀利用气体压力使主阀芯运动，从而使气流改变方向。在易燃、易爆、潮湿、粉尘大、强磁场、高温等恶劣工作环境下，用气压力控制阀芯动作比用电磁力控制要安全、可靠。气压控制方式分成加压控制、差压控制、延时控制等。

① 加压控制：加压控制是指加在阀芯上的控制信号压力值是逐渐上升的控制方式，当气压增加到阀芯的动作压力时，主阀芯换向。它有单气控和双气控两种。

图 3-20 所示为单气控换向阀工作原理，它是截止式二位三通换向阀。图 3-20(a) 所示为无控制信号 K 时的状态，阀芯在弹簧与 P 腔气压作用下，P、A 断开，A、O 接通，阀处于排气状态；图 3-20(b) 所示为有加压控制信号 K 时的状态，阀芯在控制信号 K 的作用下向下运动，A、O 断开，P、A 接通，阀处于工作状态。图 3-20(c) 所示为该阀的图形符号。

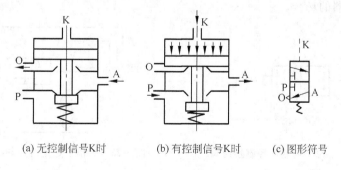

(a) 无控制信号K时　　(b) 有控制信号K时　　(c) 图形符号

图 3-20　单气控换向阀

图 3-21 所示为双气控换向阀工作原理,它是滑阀式二位五通换向阀。图 3-21(a)所示为控制信号 K_1 存在,信号 K_2 不存在时的状态,阀芯停在右端,P、B 接通,A、O_1 接通;图 3-21(b)所示为信号 K_2 存在,信号 K_1 不存在时的状态,阀芯停在左端,P、A 接通,B、O_2 接通。图 3-21(c)所示为该阀的图形符号。

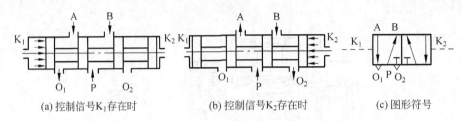

(a) 控制信号 K_1 存在时　　(b) 控制信号 K_2 存在时　　(c) 图形符号

图 3-21　双气控换向阀

泄压控制是指加在阀芯上的控制信号的压力值是渐降的控制方式。当压力降至某一值时,阀被切换。泄压控制阀的切换性能不如加压控制阀好。

② 差压控制:差压控制是利用阀芯两端受气压作用的有效面积不等,在气压作用力的差值作用下,使阀芯动作而换向的控制方式。

图 3-22 所示为二位三通差压控制换向阀的图形符号。当 K 无控制信号时,P 与 A 相通,B 与 O_2 相通;当 K 有控制信号时,P 与 B 相通,A 与 O_1 相通。差压控制的阀芯靠气压复位,不需要复位弹簧。

③ 延时控制:延时控制的工作原理是利用气流经过小孔或缝隙被节流后,再向气室充气,经过一定的时间,当气室内压力升至一定值后,推动阀芯动作而换向,从而达到信号延迟的目的。

图 3-23 所示为二位三通延时控制换向阀,它由延时和换向两部分组成。其工作原理是:当 K 无控制信号时,P 与 A 断开,A 与 O 相通,A 腔排气;当 K 有控制信号时,控制气流先经可调节流阀,再到气容。由于节流后的气流量较小,气容中的气体压力增长缓慢,经过一定时间后,当气容中的气体压力上升到某一值时,阀芯换位,使 P 与 A 相通,A 腔有输出。当气控信号消除后,气容中的气体经单同阀迅速排空。调节节流阀开口大小,可调节二位三通延时阀的延时长短。这种阀的延时在 0~20s,常用于易燃、易爆等不允许使用时间继电器的场合。

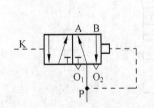
图 3-22　二位三通差压控制换向阀

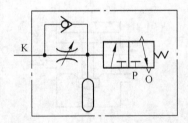
图 3-23　二位三通延时控制换向阀

(2) 电磁控制换向阀

电磁控制换向阀是由电磁铁通电对衔铁产生吸力,利用这个电磁力实现阀的切换来改变气流方向的阀。利用这种阀,易于实现电气联合控制,能实现远距离操作,故应用广泛。

电磁控制换向阀分成直动式和先导式两种。

① 直动式电磁换向阀。

由电磁铁的衔铁直接推动阀芯换向的气动换向阀称为直动式电磁换向阀。直动式电磁换向阀有单电控和双电控两种。

图 3-24 所示为单电控直动式电磁换向阀的工作原理,它是二位三通电磁阀。图 3-24(a)所示为电磁铁断电时的状态,阀芯靠弹簧力复位,使 P、A 断开,A、O 接通,阀处于排气状态。图 3-24(b)所示为电磁铁通电时的状态,电磁铁推动阀芯向下移动,使 P、A 接通,阀处于进气状态。图 3-24(c)所示为该阀的图形符号。

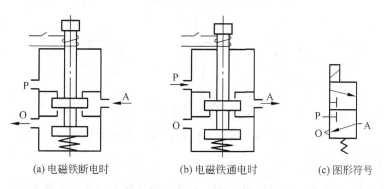

(a) 电磁铁断电时　　(b) 电磁铁通电时　　(c) 图形符号

图 3-24　单电控直动式电磁换向阀

图 3-25 所示为双电控直动式电磁换向阀的动作原理图,它是二位五通电磁换向阀。如图 3-25(a)所示,电磁铁 1 通电,电磁铁 2 断电时,阀芯 3 被推到右位,A 口有输出,B 口排气;若电磁铁 1 断电,阀芯位置不变,即具有记忆能力。如图 3-25(b)所示,电磁铁 2 通电,电磁铁 1 断电时,阀芯被推到左位,B 口有输出,A 口排气;若电磁铁 2 断电,空气通路不变。图 3-25(c)所示为该阀的图形符号。这种阀的两个电磁铁只能交替得电,不能同时得电,否则会产生误动作。

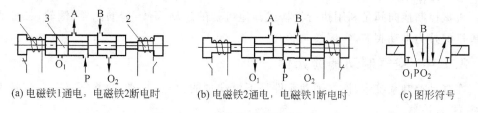

(a) 电磁铁1通电,电磁铁2断电时　　(b) 电磁铁2通电,电磁铁1断电时　　(c) 图形符号

图 3-25　双电控直动式电磁换向阀

1,2—电磁体;3—阀芯

② 先导式电磁换向阀。

先导式电磁换向阀由电磁先导阀和主阀两部分组成,电磁先导阀输出先导压力,推动主阀阀芯使阀换向。当阀的通径较大时,若采用直动式,所需电磁铁要大,体积和电耗都

大,为克服这些缺点,宜采用先导式电磁换向阀。

先导式电磁换向阀按控制方式分为单电控和双电控两种。按先导压力来源,分为内部先导式和外部先导式,其图形符号如图3-26所示。

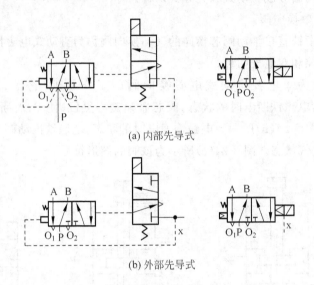

(a) 内部先导式

(b) 外部先导式

图 3-26　先导式电磁换向阀的图形符号

③ 人力控制换向阀。

人力控制换向阀与其他控制方式相比,使用频率较低,动作速度较慢。因操作力不大,故阀的通径小,操作灵活,可按人的意志随时改变控制对象的状态,可实现远距离控制。

人力控制换向阀在手动、半自动和自动控制系统中得到广泛应用。在手动控制系统中,一般直接操纵气动执行机构;在半自动和自动系统中,多作为信号阀使用。

人力控制换向阀的主体部分与气控阀类似,按其操纵方式,分为手动阀和脚踏阀两类。

④ 机械控制换向阀。

机械控制换向阀是利用执行机构或其他机构的运动部件,借助凸轮、滚轮、杠杆和撞块等机械外力推动阀芯,实现换向的阀。

3.1.4　空气制动辅助元件

在气动控制系统中,许多辅助元件是不可缺少的,如过滤器、油雾气、消声器、管道和管接头、转换器。

1. 过滤器

空气的过滤是气压传动系统中的重要环节。在不同的场合,对压缩空气的要求不同。过滤器的作用是进一步滤除压缩空气中的杂质。常用的过滤器有一次过滤器(也称简易过滤器),滤灰效率为50%~70%;二次过滤器,滤灰效率为70%~99%;在要求高的特殊场合,还可使用高效率的过滤器,滤灰效率大于99%。

1) 一次过滤器

图 3-27 所示为一种一次过滤器。气流由切线方向进入筒内,在离心力的作用下分离出液滴,然后气体由下而上通过多片钢板、毛毡、硅胶、焦炭、滤网等过滤吸附材料,干燥、清洁的空气从筒顶输出。

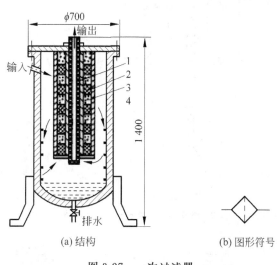

图 3-27 一次过滤器
1—10 密孔网;2—280 目细钢丝网;3—焦炭;4—硅胶

2) 分水滤气器

分水滤气器的滤灰能力较强,属于二次过滤器。它和减压阀、油雾器一起被称为气动三联件,是气动系统不可缺少的辅助元件。普通分水滤气器的结构如图 3-28 所示。其工作原理是:压缩空气从输入口进入后,被引入旋风叶子 1;旋风叶子上有很多小缺口,使空气沿切线反向产生强烈的旋转,使夹杂在气体中的较大水滴、油滴、灰尘(主要是水)获得较大的离心力,并高速与存水杯内壁碰撞,而从气体中分离出来,沉淀于存水杯 3 中,然后气体通过中间的滤芯 2,部分灰尘、雾状水被滤芯 2 拦截而滤去,洁净的空气从输出口输出。挡水板 4 用于防止气体漩涡将杯中积存的污水卷起而破坏过滤作用。为保证分水滤气器正常工作,必须及时将存水杯中的污水通过排水阀 5 放掉。在某些人工排水不方便的场合,可采用自动排水式分水滤气器。

存水杯由透明材料制成,便于观察工作情况、污水情况和滤芯污染情况。滤芯目前采用铜珠烧结而成。若发现油泥过多,可用酒精清洗,干燥后再装上,以便继续使用。但是这种过滤器只能滤除固体和液体杂质,因此使用时应尽可能装在能使空气中的水分变成液态的部位或防止液体进入的部位,如气动设备的气源入口处。

2. 油雾器

油雾器是一种特殊的给油装置,其作用是将普通的液态润滑油滴雾化成细微的油雾,并注入空气,然后随气流输送到滑动部位,达到润滑的目的。油雾器的结构如图 3-29 所示。

普通油雾器的工作原理是:压缩空气从入口进入油雾器后,其中绝大部分气流经文

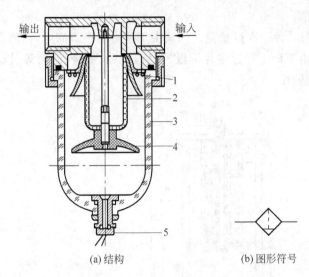

(a) 结构　　　　　　(b) 图形符号

图 3-28　普通分水滤气器

1—10 旋风叶子；2—滤芯；3—存水杯；4—挡水板；5—手动排水阀

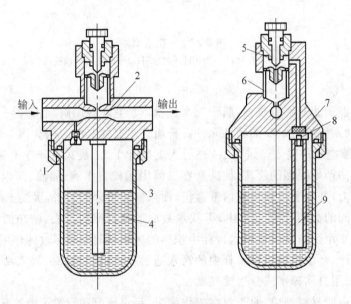

图 3-29　油雾器

1—特殊单向阀；2—文氏管；3—油杯；4—润滑油；5—针阀；6—视油器；7—过滤器；8—给油单向阀；9—吸油管

氏管，从主管道输出，小部分通过特殊单向阀流入油杯，使油面受压。由于气流通过文氏管的高速流动使压力降低，与油面上的气压之间存在压力差。在此压力下，润滑油经吸油管、给油单向阀和调节油量的针阀，滴入透明的视油器内，并顺着油路被文氏管的气流引射出来，雾化后随气流一同输出。

3. 消声器

消声器通过阻尼或增加排气面积来降低排气速度和功率，从而降低噪声。

气动元件使用的消声器一般有三种类型：吸收型消声器、膨胀干涉型消声器和膨胀干涉吸收型消声器。常用的是吸收型消声器。图 3-30 所示是吸收型消声器的结构简图。这种消声器主要依靠吸音材料消声。消声罩 2 为多孔的吸音材料，一般用聚苯乙烯或铜珠烧结而成。当消声器的通径小于 20mm 时，多用聚苯乙烯作为消音材料制成消声罩；当消声器的通径大于 20mm 时，消声罩多用铜珠烧结，以增加强度。其消声原理是：当有压气体通过消声罩时，气流遇阻，声能量被部分吸收而转化为热能，从而降低噪声强度。

吸收型消声器的结构简单，具有良好的消除中、高频噪声的性能，消声效果大于 20dB。在气压传动系统中，排气噪声主要是中、高频噪声，尤其是高频噪声，所以采用这种消声器是合适的。在中、低频噪声的场合应使用膨胀干涉吸收型消声器，如图 3-31 所示。气流经对称斜孔分成多束进入扩散室 A 后膨胀，减速后与反射套碰撞，然后反射到 B 室；在消声器中心处，气流束互相撞击、干涉。当两个声波相位相反时，使声波的振幅互相减弱，达到消耗声能的目的。最后，声波通过消声器内壁的消声材料，残余声能由于与消声材料的细孔摩擦而变成热能，达到降低声强的效果。

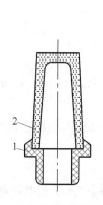

图 3-30 吸收型消声器的结构简图
1—连接螺丝；2—消声罩

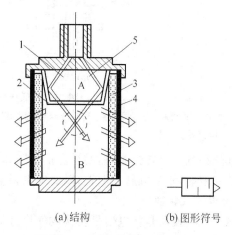

图 3-31 膨胀干涉吸收型消声器
1—扩散室；2—反射套；3—吸音材料；
4—壳体；5—对称斜孔

4. 管道和管接头

管道系统包括管道和管接头。

1) 管道

气动系统中常用的管道有硬管和软管两种。硬管以钢管和紫铜管为主，常用于连接高温、高压和固定不动的部件。软管有各种塑料管、尼龙管和橡胶管等，其特点是经济、拆装方便、密封性好，但应避免在高温、高压和有辐射的场合使用。

2) 管接头

管接头是连接、固定管道所必需的辅件，分为硬管接头和软管接头两种。硬管接头有螺纹连接及薄壁管扩口式卡套连接，与液压用管接头基本相同。对于通径较大的气动设备、元件、管道等，可采用法兰连接。

5. 转换器

转换器是将电、液、气信号相互转换的辅件,用来控制气动系统工作。气动系统中的转换器主要有气—电、电—气和气—液之分。

1) 气—电转换器

气—电转换器是利用气信号来接通或关断电路的装置,其输入是气信号,输出是电信号。图 3-32 所示为低压气—电转换器,它是把气信号转换成电信号的元件。硬芯与焊片是两个常断电触点,当有一定压力的气动信号由信号输入口进入后,膜片上弯曲,带动硬芯与限位螺钉,即与焊片导通,发出电信号。气信号消失后,膜片带动硬芯复位,触点断开,电信号消失。

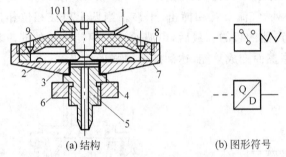

图 3-32 低压气—电转换器

1—焊片;2—硬芯;3—膜片;4—密封垫;5—气动信号输入孔;6,10—螺母;7—压圈;8—外壳;9—盖;11—限位螺钉

在选择气—电转换器时,要注意信号工作压力大小、电源种类、额定电压和额定电流大小。安装时,不应倾斜和倒置,以免发生误动作,导致控制失灵。

2) 电—气转换器

电—气转换器是将电信号转换成气信号的装置,其作用如同小型电磁阀。

图 3-33 所示为一种低压电—气转换器。线圈 2 不通电时,由于弹性支撑 1 的作用,

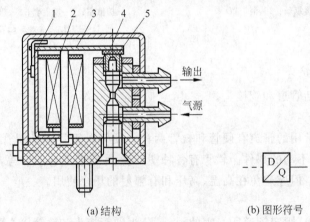

图 3-33 低压电—气转换器

1—弹性支撑;2—线圈;3—衔铁;4—挡板;5—喷嘴

衔铁3带动挡板4离开喷嘴5。这样,从气源来的气体绝大部分从喷嘴排向大气,输出端无输出;当线圈通电时,将衔铁吸下,橡皮挡板封住喷嘴,气源的有压气体从输出端输出。电磁铁的直流电压为6～12V,电流为0.1～0.14A;气源压力为1～10kPa。

3) 气—液转换器

气—液转换器是将空气压力转换成油压,且压力值不变的元件。

图3-34所示的气—液转换器是一个油面处于静压状态的垂直放置的油筒,其上部接气源,下部与液压缸相连。为了防止空气混入油中造成传动不稳定,在进气口和出油口处,都安装有缓冲板2。进气口缓冲板还可防止空气流入时发生冷凝水和排气时流出油沫。浮子4可防止油、气直接接触,避免空气混入油中。所用油可以是透平油或液压油,油的运动黏度为40～100mm²/s。

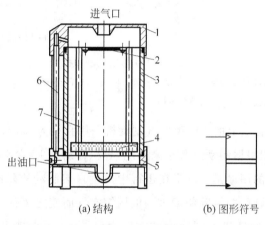

图 3-34 气—液转换器
1—头盖;2—缓冲板;3—筒体;4—浮子;5—下盖;6—油位计;7—拉杆

3.1.5 空气制动机及主要附件

空气制动机是指车辆制动装置中利用压缩空气作为制动动力来源,以制动主管的空气压力变化来控制分配阀(三通阀或控制阀)产生动作,实现制动和缓解作用的装置,它包括从制动软管连接器至制动缸之间的所有制动部件。轨道车辆中目前使用较多的是104型空气制动机。

1. 104型空气制动机结构

104型空气制动机是以我国自行设计制造的104型客车分配阀而命名的。它是以104型分配阀和压力风缸、制动缸为主配套组成的自动式空气制动机。随着车辆向大吨位、高速度方向发展,三通阀已不能适应我国铁路运输事业发展的需要。为此,我国开始研制104型分配阀,经技术鉴定后,陆续在客车上使用,其结构组成如图3-35所示。它由104型分配阀6、容积为11L的压力风缸8、副风缸7、制动缸1、截断塞门4、远心集尘器5、制动缸排气塞门9和制动管等零部件组成。104型分配阀6由中间体、主阀、紧急阀三部分组成,中间体分别与副风缸、制动缸、压力风缸、制动管相连接。104型分配阀内的活塞采用橡胶模板结构,减少阻力,减少漏泄现象的发生。

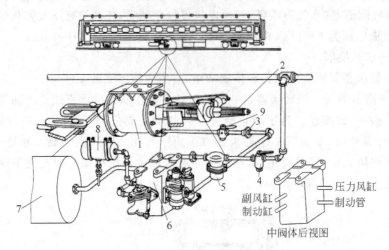

图3-35 104型空气制动机

1—制动缸；2—闸瓦间隙自动调整器；3—制动主管；4—截断塞门；5—远心集尘器；6—104型分配阀；7—副风缸；8—压力风缸；9—制动缸排气塞门

目前,装在22型客车上的104型空气制动机采用直径为406mm或直径为356mm的制动缸,副风缸的容积根据制动缸大小来选配,容积分别为180L和120L。

制动缸排气塞门的用途是：列车在运行中发生自然制动故障时,可在车厢内关闭此塞门,切断制动缸连通管,并排除制动缸内的压缩空气而使之缓解。

另外,104型空气制动机的缓解阀装在压力风缸上,用来排出压力风缸内的压缩空气,使制动机缓解。

2. 空气制动机主要附件的构造及检修

1) 制动软管连接器

(1) 制动软管连接器的用途与构造

制动软管连接器由制动软管及软管连接器等组成,其用途是连接相邻车辆的制动主管,能在列车通过曲线或各车辆间距变化时,不妨碍压缩空气的畅通。其构造如图3-36所示。

旧型制动软管由5层以上帆布与橡胶卷制成圆筒形,富有屈挠性,能耐很大压力,但由于寿命短、强度低、故障率高等原因,现已停产,逐步被维纶及橡胶制成的编织软管取代。制动软管的一端装有软管连接器,另一端装有软管接头,与折角塞门连接。软管连接器和软管接头都是用卡子和螺栓与制动软管紧固在一起。

制动软管的长度以560mm为标准,公差不超过±10mm,内径一般是35mm,外径是52~54mm。为保持两根软管的连接器互相连接后严密不漏,在连接器内嵌入一个软管垫圈1,如图3-37所示。

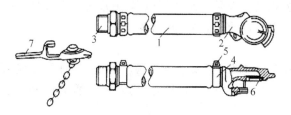 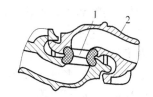

图 3-36　制动软管连接器

1—软管；2—软管连接器；3—软管接头；4—卡子；5—螺栓和螺母；6—垫圈；7—防尘堵

图 3-37　两根制动软管连接器连接状态

1—垫圈；2—软管连接器

当前使用的 TB60-89 型软管连接器体的外形如图 3-38 所示。这种连接器体具有结构简单、坚固、不易变形，无须装挡销等优点，它将逐步代替旧型软管连接器体。

制动软管连接器所用的旧型软管卡子为可锻铸铁或球墨铸铁制成，因存在组装力较大，密封性能差等缺点，现已推广采用钢板压型软管卡，其外形如图 3-39 所示。

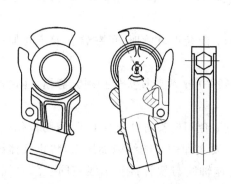 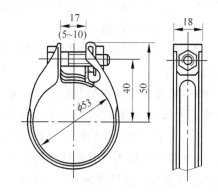

图 3-38　TB60-89 型软管连接器体的外形

图 3-39　钢板压型软管卡

制动软管连接器在车上安装时，连接器体的结合面应为铅垂面。当摘开车辆之间的制动软管连接器时，为防止尘砂侵入，并避免在调车时和线路上的一切设备发生接触，在车辆端部装有用铸铁制的制动软管连接器防尘堵 7（如图 3-36 所示），并用铁链连接，悬挂在车钩托板螺栓上。

(2) 故障处理

制动软管连接器有下列故障时，必须及时处理。

① 软管连接器破损、分离和漏泄。

第一，由于材料不良、铸造不好，以及敲打用力过猛等原因，造成软管连接器裂损；连接器头部磨耗或安装角度不正，在列车运行中受振而造成分离。遇到这些情况，必须更换软管或调整安装角度。

第二，软管连接器连接不严密而造成漏风。该故障是由于连接器头部磨耗或旋制的尺寸不合标准，或由于垫圈不良、连接不确实等原因造成。处理的方法一般是更换垫圈后重新连接。

② 软管连接器或软管接头脱出。

由于卡子制造不好或折损,卡子螺栓松弛或安装不结实等原因,造成连接器或接头脱出时,须更换整套软管连接器。换下者送制动间重新检修,并组装试验。

③ 软管裂损。

由于材质不良或制造方法不好,使用日久老化,以及水压试验不彻底等原因,造成软管裂损(软管裂损多发生在卡子向里 30~100mm 处)。在检查时,发现材质老化或无水压试验标记等,应予更换。

为了防止上述故障,在组装前应认真检查制动软管及其附属配件,使之符合下列要求。

第一,新制的制动软管、连接器、接头及卡子,须符合铁道部颁发的技术标准。

第二,旧软管在段修和辅修时,经外观检查须无变质、腐朽、胶层脱离及破裂;软管外胶层有缺损、磨伤时,确认第一层帆布未磨损者,可用橡胶热补。

第三,软管卡子螺栓直径应为 8mm(对于机械滚压的螺栓,其非螺纹部分的直径不得小于 7mm),丝扣必须完整,而且不得延至根部。

第四,组装的软管,卡子须无裂纹、锈蚀,内侧边缘应为圆角。组装卡子时,卡子距软管端部应留有 7~10mm 余地,卡子两耳间的距离为 5~10mm;检修的软管,其卡子两耳间应有间隙,卡挡不得露出。

第五,组装新软管时,软管卡子间不得加垫;组装旧软管时,可在软管卡子间加一层旧软管帆布层。

第六,软管连接器须无变形、裂纹,接合部须平整;软管接头丝扣须无磨损,连接器挡销弯曲者须修理,磨耗超过原型 1/3 时应更换。

另外,为了确保制动软管的组装质量,尽量避免用榔头击打软管卡子,以防误伤软管;组装时,软管接头挤入软管内达到要求部位后,要立即停止继续施加压力,防止管体纵向过分压缩而损伤;装管机装管时,要保证软管体轴线与软管接头轴线在同一条直线上。同时,对于未装自动摘解软管连接器的车辆,摘车时严禁不摘解制动软管就摘开车辆的野蛮作业方式,以防拉伤制动软管。在列车运行或调车作业中,因车钩分离拉开制动软管时,应更换相互连接的两根制动软管,更换下来后要按规定进行检查试验。

(3) 制动软管连接器的风、水压试验

制动软管组装后,以及车辆施行厂修、段修、辅修时,都必须按下列规定进行风、水压试验,合格后才准许使用。

① 风压漏泄试验。

软管风压漏泄试验在特制的水槽中进行,软管内充入 600~700kPa 的风压,保持 5min 不发生下列情况之一者为合格:软管外围局部凸起,或周围膨胀有显著差异者;软管破裂或接头部分漏泄(但在软管表面或边缘发生小气泡,逐渐减少,并在 10min 内消失者,不算漏泄,可以使用)。

② 水压试验。

软管在风压试验后,再进行水压强度试验,即在软管内充以 1000kPa 的水压并保持 2min 不发生下列情况之一者为合格:软管外径膨胀超过原型 8mm;软管外径局部凸起以及局部膨胀有显著差异者;软管破损、漏水。

③ 风、水压试验标记。

经过风压和水压试验合格的软管，应按 TB1-77 用白磁漆在中央部顺连接器方向涂打试验标记，如图 3-40 所示。

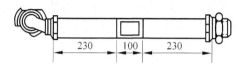

图 3-40 制动软管连接器的试验标记

2）制动管

制动管的用途是贯通车辆制动系统的压缩空气通路。通常包括制动主管和制动支管等。

贯通全车辆的制动管路称为制动主管。货车制动主管的直径为 32mm，客车制动主管的直径为 25mm，都是用钢管制成。制动主管的中央部分制成弯曲状，伸延到车辆两端梁的右侧，稍露出端梁外部。由于使用中制动主管两端腐蚀较多，为了便于修换，在两端各安装 250～300mm 长的补助管。制动主管必须用卡子和螺栓并加弹簧垫圈固定在车底架上，以防因振动而磨伤。

在制动主管中部，用 T 型三通接头接出一根制动支管，与三通阀或分配阀等部件连接。客、货车制动支管的直径均为 25mm。

制动主、支管由于长期处在阴暗、潮湿的部位，容易发生腐蚀；又因卡子发生松动时，制动主管与支管在列车运动中产生交变振动，振动频率随列车速度提高而加大，与各梁接触部分发生磨伤，造成折损；在行车中受到外界异物的碰击，或因丝扣旋削过深，使连接丝扣处管壁太薄，强度大大降低，遇到异物击打或线路不平顺（如遇"三角坑"）等不良情况，在行车中造成折损。此外，车辆在检修时，制动主管、制动支管与制动阀组装时就别劲，使其存在内应力，遇到异物击打或线路不平顺等不良情况，也易造成折损。为了及早发现故障，必须在车辆定期检修时认真检查。检查时，用手摇动制动主、支管，看有无松动现象；卡子、卡子垫及螺栓有无丢失或松动；各接口丝扣内有无喷出水珠、油沫、锈粉等现象。根据检查的情况判断，若其确有裂纹、磨伤等故障，应及时修换。制动主管和制动支管腐蚀深度超过壁厚 50%时应更换，更换的制动主、支管和补助管须套扣，拧紧后应外露一扣以上的完整螺纹。

另外，对车辆制动主、支管最好采用法兰连接，保证主、支管的强度。在改装时，法兰体焊接位置要端正，两个法兰面要平行，防止漏气。法兰密封橡胶垫应防止老化、过薄，避免制动主、支管漏泄压缩空气。法兰体变形、裂纹时应更换，密封垫圈须更换新品；组装后，各螺栓不得松动。

3）折角塞门

折角塞门安装在制动主管的两端，用于开通或关闭主管与软管之间的通路，以便关闭空气通路和安全摘挂机车、车辆。它分有锥芯式、球芯式、半球芯式和往复式等多种。下面介绍锥芯式和球芯式折角塞门的构造及作用。

(1) 锥芯式折角塞门

锥芯式(又称旋塞式)折角塞门是我国目前绝大部分车辆上采用的,其构造如图3-41所示。平直的一端与制动主管连接,弯曲的一端与制动软管相连。手把提起后,可旋转90°。塞门芯5为圆锥体,顶部成方形,与套口3用圆销结合在一体,以防手把2脱落。同时,手把上有爪,防止自然开关。为使塞门芯与体4内壁严密吻合,在底部装有弹簧6和盖7。

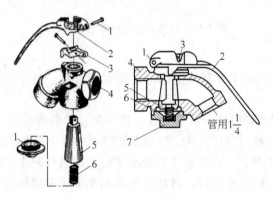

图3-41 锥芯式折角塞门

1—销;1—手把;3—套口;4—体;5—塞门芯;6—弹簧;7—盖

当手把与制动主管成平直位置时,为开通位置;旋转手把90°与制动主管成垂直位置时,为关闭位置。安装在主管上时,折角塞门中心线与车辆垂直线须成30°角(进口车原安装角度不同者除外)。

这种折角塞门的常见故障有下列几种。

① 塞门体内铜套移动。

铜套移动主要是由于缺油或塞门芯有伤痕,转动不灵活,经长期开关而逐渐发生移动;也有因嵌入不好,使用不久就移动的,以致影响通风效果。发现有这种故障的折角塞门,应及时更换。为了防止铜套移动,在铜套与塞门体间装设有止动螺丝,使两者固定在一起;旧式塞门无止动螺丝者,应加装 M6×8 的止动螺丝。

② 塞门漏泄。

有的在关闭位置漏,有的在移动手把时漏。多由于塞门与铜套研磨不好、塞门芯磨耗、弹簧衰弱或折损等原因造成。发现后,应及时更换。

③ 手把裂损和反位。

在开关不灵时用锤猛敲,以致手把裂损;开关位置和原标准相反,以致不易辨别。发现后,应及时更换塞门。

折角塞门卸下分解检查、检修时,体、手把及盖须无裂纹、无破损。组装折角塞门时,应在塞门芯及套上涂以适量的制动缸脂。盖的丝扣部分涂以黑铅粉油。通风试验时,在塞门芯及盖与体结合处涂肥皂水检查(600kPa 的风压),不得漏泄。关闭折角塞门时,用肥皂水检查漏泄,肥皂泡在 10s 内不得破损。

(2) 球芯式折角塞门

球芯式折角塞门构造如图3-42所示,由塞门体1、球形塞门芯2、密封垫圈3、塞门芯轴 8、手把 4、套口 6、盖 13 和密封圈等组成。塞门芯为 45 钢制成的外径为 55mm 的圆球,表面镀铬并抛光,上面开一个 ϕ32.5mm 的贯通孔,通孔面积为锥芯式的 1.21 倍,而且和制动管同为圆形通径,以便减小空气流通阻力。为保证塞门良好的气密性,球形塞门芯的两侧各设一个耐油、耐寒并具有自润滑性能的橡胶密封垫圈,与球芯的接触面形成两个半球形橡胶密封垫圈包住一个球芯的结构。由于橡胶密封垫圈具有一定预压量,利用其弹性,可补偿因温度变化造成的球芯塞门与橡胶密封垫圈胀缩不同的差别,故其密封性能良好,不会向任何方向窜风而造成漏泄。此外,为防止塞门向上窜风,在塞门芯轴与塞门芯轴套之间及塞门芯轴套与塞门体之间,分别装有 ϕ20mm 和 ϕ35mm 的 O 形密封圈。在塞门体与塞门盖之间也装有 ϕ75mm 的 O 形密封圈。

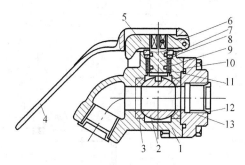

图 3-42 球芯式折角塞门

1—塞门体;2—球形塞门芯;3—密封垫圈;4—手把;5,7,9,10—O 形密封圈;6—套口;8—塞门芯轴;11—塞门芯轴套;12—防尘堵;13—盖

球芯折角塞门的手把也有开通与关闭两个作用位置。当手把置于与塞门体成水平位置时,为开通位置。在此位置,球芯塞门芯的圆形通孔完全连通制动主管与制动软管,使压缩空气有较好的通过面积。当手把置于与塞门体成垂直方向的位置时,塞门芯的球面正好堵住制动主管与制动软管的通路,成关闭位置。

段修时,球芯折角塞门须经风压作用试验。不良时,须分解检查 O 形密封圈、橡胶密封垫圈、球形塞门芯等部件。组装时,应将各零部件清洗干净,涂抹适量的硅脂,并按规定进行漏泄及作用试验。

4)截断塞门

截断塞门安装在制动支管上远心集尘器的前方,当列车中的车辆因装载货物的特殊情况或列车检修作业需要停止该车辆制动机的作用时,关闭该车的截断塞门,切断车辆制动机与制动主管的压缩空气通路,同时排出副风缸和制动缸的压缩空气,使制动机缓解,以便检修人员安全操作。

列车中关闭截断塞门的车辆称为制动关门车,简称关门车。

截断塞门也有两种不同的结构形式,一种为锥芯独立式,一种为球芯组合式。

锥芯独立式截断塞门的构造与锥芯折角塞门的构造基本相同,仅外形及尺寸有所区别,如图 3-43 所示。手把与制动支管平行时为开通位置;手把与制动支管垂直时为关闭位置。

球芯组合式截断塞门,就是球芯截断塞门与远心集尘器组合成一体。其塞门部分与球芯折角塞门基本相同,只是外形及尺寸有所差异,如图 3-44 所示。塞门芯用 45 号钢制

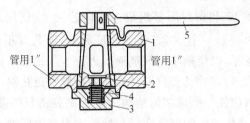

图 3-43　锥芯独立式截断塞门

1—体；2—塞门芯；3—盖；4—弹簧；5—手把

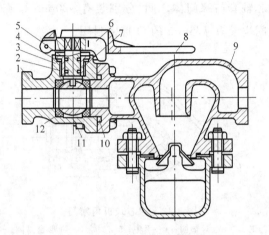

图 3-44　球芯组合式截断塞门

1—塞门体；2—塞门芯轴套；3—塞门芯轴；4,5,7,10—密封圈；6—套口；8—手把；9—远心集尘器；11—塞门芯；12—密封垫圈

成，直径为 45mm 的圆球，表面镀铬抛光，球芯的通孔直径为 25.5mm，球芯通孔面积为锥形的 1.18 倍，且和制动支管同为圆形直径，减少了空气流动的阻力。为防止漏泄，在塞门芯轴上套装两个密封圈，在塞门芯轴套的丝扣根部、塞门体与远心集尘器体的连接处各装有一个密封圈。

5) 远心集尘器和滤尘网

(1) 远心集尘器

远心集尘器安装在制动管上截断塞门与三通阀之间，通常在距离三通阀 600mm 以内，用于清除制动主管压缩空气带来的沙土、水分、锈垢等不洁物质，保证清洁的压缩空气送入三通阀或分配阀，确保三通阀或三通阀正常工作。

远心集尘器有组合式与独立式两种形式。组合式是将远心集尘器与截断塞门连接在一起，如图 3-45 所示，独立式为单一集尘器，两者构造相同，都是由集尘器体 1 与集尘盒 4 两部分组成，用直径 13mm 的螺栓结合在一起。为了防止压缩空气漏泄，在其中间设胶皮垫。集尘盒内有一根垂直的固定杆，杆的顶端安放止尘伞 2。止尘伞可以自由转动和上下晃动。

两者的作用也一样，都是在制动管充入压缩空气时，压缩空气从集尘器体的左方入口进入集尘器，经过其内部旋涡状的通路，从垂直口上升，从集尘器体的右方出口流向三通

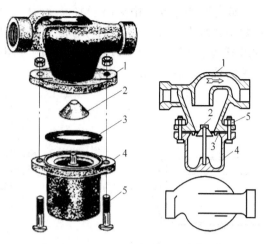

图 3-45 远心集尘器
1—集尘器体；2—止尘伞；3—垫；4—集尘盒；5—T型螺栓

阀或分配阀。由于压缩空气进入集尘器后，流动方向骤然变更，造成气流速度降低，压缩空气中的部分不洁物质因自重而落到止尘伞上；又因空气呈旋涡状流动，形成圆周运动，利用其离心力将另一部分不洁物质甩落在集尘器体内斜面上，最后也滑落到止尘伞上。因止尘伞受压缩空气流动的影响，出现摆动现象，使不洁物质落在集尘盒内。当制动管减压时，止尘伞被吸在集尘器体边缘上，防止不洁物质逆向流回制动管。

安装远心集尘器时，应注意方向不要装反，集尘器体表面箭头应指向三通阀（或分配阀、控制阀）。安装时，还应保持集尘器体垂直于轨道平面，集尘盒位于下方，否则将失去集尘作用。

（2）滤尘网

滤尘网安装在三通阀或分配阀的空气进口处，将经远心集尘器清洁后的空气再过滤一次，防止细微的尘埃、锈垢等进入三通阀或分配阀。滤尘网用细金属丝网制成，内填装马尾、马鬃或同类毛制品等滤尘材料，禁止使用树棕，如图 3-46 所示。

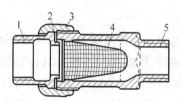

图 3-46 滤尘网
1—活接头；2—橡胶垫；3—活接头螺母；4—滤尘网；5—罐体

6）风缸

（1）副风缸

副风缸是储存供制动缸用的压缩空气的容器。在制动时，通过三通阀或分配阀的动作，将其压缩空气送入制动缸，产生制动作用。

客车用副风缸容积较大，用钢板焊接而成，如图 3-47 所示。其两端各设有一个螺孔，以备从任意一端和三通阀或分配阀连通。中央部下方也设有一个螺孔,用来安装排水塞门。使用排水塞门可排除副风缸内的凝结水,也可兼作缓解阀用,其构造如图 3-48 所示。排水塞门与截断塞门的组成基本相同,仅外形较小,其手把的开闭位置与截断塞门相反,即手把与管路平行时为关闭位,垂直时为开通位。

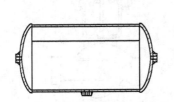

图 3-47　客车用副风缸或附加风缸

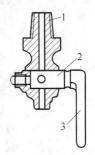

图 3-48　排水塞门
1—体;2—塞门芯;3—手把

104 型制动机使用的副风缸的形状和 GK 型相似,其容积有 120L 和 180L 两种,分别与直径 356mm 和直径 406mm 的制动缸相配。

(2) 附加风缸

LN 型制动机设有附加风缸,它是储存压缩空气供紧急制动增压作用和使制动机常用制动后实现阶段缓解作用的容器,其构造与副风缸相同,但容积约为副风缸的 2.5 倍。

(3) 压力风缸

压力风缸是 104 型分配阀平时储存压缩空气作为容积室制动时的压力源,并在充气时通过充气部控制副风缸的充气速度。它用钢板焊制而成,端部设安装连接管的接头,中部有安装缓解阀的接头,其容积为 11L。

各风缸、降压气室须进行 900kPa 水压试验,有裂纹时应焊修,腐蚀深度超限时应更换;各螺堵须分解,清除内部积水和尘砂;焊修后,各风缸须重新进行 900kPa 水压试验,并保持 3min 不得漏泄。

7) 制动缸

制动缸是将压缩空气的压力转换为机械推力的部件。制动时,通过三通阀或分配阀的作用,制动缸接受副风缸送来的压缩空气,将制动缸活塞向外推出,变空气压力为机械推力,使基础制动装置动作,最后使闸瓦压紧车轮,产生制动作用。

缓解时,制动缸内的压缩空气经三通阀或分配阀排向大气,制动缸缓解弹簧使制动缸活塞复位,基础制动装置随之复位,实现制动缸缓解作用。

(1) 制动缸的构造

货车用制动缸常见的有 GK 型、103 型和 120 型。GK 型制动缸的组成如图 3-49 所示。103 型和 120 型制动缸的组成与 GK 型基本相同。

客车用制动缸常见的有 N 型和 104 型。N 型制动缸的构造如图 3-50 所示。104 型制动缸的构造除后盖外,其余部分与 N 型制动缸相同。

不论哪种型号的制动缸,都是由前盖、后盖、缸体、活塞、活塞杆及缓解弹簧等组成。

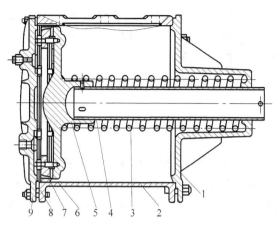

图 3-49 GK 型制动缸

1—前盖；2—缸体；3—缓解弹簧；4—活塞杆；5—活塞；6—皮碗；7—皮碗压板；8—后盖垫；9—后盖

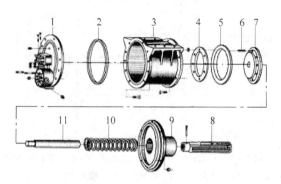

图 3-50 N 型制动缸

1—后盖；2—后盖垫；3—缸体；4—皮碗压板；5—皮碗；6—双头螺栓；7—活塞；8—十字头导框；9—前盖；10—缓解弹簧；11—活塞杆

下面介绍一般制动缸的构造。

① 制动缸前盖和后盖。

N 型制动缸后盖上设有闸瓦间隙自动调整器的杠杆托，下部铸有三通阀安装座。N 型制动缸后盖有两种，一种是阀座两侧各设 4 个孔，从上至下依次为排气孔、附加风缸孔、副风缸孔和制动支管孔。另一种设有 2 个孔，上方为排气孔，下方为制动支管孔，不用的管孔可用螺堵堵住。

② 缸体。

制动缸缸体由铸铁制成，两端有凸缘，用螺栓与前、后盖连接。缸体外表面铸有制动缸尺寸标记，在内壁靠后盖端上部设一条漏风沟，防止因三通阀的故障轻微漏泄而引起自然制动。漏风沟的长度应比制动缸活塞厚度稍大一些。过长，将浪费压缩空气，并影响制动效果；过短，则不起漏风作用，不能防止自然制动的发生。

③ 活塞及活塞杆。

制动缸活塞由铸铁制成，装于缸体内。为防止制动过程中压缩空气漏泄，保证制动缸的密封性能,在活塞上装有皮碗,并用压板和螺栓与活塞紧固在一起。活塞杆铆装于活塞中央的座上。货车用中空活塞杆,里面插有推杆,并使推杆与活塞杆之间有一定的活动量,当车辆上下振动较大时,防止活塞杆变形或弯曲。客车因空、重车重量相差不大,一般采用锻制实心活塞杆。

④ 缓解弹簧。

在缓解时,为了使制动缸迅速恢复原位并加速排出压缩空气,在制动缸活塞与前盖之间装有缓解弹簧。

上述制动缸的结构都比较陈旧,特别是前端没有防尘装置,容易吸入灰尘,影响皮碗的使用寿命并降低气密性。当制动缸漏泄严重时,将造成列车制动力衰减,影响行车安全,在长、大下坡道运行时,问题尤为严重。为此,我国近年研制、推广使用一种密封式制动缸,其构造如图3-51所示。

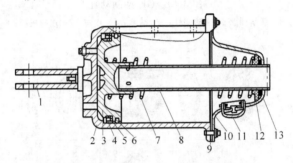

图3-51 密封式制动缸(一体式压型前盖)

1—制动缸后杠杆托;2—缸体;3—活塞;4—Y形自封式皮碗;5—润滑套;6—毡托;7—缓解弹簧;8—活塞杆;9—前盖垫;10—前盖;11—滤尘器;12—弹簧座;13—滤尘套

制动缸缸体与后盖旋压成一体(也有分开的)可提高气密性;缸体内壁的粗糙度要求达到 $Ra0.8\mu m$,以减轻皮碗的磨损;前盖用钢板压型,重量仅为铸铁前盖的一半;前盖与活塞杆配合处加装毛毡滤尘套,并在前盖下方设滤尘器,使缓解时吸入缸体的空气经过过滤,以保持缸内清洁;在活塞的整个圆周上开有两条槽,分别套装Y形皮碗和润滑套,润滑套和毡托组成润滑环,保证皮碗与缸体间的润滑状态良好,并在活塞移动过程中起清扫作用;皮碗采用Y形自封式,目的是在制动过程中,靠空气压力的作用起自封作用,以保证良好的气密性,同时方便检修。

(2) 制动缸的检修

清除外部锈垢,分解螺栓组件,内壁及零部件须擦洗干净,皮碗须更换新品;制动缸体及前、后盖裂纹或砂眼漏泄时应更换,缸体内径偏磨、拉伤时应修理或更换;缓解弹簧(活塞杆前端铆死的除外)须分解、清洗、给油;活塞杆弯曲时应调修,折裂、腐蚀严重时应更换;活塞和压板裂纹时应更换;铆钉松动、折损时应修理或更换;皮碗裂损、老化、变形,缓解弹簧折断或自由高度低于限度时应更换,漏风沟不得堵塞。

密封式制动缸经单车试验作用良好,不漏泄者可不分解;作用不良、滤尘呼吸网罩丢失或漏泄时,须分解检查前盖垫、缓解弹簧、弹簧座、活塞润滑套、前盖滤尘套、滤尘毡、活塞杆、活塞、皮碗胀力环等,不良时应检修或更换(密封式制动缸无漏风沟)。

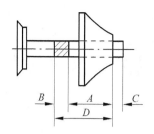

图 3-52 制动缸活塞行程标记

制动缸活塞杆须按图 3-52 所示在 B、C 部涂打白磁漆标记（密封式制动缸 C 部除外）。A 为运用限度活塞最小行程值；D 为运用限度活塞最大行程值；B 为白铅油标记宽度（运用限度活塞最大行程与最小行程的差值）。

8）SP_2 型盘形制动单元、SP_4 型踏面清扫器

盘形制动装置的每个车轮还配设一套 SP_4 型踏面清扫器，其主要作用是在制动过程中对车轮踏面的污垢及杂物进行适时清扫，改善车轮与钢轨间的黏着状态。踏面清扫器的另一个功能是通过闸瓦的磨削来消除车轮踏面与钢轨接触产生的滚动疲劳。另外，它也承担部分制动力。

(1) SP_2 型盘形制动单元的构造

SP_2 型盘形制动单元主要由两部分组成，一部分是直径为 254mm 的膜板制动缸，另一部分是闸片间隙自动调整器，如图 3-53 所示。

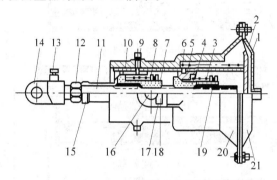

图 3-53 SP_2 型盘形制动单元的结构

1—膜板；2—活塞；3—引导弹簧；4—引导螺母；5—引导挡铁；6—复原弹簧；7—调整螺母；8—调整弹簧；9—导向螺栓；10—调整挡铁；11—丝杠；12—回程螺母；13—定位销；14—活塞杆鼻子；15—护管；16—吊销；17—压板；18—螺栓；19—轴承；20—缸体；21—缸盖

膜板制动缸由膜板1、活塞2、复原弹簧6、缸体20和缸盖21等组成。闸片间隙调整器由引导弹簧3、引导螺母4、引导挡铁5、调整螺母7、调整弹簧8、导向螺栓9、调整挡铁10、丝杠11和轴承19等组成。另外，还有手动调整丝杠时用的回程螺母12、丝杠11与活塞杆鼻子14之间的定位销13。护管15的作用是保护伸出缸体外的丝杠。活塞杆鼻子14和制动缸体上的两翼吊耳用于安装悬挂制动缸体。除此之外，还有吊销16、压板17以及紧固用的螺栓18等。

改进型的盘形制动单元取消了定位销，采用啮合齿方式，方便合成闸片的安装和调整，如图 3-54 所示。改进型丝杠回程机构主要包括活塞杆鼻子1、回程铁2、O 形密封圈3、弹簧4、垫圈5、轴用弹性挡圈6、螺栓7、垫圈8和丝杠9等。

(2) SP_2 型盘形制动单元的作用原理

SP_2 型盘形制动单元的工作状态分为：正常间隙制动位、正常间隙缓解位、过大间隙制动位、过大间隙缓解位。其中，过大间隙缓解位又有第一阶段的状况和第二阶段的状况。

① 合成闸片与制动盘正常间隙时的作用。

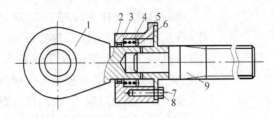

图 3-54　改进型丝杠回程机构

1—活塞杆鼻子；2—回程铁；3—O形密封圈；4—弹簧；5—垫圈；6—轴用弹性挡圈；7—螺栓；8—垫圈；9—丝杠

制动机制动时，压缩空气进入制动缸膜板的右侧，推动膜板及活塞向左移动，压缩复原弹簧，同时带动引导挡铁、引导螺母、调整螺母和丝杠一起向左移动。此时，调整挡铁也在调整螺母的推动下移动了一段距离（标准间隙 A 值），如图 3-55(a)所示。这时，闸片正好与制动盘接触，完成制动作用。在此过程中，闸片间隙调整器不发生调整作用。

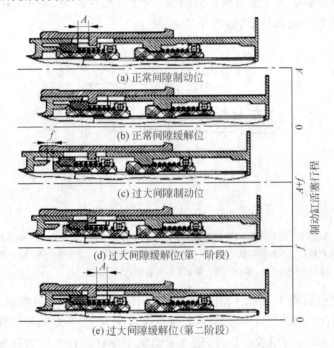

图 3-55　SP_2 型盘形单元制动的作用原理

当制动机缓解时，压缩空气从制动缸膜板的右侧排出，活塞在复原弹簧的作用下恢复到缓解位置，引导挡铁随着活塞退回到原位。这样，调整挡铁退回原位，移动的距离正好是标准间隙 A 值，如图 3-55(b)所示。

② 合成闸片与制动盘间隙过大时的作用。

制动机制动时，压缩空气进入制动缸膜板的右侧，推动膜板及活塞向左移动，同时带动引导挡铁、引导螺母、调整螺母和丝杠一起向左移动。因为合成闸片与制动盘的间隙过大，制动缸活塞移动的距离超过了标准间隙 A 值，如图 3-55(c)所示。

设闸片与制动盘磨耗后，制动缸活塞增加的移动距离为 f，即丝杠向左移动了 $A+f$

的距离。而此过程中,调整挡铁被导向螺栓挡住,仅移动了标准间隙 A 值,不能继续移动。调整螺母与调整挡铁的啮合部分脱开,在调整弹簧的作用下,推动轴承向右移动的同时,带动调整螺母在非自锁螺纹丝杠上旋转,很快,调整螺母与调整挡铁重新啮合。此时,在调整螺母与护管间形成间隙 f。

制动机缓解时,闸片间隙调整器的动作分两个阶段。

第一阶段,制动缸膜板右侧的压缩空气排出,制动缸活塞在复原弹簧的作用下向右移动。在此过程中,引导挡铁和调整挡铁等随着制动缸活塞一起向右移动,所移动的距离为标准间隙 A 值,如图 3-55(d)所示。

第二阶段,膜板右侧的压缩空气继续排出,制动缸活塞在复原弹簧的作用下继续向右移动。引导螺母与引导挡铁脱开,在引导弹簧的作用下,推动轴承向右移动的同时,带动引导螺母在非自锁螺纹丝杠上旋转,很快引导螺母与引导挡铁重新啮合。在这一阶段,丝杠没有移动,消除了闸片与制动盘磨耗后增加的间隙,如图 3-55(e)所示。

通过这两个阶段的缓解过程,闸片间隙调整器对超出标准值 A 的 f 值进行了调整,消除了合成闸片与制动盘的磨耗增大的闸片间隙,使闸片间隙恢复到标准值。

(3) SP_2 型盘形制动单元的性能试验

SP_2 型盘形制动单元在检修后和装车前必须进行性能试验,合格后才能使用。性能试验的方法如下所述。

① 试验准备:将 SP_2 型盘形制动单元置于试验台架上,连接风管。开放塞门 3、19,关闭其他塞门。

② 漏泄试验:将容积风缸压缩空气的压力调整到 450kPa,将操纵阀手把置于快充位。制动缸压力上升到最大值时,用肥皂水检查膜板周围和 M8 螺栓等处的漏泄情况。要求各处均不得有肥皂泡出现。

③ 耐压试验:将容积风缸压缩空气的压力调整到 500kPa,将操纵阀手把置于快充位。制动缸压力上升到最大值后,保压 5min。要求 SP_2 型盘形制动单元各处均不得有破损、漏泄等现象出现。

④ 丝杠拉伸试验:在缓解状态下用手拉动丝杠,至制动缸活塞杆达到最大行程为止。要求丝杠不得自动伸出,松开手后,应能恢复到原位。

⑤ 丝杠调整量试验:将容积风缸压缩空气的压力调整到 400kPa,把丝杠调至最短,操纵阀手把置于快充位。制动缸压力上升到最大值时,测量制动缸活塞行程。然后,将操纵阀手把移至排气位,制动缸活塞杆应该顺利恢复到原位,此时测量丝杠伸出量应为 8~14mm。按同样的方法进行多次充气、排气,并测量每次丝杠的调整量,直到丝杠伸出量达到最大值为止。

丝杠调整量应符合表 3-1 的要求。

表 3-1 丝杠调整试验检查标准　　　　　　　　　　单位:mm

项　目	试验要求	项　目	试验要求
制动缸活塞行程	28~30	调整范围	95~100
闸片标准间隙 A 值	14~15	一次最大丝杠调整量	8~14

试完一个循环之后,将丝杠退回原位(最短),再进行第二个循环试验。此次试验可以不测量调整量。

(4) SP_2 型盘形制动单元的运用和检修

① SP_2 型盘形制动单元的安装。

SP_2 型盘形制动单元在车辆上的安装方式如图 3-56 所示。制动缸的活塞杆鼻子和制动缸体的两翼吊耳是悬挂安装用的,分别用圆销固定在夹钳的两端。

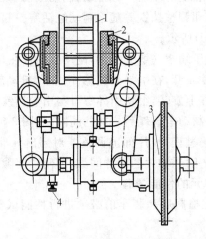

图 3-56　盘形制动单元的安装方式
1—H300 型制动盘；2—合成闸片；3—SP_2 型盘形制动单元；4—定位销

安装时应注意的事项如下所述。

第一,旧 SP_2 型盘形制动单元活塞杆鼻子上的定位销必须背向制动盘,即面朝外。

第二,安装过程中,需要调整时,用手拉出定位销,用扳手拧动回程螺母。

第三,对于改进后的 SP_2 型制动单元,由于取消了活塞杆鼻子上的定位销,无须考虑上述规定,只要用扳手拧回程铁上的 4 个翼筋,便可以根据需要进行调整。

第四,在安装过程中,不得用较大的外力撬、打、碰击盘形制动单元的制动缸外体,避免造成外体变形,发生缓解不良的现象,或造成其他零部件损坏。

② SP_2 型盘形制动单元的调整。

当更换新的合成闸片时,拉出定位销,用扳手拧动回程螺母,按顺时针方向旋转丝杠,使丝杠缩回制动缸体。当调整合适后,将定位销放入定位孔内锁定。对于改进后的 SP_2 型盘形制动单元,只需用扳手拧活塞鼻子上的回程铁的 4 个翼耳就可以了。

③ SP_2 型盘形制动单元的运用。

列检人员对运用车辆的 SP_2 型盘形制动单元进行检查的内容和注意事项如下所述。

第一,列车发车前进行制动性能试验时,注意观察车辆的制动和缓解状态。认真查看每辆车的各 SP_2 型盘形制动单元的制动和缓解状态,如有制动缸压力表,应观察其压力显示值。

第二,在客车技术整备站进行列车制动性能试验时,必须在有地沟的停车线上进行。应仔细观察制动状态下制动缸活塞杆的行程。

第三,在进行车辆走行部检查时,应特别注意缓解状态下制动缸的活塞杆是否回到原位。如没能回到原位,主要有两种原因:一种可能是制动缸活塞杆已经生锈,造成卡死现象;另一种可能是制动缸杠杆夹钳的阻抗太大,复原弹簧的弹力不足以克服此阻力。

第四,检查合成闸片与制动盘之间的间隙值(正常应为2~5mm)。如果间隙太小,可能是缓解不良,应检查制动缸活塞杆是否回到原位,活塞杆是否生锈和制动缸杠杆夹钳的阻抗是否太大;如果间隙太大,检查制动缸是否已有故障,可能是SP_2型盘形制动单元已经无法进行间隙调整。

第五,为了减少制动缸杠杆夹钳的阻抗,防止圆销锈蚀,应定期给各活动圆销涂润滑油脂。

④ SP_2型盘形制动单元的检修。

第一步,将SP_2型盘形制动单元从转向架上拆卸下来,首先进行除锈清理。

第二步,对SP_2型盘形制动单元进行外观检查。检查有无零部件丢失和损坏,外部各零部件的连接情况是否良好;对于旧型SP_2型盘形制动单元,应检查制动缸活塞鼻子定位销的作用是否灵活,如果动作不灵活或锈死,需要更换新的定位销(建议采用改进型定位和丝杠回程机构)。对于改进型的SP_2型盘形制动单元,检查制动缸活塞杆鼻子与丝杠配合是否可靠。

第三步,检查各吊销和销套的磨耗情况。

第四步,将丝杠旋转伸出制动缸体外,并涂上润滑脂(2号低温脂)。

第五步,对制动缸进行气密性试验。如果发现制动缸漏泄,将制动缸缸盖打开,然后更换新的膜板;再将制动缸缸盖用螺栓、螺母紧固。注意,应更换新的螺栓、螺母、弹性垫圈。

第六步,检查闸片间隙调整器的调整动作是否正常。对有故障的SP_2型盘形制动单元,应进行分解检修。

第七步,对于检修完毕的SP_2型盘形制动单元,外体先喷涂防锈漆,然后喷涂面漆。

9) SP_4型踏面清扫器

踏面清扫器主要起清扫车轮踏面的作用,它能改善车轮与钢轨间的黏着状态。踏面清扫器的另一项功能是通过闸瓦的磨削来消除车轮踏面与钢轨接触产生的滚动疲劳。另外,它承担了部分制动力。

(1) SP_4型踏面清扫器的构造

SP_4型踏面清扫器的结构与SP_2型盘形制动单元大致相同。由于安装在转向架的内侧,受空间位置的限制,SP_4型踏面清扫器的结构尺寸必须紧凑、体积小。SP_4型踏面清扫器的结构如图3-57所示。

SP_4型踏面清扫器主要由膜板制动缸和闸瓦间隙调整器两部分组成。膜板制动缸部分主要由膜板1、活塞2、复原弹簧3、缸体19和缸盖20等组成。膜板制动缸的直径为203mm。闸瓦间隙调整器主要由引导弹簧4、引导螺母5、活塞杆6、调整螺母7、调整弹簧

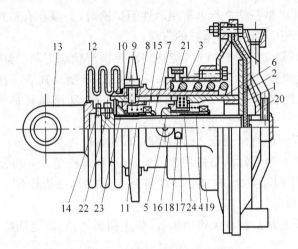

图 3-57 SP₄ 型踏面清扫器的结构

1—膜板；2—活塞；3—复原弹簧；4—引导弹簧；5—引导螺母；6—活塞杆；7—调整螺母；8—调整弹簧；9—导向螺栓；10—调整挡铁；11—丝杠；12—橡胶波纹管；13—活塞杆鼻子；14—定位螺栓；15—轴承；16—吊销；17—压板；18—螺钉；19—缸体；20—缸盖；21—防尘盖；22—定位螺栓；23—止动铁；24—引导挡铁

8、导向螺栓 9、调整挡铁 10、丝杠 11 和轴承 15 等组成。橡胶波纹管 12 用于保护伸出缸体外的丝杠。定位螺栓 14 用于丝杠 11 与活塞杆鼻子 13 之间的定位。改进型丝杠回程机构与 SP₂ 型盘形制动单元相同。

活塞杆鼻子 13 和缸体 19 上的两翼吊耳、吊销 16、压板 17、螺钉 18 等零件用于安装悬挂缸体。另外，还有紧固缸盖 20 用的 M8×30 螺栓、螺母和弹性垫圈。

(2) SP₄ 型踏面清扫器的作用原理

SP₄ 型踏面清扫器的工作原理与 SP₂ 型盘形制动单元相同，也分为正常间隙制动位、正常间隙缓解位、过大间隙制动位和过大间隙缓解位。

① 闸瓦与车轮间隙正常时的作用。

制动时，压缩空气进入制动缸膜板的右侧，推动膜板和活塞向左移动。压缩复原弹簧的同时，带动引导挡铁、引导螺母、丝杠、调整螺母一起向左移动。此时，调整挡铁在调整弹簧的推动下移动一个距离（标准间隙 A 值），如图 3-58(a) 所示。这时，闸瓦正好贴靠在车轮上，完成制动作用。闸瓦与车轮为正常间隙时，闸瓦间隙调整器不发生调整作用。

当制动机缓解时，压缩空气由制动缸膜板的右侧排出。制动缸活塞在复原弹簧的作用下，恢复到缓解位置，引导挡铁随活塞退回原位，移动的距离正好是标准间隙 A 值，如图 3-58(b) 所示。

② 闸瓦与车轮间隙过大时的作用。

制动时，压缩空气进入制动缸膜板右侧，推动膜板及活塞向左移动的同时带动引导挡铁、引导螺母、丝杠和调整螺母一起向左移动。制动缸活塞移动的距离超过了标准间隙 A 值，如图 3-58(c) 所示。

设闸瓦与车轮磨耗后，活塞增加的移动距离为 f，即丝杠向左移动了 $A+f$ 的距离。

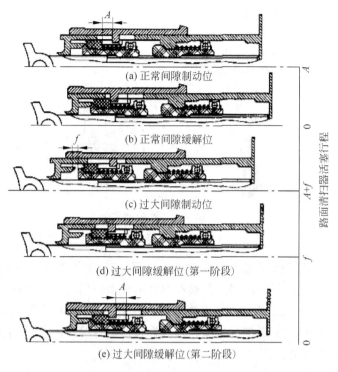

图 3-58　SP₄ 型踏面清扫器的作用原理

在此过程中,调整挡铁被导向螺栓挡住,仅移动了标准 A 值,不能继续移动。调整螺母与调整挡铁的啮合部脱开,在调整弹簧的作用下,推动轴承向右移动的同时,带动调整螺母在非自锁螺纹丝杠上旋转,很快,调整螺母与调整挡铁重新啮合。此时,在调整螺母与止动铁之间形成间隙 f。

制动机缓解时,闸瓦间隙调整器的动作分为两个阶段。

第一阶段,制动缸膜板右侧的压缩空气排出,制动缸活塞在复原弹簧的作用下向右移动。在此过程中,引导挡铁和调整挡铁等随着制动缸活塞一起向右移动,移动的距离为标准间隙 A 值,如图 3-58(d)所示。

第二阶段,膜板右侧的压缩空气继续排出,制动缸活塞在复原弹簧的作用下继续向右移动。引导螺母与引导挡铁脱开,在引导弹簧的作用下,推动轴承向右移动的同时,带动引导螺母在非自锁螺纹丝杠上旋转,很快,引导螺母与引导挡铁重新啮合。在这一阶段,丝杠没有移动,消除了闸瓦与车轮踏面磨耗后增加的间隙,如图 3-58(e)所示。

通过这两个阶段的缓解过程,闸瓦间隙调整器对超出标准值 A 的 f 值进行了调整,消除了闸瓦与车轮踏面的磨耗所增大的闸瓦间隙,使闸瓦间隙恢复到标准值。

10) 缓解阀

缓解阀是用于排出副风缸或压力风缸内压缩空气,使车辆制动机产生缓解作用的部件,一般安装在副风缸或压力风缸上,其构造如图 3-59 所示。它由阀上体 2、阀下体 6、阀 4、弹簧 5、缓解杆 1、阀垫 3 等组成。

在缓解杆的两侧各安装有直径为 10mm 的铁棒作为拉杆,并延至车体的两侧。拉动

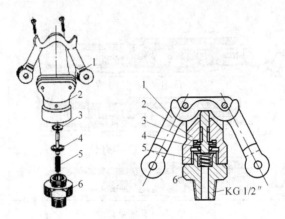

图 3-59 缓解阀
1—缓解杆；2—阀上体；3—阀垫；4—阀；5—弹簧；6—阀下体

任意一侧的拉杆，都可使阀在缓解杆的作用下离开阀座，副风缸或压力风缸内的压缩空气经过此阀口排向大气；当松开拉杆时，阀在弹簧的弹力作用下关闭阀口，停止排气。

对于缓解阀，有时由于阀与阀座有夹杂物或胶垫破损、弹簧衰弱、折损等原因，造成漏气；有时由于排气孔堵塞、缓解杆折损以及阀杆顶部磨损等原因，产生不排气的故障。发现上述故障时应及时修换。

11）紧急制动阀

紧急制动阀又称车长阀，安装在客车和货车特种车的车厢内，用红线绳铅封。紧急制动阀排风口须与墙板平行，在其附近的墙上须涂打或安装"危险请勿动"警示牌。它的用途是当列车在运行中遇有危及行车安全或货物装载原因等紧急情况时，由运转车长或有关乘务人员拉动此阀，使列车产生紧急制动作用，迅速停车。

（1）紧急制动阀的构造及作用

紧急制动阀由阀体 1、手把 2、偏心轴 3、阀杆 4、阀 5、阀垫 6、阀座 7 等组成，如图 3-60 所示。

紧急制动阀的手把有直形和弯形两种。阀体上有排气孔，阀座下端与制动支管连接。平时，手把处于上方位置，偏心轴在下方位置，阀与阀座密贴，遮断排气通路。使用时，拉动手把，偏心轴向上移动，带动阀上移，使之离开阀座，制动管内的压缩空气经过阀与阀座间隙排向大气，使列车制动机发生紧急制动作用。如将手把推向上移恢复原位，则偏心轴向下方移动，恢复关闭位置，停止排气。紧急制动阀的作用如图 3-60 和图 3-61 所示。

（2）紧急制动阀的使用时机

《铁路技术管理规定》第 271 条规定，在列车运行中，发现下列危及行车和人身安全情形时，运转车长应使用紧急制动阀停车。

① 车辆燃轴或重要部件损坏时；

② 列车发生火灾；

③ 有人从列车上坠落，或线路上有人死伤时（快速旅客列车不危及本列车运行安全时除外）；

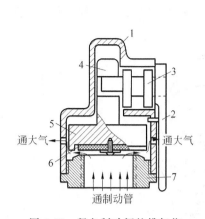
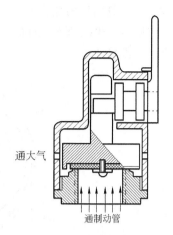

图 3-60 紧急制动阀的排气位　　图 3-61 紧急制动阀的停止排气位

1—阀体；2—手把；3—偏心轴；4—阀杆；
5—阀；6—阀垫；7—阀座

④ 能判明司机不顾停车信号,列车继续运行时；

⑤ 列车无任何信号指示,进入不应进入地段或车站时；

⑥ 其他危及行车和人身安全必须紧急停车时。

使用车辆紧急制动阀时,不必先行破封,立即将阀手把向全开位置拉动,直到全开为止,不得停顿和关闭。若为弹簧手把,列车停车前,不得松手。在长、大下坡道上,必须先看压力表,如压力表指针已由定压下降100kPa,不得再行使用紧急制动阀。

其他列车乘务人员遇有危及行车和人身安全的紧急情况时,也可按上述方法使用紧急制动阀。紧急制动阀使用后,运转车长应将使用紧急制动阀的情况报告列车调度员和有关单位,向最近的列检所请求对列车进行检查,并对紧急制动阀施封。

12) 压力表

压力表简称风表,安装在客车车厢内紧急制动阀支管上,供列车乘务人员观察制动管内空气的压力。压力表分为单针或双针两种。车辆制动装置使用的是单针压力表。双针压力表指示两个不同部位的空气压力,一般用在机车和制动机试验设备上。

单针压力表的构造如图3-62所示。表内装有一根弯成环状的弹性扁铜管8,其截面类似一个椭圆,椭圆的长轴和环面垂直,短轴和环面平行。铜管自由的一端a是封闭的,固定的一端b与要测的容器相连通。a端通过连杆5、杠杆7、扇形齿轮4、圆形齿轮9、游丝2等装置和指针3相连接。如果所测的气体压力正好等于大气压力,扁钢管壁内、外所受压力相等,整个扁铜管所受合力等于零,扁铜管自由端的位置不变,指针指着零点。当压缩空气进入扁铜管时,由于管的内壁各处所受的压力大于外壁所受的压力,又由于接近于环心的半个管壁的总面积小于外圈的半个管壁的总面积,所以扁铜管受到一个沿半径向外的合力,促使管环半径扩张,也就是要使管环伸直一些。因为扁铜管b端固定,不能移动,a端就要向外移动,同时带动连杆、杠杆及扇形齿轮转动,扇形齿轮拨动中央轴上的圆齿轮转动,指针上升。进入扁铜管的空气压力越大,扁铜管向外移动量越大,指针上升值越高。通过指针指示表盘上的刻度和字码,可以读出压缩空气的压力大小。当指针指向100kPa时,表示管内压力比大气压力高出100kPa,以此类推。当空气压力降低时,扁铜管因弹性作用向里收拢,指针下降。为消除齿轮间的间隙误差,使指针恢复原位,在中央转轴上装有一盘游丝。

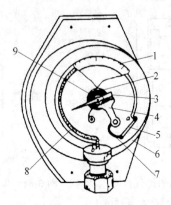

图3-62 压力表的构造

1—表盘;2—游丝;3—指针;4—扇形齿轮;5—连杆;6—表框;7—杠杆;8—扁铜管;9—圆齿轮

双针压力表的构造基本上与单针压力表相同,只是比单针压力表多一套扁铜管、连杆、杠杆、扇形齿轮等装置。

车辆制动装置所用的空气压力表的精度是1.5级,表示当量程为100kPa压力时,绝对误差为±1.5kPa。

压力表的校验、检修、调整等工作归计量部门,这里不再详述。

岗位实践

1. 制动软管的检修

1) 软管连接器破损、分离和漏泄

① 对于软管连接器,由于材料不良、铸造不好,以及敲打用力过猛等原因,造成裂损;连接器头部磨耗或安装角度不正,在列车运行中受振而造成分离。遇到这些情况,必须更换软管或调整安装角度。

② 软管连接器连接不严密而造成漏风。该故障是由于连接器头部磨耗或旋制的尺寸不合标准,或由于垫圈不良、连接不确实等原因造成。处理的方法一般是更换垫圈后重新连接。

2) 软管连接器或软管接头脱出

由于卡子制造不好或折损,卡子螺栓松弛或安装不结实等原因,造成连接器或接头脱出时,须更换整套软管连接器。换下者送制动间重新检修,然后组装试验。

2. 制动缸的检修

① 清除外部锈垢,分解螺栓组件,内壁及零部件须擦洗干净,皮碗须更换新品。

② 制动缸体及前、后盖裂纹或砂眼漏泄时,应更换;缸体内径偏磨、拉伤时,应修理

或更换。

③ 缓解弹簧(活塞杆前端铆死的除外)须分解、清洗、给油。活塞杆弯曲时,应调修;折裂、腐蚀严重时,应更换。

④ 活塞和压板裂纹时应更换;铆钉松动、折损时应修理或更换。

⑤ 皮碗裂损、老化、变形,缓解弹簧折断或自由高度低于限度时应更换,且漏风沟不得堵塞。

3. SP_2 制动盘的检修

① 将 SP_2 型盘形制动单元从转向架拆卸下来,首先进行除锈清理。

② 对 SP_2 型盘形制动单元进行外观检查。检查有无零部件丢失和损坏,外部各零部件的连接情况是否良好。对于旧型 SP_2 型盘形制动单元,应检查制动缸活塞鼻子定位销的作用是否灵活。如果动作不灵活或锈死,需要更换新的定位销(建议采用改进型定位和丝杠回程机构)。对于改进型的 SP_2 型盘形制动单元,检查制动缸活塞杆鼻子与丝杠配合是否可靠。

③ 检查各吊销和销套的磨耗情况。

④ 将丝杠旋转伸出制动缸体,并涂上润滑脂(2 号低温脂)。

⑤ 对制动缸进行气密性试验。如果发现制动缸漏泄,将制动缸缸盖打开,然后更换新的膜板;再将制动缸缸盖用螺栓、螺母紧固,注意应更换新的螺栓、螺母、弹性垫圈。

⑥ 检查闸片间隙调整器的调整动作是否正常。对于有故障的 SP_2 型盘形制动单元,应进行分解检修。

⑦ 对检修完毕的 SP_2 型盘形制动单元,外体先喷涂防锈漆,然后喷涂面漆。

思考题

1. 什么是气压传动?
2. 气压传动系统由哪几个部分组成?
3. 气压传动有哪些优点和缺点?
4. 104 型制动机由哪些部件组成?
5. 制动软管连接器有何用途?它由哪些配件组成?
6. 副风缸的用途是什么?
7. 制动缸的用途是什么?一般由哪些零部件组成?
8. 简述 SP_2 型盘形制动单元的组成。
9. 简述 SP_4 型踏面清扫器的组成。
10. 简述空气压力表的构造和原理。

岗位工作 4

检修电空制动机

知识目标
1. 掌握 F8 型电空制动装置的构造。
2. 掌握 F8 型电空制动装置的作用。
3. 理解 104 型电空制动机的组成。
4. 掌握 104 型电空制动机的综合作用。

能力目标
1. 能够分析 F8 型电空制动机的作用。
2. 能够对 F8 型电空制动装置进行检修。
3. 能够判断及处理 104 型电空制动机常见故障。

工作任务 4.1　F8 型制动机故障判断与处理

任务描述

F8 型电空制动机是在原 F8 型分配阀结构性能的基础上,研制出来的新型制动机。它增设了电空制动部分,其性能比空气制动机有明显的改进和提高,现大量应用在新型客车上。随着 F8 型电空制动机的广泛应用,针对其故障进行判断及处理是检修人员日常的检修工作。

【任务目的】
1. 能够判断 F8 型电空制动机常见故障。
2. 能够对 F8 型电空制动机常见故障进行处理、修复。

【任务内容】
1. F8 型电空制动机常见故障分析、判断。

2. F8 型电空制动机常见故障处理、修复。

【任务实践基本要求】

1. 在认真学习本任务"基础理论"的基础上完成实训。

2. 做好相关实训记录。

3. 遵守企业规章制度,按企业要求规范操作。

【设备及工具】

1. F8 型电空制动机。

2. 活口扳手、O 形圈、弹簧、手电筒。

基础理论

F8 型电空制动机的电空制动装置主要由 F8 型电空阀及电空阀箱组成。

F8 型电空制动机是在不改变原 F8 型分配阀结构、性能的基础上研制成功的,它增设了电空制动部分,实际运用表明,F8 型电空制动机的作用性能比空气制动机有明显的改进和提高,特别是在减少列车冲动和缩短制动距离方面效果显著。其电空制动部分与 F8 型分配阀采用相似的结构形式,多数橡胶件和部分零部件可以互换。

F8 型电空制动机是为适应旅客列车速度提高对车辆制动机性能的要求而设计的。在其设计和制造过程中,充分分析、研究了我国铁路客车原有制动机的优、缺点,吸取国外先进制动机的一些优点。因此,它在结构和性能上具有较先进的水平。

1. F8 型电空制动装置的构造

F8 型电空制动机除 F8 型空气制动系统外,增设了电空阀箱和截断塞门。电空箱用 4 个 M16 安装螺栓吊装在车下,箱背面有一个穿电线的孔,以便连接车下的电空制动电路。

电线穿入后须包扎好,防止受潮。电空阀箱内有 RS 电空阀、紧急电空阀、过渡板及连接电路。电线引入线必须牢固地固定在接线排柱上。

F8 型电空制动机的电空制动采用五线制,即常用制动线、缓解线、保压线(备用)、紧急制动线和负线。F8 型电空阀箱的外形如图 4-1 所示。

1) RS 电空阀部分

RS 电空阀部分包括 RS 电空阀体 1、常用制动限制堵 2、常用制动电磁阀 5、缓解电磁阀 3 等,如图 4-2 所示。RS 电空阀和过渡板一起,用 3 个连接螺栓安装在电空阀箱内。

常用制动电磁阀的作用是:电空常用制动时,提高制动管的压缩空气减压速度,加速电空制动作用。缓解电磁阀的作用是:初充气时,沟通压力风缸与制动管的空气通路,提高压力风缸初充气的速度;再充气时,加速压力风缸压缩空气向制动管的逆流速度,达到迅速缓解的目的。

2) 紧急电空阀部分

紧急电空阀如图 4-3 所示。

图 4-4 所示为紧急电空阀改进型，改进是为了进一步提高紧急电空阀限压作用的稳定性、可靠性，仅对限压阀结构做了局部调整，取消了限压阀套上的溢流小孔和限压阀胶垫 11，上、下盖处增加 O 形圈密封，其基本作用、功能不变。

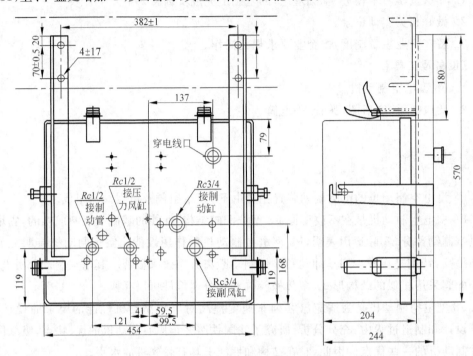

图 4-1　F8 型电空阀箱的外形尺寸

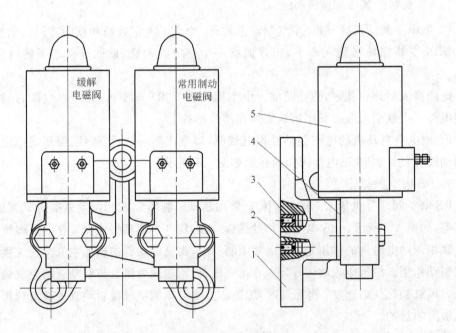

图 4-2　RS 电空阀

1—RS 电空阀体；2—常用制动限制堵；3—缓解限制堵；4—胶垫；5—电磁阀

放大阀的作用是：在电空紧急制动时，放大副风缸至制动缸的压缩空气通路截面，提高电空紧急制动时副风缸压缩空气向制动缸的充气速度，改善电空紧急制动性能；同时，使制动管与大气相通，产生电空紧急制动附加排风。限压阀的作用是：在电空紧急制动时，限制制动缸的最高压力值。电磁阀的作用是：在电空紧急制动时，控制放大阀的作用。

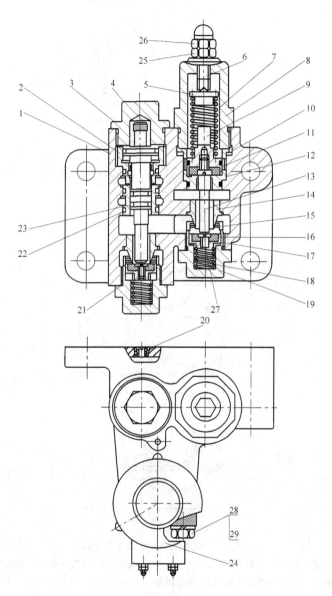

图 4-3　F8 型紧急电空阀

1—紧急阀体；2—放大阀套；3—放大阀杆；4—上盖；5—中心顶；6—调整螺丝；7—限压阀弹簧；8—限压阀上体；9—限压阀；10—限压阀密封圈；11—限压阀套；12,21,22,23—O 形密封圈；13—限压阀杆；14—止回阀套；15—止回阀；16—止回阀胶垫；17—下盖；18—止回阀弹簧；19—电磁阀；20—紧急限制堵；24—FK 型电磁阀；25—调整螺母；26—盖形螺母；27—螺钉；28—螺栓；29—弹簧垫圈

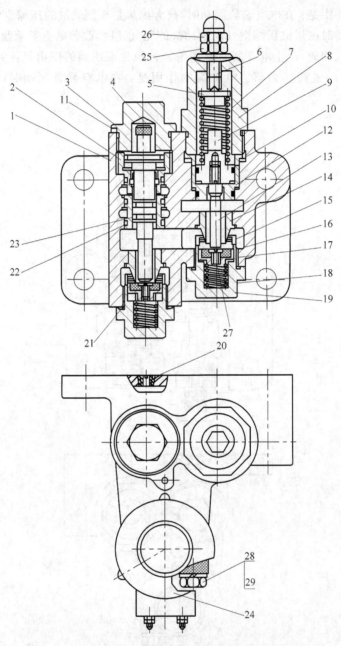

图 4-4　改进型 F8 型紧急电空阀

1—紧急阀体；2—放大阀体；3—放大阀杆；4—上盖；5—中心顶；6—调整螺丝；7—限压阀弹簧；8—限压阀上体；9—限压阀；10—限压阀密封圈；11—限压阀套；12,21,22,23—O 形密封圈；13—限压阀杆；14—止回阀套；15—止回阀；16—止回阀胶垫；17—下盖；18—止回阀弹簧；19—电磁阀；20—紧急限制堵；24—FK 型电磁阀；25—螺母；26—盖形螺母；27—螺钉；28—螺栓；29—弹簧垫圈

2. F8 型电空制动作用

F8 型电空制动阀有充气缓解位、常用制动位、保压位和紧急制动位四个作用位置。

1) 充气缓解位(如图 4-5 所示)

初充气时,缓解电磁阀励磁,制动管压缩空气经 $g \to g_1 \to g_5 \to g_6 \to$ 缓解电磁阀 $\to m_3 \to m_2 \to$ 限制堵 A $\to$ 过渡板上 $m_1 \to m$,充向压力风缸(同时经 F8 型分配阀向压力风缸充气)。

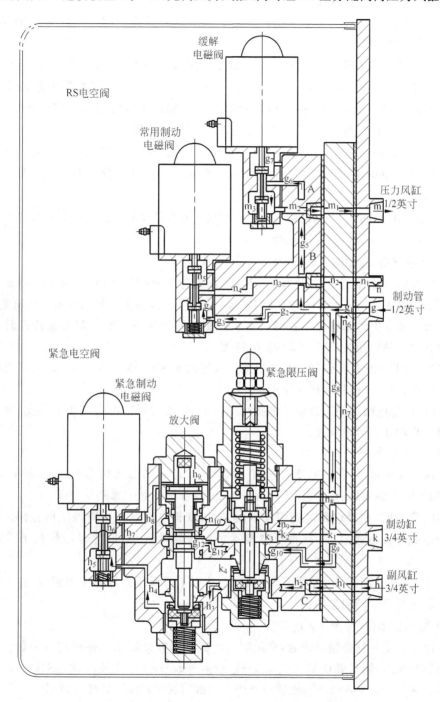

图 4-5 F8 型电空制动机的充气缓解位(缓解电磁阀励磁)

压力风缸可充至定压。

另一路,制动管压缩空气经 $g→g_1→g_8→g_9→g_{10}→g_{11}→g_{12}$,到放大阀套外侧。由于放大阀处于上端位置,所以制动管压缩空气不能与大气相通。

副风缸压缩空气经 $h→h_1→h_2→h_3→h_4→h_5$,此时紧急制动电磁阀无电,阀口关闭。制动缸经 F8 型分配阀与大气相通,呈缓解状态。

制动后再充气缓解时,由于压力风缸的空气压力比制动管的空气压力高,所以压力风缸压缩空气经 $m→m_1→$限制堵 $A→m_2→m_3→g_6→g_5→g_1→g$,向制动管逆流,使制动管的增压速度提高,起到加速缓解的作用。限制堵 A 控制压力风缸的充气速度和逆流速度,达到既满足一次性缓解的要求,又具有满足阶段缓解的性能。

常用制动电磁阀无电常用制动排气口被关闭,制动管压缩空气经由 $g→g_1→g_2→g_3→g_4$,到达常用制动电磁阀下方。但常用制动电磁阀下方的制动管压缩空气与大气之间的通路被切断。

紧急制动电磁阀无电,制动管通副风缸的空气通路被切断。放大阀上部气室 $h_9→h_8→h_7→h_6→$大气,放大阀杆处于上端位置。

2)常用制动位(如图 4-6 所示)

电空常用制动时,常用制动电磁阀励磁,制动管压缩空气经由 $g→g_1→g_2→g_3→g_4→$常用制动电磁阀 $n_5→n_4→n_3→$限制堵 $B→n_2→n_1→$大气,加快了制动管的减压速度,使 F8 型分配阀迅速发生制动作用。这样,F8 型分配阀的动作不受空气制动波传递时间的影响。限制堵控制制动管有较合适的排风速度。

发生常用制动作用后,制动缸的压缩空气经由 $k→k_1→k_2→k_3→k_4$,进入紧急制动电空阀腔体内,但对该阀的动作无作用。

此时,缓解电磁阀和紧急制动电磁阀均不励磁,压力风缸的空气压力不变,放大阀和紧急限压阀均处于初始位置。

3)保压位(如图 4-7 所示)

在保压位时,常用制动电磁阀、缓解电磁阀、紧急制动电磁阀均不励磁,制动管、压力风缸、副风缸和制动缸的空气压力均保持不变,相互间的联络通路被切断。

在此位置时,如果缓解电磁阀间歇励磁,可获得电空制动的阶段缓解作用;如果常用制动电磁阀间歇励磁,可获得电空制动的阶段制动效果,因此保压位是不可缺少的位置。

由于 F8 型分配阀已具有阶段缓解性能,所以不需要单独设保压电磁阀,这为简化电空制动结构提供了便利条件。

4)紧急制动位(如图 4-8 所示)

在电空制动的紧急制动位时,常用制动电磁阀和紧急制动电磁阀同时励磁。常用制动电磁阀励磁后,制动管压缩空气经 $g→g_1→g_2→g_3→g_4$,经常用制动电磁阀$→n_4→n_3→$限制堵 $B→n_2→n_1→n→$大气,使制动管产生与常用制动时相同的排气效果。

紧急制动电磁阀励磁后,副风缸的压缩空气经由 $h→h_1→$限制堵 $C→h_2→h_3→h_4→h_5→h_7→h_8→h_9$,进入放大阀杆上部,推动放大阀杆向下移动,完成以下工作。

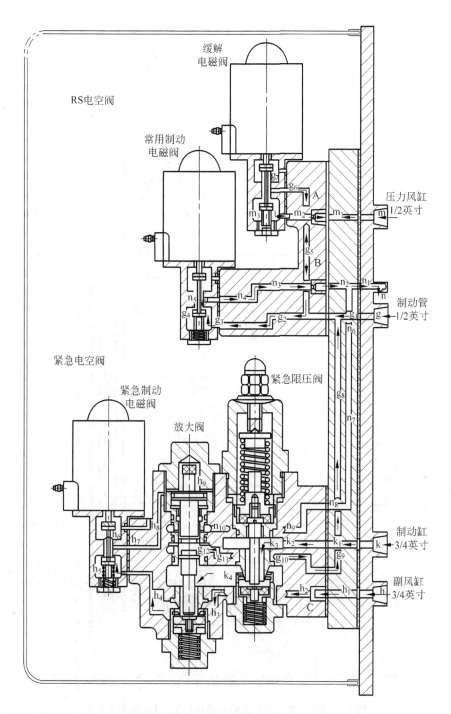

图 4-6　F8 型电空制动机的常用制动位（常用制动电磁阀励磁）

① 制动管压缩空气排入大气。

制动管压缩空气经由 $g \rightarrow g_1 \rightarrow g_8 \rightarrow g_9 \rightarrow g_{10} \rightarrow g_{11} \rightarrow g_{12} \rightarrow$ 放大阀杆与套的间隙 $\rightarrow n_{10} \rightarrow n_9 \rightarrow n_8 \rightarrow n_7 \rightarrow n_6 \rightarrow n_1 \rightarrow n \rightarrow$ 大气。此时，制动管排大气的通路不受限制堵的限制，排气速

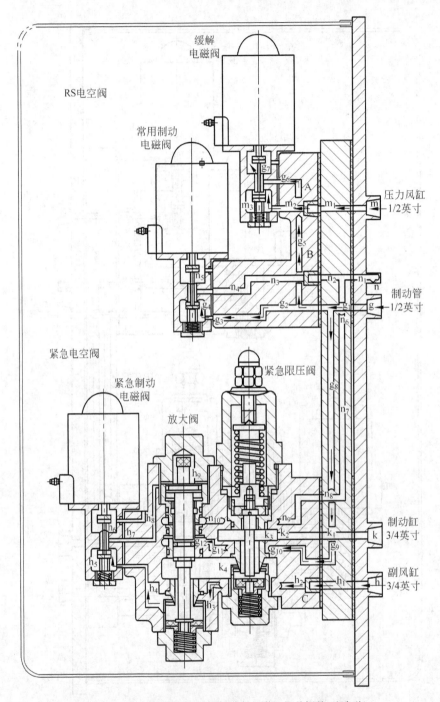

图 4-7 F8 型电空制动机的制动保压位(电磁阀均不励磁)

度较快,且与常用制动的排气叠加,制动管减压速度骤增,强烈地刺激 F8 型分配阀立刻进入紧急制动位,使列车中各车辆同步起紧急制动作用,最大限度地改善了由于列车中的制动时间差引起的列车冲动。列车编组越长,减少冲动的效果越明显。

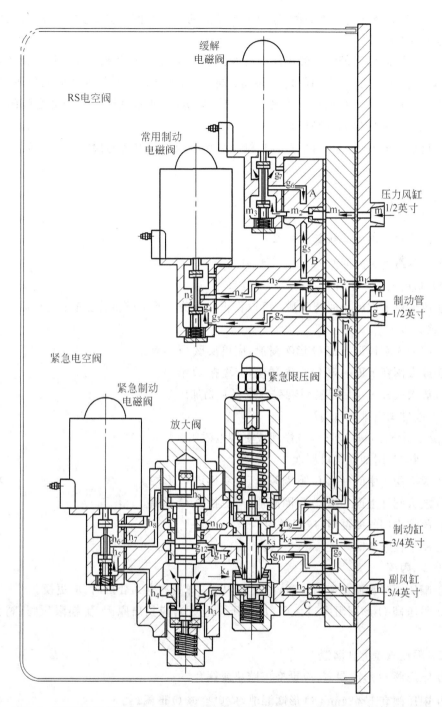

图 4-8　F8 型电空制动机的紧急制动位（常用制动电磁阀和紧急制动电磁阀均励磁）

② 开放副风缸向制动缸的充气通路。

放大阀杆向下移动，压缩止回阀弹簧，打开下方止回阀。副风缸压缩空气经 h→h_1→限制堵 C→h_2→h_3→左侧止回阀→k_4→右侧止回阀→k_3→k_2→k_1→k，进入制动缸。此时，副风缸压缩空气除经 F8 型分配阀进入制动缸外，增加了一条新通路，相当于扩大了副风缸向制动缸充气的通路截面,缩短了制动缸的升压时间。制动缸的升压时间由限制堵 C 的孔径来调节。

制动缸升压后,压缩空气经限压阀杆及其套的间隙,作用在限压阀活塞上。当该作用力大于限压阀弹簧力时,限制阀向上移动;同时,由于下方止回阀弹簧力的作用,右侧止回阀和限压阀杆一起向上移动,右侧止回阀被关闭,切断副风缸与制动缸之间的联络通路,停止从该通路向制动缸增压。

制动缸限压值的大小,可通过调整螺丝来调节限压阀弹簧的预紧力来改变。

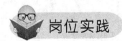

岗位实践

1. 紧急电空阀故障判断及处理

1) 充气缓解时的漏泄

(1) 制动缸压力上升

① 放大阀下部的止回阀漏泄:可以将止回阀胶垫磨平或将其更换;也可以磨平阀座口或更换。

② 放大阀套最下一道 O 形圈漏泄,应更换该 O 形圈。

③ 放大阀杆下面一道 O 形圈漏泄,应更换 O 形圈。

④ 放大阀杆过长,可更换该阀杆,或将它稍加磨短。

(2) 电磁阀座排气口漏泄

原因是电磁阀阀口不严,应修理或更换电磁阀。

(3) 制动管附加排气口漏泄

① 放大阀套中间一道 O 形圈漏泄,应更换该 O 形圈。

② 放大阀杆上面一道 O 形圈漏泄,应更换该 O 形圈。

③ 阀体内部气路漏泄,应更换阀体。

2) 制动位时故障

(1) 不限压

① 限压阀弹簧调整压力过高,应重新调整;弹簧有永久变形时,应更换。

② 限压阀 O 形圈阻力过大(O 形圈压量过大),应找出原因,更换限压阀、阀套或 O 形圈。

(2) 限压阀盖上孔漏泄

① 限压阀 O 形圈漏泄,应更换该胶垫或阀套。

② 限压阀套上 $\phi 24$ mm O 形圈漏泄,应更换该 O 形圈。

2. RS 电空阀

1) 充气时的故障

① 初充气时,附加排气孔漏泄。

可能是常用制动电磁阀漏泄,电磁阀胶垫有缺陷或有异物。可清除异物或更换电磁阀。

② 初充气时,胶垫附近漏泄。

可能是电磁阀胶垫未装好,应重新安装。

2) 制动时的故障

① 常用制动时,达不到排气时间要求。

可能是常用排风堵中心孔(应为 $\phi 1.7mm$)偏大或偏小,或安装错误,应重新选用。

② 常用电磁阀胶垫处漏泄。

应重新安装或更换胶垫。

3) 缓解时的故障

① 缓解时,压力风缸降压过快,达不到时间要求。

可能是缓解排气堵中心孔偏大(应为 $\phi 0.8mm$)或螺纹太松,可更换或重新安装。

② 缓解电磁阀安装胶垫附近漏泄

可能是电磁阀胶垫未装好,应重新安装。

3. 列检作业

列检作业时,除按有关规定对车辆和列车进行试验检查外,根据 F8 型电空制动机的结构及作用特点,列检作业中还有如下注意事项。

1) 拆换电空阀时的处理

拆换电空阀时,可不关闭制动支管截断塞门,但电空阀箱后面的 4 个截断塞门需全部关闭后再拆卸。

拆卸后,保护好安装面,不要丢失零件,也要防止尘砂、泥土、杂物等进入。

2) 检查各塞门的开闭位置

检查电空阀箱后,4 个截断塞门应全部在开启位置,以保证电空制动的正常使用。如果误关了这些塞门,将使本车的电空制动失去作用(仅具有空气制动作用)。

如果使用 F8 集成单元,需检查电磁阀座下方的塞门是否在开放位置(手把在下方为开,上方为关闭)。

3) 正确识别电空阀排气情况

以下是工作时的正常排风:电空常用制动和紧急制动时,电空阀箱后侧均有短时附加排风声响(当然,长时间的排气声是漏泄和故障)。

4) 关门车处理

在电空制动发生故障时,可单独切断有关电空部分,无需将制动支管截断塞门关闭。这样,可保留空气制动系统继续使用。只有空气制动发生故障时,才需将制动支管截断塞门关闭。

5) 电空连接插头检查

① 对于车辆端部用的电空连接线,使用时需检查有无断线、进水等。

② 在插入电空连接线时,必须先检查插座有无进水,保证有良好绝缘。

③ 对于电空连接插头,需在插座上拧紧,保持良好接触。

④ 拆下电空连接插头时,必须将连接座上盖关严。

工作任务 4.2　104 型电空制动机常见故障及处理

104 型电空制动机是 104 型空气制动机的改进版本,增设了电磁阀安装座、缓解风缸和车端导线连接装置,从原有的机械控制操作转变成为现有的电控机械操作,制动灵敏度、准确度大幅提升。此次任务主要针对 104 型电空制动机常见故障进行检修、处理。

【任务目的】
1. 能够判断 104 型电空制动机常见故障。
2. 能够对 104 型电空制动机的常见故障进行处理、修复。

【任务内容】
1. 104 型电空制动机常见故障分析、判断。
2. 104 型电空制动机常见故障处理、修复。

【任务实践基本要求】
1. 在认真学习本任务"基础理论"的基础上完成实训。
2. 做好相关实训记录。
3. 遵守企业规章制度,按企业要求规范操作。

【设备及工具】
1. 104 型电空制动机。
2. 活口扳手、手电筒、气泵。

4.2.1　104 型电空制动机

1. 104 型电空制动机的组成

104 型电空制动机在 104 型空气制动机的基础上增设了电磁阀安装座(包括三个电磁阀)、一个 40L 的缓解风缸和车端导线连接装置等组成,如图 4-9 所示。

104 型电空制动机主要由制动管、制动支管、截断塞门及集尘器组合体、104 型电空分配阀、副风缸、压力风缸、制动缸和缓解风缸、5 芯电缆、电缆连接器(连接电缆、插头、插座)等组成。

电缆为 5 芯($4mm \times 4mm + 1mm \times 2.5mm$)电缆,其中 1 芯($2.5mm^2$)为 4 号导线,用于检查;另外 4 芯($4mm^2$)分别为 1 号(制动)导线、2 号(缓解)导线、3 号(保压)导线和 5 号零线。接线方式如图 4-10 所示。

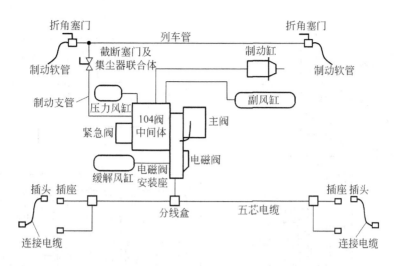

图 4-9　104 型电空制动机的组成示意图

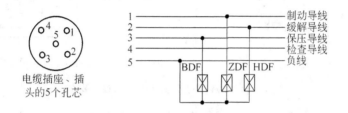

图 4-10　104 型电空制动连接线简图

1) 构造

(1) 电磁阀安装座

用来安装三个电磁阀的电磁阀安装座设于 104 型空气分配阀的中间体与主阀之间,构成 104 型电空分配阀。图 4-11(a)所示为电磁阀安装座的空气通路简图,图 4-11(b)所示为面向与主阀安装面相接触的电磁阀安装座观看时的视图。可以看出,安装座上安装的三个电磁阀在横向呈一排安装,自左至右分别为保压电磁阀、制动电磁阀、缓解电磁阀。图 4-11(a)中所示的三个电磁阀上、下排列,是为了便于表示空气通路。

增设电磁阀安装座之后,原 104 阀的中间体与主阀间的同名空气通路依旧相通。

电磁阀安装座主要由座体、止回阀、止回阀弹簧、止回阀座、止回阀盖、$\phi 2.0 \mathrm{mm}$ 缩孔堵、电磁阀盖等组成。

电磁阀安装座上方的止回阀为副风缸向缓解风缸充气之用。但当副风缸压力低于缓解风缸压力时,缓解风缸内的压力空气不能向副风缸逆流。

该安装座底下设有防尘胶垫,胶垫盖住两个排气口,其中一个是 104 阀容积室排气口,另一个是制动管排气口,其上拧入一个 $\phi 2.0 \mathrm{mm}$ 缩孔堵,用于限制该车辆电空制动时的制动管排气速度。

该安装座上方的两个侧面(安装面)分别与中间体和主阀(其间装有橡胶垫板)安装面相接合。正面下部装三个电磁阀和接线端子,接线端子的 3、1、2 分别与保压电磁阀

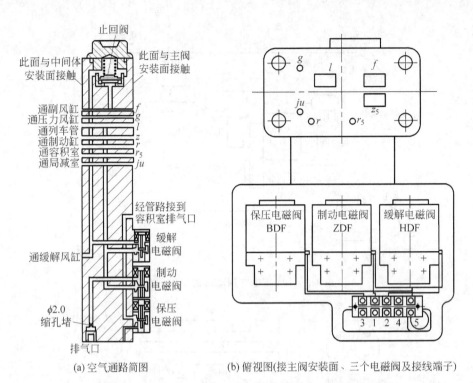

(a) 空气通路简图　　　(b) 俯视图(接主阀安装面、三个电磁阀及接线端子)

图 4-11　104 型电空制动机电磁阀安装座

BDF、制动电磁阀 ZDF、缓解电磁阀 HDF 中的引出线连接,三个电磁阀的另一根引出线共同接到端子 5。安装座背后靠近底部的 ZG3/4″孔为穿电缆和密封用,右边的 ZG3/4″孔接缓解风缸,左边的 ZG3/8″孔接主阀容积室排气口。

(2) 电磁阀

电磁阀是保证电空制动性能可靠的关键部件。

104 型电空制动机中的电磁阀如图 4-12 所示。它是二位三通电磁阀,"二位"即得电位和失电位,"三通"即它可以控制三条空气通路。其中,中间通路与上通路为常闭通路,中间通路与下通路为常开通路。电磁阀中的通路最小为 $\phi 4mm$。

当电磁阀得电时,电磁阀线圈通电后产生磁场作用于铁芯上,使静、动铁芯之间产生吸力。当此吸力克服给排阀弹簧压力、O 形圈阻力及其他阻力时,动铁芯下移并推动顶杆向下移动,同时顶杆推动给排阀离开上阀座而与下阀座密贴,于是给排阀开启上阀口,而关闭下阀口。

当电磁阀失电时,线圈停止励磁,动、静铁芯之间不再有吸力存在。这时,给排阀在其弹簧反拨力的作用下,克服 O 形圈阻力及其他阻力,带动顶杆和动铁芯向上移动。给排阀又离开下阀座而与上阀座密贴。于是,上阀口关闭,下阀口开通,恢复到原来的位置。

104 型电空制动机的 3 个电磁阀的型号相同,以保证互换性。其中,保压电磁阀用的是其常开通路,而制动电磁阀和缓解电磁阀用的是其常闭通路。电磁阀用 4 个 M6 螺柱紧固在电磁阀安装座上。为保证安装密封,设有专门的电磁阀胶垫。

制动电磁阀的常闭状态(失电)切断制动管通大气的通路。制动电磁阀得电时,开通

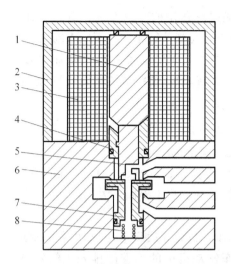

图 4-12 104 型电空制动机电磁阀结构原理
1—动铁芯；2—电磁阀盖；3—线圈；4—静铁芯；5—顶杆；6—电磁阀体；7—给排阀；8—给排阀弹簧

制动管向大气的排气通路。

缓解电磁阀用于控制缓解风缸与制动管的通路。得电时连通，失电时切断。

保压电磁阀控制容积室与大气的通路。得电时切断，失电时连通。

(3) 风缸

缓解风缸内的压缩空气由副风缸通过充气止回阀充至与副风缸相近的压力。制动过程中，当副风缸压力降低时，缓解风缸应保持压力不变。

2) 作用原理

在每辆客车的端墙中部的左、右两侧设有电缆插座。将两端具有插头的一段电缆（称为连接电缆）分别插入相邻两车的插座中，使包括机车在内的全列车的 5 芯电缆贯通。

三个电磁阀分别通过各自线圈的引出线、接线端子与 5 芯电缆相连接。电缆中五根导线的得电、失电由机车电空制动机控制。

主阀的容积室排气口用一根连接管接到电磁阀安装座后，通过安装座内部的气路与保压电磁阀相连通。当保压电磁阀失电时，该气路与安装座下端面的排气口（即前面所讲的"容积室最终排气口"）相通。所以，容积室压力空气是否能排入大气，除了取决于主阀中的主活塞、滑阀的位置外，还取决于保压电磁阀的得电、失电情况。如果主阀虽处于充气缓解位，容积室压力空气已经到达主阀的容积室排气口，但保压电磁阀为得电工况，其内部的气路处于切断状况，则容积室压力空气仍不能排入大气而保持原有压力。因此，主阀中的均衡部仍处于制动中立位，制动缸仍保持原有压力。

104 型电空制动机增设的 40L 缓解风缸用管子与电磁阀安装座相连接，并通过安装座内部气路，一路与缓解电磁阀相连接，另一路与设在安装座内的止回阀相连接。缓解风缸的用途是：当列车制动后施行电空缓解时，缓解导线及列车中每一车辆的缓解电磁阀同时得电，于是各车缓解风缸的压力空气（定压空气）经缓解电磁阀内的通路充入制动管。由于各车的制动管同时增压，各车的 104 阀同时动作，处于充气缓解位，各车产生缓解作用。可以看出，由于缓解风缸与缓解电磁阀的配合作用，不仅使列车中各车辆的缓解作用发生得早,而且前、后车辆缓解作用的一致性好。因此,此风缸也称为"加速缓解风缸"。当缓解风缸压力降低(由于它向制动管充气),而低于副风缸压力(来自机车的制动管压力空气通过处于充气缓解位的主阀向副风缸充气,所以副风缸在增压)时,副风缸压力空气经安装座内的止回阀充入缓解风缸,使缓解风缸充到与副风缸压力一样,达到定压。

2. 104型电空制动机综合作用

1) 充气缓解位(即运转位)

104型分配阀处于充气缓解位。

三个电磁阀均不得电,常开的保压电磁阀使容积室压缩空气排大气的通路畅通,即容积压缩空气→d_3孔→保压管→保压电磁阀→大气。

2) 常用制动位

当司机施行电空制动时,制动导线得电,列车中各车辆的制动电磁阀 ZDF 得电。制动管压力空气除通过机车制动机中的中继阀排入大气外,还通过每辆车上的制动电磁阀→ϕ2.0mm 缩孔堵→安装座排气口排入大气。由于制动管减压,主阀作用部的主活塞由充气缓解位上移至制动位,104阀的主阀先后产生两段局减作用,压力风缸压力空气充入容积室,容积室增压;通过均衡部的动作,副风缸压力空气充入制动缸,车辆产生制动作用。

电磁阀得电时间的长短决定了制动管的减压量。

3) 制动保压位

当施行电空常用制动而制动管减压量达到要求时,制动导线失电,制动电磁阀 ZDF 失电,该电磁阀内的空气通路被切断,于是制动管停止排气。当104阀的主活塞下方的压力风缸压力降到与制动管压力相等时,主活塞带着节制阀稍下移,节制阀切断压力风缸通向容积室的通路,容积室停止增压。在均衡部,当制动缸压力上升到等于容积室压力时,副风缸向制动缸充气的通路被切断,于是制动缸处于保压状态。

在制动导线、制动电磁阀失电的同时,保压导线及保压电磁阀 BDF 得电,使容积室通往大气的整个通路中,除了在主阀作用部处的一段通路被节制阀切断以外,保压电磁阀内的气路处被切断,使容积室压力空气不能排出,而处于保压状态。

如再次要求制动缸增压,司机只要将手柄在制动区中再次右移,于是重复前述制动工况以及制动后的保压工况,即制动电磁阀再次得电,然后又失电,而保压电磁阀对应地再次失电,然后又得电。因此,这两个电磁阀分别交替得电、失电,获得制动机阶段制动作用。

4) 制动后的缓解位

当机车司机施行电空完全缓解时,缓解导线、缓解电磁阀 ZDF 得电;与此同时,保压导线、保压电磁阀 BDF 失电。由于列车中每辆车的缓解电磁阀得电,它们连通了本车缓解风缸至制动管的通路,使缓解风缸压力空气迅速充入制动管,所以前、后部车辆的缓解作用的一致性大为改善。由于制动管增压,104阀主阀作用部的主活塞下移至充气缓解位,列车管压力空气向压力风缸充气;容积室压力空气→作用部滑阀处的通路→主阀容积室排气口→电磁阀安装座的连接管→保压电磁阀 BDF(失电时)内的气路→电磁阀安装座的排气口→大气。由于104阀一直处于充气缓解位,而且保压电磁阀一直处于失电工况,所以上述容积室通大气的通路永远畅通,因而其压力一直降到零。通过主阀均衡部的动作,制动缸压力空气经均衡部排气口排入大气,制动缸压力一直降到零,制动缸得到完全缓解。

5) 制动后的阶段缓解位

当机车司机施行电空阶段缓解时,一开始,缓解导线、缓解电磁阀HDF得电和保压导线、保压电磁阀BDF失电的情况与上述"电空完全缓解"时相同,容积室排气减压,通过均衡部动作,制动缸排气缓解。当制动缸压力降到符合司机要求的压力时(此制动缸压力应与司机操纵的手柄在制动区内扳置的位置相对应),保压导线、保压电磁阀BDF重新得电,保压电磁阀内的一段气路关闭,切断了容积室压力空气排入大气的通路,容积室不再排气减压,容积室保压;相应地,通过均衡部的动作,即当制动缸压力降到与容积室压力相平衡时(实际上是降到稍低于容积室压力时),作用活塞与其活塞杆稍上移,关闭活塞杆顶端的排气口,于是制动缸的排气通路被切断,制动缸保压。

如再次要求制动缸降压,司机只要将手柄在制动区中再次左移。这时,保压电磁阀BDF再次失电,容积室再次排气,实现制动缸排气降压。因此,保压电磁阀BDF交替失电、得电,获得制动机阶段缓解作用。

尽管104型分配阀为一次缓解阀,但在它处于缓解位时,保压电磁阀间断地得、失电,控制容积室阶段性排气,得到制动机的阶段缓解作用。

6) 紧急制动位

紧急制动时,紧急阀与空气制动时一样动作,同时制动电磁阀得电。当制动管空气压力降至零时,在5s以后,制动电磁阀失电。

104型电空制动电磁阀的得失电情况如表4-1所示。

表4-1 电空制动电磁阀的得失电情况

电磁阀	运转位	常用制动位	保压位	缓解位	阶段缓解					紧急位
制动电磁阀	失电	得电	失电	失电	失电					先得电后失电
保压电磁阀	失电	失电	得电	得电	失电	得电	失电	得电	失电	失电
缓解电磁阀	失电	失电	失电	得电	得电	得电	得电	得电	得电	失电

4.2.2 F8型及104型集成化制动单元简介

1. F8型集成化电空制动单元

F8型电空制动机将空气制动部分和电空制动部分分开设计,方便了故障判断和处理,但使车下的制动管路复杂化,增加了工作量;同时,由于管路漏泄,增加了故障的意外因素,给现场带来很多不便。技术人员从1993年开始考虑电空制动系统的集成化设计问题,使整个系统成为一个完整的独立单元,其关键是:设计合理的集成化气路板;解决气路板的粘焊技术。1998年该集成单元初装车,在广深线投入使用;2004年,在25T型直达旅客列车上将其装车使用。

1) 集成气路板

集成气路板由两块铝合金板粘接（或钎焊）而成，将原 F8 型空气分配阀的中间体、RS 电空阀内气路及连接电空制动的管路系统加工在其中一块较厚的板上，然后与薄板粘焊，并保证各气路间完全密封。原中间体内的辅助室和局减室用两个与原容积相同的小气室代替，安装在薄板一侧。全部连接管路增设管路滤尘器后，都连接在薄板一侧，形成一个系统的电空制动集成气路板（如图 4-13 所示）。该板用三脚架吊装在车下。分配阀和电空阀均便于装卸、检修。

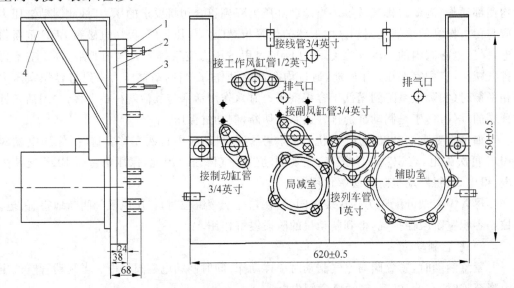

图 4-13　F8 型电空制动机集成气路板
1—底板；2—面板；3—T 形槽用螺栓；4—吊架

2) F8 型集成电空制动单元的特点

① F8 型集成电空制动单元外形如图 4-14 所示。用铝合金制造的集成气路板代替了原 F8 阀的中间体和 RS 电空阀体。原中间体为铸铁件，其中有两个气室，还有较复杂的气路，生产废品率高，不易清砂。既给生产带来不便，也使阀内清洁度难以保持，生产中还经常出现气路不畅的情况，增加了分配阀的故障。而集成气路板的全部气路是粘焊前加工完成的，可保证气路畅通、清洁、无砂，既方便生产，也大大减少了故障。

② 用集成气路板的内部气路代替了原来复杂、易漏的外部连接管路系统。

F8 型电空制动单元只有四根外部连接管，分别为：制动支管 1 英寸、制动缸管 3/4 英寸、副风缸管 3/4 英寸、压力风缸管 1/2 英寸。

③ 集成化减轻了重量。

原 F8 型电空制动机的总质量（包括各种附件）约为 120kg，F8 型电空制动单元总质量为 90～100kg。

④ 在各管路连接处加装了管路滤尘器，以保证各通路的清洁，防止杂物进入阀内，减少了故障。

⑤ 延长了使用寿命。根据航空工业的使用经验，集成气路板的粘接技术可保证使用

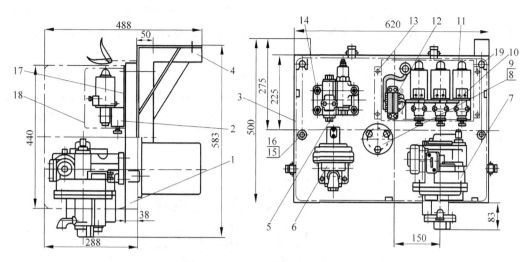

图 4-14　F8 型集成电空制动单元外形

1—集成化气路板组成；2—电磁阀安装座组成；3—箱盖组成；4—吊架组成；5—F8 紧急电空阀；6—F8 辅助阀；7—F8 主阀；8—1 号管路滤尘器前盖；9—1 号管路滤尘器胶垫；10—电路连接图；11—电磁阀(二位三通)；12—接线排；13—半圆头螺钉 M6×15；14—六角螺母 M12；15—六角螺栓 M16×60；16—六角螺母 M16；17—电磁阀罩胶垫；18—电磁阀罩；19—吊轴

期在 15 年以上。

⑥ 分配阀、电空阀、电磁阀都安装在一起，结构紧凑。在电磁阀出现故障时，仍可方便地切换使用空气制动机继续运行。既方便维修，又方便运用。

⑦ 保持了原 F8 型电空制动机的性能，原零部件仍可互换。

F8 型集成电空制动单元包括 F8 主阀、辅助阀、紧急电空阀、紧急制动电磁阀、常用制动电磁阀、缓解电磁阀、切断阀，管路连接滤尘器、集成气路板等。

⑧ F8 型集成电空制动单元作用原理与原 F8 型电空制动机相同，这里不再赘述。

⑨ 集成气路板上安装的主要阀类用一个外罩罩住，可保持阀类外表清洁，减少车下恶劣环境腐蚀，减少维修时工作量。外罩表面经过喷塑处理，或使用耐腐性的玻璃钢。

集成气路板可采用粘接或钎焊两种方法制造。无论采用哪种方法，均须保证各气路间完全密封；在温度±500℃及压力 1 200kPa 条件下，不允许有任何漏泄。

为了解决气路板的密封问题，技术人员进行了二十多种不同胶粘剂配方研究和选型；试制了气路板的模拟样板；进行了常温、低温、高低温交替变化下的气密封试验；还进行了耐高压试验。

为了提高铝板的连接强度，在主要的连接螺栓部位，均采用航空业中成功使用的钢丝螺套。注意，要将钢丝螺套旋入铝板。

胶黏剂选用航空航天业中使用成熟(已通过航天航空工业部技术鉴定)的改性 R14 环氧性结构胶黏剂。其长期使用温度为 $-55 \sim 175$℃，剪切强度 $36.0 \sim 27.3$MPa($-55 \sim 175$℃)。

对于采用钎焊方法生产的制动单元，先在电力机车上使用，效果较好。

3) F8 型空气分配阀和 F8 型电空制动机展望

在 F8 型分配阀开始推广使用后，用户提出了一些意见，例如，中间体清洁度差，内腔由于锈蚀出现串漏;副风缸、制动缸和压力风缸管路由于无滤尘装置,易使上述各缸及管路内的杂物进入阀体,直接影响阀的正常使用和寿命。另外,生产制造劳动强度大,废品率高。

近年来,F8型分配阀采用以下两种集成方式。

① F8型分配阀集装板式。考虑到F8型分配阀单独使用的成本及经济性,在不大幅度增加整套阀的成本和价格的前提下,天津机车车辆机械厂开发出成本低、性价比好的集装板(如图4-15所示)。

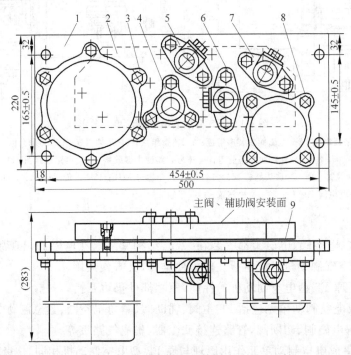

图4-15 F8型分配阀集装板

1—集装板后面板;2—集装板前面板;3—辅助室风缸;4—制动管连接法兰;5—压力风缸连接法兰;
6—制动缸连接法兰;7—副风缸连接法兰;8—局减室风缸;9—密封垫

该集装板在设计上除满足原F8型分配阀性能的前提下,力求紧凑、结构合理,同时便于两阀的装卸。在结构上,分别用两块薄厚、大小不一样的钢板组合而成,两板之间使用普遍采用且可靠性好的橡胶密封垫密封两个焊接风缸(或压延缸),代替中间体的两个铸造气室;在压力风缸、副风缸和制动缸接管处采用滤尘连接法兰(专利产品),不拆卸管路就可对内部虑尘网进行清理或更换。

该集装板不但有利于大批量生产,而且解决了原中间体及管系内部清洁度差等问题,对延长分配阀的检修周期及提高可靠性和使用寿命都是非常有利的。

② 对于与F8型电空制动单元采用相同方法设计制造的F8型空气制动单元(如图4-16所示),这里不重复介绍。其主阀、辅助阀均可与原F8阀互换使用,其他部件,如局减室风缸、辅助室风缸、管路滤尘器等均可与F8型电空制动单元使用的部件互换。

F8型空气制动单元于2000年装车6辆投入使用,至今使用情况良好。

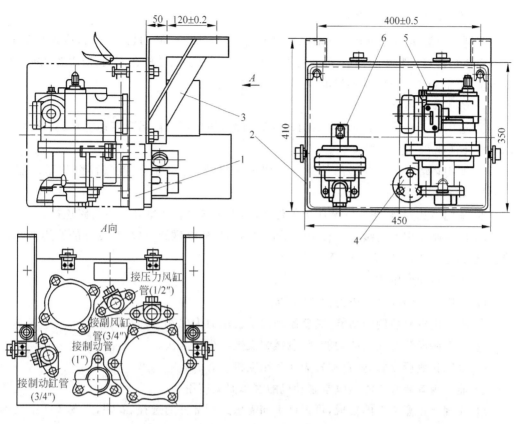

图 4-16 F8 型空气制动单元
1—集成化气路板；2—外罩；3—吊架；4—前盖；5—F8 主阀；6—F8 辅助阀

对于两种不同的集成方式，用户可以根据实际情况选择使用。

我国目前还没有一种分配阀完全符合 UIC（国际铁路联盟）标准，这对于我国的机车车辆出口、进入国际市场是非常不利的，目前最接近该标准的是 F8 型分配阀。

集成气路板的设计及其在 F8 型电空制动单元中的应用，使我国制动技术水平有了较大的提高，但是首次在我国应用，至今已装车数百辆，特别是在动车组中运用较多，有待总结经验和提高技术水平。

F8 型电空制动单元的使用时间还不长，结构上偏大，成本较高。今后的发展方向如下所述。

① 向小型化方向发展。要尽可能压缩所占空间位置，特别是对于双层客车，由于车下装置集中在车辆两端，原 F8 型电空制动机在安装时显得很挤，检修不便。安装制动单元后，有改善，但仍不令人满意，需要向小型化发展，发展小巧的、便于检修的集成气路板。

② 向智能化方向发展。F8 型电空制动单元保持了原 F8 阀优越的制动性能，提高了作用的可靠性，今后应在发展计算机故障诊断系统方面做出努力，利用集成气路板的有利条件，采用微机自动采集和记录制动系统运行中的重要参数，随时做出判断。这样，不但可以减少列检人员的工作量，而且可以对提高列车运行的安全性做出新的更大的贡献。

2. 104型集成式电空制动机

我国现已装车104型电空制动机集成式安装，方便电空制动机的安装、检修和维护，且其整体结构趋于紧凑、合理。下面主要介绍104型电空制动机在安装、使用及性能方面的内容，了解104型电空制动机的各项指标和性能。

1) 整机技术指标

① 适用范围：适用于所有装有自动式制动系统的客车，包括准高速客车、提速客车、动车组及其他25型、22型客车。

② 使用环境：所有电器部件符合电器通用标准，电器部分、空气部分均适应温度±50℃，相对湿度85%。

③ 采用板式安装，正面安装阀类部件，背面安装各容积风缸及进行管路连接。

④ 电空制动用电磁阀与原有104型电空制动机的电磁阀一致，有良好的通用性和互换性，额定工作电压为直流110V。

⑤ 采用自动作用式。

⑥ 常用全制动制动缸压力为420kPa。

⑦ 具有电空紧急制动功能，紧急制动制动缸压力为(420±10)kPa。

⑧ 具有阶段缓解性能的功能，阶段缓解次数不少于5次。

⑨ 电气失效后，列车能自动转为空气制动机状态。

⑩ 能与现有装有104型电空制动机的客车混编使用。

⑪ 实现真正意义上的集成，可根据不同需求进行部件的选择、安装，实现104空气制动、104电空制动等功能。

2) 104型集成电空制动机的特点

104型电空制动机的集成化研究，就是将电空制动机的所有零部件集中安装在一块集成板上。安装示意如图4-17(a)和(b)所示，并用外罩把这些部件罩住。外罩的作用主要是防尘和密封，取消了104制动机的中间体。在集成板上，正面装有104主阀、紧急阀、充气阀、电磁阀、电磁阀安装座等。集成板背面有容积组合，包括容积室(3.85L)、紧急室(1.5L)、局减室(0.6L)、制动管、副风缸、压力风缸、制动缸、缓解风缸的法兰接口、电空制动用电缆线连接器。这样，所有阀类等零部件在安装板的正面，容积风缸和管路连接在集装板后面。

3) 主要部件及作用说明

(1) 集成安装板 1

集成安装板用来安装制动机阀类、电器件、容积风缸、法兰接头及其他部件。

(2) 104主阀 2

104主阀为普通104空气制动机的主阀，可与运用车的104主阀互换。

(3) 104紧急阀 3

104紧急阀为普通104空气制动机的紧急阀，可与运用车的104紧急阀互换。

(4) 电磁阀安装座 8

电磁阀安装座用来安装各电磁阀、充气阀及接线端子等，可以整体拆下，方便检修。

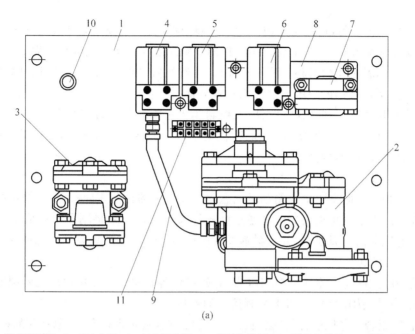

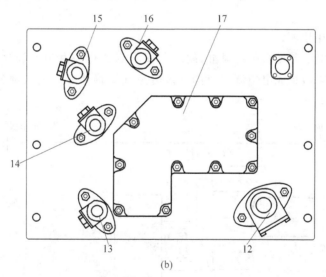

1—集成安装板；2—104 主阀；3—104 紧急阀；4—保压电磁阀；5—制动电磁阀；6—缓解电磁阀；
7—充气阀；8—电磁阀安装座；9—保压管；10—连接器；11—接线端子（背面）

12—制动管法兰接头；13—制动缸法兰接头；14—副风缸法兰接头；15—缓解风缸法兰接头；
16—压力风缸法兰接头；17—容积组合

图 4-17　104 型电空制动集成板的正面安装示意图

(5) 电磁阀 4、5、6

104 集成电空制动机共设三个电磁阀：缓解、保压和制动。它们结构相同，与原 104 电空制动机一致，可以互换使用。

① 制动电磁阀 5：制动电磁阀的常闭阀口遮断了制动管到大气的通路。当它得电时，常闭阀口打开，接通制动管到大气的通路，制动管的压力空气通过制动电磁阀排入大

气;失电时,停止排气,这样可以用制动电磁阀的得、失电来控制制动管的排气。

② 缓解电磁阀6:缓解电磁阀用来控制缓解风缸与制动管之间的通路。失电时是常闭位,遮断了两者之间的通路;得电后,沟通缓解风缸和制动管,当缓解风缸内的压力高于制动管时,缓解风缸内的压力空气流向制动管。

③ 保压电磁阀4:保压电磁阀用来控制104主阀容积室排气口到大气的通路,利用其常开位。无电时,此通路畅通,保证容积室到大气的通路;得电时,切断该通路。如果容积室内有空气,则不能排出。

(6) 充气阀7

充气阀相当于原104电空制动机电磁阀安装座上的充气止回阀,只是结构有所变化。缓解风缸的压力空气可以由副风缸通过该充气阀充风。如果将副风缸换成总风缸,也可以满足缓解风缸的充风要求,并且缓解风缸的压力空气不能向副风缸或总风缸逆流。

(7) 保压管9

连接104主阀容积室排气口与电磁阀安装座,容积室的压力由保压电磁阀控制。

① 连接器:为电空制动机电控制信号的接口。

② 容积组合:容积组合与安装板采用法兰连接,包含容积室、紧急室和局减室。

③ 风缸和空气管路接口:共有5个风缸和空气管路接口,都采用法兰连接方式,分别为制动管(连接车辆的列车管支管)、制动缸、副风缸(或总风缸)、压力风缸、缓解风缸等法兰接头。

(8) 安装使用说明

104型集成电空制动机的各风缸、制动支管、5芯主电缆和电空连接器与原104电空制动机一致。104型集成电空制动机的安装分空气管路部分和电气部分,其基本结构布置如图4-18所示。

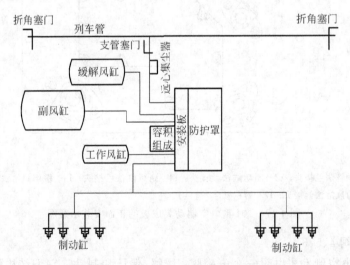

图4-18 104型集成电空制动机基本结构布置

① 空气管路部分的安装。

第一步:将104主阀和紧急阀用M16的螺栓紧固在集成安装板的正面,之间用橡胶密封垫密封。

第二步：将电磁阀座用 4 个 M10 的内六角螺栓紧固在集成安装板上，电磁阀座上的其他部件也要求安装完毕。

第三步：用保压管的两端分别接电磁阀座下部的 ZG3/8″孔和主阀上的容积室排气孔 d_3（ZG3/8″接口）。

第四步：将容积组合安装在集成安装板的背面，结合处用橡胶密封垫密封。

第五步：将副风缸、压力风缸、制动缸、缓解风缸和制动管的法兰接口分别用 M12 和 M16 螺栓连接。

第六步：将集成安装板用 6 个 M16 的螺栓装在集成电空制动机的安装架上，各风缸和制动管按设计要求安装，并分别与集成安装板上的各相应接口连接。其中，副风缸、压力风缸、制动缸、缓解风缸的接口为 ZG3/4″，制动管接口为 ZG1″。

② 电气部分的安装。

第一步：按图 4-19 所示的电气示意图布置电空制动电缆线。电缆必须走电缆管或有电缆护套管。

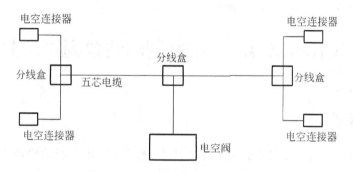

图 4-19　104 型集成电空制动机电缆布置

第二步：由车体中间或车上分线盒引出 4 芯电缆到集成电空制动机安装板的左上角，连接到电缆连接器后进入安装板的正面。电缆连接器有 5 芯。4 芯电缆编号为 1 号（红）、2 号（绿）、3 号（黄）、5 号（黑），分别对应地接于电磁阀组成上的接线端子，面对接线端子，从左至右的顺号为 3、1、2、4、5。此编号相应地接于 3 号——保压电磁阀（＋）、1 号——制动电磁阀（＋）、2 号——缓解电磁阀（＋）、5 号——上述 3 个电磁阀的地线（－），4 号——检查线。

第三步：安装完毕后，检查各电缆的护套是否完整，各线路是否正确、无误，并保证各线芯之间无短路现象。

第四步：将装有密封胶条的密封罩与集成安装板用搭扣连接，并上开口销。

 岗位实践

① 电磁阀不动作时，检查各电缆是否有断路现象。如果电线回路均正常，可能是电磁阀内部被卡住，轻轻地敲击或振动就能恢复正常。若仍无效果，或许是电磁阀有其他不

易排除的故障,应更换电磁阀。

② 在制动位时,制动管减压过快或过慢,应检查电磁阀安装座下方制动管排气口的缩堵是否正常。如果失电后,制动电磁阀排风不止,可判断为电磁阀阀口被异物垫住而不能关严,动作几次可将异物吹掉;若仍无效果,需更换电磁阀。

③ 在制动保压位时,缓解风缸的压力保不住,随副风缸或制动管的空气压力往下降。其原因如下所述。

- 电磁阀座上的充气止回阀有故障。如破损或被异物垫住,造成缓解风缸压缩空气向副风缸逆流,处理方法是整修或清理阀口。
- 缓解电磁阀的阀口被灰尘垫住,使缓解风缸与制动管相通。此时,处理电磁阀即可。如果在制动后施行电空缓解时,缓解时间长或速度较慢,即与空气制动机缓解接近,可以认为缓解风缸内的压缩空气保不住。

④ 在阶段缓解时,电空阀的阶段缓解性能不明显,甚至没有阶段缓解性能。出现这种故障的原因有两种可能:一是由于电磁阀座至主阀 d_3 孔的外接管有漏泄,只要排除即可;二是保压电磁阀得电后未能切断所控制的空气通路,动作几次后有可能吹去垫住阀口的异物,如不能奏效,应更换电磁阀。

工作任务 4.3 电空制动装置列检作业

任务描述

电空制动装置是空气制动机的发展,它是以压缩空气作为制动原动力的电气指令式制动控制系统。电信号的传递速度比空气波速快得多,相较于空气制动机,其全列车制动的一致性好,制动和缓解时纵向冲动小、制动距离短,因此被广泛应用。

【任务目的】
1. 掌握制动系统列检内容。
2. 能够辨别列检车辆是否符合出车要求。

【任务内容】
制动系统列检工作。

【任务实践基本要求】
1. 在认真学习本任务"基础理论"的基础上完成实训。
2. 做好相关实训记录。
3. 遵守企业规章制度,按企业要求规范操作。

【设备及工具】
1. 长春地铁制动系统模型。
2. 游标卡尺、头车钥匙。

基础理论

1. 电空制动装置检修的一般要求

① 当车辆进行辅修(A1修)、段修(A2、A3修)或电空阀发生故障时,需将F8电空阀拆下,进行检修;如暂时不安装阀,中间体上暴露出的主阀、辅助阀及电空阀安装面须加以防护,以防尘土、杂物等进入。

② 辅修(A1修)时,除需将F8型分配阀的主阀、辅助阀拆下外,还须将电空阀(包括RS电空阀和紧急电空阀)拆下,对其表面油垢、污物用钢丝刷或铲子进行清理,并用压力空气吹净,然后卸下RS电空阀体上的常用制动限制堵和缓解限制堵、紧急电空阀体上的紧急限制堵。用标准钻头或钢钎疏通后,重新装入各处,注意不要装错位置。接着,在F8阀试验台上对拆下的各阀进行性能试验检查。经试验合格的,可不分解而直接装车;如试验不合格,应针对故障进行检修。最后,检查各部螺柱、螺母等紧固件,如出现滑扣、锈蚀严重、变形或损伤等问题,应更换,同时检查各部零件是否有丢失现象。如有,配齐后再装车。

③ 段修(A2、A3修)时,将F8电空阀与主阀、辅助阀全部拆下,对其表面污物进行清理,再分解。阀的全部清洗应按规定操作,重新润滑、组装工作应在清洁、明亮的工作台上进行。所有活动的橡胶O形圈和橡胶膜板、止阀胶垫等均需更换,其他橡胶件检查合格后方可使用,但使用期不应超过两个段修期。各零部件检查合格后重新组装,经F8阀试验台试验合格后方可装车使用。中间体及电空阀箱表面也应清污,然后用高压风对其内部各腔及气路进行吹扫。

④ 其他辅修、段修要求按铁道部颁布的《25K型客车检修规程》执行。

⑤ 厂修(A4修)时,不但将F8电空阀、主阀、辅助阀拆下,还须将中间体及电空阀箱拆下,然后按规定对阀进行分解、清洗、检查、组装和试验。试验合格后,方可装车使用。厂修时,橡胶件一般应全部更换。

⑥ 准备检修用工具、润滑脂及密封材料。

标准工具包括:双头呆扳手—13、16、18两套;活动扳子—200、300;若有条件,可准备电动扳手(PIB-12型)或手枪柄风扳手(QB16型);内六角扳手—5(用于M6螺钉)、6(用于M8螺钉);克丝钳—200;尖嘴钳—160;一字螺钉旋具(螺丝刀)—75×5、100×6、125×8;圆头锤—0.44或0.66;镊子;台虎钳—125(活动);孔用挡圈钳—175;管子钳—250或300。

2. F8型电空制动装置的检修及注意事项

1) 分解

(1) RS电空阀(如图4-2所示)

先拆下2个电磁阀上的4个紧固螺栓,卸下2个电磁阀及胶垫4,然后用螺丝刀拆下常用制动限制堵2及缓解限制堵3。

(2) 紧急电空阀(如图4-3所示)

① 紧急限压阀部分。

第一步：拆下紧急限压阀顶部盖形螺母26，松开调整螺母25，然后用螺丝刀逆时针旋拧调整螺丝6，完全放松限压阀弹簧7；拆下限压阀上体8，取出中心顶5、限压阀弹簧7、限压阀9、限压阀杆13；拆下限压阀上的螺钉，取出限压阀套11及O形圈。

第二步：卸下限压阀下盖19，用小螺丝刀从止回阀套14中孔向上顶出限压阀套11（注意不要损伤阀口），然后取出密封圈10、阀套上的O形圈及限压阀下盖19。零件的分解可参照主阀中的局减阀分解办法。

② 放大阀部分。

第一步：拆下放大阀上盖4，取出放大阀杆3，然后用专用工具拧在放大阀套2上，拔出放大阀套2，取出放大阀杆及放大阀套上的O形圈22、23。

第二步：拆下放大阀下盖，其结构与限压阀下盖19相同。

2) 清洗

各零部件(胶垫、螺栓及螺母除外)放入清洗器内，用120号汽油或洗涤剂浸泡10min左右进行清洗。阀体内以汽油刷洗后，用压力空气吹扫干净，然后用干净的白布擦拭；用压力空气将零部件表面及内孔吹扫干净；各橡胶件、胶垫用布擦拭干净，不得沾浸汽油、煤油、机油、香蕉水等油类及其他酸、碱液体，以免橡胶件老化、变质。

3) 检修

对检查后确定检修方法的零件，按照检修工艺的要求，利用必要的检修装置和工具进行检修，使之达到必要的技术条件。

4) 组装

组装前，对所有零件进行检查，如发现有不符合要求的零件，必须更换或修复后使用。组装时，所有零件必须容易地装配在一起，绝不可强行装配，否则会造成阀的损坏或故障。各零件不得错装或漏装。

(1) RS电空阀(如图4-2所示)

在RS电空阀体上分别装常用制动限制堵2和缓解限制堵3时，注意位置不要装错，堵要上紧；装两个电磁阀(可互换)时，注意不要漏装胶垫4，同时注意胶垫方向。

(2) 紧急电空阀(如图4-3所示)

① 组装紧急电空放大阀套2和限压阀套11时一定要将套推到底，同时不要漏装限压阀密封圈10及套各O形圈。

② 紧急限制堵20不要漏装，也不要与其他堵搞错。

③ 装电磁阀时，注意不要漏装胶垫，同时注意胶垫方向。

④ 组装限压阀及下盖时，分别参照前面F8型空气分配阀中的"限压阀部分"及"止回阀部分"。

此外，还有喷漆及喷涂标记，装运及存放等操作业务。

3. F8 型电空阀所用橡胶件、弹簧、缩孔堵和标准件

1) F8 型电空阀使用的橡胶件（如表 4-2 所示）

表 4-2　F8 型电空阀使用的橡胶件

橡胶件	图　号	用　途	规　格	数量
O 形密封圈	TPJ81-00-12	电空放大阀 4 个,电空限压阀 2 个	$\phi 24mm \times 2.25mm$	6
	TPJ84-00-17	电空放大阀 2 个	$\phi 14mm \times 2.25mm$	2
密封圈	SYSK122-01-00-16	止回阀胶垫（电空紧急阀）	$\phi 18mm$	2
	SYSK122-01-00-10	电空限压阀密封圈	$\phi 37mm$	1
	SYSK122-01-00-11	电空限压阀胶垫	$\phi 21mm$	1
阀垫	SYSK122-00-00-01	紧急电空阀垫	—	1
	SYSK122-00-00-03	RS 电空阀垫	—	1

2) F8 型电空阀使用的弹簧规格（如表 4-3 所示）

表 4-3　F8 型电空阀使用的弹簧规格

名称	图　号	中径 D/mm	钢丝直径 d/mm	总圈 n_1	有效圈 n	自由高 H_0/mm	数量
限压阀弹簧	SYSK122-01-00-07	16	2.5	10	8	52	1
止回阀弹簧	SYSK122-01-00-08	12	1.2	9.5	8	33	1

3) F8 型电空阀使用的限制堵规格（如表 4-4 所示）

表 4-4　F8 型电空阀使用的限制堵规格

名　称	图　号	孔径/mm	数　量	规　格
缓解限制堵	SYSK122-00-00-04	0.8	1	R1/8
常用制动限制堵	SYSK122-00-00-04	1.7	1	R1/8
紧急制动限制堵	SYSK122-01-00-20	4.3	1	R1/8

4) F8 型电空阀使用的标准件（如表 4-5 所示）

表 4-5　F8 型电空阀使用的标准件

名　称	标准号	规　格	数　量
弹簧垫圈	GB 93—1987	8	2
		5	5
螺栓	GB 5782—2000	M8×40	8
		M12×100	1
		M12×60	6
螺母	GB 6170—2000	M8	3
		M12	7
螺钉	GB 65—2000	M5×10	7
盖形螺母	GB 923—1988	M8	1
垫圈	GB 850—1987	8	6
		5	5

5) F8 型电空阀使用的电器件(如表 4-6 所示)

表 4-6　F8 型电空阀使用的电器件

名　称	型　号	规　格	数　量
电磁阀	SFK	二位三通	3
电线	DCEYH-750	$1.0mm^2$	2mm
电线端子	OT2.5×4	$\phi 6mm$	12
热缩管	聚烯烃 5.0/2.5	$\phi 10mm$	200mm
缠线管	聚氯乙烯	$\phi 10mm$	400mm
接线排	JX2-1005	—	1

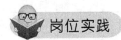

岗位实践

① 用头车钥匙启车,检查全车制动缓解有效。
② 检查全车管路有无明显漏气点。
③ 用游标卡尺测量磁轨间隙(标准为磁轨距轨面 15mm)、闸瓦厚度(标准为 8mm)。
④ 检查制动缸吊挂装置有无脱落。
⑤ 检查空压机油位(标准为油位不低于油窗的 1/2)。

注:以上列检内容若与标准均符合,则视为完好车辆,第二天可正常出车;如发现与标准不符合的项目,应在列检单中详细记录位置与内容,并上报维修段,将车辆留库予以处理。

思考题

1. F8 型电空制动机由哪两部分组成?
2. F8 型电空制动机有哪些主要特点?
3. RS 电空阀部分由哪些部件组成?
4. 常用制动电磁阀、缓解电磁阀各有何作用?
5. F8 型电空制动阀有哪些作用位置?
6. 104 型电空制动机由哪两部分组成?
7. 104 型电空制动机有哪些主要特点?
8. 104 型电空制动装置由哪几种电空阀组成?
9. 简述 104 型集成电空制动机的结构特点。
10. 简述 F8 型集成电空制动机的结构特点。

岗位工作 5

检修分配阀

知识目标
1. 掌握 104 型分配阀的结构及工作原理。
2. 掌握 F8 型分配阀的结构及工作原理。

能力目标
1. 能够拆卸 104 型分配阀并进行保养、检修。
2. 能够拆卸 F8 型分配阀并进行保养、检修。

工作任务 5.1　分解保养 104 型分配阀

104 型分配阀目前是客车的主型分配阀。它采用二压力机构和间接作用方式,实现自动补风作用。正是由于其自身结构和性能的优越性,所以应用范围广,使用频率高,使得 104 型分配阀的保养成为制动系统检修工作的重点。

【任务目的】
1. 掌握 104 型分配阀的保养内容。
2. 能够拆卸、分解 104 型分配阀。

【任务内容】
1. 104 型分配阀的分解。
2. 104 型分配阀的保养。

【任务实践基本要求】
1. 在认真学习教材本任务"基础理论"的基础上完成实训。
2. 做好相关实训记录。

3. 遵守企业规章制度，按企业要求规范操作。

【设备及工具】

1. 104 型分配阀。
2. 高压水枪、活口扳手、润滑油。

基础理论

104 型分配阀于 1965 年开始设计，于 1975 年通过铁道部技术鉴定并定型生产。它目前仍是客车的主型分配阀。

1. 104 型分配阀的结构特点及作用原理

1）104 型分配阀的结构特点

（1）采用二压力机构

二压力机构是指主活塞在两种压力控制下动作。104 型分配阀的主活塞是在制动管及压力风缸两种压力空气的压力差控制下动作，即依靠制动管压力空气的压力变化引起与压力风缸的压力差来产生相应的动作，控制制动机形成充气缓解、常用制动、制动保压、紧急制动等不同的作用位置。

（2）采用间接作用方式

间接作用方式是与直接作用方式相对应的。直接作用方式是指制动管的压力变化通过作用部直接控制制动缸的压力变化。例如，104 型分配阀采用两种压力控制间接作用方式，制动管的压力变化控制作用部动作，引起压力风缸、容积室的压力变化；容积室的压力变化通过均衡部动作，控制制动缸压力的同步变化；压力风缸通过充气部动作，控制副风缸充气作用。压力风缸、容积室、均衡部、充气部等部分就是中继部。

104 型分配阀采用间接作用方式，实现自动补风作用，即在制动保压位，当制动缸压力空气漏泄时，能从副风缸自动得到补充，实现了制动力的不衰减性；同时，适用于不同直径的制动缸，采用简单的空、重车调整装置。但是采用间接作用增加了中继部，由于制动、缓解、波速在传播的过程中多了一个转换环节，降低了制动机制动波、缓解波传播的速度，而制动机的制动波速是评定制动机性能的主要指标。另外，使阀的结构、作用原理变得复杂，掌握、推广不容易。

（3）采用分部作用形式

三通阀的紧急制动与常用制动作用都由同一机构（即递动弹簧）控制，存在紧急制动作用不可靠、常用制动与紧急制动作用易混淆的缺陷。为了克服这一缺点，104 型分配阀设计紧急制动与常用制动分开控制，专设紧急阀控制紧急制动作用。当紧急制动时，紧急阀能使制动管直通大气，以确保全列车迅速、有效地产生紧急制动作用，提高紧急制动波速，改善紧急制动性能。

对于分配阀来说，为了保证各种性能的良好性，并便于区分故障部分的检修、试验，除专设紧急阀部、充气部外，还设有保证局部减压作用的局减室和局减阀结构来提高制动作用的灵敏度，以适应长、大列车的需要。在 104 型分配阀中设有紧急增压阀，在紧急制动时可提高制动缸压力，以进一步缩短制动距离，更好地适应高速旅客列车的要求。这些均为分部作用的结构形式。

(4) 膜板滑阀结构

104 型分配阀中的重要部件主活塞采用膜板结构,代替了三通阀的金属活塞环,提高了动作的灵敏度,消除了漏泄不稳定而产生的故障,并有利于检修。车辆制动机要求不同的制动机能够无条件地混合编组,104 型分配阀采用两种压力控制,就是为了与旧型三通阀混编,在提高性能的同时,使作用位置、压力、时间与旧型三通阀协调。但旧型三通阀为活塞环结构,其作用灵敏度低,漏泄不稳定,容易产生故障。104 型分配阀在设计时为提高制动机性能,采用膜板滑阀结构,减小了运动阻力,提高了动作的灵敏度。

(5) 采用新材料和新结构

分配阀采用了新材料和新结构,便于检修,延长了检修期,降低了成本。

① 大量采用橡胶件代替金属件。104 型分配阀采用 S 形和其他形式的橡胶膜板代替金属活塞环,采用橡胶夹心阀和各种 O 形橡胶密封圈代替金属密封件,减小了工作阻力,减轻了维修工作量。

② 增设滤尘器,以加强防止油垢、尘埃侵入阀内,有利于延长检修期。

③ 采用新品种的润滑油、润滑脂等润滑材料,适应不同地区、不同应用条件的要求。

④ 客车 104 型分配阀的各零件尽量做到统一,可以互换,通用件多,减少了零件的规格,使制造和检修都方便。

2) 104 型分配阀的作用原理

104 型分配阀采用两种压力控制间接作用方式。制动管的压力变化通过控制作用部动作,引起压力风缸、容积室的压力变化;容积室的压力变化通过控制均衡部动作,实现对制动缸压力的同步控制;压力风缸通过控制充气部动作,实现对副风缸充气作用的控制。其作用原理如图 5-1 所示。

(1) 充气缓解作用(如图 5-1(a)所示)

① 形成。

制动管增压,制动管压缩空气进入作用部主活塞上部,推动主活塞 1 带动节制阀 3、滑阀 2 下移,到达充气缓解位,形成充气缓解通路。制动管压力空气经滑阀 2 的充气孔向压力风缸充气;同时,进入充气膜板下方,推动充气膜板 6 和充气活塞 7 上移,充气活塞上的顶杆推开充气阀 8,使制动管的压力空气经过充气部向副风缸充气。容积室压力空气经过滑阀与大气相通,容积室压力空气压力下降后,作用活塞 5 被制动缸压力推动向下移动,露出作用活塞杆上的轴向孔及径向中心孔,制动缸压力空气经过作用活塞杆上轴向孔及径向中心孔排入大气,使制动机缓解。综上所述,副风缸充气速度由压力风缸的充气速度通过充气部动作来控制;制动缸压力的缓解作用是由容积室的缓解作用通过均衡部动作来控制实现的。

② 通路。

第一,充气通路:制动管→滑阀充气孔→压力风缸。

压力风缸空气进入充气膜板下方,推动充气膜板和充气活塞上移,打开充气阀。

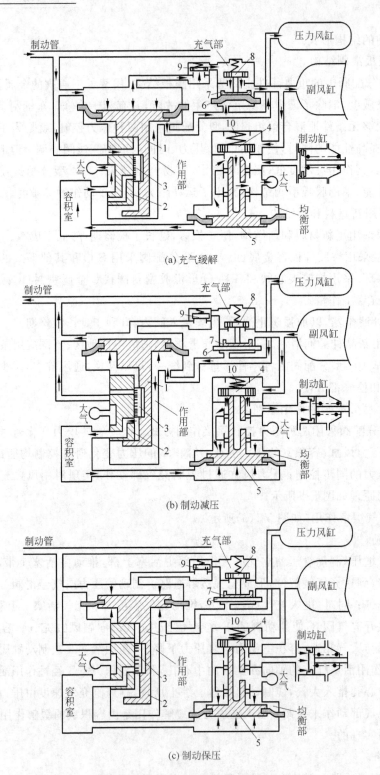

图 5-1 104 型分配阀的作用原理

1—主活塞；2—滑阀；3—节制阀；4—作用阀；5—作用活塞；6—充气膜板；7—充气活塞；8—充气阀；9—充气止回阀；10—作用阀弹簧

制动管→顶开充气止回阀→充气阀→副风缸。

第二,缓解通路:容积室→滑阀、滑阀座孔路→大气。

容积室压力空气压力下降后,作用活塞被制动缸压力推动向下移动,露出作用活塞杆上的轴向及径向中心孔。

制动缸→作用活塞杆上轴向及径向中心孔→大气,使制动机缓解。

(2) 制动作用(如图5-1(b)所示)

① 形成。

制动时,制动管减压,压力风缸压力空气推动主活塞1带动节制阀3、滑阀2上移,到达制动作用位,形成制动通路。压力风缸的压缩空气经过滑阀的制动孔和滑阀座上的容积室孔进入容积室;同时,容积室压缩空气进入作用活塞下方,推动作用活塞5上移,作用活塞杆推开作用阀4,使副风缸压力空气进入制动缸,形成制动作用。综上所述,制动缸的增压制动是由容积室的增压制动通过均衡部动作来控制实现的。

② 通路。

第一,压力风缸→滑阀制动孔、滑阀座容积室孔→容积室。

压力风缸的压力空气推动作用活塞上移,推开作用阀。

第二,副风缸→作用阀与座的间隙→制动缸,形成制动作用。

(3) 制动保压作用(如图5-1(c)所示)

作用位置的形成分如下两步。

① 作用部到达制动保压位。

实施制动保压时,制动管停止常用制动减压,而压力风缸压力空气继续充入容积室。当滑阀室(压力风缸)压力与制动管压力接近平衡时,在主活塞自重的作用下,主活塞带着节制阀下移(滑阀不动),切断压力风缸向容积室充气的通路,容积室保压,作用部到达制动保压位。

② 均衡部到达制动保压位。

容积室保压而副风缸压力空气继续充入制动缸。当制动缸压力与容积室压力接近平衡时,作用阀弹簧10压下作用阀,推动作用活塞下移,使作用阀与作用阀座及作用活塞杆顶端密贴,切断副风缸向制动缸充气的通路,制动缸保压,均衡部到达制动保压位。

制动保压作用位置形成后,无空气通路,制动管、容积室、压力风缸、副风缸、制动缸都处于保压位。综上所述,制动缸的制动保压作用是由容积室的制动保压作用通过均衡部动作来控制实现的。

2. 104型分配阀的构造和作用性能

104型分配阀由主阀、中间体、紧急阀三部分组成,如图5-2和图5-3所示。

1) 104型分配阀构造

(1) 中间体

中间体用铸铁铸成,外观呈长方体。上面有4个吊耳,用于与车体底架的连接;外部的4个立面分别作为主阀、紧急阀的安装座和制动管、压力风缸、副风缸、制动缸的管座;内部有3个独立的空腔,经过通路与主阀、紧急阀相关孔连通,如图5-4所示。

在中间体上,紧急阀安装座在靠车体的外侧面,与紧急阀安装座相邻的右侧面为主阀

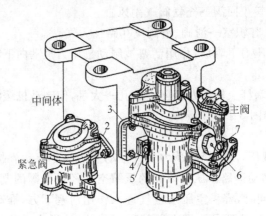

图 5-2 104 型分配阀结构外形

1—紧急阀排气口；2—紧急阀垫；3—主阀垫；4—局减室排气口；5—作用部排气口；6—局减阀大气孔；7—均衡部排气口

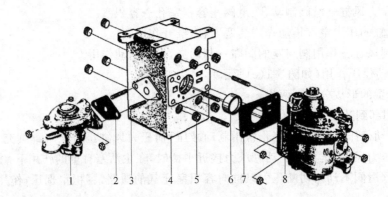

图 5-3 104 型分配阀组成

1—紧急阀；2—紧急阀垫；3—双头螺栓；4—中间体；5—螺堵；6—滤尘器；7—主阀垫；8—主阀

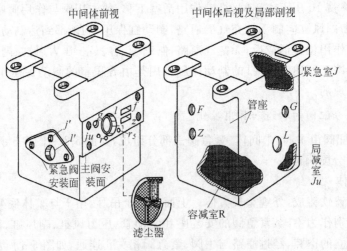

图 5-4 中间体

安装座,与紧急阀安装座相邻的左侧面上方为压力风缸连接管座(ϕ19mm),下方为制动管连接管座(ϕ25mm);另一个侧面上方为副风缸连接管座(ϕ19mm),下方为制动缸连接管座(ϕ19mm)。

中间体的内部有3个独立的空腔(如图5-4所示),靠紧急阀安装座侧上角为紧急室(容积1.5L,简称J室),下角为局减室(容积0.6L,简称Ju室),占中间体最大空间的为容积室(容积3.8L,简称R室)。这三室相互隔开,紧急室与紧急阀安装座上的紧急室孔j'孔相通,局减室与主阀安装座上局减室孔ju相通,容积室有两条路分别通向主阀安装座上的容积室孔r_5和l。

中间体在主阀安装面的列车管通路L上设一个直径50mm的圆孔,内装杯形滤尘器。它是采用青铜粉末制成的金属滤尘器,便于卸下清洗;在紧急阀安装面的列车管通路l'上内装滤尘网。滤尘器、滤尘网都是为了过滤压力空气中的水分、灰尘、锈垢等杂物。

中间体在相对的两个立面上分别有4个清砂孔,用螺堵拧紧,不得有漏泄。

104型分配阀通路代号一般采用所通主容器名称的第一个汉字的汉语拼音的首字母来表示。大写字母一般表示主容器,主阀部通主容器的孔路用小写字母加脚注表示,紧急阀部通主容器的孔路用小写字母加脚注和撇表示。分配阀各作用通路采用的汉语拼音字母代号的意义如下。

$L(l)$[①]—制动管;$F(f)$—副(Fu)风缸;$R(r)$—容(Rong)积室;$Z(z)$—制(Zhi)动缸;$J(j)$—紧(Jin)急室;$Ju(ju)$—局(Ju)减室;$D(d)$—大(Da)气;$G(g)$[②]—压力风缸。

中间体各孔路(参看图5-4)及代号如下所示。

① 管座:F—副风缸;Z—制动缸;G—压力风缸;L—制动管。

② 主阀安装座:f—副风缸孔;z—制动缸孔;l—制动管孔;g—压力风缸;ju—局减室孔;r、r_5—容积室孔。

③ 紧急阀安装座:j'—紧急室孔;l'—制动管孔。

(2) 主阀

主阀是分配阀的心脏部件,它根据制动管不同的压力变化,控制制动机实现充气、缓解、制动、保压等作用。

① 作用部。

主阀由作用部、充气部、均衡部、局减阀、紧急增压阀5个部分组成,如图5-5所示。

主阀是分配阀的心脏部件,作用部是主阀的核心。它的用途是根据制动管压力空气与压力风缸压力空气之间产生的不同压力差,推动主活塞带动滑阀、节制阀移动到不同的作用位置,实现制动机的充气、缓解、制动、保压等作用。

作用部构造如图5-6所示由主活塞压板螺母1、主活塞压板2、主活塞膜板3(ϕ126)、密封圈4(ϕ24)、主活塞5、主活塞杆6组装形成一个复合活塞,简称主活塞组件或复合的主活塞。组装后,主活塞组件上侧通制动管,下侧滑阀室通压力风缸,由主活塞膜板及密封圈保证主活塞上、下侧的气密性。主活塞膜板组装后,被主阀上盖压紧在作用部阀体上

[①] 制动管一直被习惯称为列车管,沿用习惯代号$L(l)$表示。
[②] 因过去将压力风缸叫做工作风缸,用$G(g)$表示;新标准的压力风缸沿用旧代号G表示。

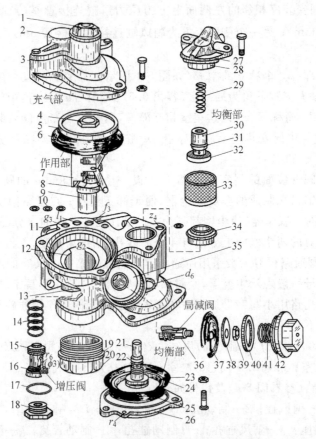

图 5-5　104 型分配阀主阀零部件外形及组装图

1—止回阀盖；2—充气阀体；3—主阀上盖；4—主活塞压板螺母；5—主活塞压板；6—主活塞膜板；7—滑阀；8—滑阀弹簧；9—主活塞杆；10—$\phi 16$ 密封圈；11—主阀体；12—滑阀套；13—增压阀套；14—增压阀弹簧；15—增压阀；16—$\phi 24$ 密封圈；17—$\phi 40$ 密封圈；18—增压阀盖；19—$\phi 75$ 密封圈；20—主阀下盖；21—作用活塞杆；22—$\phi 15$ 密封圈；23—作用活塞膜板；24—作用活塞；25—作用活塞压板；26—作用阀下盖；27—作用阀上盖；28—作用阀杆套；29—作用阀弹簧；30—作用阀杆；31—$\phi 19$ 密封圈；32—作用阀；33—滤尘套；34—作用阀座；35—局减阀套；36—局减阀；37—局减膜板；38—局减活塞；39—局减活塞螺母；40—压圈；41—局减阀弹簧；42—局减阀盖

部的凸缘上。

节制阀嵌在主活塞杆上的节制阀槽内，由节制阀弹簧将其压紧在滑阀背面的节制阀座上。节制阀随主活塞同步移动，分别连通或切断节制阀座（滑阀背面）上的各相关通路，配合滑阀所处的位置和连通的相关气路实现分配阀的不同作用性能。

滑阀由滑阀弹簧压紧在滑阀座上，并嵌于主活塞杆上、下两肩之间。滑阀与主活塞两肩之间有 4mm 间隙，滑阀与主活塞单向行程相差 4mm。当主活塞两侧（制动管与压力风缸）的压力差发生变化时，主活塞带动滑阀在滑阀座上移动，分别连通或切断滑阀座上的各相关通路，配合节制阀的位置和连通的相关气路，实现分配阀的充气、缓解、局部减压和制动等作用。

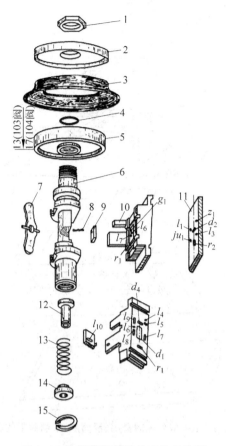

图 5-6 作用部零部件外型及组装图

1—主活塞压板螺母；2—主活塞压板；3—主活塞膜板(ϕ126)；4—密封圈(ϕ24)；5—主活塞；6—主活塞杆；7—滑阀弹簧及弹簧销；8—节制阀弹簧；9—节制阀；10—滑阀；11—滑阀座；12—稳定杆；13—稳定弹簧；14—稳定弹簧座；15—挡圈

稳定杆、稳定弹簧靠稳定弹簧座和挡圈组装于主活塞杆的尾部，称为稳定装置。组装后，稳定杆的顶部依靠稳定弹簧的作用与滑阀下端面相接触，并且稳定弹簧有一定的预压力，使得作用部具有一定的稳定性，防止列车运行时由于制动管的压力波动或轻微漏泄引起主活塞动作而产生自然制动。

主活塞上端的 M12 内螺纹，便于检修时拧入螺纹头起子，拔出主活塞组件。

滑阀、滑阀座、节制阀上的孔路如图 5-7 所示。

滑阀座气路包括如下部件：

- l_2——制动管充气用孔，通制动管 L。
- l_3——制动管局减用孔，通制动管 L。
- r_2——容积室孔，经紧急增压阀部通向容积室 R。
- ju_1——局减室孔，通局减室 Ju。
- z_1——滑阀座上的局减阀孔，通局减阀套径向孔，制动管二段局部减压压力空气经局减阀通制动缸。

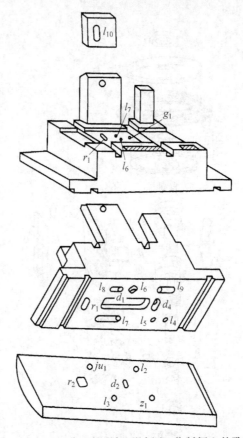

图 5-7　104 型分配阀滑阀、滑阀座、节制阀上的孔路

- d_2——缓解孔，经主阀作用部排气口通大气。

节制阀包括如下部件。

- l_{10}——局减联络槽。制动作用开始时，连通第一段局部减压通路，将制动管的压缩空气送入局减室，产生第一段局减。

滑阀包括如下部件。

- $g_1(\phi 1.2)$——充气限制孔，位于滑阀背面。
- l_5——充气孔，与 g_1 暗通。充气时，l_5 对上滑阀座上的制动管充气用孔 l_2，形成 $L \rightarrow l_2 \rightarrow l_5 \rightarrow g_1 \rightarrow$ 滑阀室 $g_2 \rightarrow G$，向压力风缸充气。
- l_6——局减孔，上下贯通。一段局部减压时，对上滑阀座上的制动管局减用孔 l_3。
- l_7——局减室入孔，上下贯通。一段局部减压时，对上滑阀座上的局减室孔 ju_1。此时，节制阀上的局减联络槽 l_{10} 同时对上 l_6 和 l_7，形成气路 $L \rightarrow l_3 \rightarrow l_6 \rightarrow l_{10} \rightarrow l_7 \rightarrow ju_1 \rightarrow ju \rightarrow Ju$，然后经缩孔 $I(\phi 0.8) \rightarrow D$，产生制动管第一段局部减压作用。
- l_8——局减阀孔。二段局部减压时，对上滑阀座上的制动管局减用孔 l_3。
- l_9——局减阀入孔，与 l_8 暗通。二段局部减压时，对上滑阀座上的局减阀孔 z_1，形成气路 $L \rightarrow l_3 \rightarrow l_8 \rightarrow l_9 \rightarrow z_1 \rightarrow$ 局减阀 $\rightarrow Z$，产生制动管第二段局部减压作用。
- r_1——制动孔，上下贯通。制动时，与滑阀座上的容积室孔 r_2 相对，节制阀同时露出

r_1 孔,形成气路 $G \to$ 滑阀室 $g_2 \to r_1 \to r_2 \to R$,使容积室增压制动。
- 缓解联络槽,缓解时同时对上滑阀座上的容积室孔 r_2 和缓解孔 d_2,形成气路 $R \to r_2 \to d_1 \to d_2 \to D$,使容积室缓解。

② 充气部。

充气部的用途是充气时根据作用部控制的压力风缸的充气速度控制制动管向副风缸充气的速度,即协调副风缸与作用部控制的压力风缸充气速度的一致性。

充气部由充气阀部和充气止回阀部两部分组成,如图 5-8 所示。

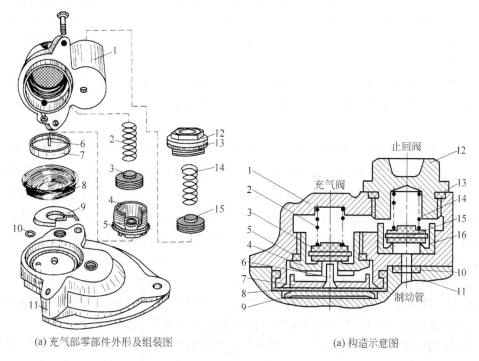

(a) 充气部零部件外形及组装图　　(a) 构造示意图

图 5-8　104 型分配阀充气部

1—充气阀体;2—充气阀弹簧;3—充气阀(ϕ25 橡胶夹心阀);4—充气阀座;5—ϕ35 密封圈;6—充气活塞顶杆;7—充气活塞;8—充气膜板(ϕ58);9—膜板垫;10—ϕ16 密封圈;11—主阀上盖;12—充气止回阀盖;13—ϕ40 密封圈;14—充气止回阀弹簧;15—充气止回阀(ϕ25 橡胶夹心阀);16—充气止回阀座

第一部分:充气阀部。

充气阀部由充气阀弹簧 2、充气阀 3(ϕ25 橡胶夹心阀)、充气阀座 4、充气活塞 7、充气膜板 8(ϕ58)、膜板垫 9、充气阀体 1、主阀上盖 11 等组成。

充气阀座外侧套以 ϕ35 密封圈螺纹拧入充气阀体,充气阀体用两根 M12 螺栓安装在主阀上盖上。

充气膜板下方通压力风缸,上方通副风缸。当压力风缸压力高于副风缸压力时,充气膜板被顶起,充气活塞上移。充气活塞顶杆顶开充气阀,于是从止回阀来的制动管压缩空气经开启的充气阀口充入副风缸。当副风缸与压力风缸压力接近相同时,在充气活塞、充气阀的自重以及充气阀弹簧作用下,充气阀下移关闭阀口,停止向副风缸充气,以便协调副风缸与压力风缸充气速度的一致性。

第二部分：充气止回阀部。

由充气止回阀15(ϕ25 橡胶夹心阀)、充气止回阀弹簧14、充气止回阀座16(压入充气阀体内)、充气止回阀盖12(套 ϕ40 密封圈螺纹拧紧在充气阀体)等组成。

充气阀与充气止回阀、充气阀弹簧与充气止回阀弹簧可互换通用。

充气止回阀上部通充气阀室，充气止回阀下部通主活塞上部，即与制动管相通。

充气止回阀在当其下方制动管压力高于上方压力时被顶起离开止回阀座，制动管压缩空气流入充气阀上部。当充气阀开启时，随即向副风缸充气。当制动管压力低于止回阀上方压力时（如制动减压时），止回阀在副风缸空气压力和止回阀弹簧作用下关闭，防止副风缸压缩空气逆流入制动管，造成局部增压，影响制动作用，甚至造成自然缓解。

③ 均衡部。

均衡部的用途是根据容积室的增压、减压或保压情况，控制均衡部动作，实现制动缸相应的增压、减压或保压作用，即协调制动缸与容积室的压力同步变化。均衡部的构造如图5-9所示，由上、下两部分组成。

均衡部上部分由作用阀上盖Ⅰ、密封圈 2(ϕ5)、作用阀杆套 3、作用阀弹簧 4、作用阀杆 5、作用阀 8、密封圈 6(ϕ19)、作用阀座 9、滤尘套 20 等组成。均衡部下部分由复合作用活塞（也叫作用活塞组件）、作用活塞杆套 10、缩孔堵Ⅱ(ϕ0.8)、作用阀下盖 19 等组成。其中，复合的作用活塞（作用活塞组件）由活塞压板螺栓 18、作用活塞压板 17、作用活塞膜板 15(ϕ116)、密封圈 16(ϕ35)、作用活塞 14、作用活塞杆 13 及其上的两个密封圈 12(ϕ15) 组装而成。

作用阀与作用阀杆用销子连接，而非固定连接。作用阀在作用阀杆上有一定的自由度，是为了克服加工或组装时作用阀与作用阀座的不同轴度而造成关闭不严密引起漏泄。

作用阀室滤尘套 20 用于制动时过滤副风缸进入主阀体的压缩空气。

作用阀弹簧室(z_4)通制动缸。作用阀杆上的密封圈用来防止副风缸压缩空气漏入制动缸，进而排入大气。

作用活塞杆上半部设有轴向孔(ϕ8)，中部有 4 个径向孔(ϕ5.5)经阀体通道通向大气，在径向孔上、下设两道密封圈(ϕ15)，防止制动缸压缩空气漏入大气。

作用活塞下部经阀体通道通向容积室，即作用活塞下部反映容积室的压力。

铜质缩堵孔Ⅱ以螺纹形式拧在阀体作用活塞上部通向制动缸的通路上，将制动缸与作用活塞上部连通，即作用活塞上部反映制动缸的压力，并控制制动缸压力与容积室压力同步（稳定地）变化。

作用活塞膜板组装后被作用阀下盖将其外缘压紧在均衡部下缘。它与作用活塞杆下部密封圈将作用活塞上、下部密封，保证作用活塞上、下部的气密性。

当作用部控制的容积室压力上升时，反映在作用活塞下部的压力上升。当作用活塞下部容积室的压力高于上部制动缸的压力时，在作用活塞下、上部形成压力差后，作用活塞克服移动阻力上移，作用阀杆顶作用阀离开作用阀座，副风缸压缩空气经作用阀室(f_4)、作用阀口 z_3，向制动缸充气，使制动缸增压，产生制动作用。当容积室保压后，副风缸继续向制动缸充气，制动缸压力与容积室压力接近平衡时，反映在作用活塞上、下的压

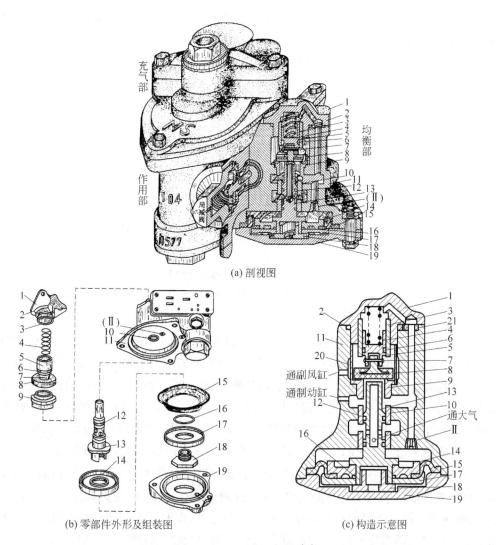

图 5-9 104 型分配阀均衡部

1—作用阀上盖；2—密封圈(ϕ45)；3—作用阀杆套；4—作用阀弹簧；5—作用阀杆；6—密封圈(ϕ19)；7—销；8—作用阀；9—作用阀座；10—作用活塞杆套；11—主阀体；12—密封圈(ϕ15)；13—作用活塞杆；14—作用活塞；15—作用活塞膜板(ϕ116)；16—密封圈(ϕ35)；17—作用活塞压板；18—活塞压板螺栓；19—作用阀下盖；20—滤尘套；缩孔堵Ⅱ(ϕ0.8)

力差被消除,在作用阀弹簧的弹力作用下,将作用阀压下与作用阀座密贴,停止了副风缸向制动缸充气。此时,作用活塞杆顶部仍与作用阀密贴,制动缸也不能经作用活塞杆轴向孔向大气排压缩空气,即制动缸形成了制动保压作用。当容积室排气缓解时,反映在作用活塞上部的制动缸压力高于下部的容积室压力,作用活塞被推着向下移动,作用活塞杆离开作用阀,上部轴向孔露出,则制动缸压缩空气经作用活塞杆上的轴向孔、径向孔排向大气,形成了制动缸的缓解作用。

④ 局减阀。

局减阀的用途是在制动位产生第二阶段局减作用时,将制动管的压力空气送入制动缸,使制动管产生局部减压,确保后部车辆迅速产生制动作用,以提高制动波速,缓和列车纵向冲击,改善制动性能,缩短制动距离。

局减阀位于作用部与均衡部之间,如图5-5和图5-10所示。

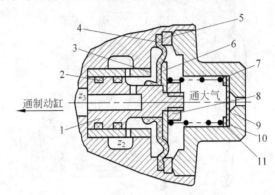

图 5-10　104型分配阀局减阀部

1—局减阀；2—密封圈(ϕ24)；3—局减阀套；4—局减膜板；5—压圈；6—局减活塞；7—局减弹簧阀；8—局减活塞螺母；9—局减阀盖；10—毛毡；11—局减阀弹簧垫

局减阀(如图5-10所示)由局减阀套3、局减阀1、密封圈2(ϕ24)、局减膜板4、局减活塞6、压圈5、局减活塞螺母8、局减弹簧7、局减阀弹簧垫11、毛毡10、局减阀盖9等组成。

局减阀盖上有ϕ3轴向孔,使局减活塞外侧室通大气。在第二段局部减压结束,局减活塞外移时,消除空气背压,提高局减阀关闭的灵敏度。局减阀盖利用螺纹,将压圈和局减膜板紧固于主阀体上,局减阀弹簧垫将毛毡垫压紧在阀盖轴向孔内,防止尘土侵入。

局减阀套上有8个ϕ1径向孔(z_2),经阀体暗道通滑阀座上的局减阀孔(z_1)。

局减阀杆缩颈部分有两个ϕ3径向孔,经轴向孔通作用阀座下部(z_3),即通制动缸。对于局减阀杆的两个ϕ24密封圈,平时在局减阀弹簧作用下,局减活塞处于内侧开放位置,局减阀套上的8个径向孔(z_2)处于两密封圈之外,即开通滑阀座局减阀孔z_1孔到制动缸的第二段局部减压通路。这样,在制动作用刚开始时,制动管压缩空气经滑阀座上的局减阀孔z_1、局减阀套径向孔z_2,进入局减阀,充入制动缸,产生第二段局部减压。当制动缸压力达50～70kPa时,局减阀被推向外移,完全压缩局减阀弹簧,局减阀套上的径向孔z_2处在两个密封圈之间,即切断制动管向制动缸充气的局部减压通路,第二段局部减压结束。

⑤ 紧急增压阀。

紧急增压阀的用途是在紧急制动时使制动缸产生增压作用,即紧急制动时,将副风缸与压力风缸的压力空气一起送入容积室,提高容积室压力,通过均衡部提高制动缸压力,以获得更大的制动力,缩小制动距离,确保旅客列车行车安全。

紧急增压阀构造如图5-11所示,由增压阀套2、增压阀弹簧1、增压阀4、两个密封圈3(ϕ24)、密封圈5(ϕ40)、增压阀盖6等组成。

增压阀套压入主阀体内,有8个ϕ1径向孔(f_5)经阀体通道通副风缸。

增压阀上部通制动管,下部空腔r_3通容积室和滑阀座上的容积室孔r_2。增压阀轴向

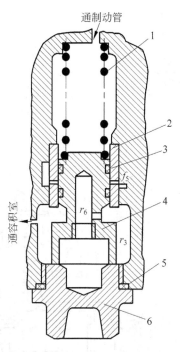

图 5-11 104型分配阀紧急增压阀
1—增压阀弹簧；2—增压阀套；3—密封圈(ϕ24)；4—增压阀；5—密封圈(ϕ40)；6—增压阀盖

中心孔下部 M12 螺纹部分是为拧入螺纹头起子，以便取出增压阀而设的；中部两个 ϕ3 径向孔与轴向孔相通。在增压阀上套装两个 ϕ24 密封圈，用于防止副风缸、制动管及容积室之间漏泄窜气。

通常，增压阀在制动管压力与增压阀弹簧作用下处于下方关闭位置。在该位置，增压阀套上的 8 个 ϕ1 的副风缸孔 f_5 处在增压阀上两道密封圈之间，即制动管、副风缸、容积室均不相通。在紧急制动减压时，增压阀上部的制动管压力急剧下降，而下部（r_3）容积室压力迅速上升，当容积室压力与制动管剩余空气压力形成的压力差能克服增压阀弹簧弹力、增压阀自重及移动阻力时，增压阀缩增压阀弹簧上移，使增压阀下部密封圈露出增压阀杆套上的 8 个副风缸孔 f_5（开放位置），使副风缸与容积室经 f_5 相连通。除了压力风缸向容积室送压缩空气以外，副风缸也参与向容积室送压缩空气，容积室实现增压作用，则由容积室通过均衡部控制的制动缸同样实现了增压作用。事实上，紧急制动时，压力风缸、副风缸、容积室、制动缸在实现增压作用时已相互连通，最终制动缸压力达到最大值，即 4 个容器的压力达到相互平衡。

(3) 紧急阀

紧急阀是专为改善列车紧急制动性能而独立设置的。紧急阀的动作和作用不受主阀的牵制和影响。

紧急阀的用途是：紧急制动减压时，产生强烈的制动管紧急局部减压（即紧急放风作用），加快制动管的排气速度，提高紧急制动灵敏度、可靠性和紧急制动波速，改善紧急制动性能。

紧急阀的结构如图 5-12 所示，分为上、下两部分。

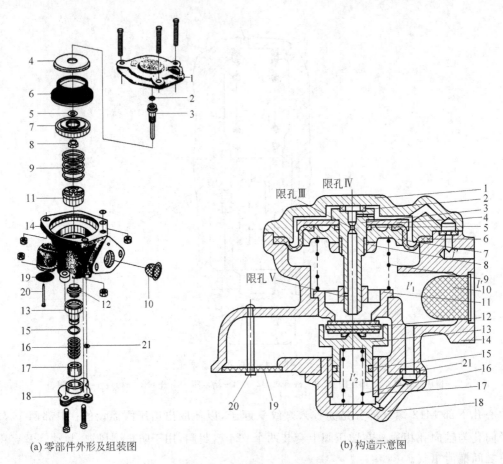

(a) 零部件外形及组装图　　　　(b) 构造示意图

图 5-12　104 型分配阀紧急阀部

1—紧急阀上盖；2—密封圈($\phi16$)；3—紧急活塞杆；4—紧急活塞；5—密封圈($\phi19$)；6—紧急活塞膜板($\phi100$)；7—紧急活塞压板；8—压板螺母；9—安定弹簧；10—滤尘网；11—放风阀座；12—放风阀(橡胶夹心阀)；13—放风阀导向杆；14—紧急阀体；15—密封圈($\phi24$)；16—放风阀弹簧；17—放风阀套；18—紧急阀下盖；19—排气保护罩垫；20—排气垫铆钉；21—密封圈($\phi16$)

紧急阀上部由紧急阀上盖 1、密封圈 2($\phi16$)、复合紧急活塞(即紧急活塞组件)、安定弹簧 9 组成。复合的紧急活塞(即紧急活塞组件)由压板螺母 8、紧急活塞压板 7、紧急活塞膜板 6($\phi100$)、密封圈 5($\phi19$)、紧急活塞 4、紧急活塞杆 3 组成。通过压板螺母与紧急活塞杆上的螺纹,将这些部件组合在一起。

紧急阀下部由紧急阀下盖 18、密封圈 21($\phi16$)、放风阀套 17、密封圈 15($\phi24$)、放风阀导向杆 13、放风阀弹簧 16、放风阀(橡胶夹心阀)12、放风阀座 11、紧急阀体 14、排气保护罩垫 19、排气垫铆钉 20、滤尘网 10 等组成。

紧急阀上盖用三条螺栓(M10×40)、螺母与紧急阀体连接、紧固,并将紧急活塞膜板压紧在紧急阀体上部凸缘上,紧急活塞上方的压力空气经紧急阀盖、紧急阀安装面上的孔连通中间体紧急室。紧急活塞下方及放风阀导向杆下方经安装面上的孔与制动管相通。

紧急活塞杆顶面圆槽中嵌装的 $\phi16$ 密封圈稍突出顶面。在充气缓解时,紧急活塞下侧的制动管压力高于上侧紧急室压力,加之安定弹簧弹力的作用,紧急活塞处于上部极端位置,紧急活塞杆顶部密封圈凸出部分与紧急阀上盖内壁密贴,使制动管压力空气不能通过活塞杆顶部轴向孔通紧急室,只能经径向限孔Ⅳ通紧急室,防止充气时容积较小的紧急室造成过充气,引起意外紧急制动。

空心的紧急活塞杆上部设径向限孔Ⅳ(ϕ0.5),中部轴向设限孔Ⅲ(ϕ1.6),下部设径向限孔Ⅴ(ϕ1.2)。

放风阀套嵌于紧急阀下盖内,下盖与阀体用两条螺栓(M10×40)紧固。放风阀导向杆上的密封圈是为防止制动管压缩空气向大气漏泄而设的,导向杆下方通制动管,以便克服放风阀关闭状态下制动管压缩空气作用在放风阀面上的压力,即不论制动管压力如何变化,只要未产生紧急排气作用,放风阀上、下受的制动管压力总能相互抵消,放风阀的关闭状态只受放风阀弹簧的弹力作用。

紧急活塞处于上方极端位时,活塞杆下端距离关闭的放风阀面有4mm间隙,防止制动管压力波动;或常用制动减压时,紧急活塞稍微下移,即推开放风阀,产生意外紧急制动作用。

限孔Ⅲ是为控制紧急室(J)压缩空气向制动管逆流速度而设的。它控制逆流速度相当于制动管常用制动减压时的最高速度,保证常用制动的安定性;同时保证紧急制动时,在紧急活塞上、下两侧能形成足够的压力差,压缩安定弹簧推开放风阀,产生制动管紧急排气。可见,限孔Ⅲ过大,会影响紧急制动的灵敏度,甚至不产生紧急排气作用;过小,会使制动机常用制动不安定,易产生意外紧急制动作用。

限孔Ⅳ是为限制紧急室(J)的充气速度,防止紧急室过充气,引起意外紧急制动而设的。这是因为在列车初充气时,或者紧急制动后再充气时,为了加快全列车的充气速度,缩短充气时间,往往首先利用制动阀的一位进行高压(800kPa左右)充气,容积只有1.5L的紧急室(J)很容易造成高于定压即过充气;当制动阀转二位进行定压充气时,立即在紧急活塞上、下两侧形成一定的压力差,使紧急活塞产生动作而发生意外紧急排气作用,即引起充气时的意外紧急制动作用。直径0.5mm的限孔Ⅳ限制了制动阀一位充气时紧急室的充气速度,防止造成紧急室过充气,避免了充气时产生意外紧急制动。

限孔Ⅴ是为提高紧急制动灵敏度和限制紧急制动后紧急室(J)压缩空气排向大气的速度而设的。紧急制动减压,紧急活塞杆下移,下端接触放风阀后,紧急室压缩空气经过通路比限孔Ⅲ更小的限孔Ⅴ向制动管逆流,加速了紧急活塞两侧压力差的形成,迅速打开放风阀,产生紧急排气作用,确保全列车迅速产生紧急制动作用。产生紧急排气作用后,紧急室的压缩空气只能经限孔Ⅴ排向大气,设计约在15s排完,紧急活塞上、下空气压力差消除,在安定弹簧弹力作用下上移。放风阀在放风阀弹簧弹力作用下上移,与阀座密封关闭。此时,充气缓解才有效;否则,制动管增压充气全部从放风阀排向大气,无法实现充气缓解作用。这样设计的目的是在紧急制动后,防止列车未停车就要施行充气缓解作用,可避免低速缓解引起更大的列车纵向冲击,以免造成更大的危害。

2)104型分配阀的作用

104型分配阀设有充气缓解、常用制动、制动保压和紧急制动4个作用位置。现将各作用位的实现过程、气路以及主要性能叙述如下。

(1)充气缓解位(如图5-13所示)

向制动管充气增压时,压缩空气进入中间体后,一路经滤尘器进入主阀,另一路经滤

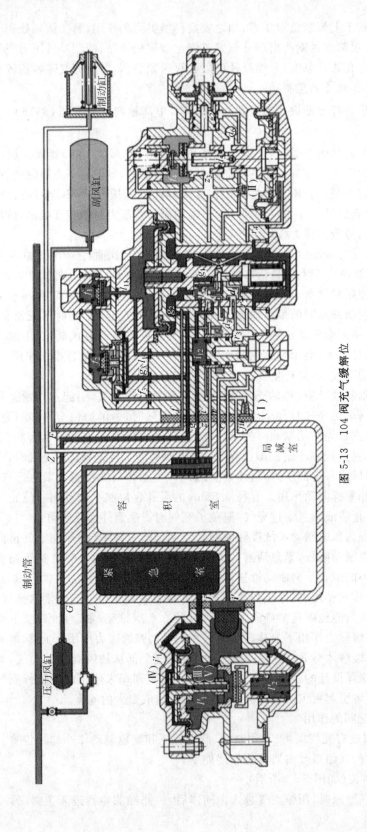

图 5-13 104 阀充气缓解位

尘网进入紧急阀。

进入主阀的压缩空气到主活塞上侧,在主活塞上、下两侧形成压力差。主活塞带动节制阀、推动滑阀下移。主活塞下移至主活塞下缘,接触主阀体,即下方极端位,即到达作用部的充气缓解位,形成充气缓解位。

充气缓解位置滑阀与滑阀座连通如图 5-14 所示。

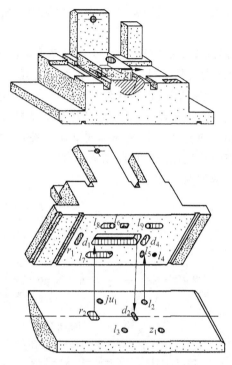

图 5-14 作用部充气缓解位通路

① 充气通路。

第一,压力风缸充气。滑阀座上的制动管充气用孔 l_2 与滑阀上的充气孔 l_5 相对,开始向压力风缸充气。

第二,副风缸充气。压力风缸压力的上升反映在充气膜板下方 g_3,当略高于反映在充气活塞室 f_3 的副风缸压力时,充气活塞上移,克服充气阀弹簧弹力及充气活塞、充气阀自重,充气活塞顶杆将充气阀顶离充气阀座,制动管的压缩空气顶起充气止回阀,经 l_{11}→止回阀口→f_1→f_2→充气阀口→f_3 开始向副风缸充气。即由压力风缸充气通过充气部间接地控制实现了副风缸的充气。当副风缸压力与压力风缸压力接近平衡时,在充气阀弹簧作用下,充气阀下移关闭,也停止了向副风缸充气。

作用阀室 f_4 与副风缸相通,为制动作用做好了准备。

分配阀的增压阀套径向孔 f_5 与副风缸相通,做好了紧急增压作用的准备。

第三,分配阀的增压阀弹簧室的制动管压力使增压阀均处于下方位置,增压阀关闭。此外,滑阀上的局减孔 l_6、局减室入孔 l_7 分别与滑阀座上的制动管局部减压用孔 l_3、局减室孔 ju_1 相对,做好了产生一段局部减压作用的准备。

第四,紧急室充气。制动管压缩空气进入紧急阀部,将紧急活塞顶到上方极端位,活塞杆顶部密封圈与紧急阀上盖密贴,制动管压缩空气只能经紧急活塞杆轴向孔限孔Ⅲ、径向孔限孔Ⅳ向紧急室充气,限孔Ⅳ通路最小($\phi0.5$),限制了向紧急室的充气速度,防止紧急室过充气。

第五,制动管的压缩空气同时进入放风阀弹簧室l_2',抵消安定弹簧室l_1'作用在放风阀上部的制动管压力。放风阀依靠放风阀弹簧作用,与放风阀座密贴关闭。

② 缓解通路。

第一,容积室缓解。滑阀座上的容积室孔r_2和缓解孔d_2与滑阀座上的缓解联络槽d_1同时相对,容积室开始向大气排气,即容积室形成缓解作用。

第二,制动缸缓解。容积室缓解,反映在作用活塞下方r_4的压力下降,经缩孔Ⅱ反映在作用活塞上部的制动缸压力推作用活塞下移,使作用活塞杆离开作用阀,制动缸压缩空气经作用活塞杆轴向孔和径向孔d_5→均衡部排气口d_6→排向大气,制动缸开始缓解。即由容积室缓解通过均衡部间接地控制实现制动缸缓解。

充气缓解作用气路归纳如图 5-15 所示。

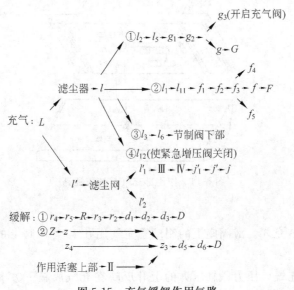

图 5-15 充气缓解作用气路

初充气时,上述缓解气路存在,但因各容器无压缩空气,故排气口均无排气现象。

③ 制动机的稳定性。

制动机的稳定性,指在制动管缓慢减压速度(如制动管漏泄等)下不发生制动作用的性能。

因自动制动机的特点是制动管减压时产生制动作用,当列车分离、制动管管路破裂或拉动紧急制动阀时,都可使制动管减压而达到自动制动,实现停车,确保行车安全,但制动管的接头部位很多,不可避免地有压缩空气漏泄现象。制动机的稳定性就是保证列车在这些非正常减压的轻微漏泄速度下,制动机不发生制动作用而正常运行的性能。

分配阀靠下述两项措施实现其稳定性。

第一,压力风缸向制动管逆流。在列车的正常运行过程,分配阀呈充气缓解作用位。此时若制动管缓慢减压(如漏泄),则有逆流气路 $G \to g \to g_2 \to g_1 \to l_5 \to l_2 \to l \to L$,使得压力风缸与制动管压力同步下降,在主活塞两侧不能形成压力差,主活塞不会上移而产生制动作用。

第二,主活塞杆尾腔内稳定部的作用。由于组装后,稳定弹簧的预压力通过稳定杆帽作用在滑阀上,滑阀靠滑阀弹簧压紧在滑阀座上,节制阀靠节制阀弹簧压紧在滑阀上。主活塞两侧须具有一定向上的压力差才能克服主活塞、节制阀的自重、节制阀在滑阀上的移动阻力以及稳定弹簧的弹力而压缩稳定弹簧上移到一段局部减压位,进而产生制动作用。由于上述压力风缸向制动管逆流的作用,制动管缓慢减压时,主活塞两侧不能形成克服自重和移动阻力压缩稳定弹簧的压力差而动作,不能上移到一段局部减压位,也就不能产生制动作用,保证了制动机的稳定性。

(2) 常用制动位

制动管施行常用制动减压时,压力风缸的压缩空气来不及经 $g_1 \to l_5 \to l_2$ 向制动管逆流,主活塞两侧形成一定压力差。主活塞首先克服自重及移动阻力,压缩稳定弹簧带动节制阀上移,产生第一阶段局部减压;然后带动滑阀上移到制动位,产生第二阶段局部减压及制动作用。

制动作用产生过程叙述如下。

① 第一阶段局部减压(如图 5-16 所示)。

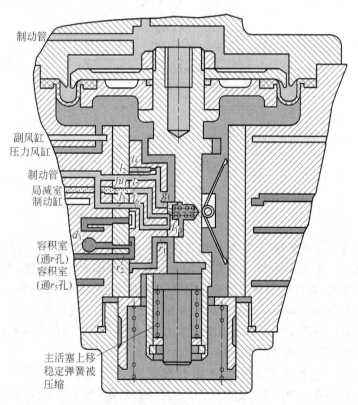

图 5-16　分配阀常用制动位(第一阶段局部减压)

当主活塞两侧形成一定压力差,即能克服主活塞、节制阀自重以及节制阀的摩擦阻力时,压缩稳定弹簧上移 4mm,主活塞杆下肩与滑阀接触而停止,形成第一阶段局部减压作用。此时,因滑阀与滑阀座静摩擦阻力大于压缩稳定弹簧所需的力,故滑阀未动。

在该位置(气路如图 5-17 所示),节制阀遮住了滑阀背面的 g_1 孔,停止了压力风缸向制动管的逆流;节制阀上的局减联络槽 l_{10} 连通滑阀顶面的局减孔 l_6 和局减室入孔 l_7,使得在充气位时已经局部连通的 $l_3 \rightarrow l_6$ 和 $l_7 \rightarrow ju_1$ 两条通路经局减联络槽 l_{10} 连通,则制动管(L)压缩空气经滑阀座上的制动管局减用孔 $l_3 \rightarrow$ 滑阀上的局减孔 $l_6 \rightarrow$ 节制阀上的局减联络槽 $l_{10} \rightarrow$ 滑阀上的局减室入孔 $l_7 \rightarrow$ 滑阀座上的局减阀孔 $ju_1 \rightarrow$ 主阀安装(座)上的局减室孔 $ju \rightarrow$ 中间体内局减室 Ju;再经主阀安装面上的缩孔 I ($\phi 0.8$) 排向大气,使制动管产生第一阶段局部减压作用。同时,节制阀露出了滑阀上的制动缸孔 r_1,为制动作用做好准备。

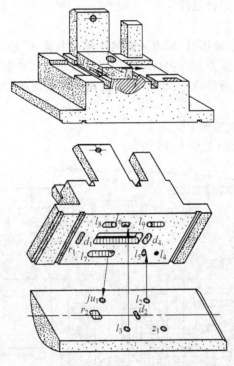

图 5-17 作用部第一阶段局部减压通路

缩孔 I 作为局减室的排气口,其作用是限制局减室的排气速度。一段局部减压送入局减室的压缩空气来不及排出,局减室的压力上升,局部减压速度减慢,当制动管与局减室压力接近平衡时,局部减压通路上的压缩空气流动接近停止,为滑阀向上移动而切断一段局部减压气路减小了阻力。局减室内的压缩空气经缩孔 I 缓慢排大气。

第一阶段局部减压加快了制动管减压速度,促使全列车制动作用迅速产生,提高制动波速,缩短制动距离,缓和列车冲击力。

② 制动及第二阶段局部减压(如图 5-18 所示)。

第一阶段局部减压的产生,加之 $G \rightarrow L$ 逆流气路切断,使主活塞两侧迅速形成更大的压力差,克服滑阀的移动阻力,主活塞带动节制阀、滑阀上移到极端位(即制动位)。第一阶段局部减压通路被滑阀切断,一段局部减压作用结束,制动作用与第二段局部减压作用同时产生。

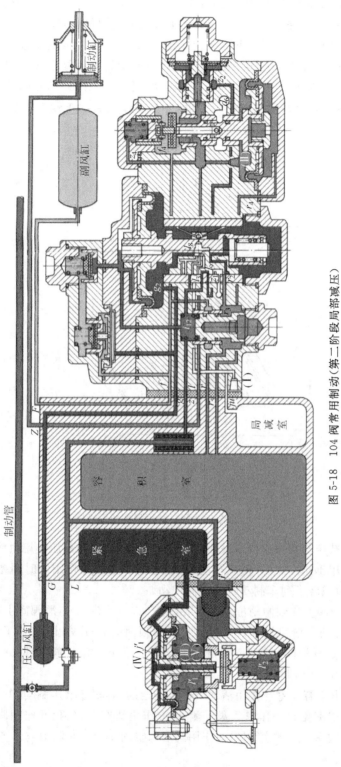

图 5-18 104 阀常用制动（第二阶段局部减压）

第二阶段局部减压如图 5-19 所示。制动位,滑阀上的局减阀孔 l_8、局减阀入孔 l_9 分别与滑阀座上的制动管局部减压用孔 l_3、局减阀孔 z_1 相对,使得制动管压缩空气经 $l_3 \to l_8 \to l_9 \to z_1 \to$ 局减阀套径向孔 z_2 作用阀下部 $z_3 \to z$ 送入制动缸 Z,形成制动管的第二阶段局部减压。由于制动作用同时产生,该局部减压作用将制动管的压缩空气与副风缸压缩空气一起送入制动缸。当制动缸压力达 50～70kPa 时,局减活塞压缩局减阀弹簧关闭局减阀套上径向孔 z_2,第二阶段局部减压作用结束,并且确保最后部车辆制动缸最少有 50～70kPa 的压力,有效地减轻了列车制动时的纵向冲动。

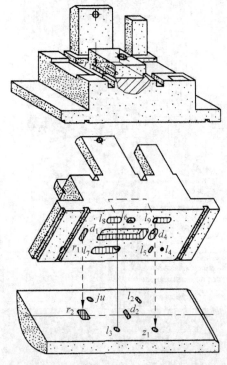

图 5-19 作用部制动及第二阶段局部减压通路

第二阶段局部减压与第一段局部减压一起,加快了制动管的减压作用由前及后传播,确保全列车制动作用迅速产生,并使列车前、后部车辆产生制动作用的时间差缩短,提高了制动波速,有效地减轻了列车制动时的纵向冲动。

容积室充气:滑阀上移到制动位,同时使滑阀上的制动孔 r_1 与滑阀座上的容积室孔 r_2 相对,而节制阀在第一阶段局部减压时已将滑阀顶面的 r_1 孔露出,形成了压力风缸 G 压缩空气 $\to$ 滑阀室 $g_1 \to$ 滑阀制动孔 $r_1 \to$ 滑阀座容积室孔 $r_2 \to$ 增压阀下部 $r_3 \to$ 容积室 R,使得容积室压力增加,产生制动。

制动缸充气:由于容积室与作用活塞下部是连通的,容积室增压制动,其压力空气经主阀安装面上的容积室孔 $r_5 \to$ 作用活塞下侧 r_4 推作用活塞上移,顶开作用阀,使得副风缸压缩空气经作用阀室 $f_4 \to$ 作用阀口 $\to$ 作用阀下部空间 $z_3 \to z$ 向制动缸 Z 充气,制动缸产生增压制动作用。

制动缸压缩空气同时进入作用阀弹簧室 z_4,抵消制动缸压缩空气和容积室压缩空气

(通过作用活塞杆)共同作用在作用阀下部的背压。

制动缸压缩空气经缩孔Ⅱ反映到作用活塞上部,使得作用活塞能根据容积室增压情况,准确地控制制动缸的同步增压。

在常用制动位,制动管减压后反映在 l_{12} 的制动管剩余压力(加上增压阀的自重、弹簧弹力和移动阻力)不小于容积室反映在 r_3 的压力,故紧急增压阀仍处在下方位置,未产生任何动作和作用。

③ 安定性。

制动机的安定性是指制动机在常用制动减压时,不发生紧急制动作用的性能。

制动管常用制动减压时,紧急活塞下侧安定弹簧室 l_1' 压力随之下降,紧急室 J 的压缩空气经限孔Ⅳ→Ⅲ→l_1' 向制动管逆流。当逆流速度小于制动管减压速度时,在紧急活塞两侧形成较小的压力差,压紧急活塞稍微下移,使活塞杆顶端凹穴中的密封圈脱离紧急阀上盖,紧急室的压缩空气经密封圈与紧急阀盖的大间隙→Ⅲ→l_1' 向制动管逆流。该逆流速度接近于常用制动减压时制动管的最大减压速度,故紧急活塞两侧不能形成足以压缩安定弹簧下移,使活塞杆下部接触放风阀的压力差。因此,放风阀仍呈关闭状态,紧急阀不产生紧急排气作用,保证了常用制动的安定性。

常用制动各气路归纳如下。

第一阶段,第一阶段局部减压:$L→l→l_3→l_6→l_{10}→l_7→ju_1→ju→Ju→ju→$缩孔Ⅰ→$D$。

第二阶段,第二阶段局部减压:$L→l→l_3→l_8→l_9→z_1→z_2→z_3→z→Z$。

当 Z 压力达 50~70kPa 时,二段局部减压结束。

第三阶段,容积室充气:$G→g→g_2→r_1→r_2→$紧急增压阀下部 $r_3→r→R→r_5→r_4$ 顶起,作用活塞推开作用阀。

第四阶段,制动缸充气:$F→f→f_4→$作用阀口$→z_3→z_4\begin{array}{l} \nearrow z→Z \\ \searrow \text{缩孔Ⅱ→作用活塞上部} \end{array}$

第五阶段,紧急室逆流:$J→j'→j_1'→$Ⅳ→Ⅲ→$l_1'→l'→L$,紧急活塞稍微下移。

$J→j'→j_1'→$Ⅳ及紧急活塞杆顶部密封圈与阀盖间隙→Ⅲ→$l_1'→l'→L$,保证常用制动作用的安定性。即

$$l_2'→l'→L$$

(3) 制动保压位(如图 5-20 所示)

制动管施行常用制动减压。当制动管减压量未达到最大有效减压量时(定压 600kPa,最大有效减压量为 170kPa),将自动制动阀手把置于保压位,使制动管停止减压而保压。此时,由于作用部仍处于制动位,压力风缸经滑阀和滑阀座上的制动通路继续向容积室充气,使压力风缸压力继续下降,与压力风缸相通的主活塞下部压力继续下降。当主活塞两侧的制动管与压力风缸的空气压力接近平衡时,在主活塞及节制阀的自重和稳定弹簧弹力作用下,主活塞带动节制阀下移 4mm(滑阀不动),主活塞杆上肩部与滑阀上端面接触而停止,形成作用部的制动保压(如图 5-21 所示)。

在此位置,节制阀盖住了滑阀背面的制动孔 r_1,切断了压力风缸向容积室充气的通路,压力风缸停止减压,容积室停止增压,形成容积室的制动保压作用。

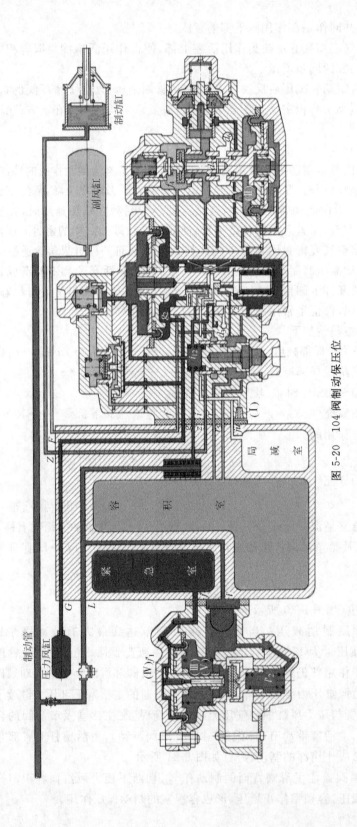

图 5-20 104 阀制动保压位

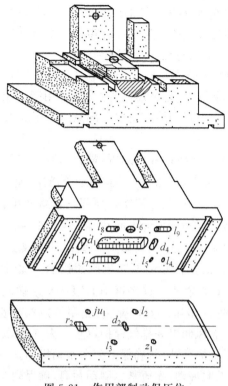

图 5-21　作用部制动保压位

容积室形成保压,即作用活塞下侧形成保压。在均衡部,副风缸经作用阀口继续向制动缸充气,当经缩孔Ⅱ反映在作用活塞上侧的制动缸压力与作用活塞下侧的容积室压力接近平衡时,在作用阀弹簧的弹力作用下,作用阀推作用活塞杆下移与作用阀座密贴,关闭副风缸向制动缸充气的通路。此时,作用活塞杆顶部与作用阀仍密贴,制动缸排气通路仍未开通,形成均衡部的制动保压位,制动缸停止增压,形成制动保压作用。

两种压力控制、间接作用方式的分配阀在制动保压位具有自动补风作用,使制动机具有制动力不衰减的性能。

由于分配阀属间接控制作用式,制动缸的压力受容积室压力通过均衡部间接控制,并且配置较大容积的副风缸储存压缩空气源。因此,长、大下坡道运行因制动时间长,闸瓦磨耗引起制动缸活塞行程伸长,使得制动缸容积增大,或因制动缸漏泄,均会引起制动缸压力下降,反映在作用活塞上侧压力下降,作用活塞两侧作用力失去保压位的平衡,作用活塞下侧的容积室压力推作用活塞上移,重新顶开作用阀,使副风缸向制动缸充气。制动缸压力恢复到与容积室压力重新平衡后,作用阀再一次关闭,停止副风缸向制动缸补充压缩空气,这一过程即自动补风作用,保证实现了制动力不衰减的性能。分配阀的这一性能,加之配设较大容积的副风缸,特别适应长、大下坡道运行。

在制动管减压量小于最大有效减压量时,制动保压后,操纵制动管恢复减压,主活塞两侧形成压力差,带动节制阀压缩稳定弹簧上移,使节制阀重新露出滑阀顶面的制动孔 r_1。由于滑阀在保压位和制动位未动作,滑阀上的制动孔 r_1 与滑阀座上的容积室孔 r_2 一起对齐。当 r_1 孔被节制阀露出时,恢复了压力风缸向容积室充气,容积室恢复增压制动,由容积室通过均衡部控制的制动缸压力,开始恢复增压制动。

在满足常用制动减压和制动管减压量未超过最大有效减压量的前提条件下,反复地操纵制动管减压、保压,通过作用部控制实现容积室反复地增压、保压,再通过均衡部控制实现制动缸反复地增压、保压的过程,称为阶段制动。

(4) 紧急制动位(如图5-22所示)

制动管紧急减压,主阀部除紧急增压阀外,均与常用制动相仿,只是由于制动管减压速度快,各部动作迅速,第一阶段和第二阶段局部减压作用效果不明显。这里仅介绍与常用制动作用的区别之处。

① 紧急制动排气作用。制动管紧急减压,紧急活塞下方安定弹簧室压力迅速下降,紧急室压缩空气经限孔Ⅳ($\phi 0.5$)→Ⅲ→l'_1→向制动管逆流,速度远小于制动管减压速度。紧急活塞稍微压缩安定弹簧下移,紧急活塞杆顶部密封圈离开紧急阀上盖,使紧急室压缩空气经紧急活塞杆顶部密封圈与阀盖的大间隙→Ⅲ($\phi 1.6$)→l'_1向制动管逆流。该逆流速度仍远不能补偿制动管的减压速度,故在紧急活塞上、下两侧迅速形成压力差。紧急活塞压缩安定弹簧下移,使紧急活塞杆底端面与放风阀接触。此时,紧急室压力空气J只能经Ⅲ→Ⅴ($\phi 1.2$)→l'_1向制动管逆流。直径更小的限孔Ⅴ使逆流速度更慢,促使紧急活塞两侧的压力差骤然增加,进一步压缩安定弹簧,克服放风阀弹簧的弹力而迅速打开放风阀。制动管的压缩空气经放风阀口→排气保护罩垫→大气,形成紧急制动制动管排气(放风)作用,即制动管产生紧急局部减压,确保全列车制动机的紧急制动作用迅速产生,提高紧急制动波速,缓和列车纵向冲动,缩短紧急制动距离,确保列车运行安全。

紧急排气(放风)作用产生后,紧急室J的压缩空气仍然只能经限孔Ⅴ的限制逆流到放风阀弹簧室l'_1排向大气,需15s左右才能排完。在紧急室压缩空气排完之前,放风阀一直呈开启状态。若此时向制动管充气,充入的压缩空气经放风阀口全部排向大气,制动管不能增压来实现充气缓解作用。只有当紧急室的压缩空气排净,安定弹簧使紧急活塞上移,放风阀弹簧推放风阀上移与放风阀座密贴关闭时,向制动管充气,才能实现制动机的充气和缓解作用。设计紧急排气(放风)后,紧急室排气约15s,是为了在施行制动管紧急减压时确保停车后才能施行缓解作用,防止紧急减压后尚未停车就开始充气缓解,造成列车产生剧烈的纵向冲动,以及可能引起断钩等事故的发生。

② 紧急增压阀作用。紧急制动时,制动管急剧减压,压力风缸向容积室充入压缩空气。当反映在增压阀下侧的容积室压力能克服增压阀上部l_{12}急剧减少的制动管剩余压力、增压阀弹簧弹力以及增压阀自重和移动阻力时,增压阀被推向上移,增压阀下部密封圈处于增压阀套径向孔f_5上方位置,紧急增压阀呈开放状态。副风缸也开始经增压阀套径向孔f_5向容积室充气,实现容积室增压,则由容积室通过均衡部控制的制动缸,实现紧急制动增压作用。由于副风缸同时向制动缸充气,故在此位置,压力风缸、副风缸、容积室、制动缸4个容器相互连通。四容器压力最终达到相互平衡,制动缸压力较常用制动时最大压力增压10%~15%(与副风缸的容积有关)。紧急制动增压作用,保证了旅客列车紧急制动时具有足够的制动力,缩短了制动距离,以确保旅客列车的运行安全。

③ 常用制动转紧急制动作用。在施行常用制动减压后,遇意外紧急情况需立即停车时,对列车管转施紧急减压,使列车紧急停车,称为常用制动转紧急制动作用。

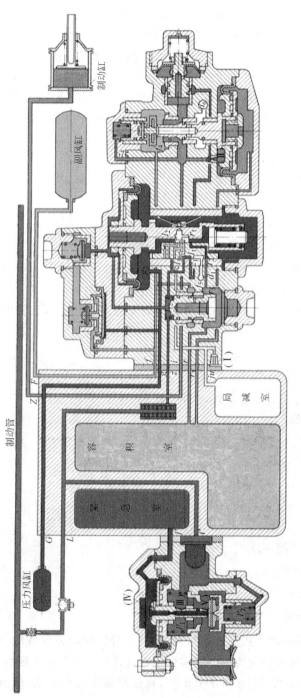

图 5-22 104 阀紧急制动位

由于分配阀单独设有紧急阀,常用制动减压后转紧急制动减压,仍能通过每辆车制动机的紧急阀产生制动管的紧急排气(放风)作用,使全列车迅速产生紧急制动作用。

事实上,该作用在常用制动减压刚开始(制动管减压量不超过 100kPa),后部车辆还未产生常用制动时,转紧急制动作用的效果较显著。

因为对于旅客列车,如果全列车已产生了常用制动,转紧急减压后,全列车各紧急阀产生紧急排气(放风)作用就失去了紧急制动的意义。若紧急增压阀没有停止使用,能够实现紧急制动增压作用,提高制动力,在缩短制动距离方面具有较好的效果。如果紧急增压阀停止使用,因各压力风缸仍是与常用制动一样经 $r_1 \rightarrow r_2$ 向容积室充气,实现制动作用,就没有实际意义。

紧急制动作用气路归纳如下。

第一阶段,第一阶段局部减压:$L \rightarrow l \rightarrow l_3 \rightarrow l_6 \rightarrow l_{10} \rightarrow l_7 \rightarrow ju_1 \rightarrow ju \rightarrow Ju \rightarrow ju \rightarrow$ 缩孔 $\rightarrow I \rightarrow D$。

第二阶段,第二阶段局部减压:$L \rightarrow l \rightarrow l_3 \rightarrow l_8 \rightarrow l_9 \rightarrow z_1 \rightarrow z_2 \rightarrow z_3 \rightarrow z \rightarrow Z$。

当制动缸压力达 50~70kPa 时,第二阶段局部减压结束。

第三阶段,容积室充气:$G \rightarrow g \rightarrow g_2 \rightarrow r_1 \rightarrow r_2 \rightarrow$ 紧急增压阀下部 $r_3 \rightarrow r \rightarrow R \rightarrow r_5 \rightarrow r_4$。

$F \rightarrow f \rightarrow f_5 \rightarrow r_3 \rightarrow r \rightarrow R \rightarrow r_5 \rightarrow r_4$(紧急增压作用)。

第四阶段,制动缸充气:104 型分配阀制动缸压力受容积室压力控制实现紧急增压作用。

第五阶段,紧急阀作用。

- 紧急室逆流:

$J \rightarrow j' \rightarrow j_1' \rightarrow Ⅳ \rightarrow Ⅲ \rightarrow l_1' \rightarrow l' \rightarrow L$,紧急活塞稍微下移。

$J \rightarrow j' \rightarrow j_1' \rightarrow Ⅲ \rightarrow l_1' \rightarrow l' \rightarrow L$,紧急活塞进一步下移。

$J \rightarrow j' \rightarrow j_1' \rightarrow Ⅲ \rightarrow Ⅴ \rightarrow l_1' \rightarrow l' \rightarrow L$。

- 紧急放风:

$L \rightarrow l' \rightarrow l_1' \rightarrow$ 放风阀 $\rightarrow D$。

- 放风阀弹簧室逆流:

$l_2' \rightarrow l_1' \rightarrow$ 放风阀口 $\rightarrow D$。

3. 104 型分配阀检修

分配阀是车辆制动机的主控部件,即心脏部件。分配阀的良好性能是制动机发挥正常作用的根本保证,因此对分配阀内部各零件进行日常维修保养及定期检修,消除不良处所,保证分配阀良好的技术状态显得十分重要,这也是确保行车安全,质量良好地完成铁路运输生产任务的前提条件。

本节介绍 104 型分配阀的检修。

1) 分配阀的检修工序

分配阀是车辆制动机中性能要求高的精密部件,装车后长期暴露在外部空间。受外部气候条件变化的影响,以及工作条件的长期影响,分配阀的性能会逐步下降。那么,对分配阀进行日常维修保养及定期检修,保证其良好的技术状态十分必要。由于分配阀在空气制动装置中的重要地位且具有较高的性能要求,所以对分配阀检修的技术要求比较严格。

分配阀的检修工序如下所述。

(1) 外部除尘

分配阀在进入检修间之前,首先堵塞安装面和阀体各孔,用高压(水)冲洗设备将外部尘埃、油垢及剥离的铅油层冲洗掉,然后用压缩空气吹扫干净,以保证检修间的卫生环境条件,确保检修质量。

(2) 初试

在705试验台上对分配阀的主阀和紧急阀的各项性能进行机能试验,若发现主阀和紧急阀不符合技术条件的性能,要及时准确判断故障处所,便于有针对性地检修。

(3) 分解

根据分配阀的结构特点按步骤进行分解。

将主阀、紧急阀安装于专用夹具上,使用专用工具按以下顺序分解:拧下主阀及紧急阀紧固螺母,拿下主阀、紧急阀及主阀垫、紧急阀垫,从中间体内取出滤尘器,取出紧急阀安装面内的滤尘网。

① 分解主阀。
- 充气部:拧开止回阀盖,取出止回阀弹簧及止回阀;用扳手拧下主阀上盖与主阀体的连接螺母,取下主阀上盖,取出充气膜板垫,取下充气模板及充气活塞;再用钥匙形起子拧出充气阀座,取出充气阀及充气阀弹簧。
- 作用部:取下上盖面孔路上的O形密封圈,然后用螺纹形起子拔出主活塞组件,拧下主活塞压板螺母,再依次取下主活塞压板、主活塞膜板、O形密封圈、主活塞,冲出滑阀弹簧销,取出滑阀、节制阀、节制阀弹簧;用挡圈钳取出主活塞杆尾部挡圈,再依次取出稳定弹簧座、稳定弹簧及稳定杆。对于104型分配阀,用扳手拧下主阀下盖,取出O形密封圈。
- 局减阀:用扳手拧下局减阀盖,取出压圈、局减阀弹簧、局减阀弹簧垫、毛毡垫,再取出局减活塞组件(套螺母拔出),然后拧下局减活塞螺母,取下局减活塞、局减膜板。
- 均衡部:用扳手拧下作用阀上盖螺栓,然后依次取下作用阀上盖、盖面上O形密封圈、作用阀杆和作用阀组件(二者不用分解)、作用阀弹簧;从主阀体作用阀室取出滤尘套;拉出作用活塞组件,卸下压板螺栓,取出拉杆,再依次取下作用活塞压板、O形密封圈、作用活塞膜板、作用活塞、作用活塞杆。
- 紧急增压阀:用扳手拧下增压阀盖,取下O形密封圈,然后用螺纹形起子取出增压阀、增压阀弹簧。

② 分解紧急阀。

取出滤尘网,拧下紧急阀上盖螺母,取下紧急阀上盖,然后从紧急阀上盖安装面取下

O形密封圈，抽出紧急活塞组件；拧下压板螺母，从紧急活塞杆上取下紧急活塞压板、紧急活塞膜板、O形密封圈、紧急活塞；拧下紧急阀下盖螺母，取下紧急阀下盖；从紧急阀体下口取出放风阀；从紧急阀下盖面取下O形密封圈；从紧急阀下盖内取出放风阀导向杆及放风阀弹簧。

（4）清洗

用干净棉布蘸761金属机械清洗剂将各零件上的油垢擦净。对于油垢较多的零件，在761清洗剂盆内浸泡后，用干净棉布擦拭、吹干。

761金属机械清洗剂对铝合金、橡胶制品、漆层均无腐蚀作用，且毒性小，去污能力强于汽油和香蕉水。

若使用120号汽油（代替761金属机械清洗剂）进行清洗，特别注意各胶垫、密封圈、膜板等橡胶制品不得接触汽油，避免受腐蚀而影响性能和使用寿命。

（5）检查

按照检修规则及检修限度的要求，对所分解并经过清洗的各零部件进行检查。检查各部位是否符合限度要求。对不符合技术要求的零件，确定更换或者检修方法。

阀体、各阀盖有裂纹或碰伤，各活塞、杆变形或有裂纹时，应维修或更换；各阀口、导向杆、导向套的导向面有伤痕或磨损时，应维修或更换；滑阀各孔及各缩孔堵塞时，用小于各孔径的钢针疏通；节制阀与座、滑阀与座的滑动面有划伤及接触不严密时，应研磨；各缩（孔）须符合以下尺寸：缩孔Ⅰ$\phi 0.8$mm，缩孔Ⅱ$\phi 0.8$mm，限孔Ⅲ$\phi 1.6$mm，限孔Ⅳ$\phi 0.5$mm，限孔Ⅴ$\phi 1.2$mm；各橡胶膜板及密封圈有气孔夹渣、损伤、溶胀、老化变质者，应更换；各橡胶夹心阀有开胶、老化变质者，应更换；各弹簧有折断、锈蚀、变形衰弱时，应更换；自由高尺寸应符合表5-1所示要求。

表5-1 104型分配阀各弹簧限度表

弹簧名称	自由高/mm	压缩高/mm	加压荷重/N
稳定弹簧	35.5～34	24～21	20
作用阀弹簧	42.5～38.5	27～23	50
减速弹簧	78～74	47.5～43.5	140
跳跃弹簧	65.5～61.5	全压缩三次恢复自由高	
二段阀弹簧	55.5～51.5	全压缩三次恢复自由高	
增压阀弹簧	55.5～51.5	全压缩三次恢复自由高	
局减阀弹簧	55.5～51.5	全压缩三次恢复自由高	
止回阀弹簧	26～24.5	全压缩三次恢复自由高	
充气阀弹簧	26～24.5	全压缩三次恢复自由高	
节制阀弹簧	15～13.5	全压缩三次恢复自由高	
放风阀弹簧	50.5～46.5	全压缩三次恢复自由高	
安定弹簧	52.5～48.5	25～21	28

（6）检修

对于检查后确定检修方法的零件，按照检修工艺的要求，利用必要的检修装备和工具进行检修，使其达到规定的技术条件。

(7) 二次清洗

分配阀各零部件检修完毕,用干净布蘸 761 金属机械清洗剂将阀体内壁擦净,再用压缩空气吹干;经检修或检修后符合技术条件要求的各零部件(胶垫、螺栓、螺母除外),放入清洗器内浸泡约 10min,然后擦洗各铜件上的孔道,再用 761 金属机械清洗剂清洗,清洗后用压缩空气将零部件表面及内孔吹扫干净;阀体内以汽油洗刷后,用压缩空气吹扫干净,然后用新白布擦拭;用压缩空气将零部件表面及内孔吹扫干净;各胶垫不得沾浸汽油、香蕉水等(以免腐蚀而影响使用寿命),用压缩空气吹扫,用旧布擦干净。

(8) 给油组装

为了保证分配阀各部件作用灵活、准确,延长使用期限,按工艺要求,在进行分配阀组装时,各滑动摩擦面、活动密封圈等部位涂以适量的 210～250 甲基硅油或 7057 硅脂。过多的油或油脂会降低各橡胶件的耐寒性,适当的油脂可减小摩擦阻力,防止零件锈蚀,加强接触面的气密性。

① 给油部位。

滑阀、节制阀的滑动面及滑阀座、节制阀座涂少量甲基硅油;主活塞杆和滑阀弹簧与滑阀套的摩擦处涂少量的甲基硅油;各导向杆、密封圈及各滑动摩擦部涂少量硅脂;充气膜板的凸起缘外周涂少量硅脂或硅油。

各螺盖的丝扣因有密封圈密封,不得涂铅粉油。

② 组装紧急阀。

将紧急阀体安装于专用夹具上,使用专用工具按以下程序进行组装。

在放风阀下盖孔内依次装入放风阀弹簧、放风阀导向杆、放风阀,安装面装入 O 形密封圈,使放风阀与座对正,紧急阀下盖与阀体对正穿入螺栓,然后平均拧紧螺母;在紧急活塞杆依次装上紧急活塞、O 形密封圈、紧急活塞膜板、紧急活塞压板,拧紧压板螺母,然后将安定弹簧、紧急活塞组件从紧急阀体上孔装入,紧急阀上盖安装面装上 O 形密封圈,与阀体对正穿入螺栓,再平均拧紧螺母;将滤尘器装入紧急阀安装面中部孔内。

③ 组装主阀。

将主阀体安装于夹具上,利用专用工具按以下程序进行组装。

第一步,均衡部:依次将作用阀弹簧、作用阀杆和作用阀组件装入作用阀上盖孔内,将滤尘套装入主阀体作用阀室,在作用阀上盖安装面孔路上装 O 形密封圈,将作用阀对准作用阀座放入主阀体,作用阀上盖与阀体对准孔路和螺栓孔穿入螺栓,然后用扳手平均紧固螺母;将 O 形密封圈放入作用活塞中心圆形凹槽,依次将作用活塞、作用活塞膜板、作用活塞压板套到作用活塞杆上;拉杆从压板螺栓丝扣端穿过,再将压板螺栓拧紧到作用活塞杆上;最后将作用活塞杆插入作用活塞杆套(推拉两次,须灵活)。

第二步,局减阀:依次将局减膜板、局减活塞套在局减阀杆上,拧紧局减活塞螺母;将局减活塞组件推入局减阀套(推拉两次,要灵活),放入压圈;将毡垫、局减阀弹簧垫及局减阀弹簧依次放入局减阀盖孔;将局减阀弹簧的另一端对准局减活塞螺母,将局减阀盖拧紧在阀体上。

第三步,作用部:将节制阀弹簧放入主活塞杆弹簧孔,放上节制阀,然后在主活塞杆上套上滑阀,并对准滑阀、滑阀弹簧销孔,穿入滑阀弹簧销;将稳定杆、稳定弹簧、稳定弹簧座依次放入主活塞杆尾部轴向孔,将挡圈装入挡圈槽内;将O形密封圈放入主活塞中心圆形凹槽内,依次将主活塞、主活塞膜板、主活塞压板套到主活塞杆上,并将主活塞压板螺母拧到主活塞杆上;将滑阀弹簧后端压下,连同滑阀及主活塞杆尾部塞入滑阀套,然后压入主活塞组件(抽拉两次,须灵活)。对于104型分配阀,将O形密封圈套在主阀下盖上,然后用扳手拧紧到主阀体上。

第四步,充气部:将止回阀放到止回阀座上,放上止回阀弹簧,然后拧紧止回阀盖,并为充气阀座套上密封圈,再依次将充气阀、充气阀弹簧放到充气阀座上,用钥匙形起子将充气阀座拧紧到充气阀体内;将充气活塞杆对准充气阀座中心孔放上,将充气膜板套到充气阀体上(膜板凸缘要压入阀体槽面);将膜板垫放入主阀体圆形槽,再将充气膜板对准膜板垫,并对准充气阀体与主阀体气路(安装面上的孔路装上相应的O形密封圈)、螺栓和螺栓孔,然后平均拧紧螺母。

第五步,紧急增压阀(104阀):将增压阀弹簧套在增压阀端部缩径轴上,用螺纹形起子将紧急增压阀组件推入增压阀套(推拉两次,须灵活),然后拧下螺纹形起子,将O形密封圈套到增压阀盖上,并用扳手拧紧到主阀体上。

④ 总体组装。

将滤尘器装入中间体主阀安装座上的大圆孔内,紧急阀安装面制动管孔装入滤尘网,并装上主阀垫和紧急阀垫(气密线朝向阀体);主阀、紧急阀对准垫和安装座气路,螺栓与螺栓孔对准并套上,然后在对角平均拧紧螺母。

必须按工艺要求组装,并进行必要的抵抗试验,确认符合技术要求。应按顺序依次组装各零部件,避免误装、漏装;各螺母须对角平均拧紧。

2) 检修规则

铁道部为了加强技术管理,提高检修质量,确保全路各检修部门在规定的修程达到相同的检修质量,确保铁路运输的安全生产,特制定了《车辆空气制动装置检修规则》。对全路各级车辆检修部门在各种修程时对车辆空气制动装置检修的检修工艺(方法)、检修限度、检修质量都规定了要求和标准,对分配阀的检修也要以上述规则为依据,严格按工艺要求检修,确保检修质量。

3) 检修方法及注意事项

以下介绍分配阀检修方法及注意事项。

(1) 阀体等铸件

利用刮刀刮去铸件上的油垢、锈蚀。

(2) 铜套

铜套与阀体之间均为过盈配合。若松动,则在铜套外周挂一层焊锡,达到一定的过盈量后再压入阀体。

(3) 滑阀、滑阀座及节制阀

研磨滑阀,包括滑阀座、节制阀与节制阀座的研磨,是分配阀检修中一项最主要的工作。多数分配阀在定检时都需要研磨。当前,各检修单位用平面油石分别磨平滑阀与滑阀座的方法较为普遍,研磨方法及技术要求分述如下。

研磨方法一般有手工分磨法和机械分磨法。分磨法就是用手工或机械操作,分别把滑阀和滑阀座磨平后,再将这两部分配合,以达到接触面严密的方法。

① 手工研磨滑阀。

第一步,先将金刚砂均匀地撒在铅平台上,然后用一铸铁平台平面朝下压在铅平台上。缓慢地拉动铸铁平台约 1min,使金刚砂压入铅平台表面,然后用毛刷清除多余的金刚砂。

第二步,用两手分持已擦净油垢的滑阀的两端或两侧,在铅平台上沿滑阀纵轴方向往返研磨。两手用力要平均,全部研磨行程用力要一致,往返速度不宜太快。研磨一段时间后,将滑阀调转 180°继续研磨,以免因两手用力不均造成偏磨,如图 5-23(a)所示。在最后细磨时,研磨路线应与滑阀纵轴成 45°左右的角度,如图 5-23(b)所示,使滑阀面磨成交叉纹路,如图 5-23(c)所示,以提高研磨面的光洁度。这种纹路与滑阀座研磨纹路成一定角度,使接触面在运用中的磨损比较均匀。

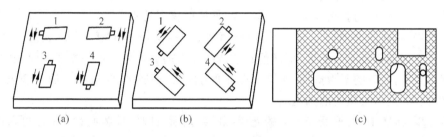

图 5-23 滑阀研磨

② 手工研磨滑阀座。

手工研磨滑阀座有多种形式:有用研磨棒夹住油石研磨的;有用研磨钩压紧油石研磨的;也有在研磨棒背部加一个小圆弹簧,使油石与滑阀座紧贴,人手只做推拉而进行研磨的。下面只介绍用研磨棒夹住油石进行研磨的方法。

第一步,研磨前,须将滑阀座上的油垢用汽油洗净、擦干。

第二步,将选好的油石固定在研磨棒上,然后将油石平放在滑阀座上,左、右两手分别握住研磨棒前、后两端的手把,平均用力做往复移动,进行研磨。

第三步,研磨中,两手往复移动的行程不宜过长,但也不宜过短。因为过长容易将滑阀座两端磨低,过短则效率不高。

第四步,研磨中磨下的粉末以及油石面上附着的铜屑,应及时清除干净,以免影响平面精度。

第五步,研磨中应勤检查,滑阀座经过粗磨,大致良好后,应进行细磨,以免过多地损耗滑阀座的厚度。

第六步,油石在使用中,应经常在平台上校对与找平。对于新油石,在铸铁平台上均匀撒上金刚砂,研磨面在金刚砂上研磨,待金刚砂在平台上均匀密度分布;旧油石找平无须用金刚砂,将油石研磨面在铸铁平台上蹭数下,使油石与平台平面接触严密,且油石研磨面黑点分布均匀即可。特别是对于硬度较低的油石,磨粒容易脱落,平面度变化快,更应随时注意校平。

③ 手工研磨节制阀座。

将油石放在节制阀座上,按照研磨滑阀座的方式进行研磨;也可以把油石放在工作台上,使滑阀面朝上,再将节制阀座放在油石上,按照研磨滑阀的方式进行研磨。

④ 手工研磨节制阀。

将节制阀放在平台上,按反复交叉方向研磨,磨至表面光泽一致为止。

⑤ 机械研磨滑阀座。

第一步,先检查研磨机各传动部分是否良好,并试车给油。

第二步,用汽油将滑阀座清洗吹扫后,将阀体牢固地安放在研磨机安装座上,并使滑阀座保持水平。

第三步,将校对好的油石用卡板安装好,并置于滑阀座上,再把研磨棒压在油石卡板上。

第四步,按动电钮,开动研磨机,然后扳动离合器手把,开始研磨。

第五步,调整压力弹簧和研磨卡具手轮,使研磨棒保持水平。

第六步,每次研磨时间不要太长,通常每研磨 1~2min 就停磨一次,观察研磨状态,并用毛刷清理油石面上的铜屑,更换油石或调换油石前后位置。如一次研磨时间太长,因油石磨耗失平,难以磨平滑阀座;同时,若研磨时间长,磨屑多,铜屑会将油石磨粒孔隙塞满,产生挂铜,反而会损伤滑阀座面。

第七步,研磨中,可根据研磨面的光泽,观察、判断滑阀座接触面状态;也可根据油石面上铜屑的分布情况来判断滑阀座接触面的状态。在油石面基本平的条件下,油石面挂铜屑部位比滑阀座相应部位高,油石面没有挂铜屑的部位未与滑阀座接触,说明滑阀座的相应部位低洼;若油石面上所挂的铜屑分布均匀,说明滑阀座已基本磨平,可转入细磨。

⑥ 机械研磨节制阀座

在研磨机上设有如图 5-24 所示的节制阀座研磨装置时,节制阀座可使用机械研磨。操作方法如下所述。

第一步,将滑阀固定在安装座 1 上,滑阀面朝下。

第二步,选好与节制阀座同等宽度并符合研磨条件的油石 3,将其安放在节制阀座上,并压上研磨棒 5。

第三步,调整好前、后压力,使之平衡,并使油石保持水平。

第四步,按动电钮,开动研磨机,然后拨动离合器,进行研磨。其他事项与机械研磨滑阀座相同。

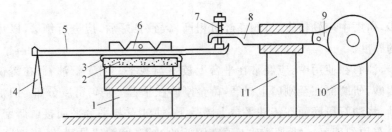

图 5-24 节制阀座研磨装置

1—安装座;2—油石;3—油石卡板;4—平衡锤;5—研磨棒;6—滑阀;7—调整弹簧;8—滑块;9—曲拐;10—轴承支架;11—曲拐滑块架

⑦ 其他技术要求。

除在研磨方法中提到的要求外,还应注意以下各项。

第一步,滑阀座两侧应加修成为 0.5×45°的去污沟。

第二步,滑阀座研磨后要光泽一致,粗糙度 $Ra \leqslant 0.2 \mu m$,并用汽油刷洗、吹净。

第三步,研磨有粗磨、细磨之分。粗磨是要消除研磨面上的严重不平或深沟,使磨耗部位均匀接触,达到接触面基本磨平,但表面花纹粗糙,仍有细沟痕;细磨是要消除研磨面上的细沟痕,使表面光泽一致。

(4) 各阀口

对于各阀口黏附的硬质油垢,用笔蘸 761 金属清洗剂涂抹,待油垢溶解后,用布擦净。不得用金属刮刀刮削。阀口不平或损伤时,敷以研磨剂,用装在钻床上的模具对阀口进行研磨。

(5) 各弹簧及其他金属零件

可用刮刀刮去硬质锈垢;若充气活塞顶杆松动,可选用合适的沉头螺钉及螺母代替顶杆,如图 5-25 所示。

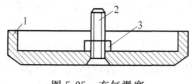

图 5-25　充气滑塞

1—充气活塞；2—沉头螺钉；3—螺母

(6) 各橡胶膜板、密封圈、夹心阀等橡胶件

可用刮刀刮去硬质锈垢;夹心阀阀面不平整或印痕过深时,用 200 号细砂纸放在平板上对阀面前、后推动,磨平后再用。

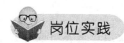
岗位实践

1. 分解

拧下主阀及紧急阀紧固螺母,拿下主阀、紧急阀及主阀垫、紧急阀垫,从中间体内取出滤尘器,并取出紧急阀安装面内的滤尘网。

1) 分解主阀

① 充气部:拧开止回阀盖,取出止回阀弹簧及止回阀;用扳手拧下主阀上盖与主阀体连接螺母,取下主阀上盖,取出充气膜板垫,再取下充气模板及充气活塞,然后用钥匙形起子拧出充气阀座,取出充气阀及充气阀弹簧。

② 作用部:取下上盖面孔路上的 O 形密封圈,用螺纹形起子拔出主活塞组件,拧下主活塞压板螺母,然后依次取下主活塞压板、主活塞膜板、O 形密封圈、主活塞、冲出滑阀弹簧销;拿出滑阀簧,取出滑阀、节制阀、节制阀弹簧,再用挡圈钳取出主活塞杆尾部挡圈,然后依次取出稳定弹簧座、稳定弹簧及稳定杆。对于 104 型分配阀,用扳手拧下主阀

下盖,取出 O 形密封圈。

③ 局减阀:用扳手拧下局减阀盖,取出压圈、局减阀弹簧、局减阀弹簧垫、毛毡垫,再取出局减活塞组件(套螺母拔出),然后拧下局减活塞螺母,取下局减活塞、局减膜板。

④ 紧急增压阀:用扳手拧下增压阀盖,取下 O 形密封圈,然后用螺纹形起子取出增压阀、增压阀弹簧。

2) 分解紧急阀

取出滤尘网,拧下紧急阀上盖螺母,取下紧急阀上盖,然后从紧急阀上盖安装面取下 O 形密封圈,抽出紧急活塞组件;拧下压板螺母,从紧急活塞杆上取下紧急活塞压板、紧急活塞膜板、O 形密封圈、紧急活塞;拧下紧急阀下盖螺母,取下紧急阀下盖;从紧急阀体下口取出放风阀;从紧急阀下盖面取下 O 形密封圈;从紧急阀下盖内取出放风阀导向杆及放风阀弹簧。

2. 保养

① 外部除尘。首先堵塞安装面和阀体各孔,用高压(水)冲洗设备将外部尘埃、油垢及剥离的铅油层冲洗掉,然后用压缩空气吹扫干净。

② 分解 104 阀体,然后用干净棉布蘸 761 金属机械清洗剂将各零件上的油垢擦净。对于油垢较多的零件,在 761 清洗剂盆内浸泡后,用干净棉布擦拭、吹干。

③ 滑阀、节制阀的滑动面及滑阀座、节制阀座涂少量甲基硅油;主活塞杆和滑阀弹簧与滑阀套的摩擦处涂少量的甲基硅油;各导向杆、密封圈及各滑动摩擦部涂少量硅脂;充气膜板的凸起缘外周涂少量硅脂或硅油;空重车调整部的偏心轴与轴孔涂少量软干油。

工作任务 5.2　分解保养 F8 型分配阀

任务描述

随着轨道交通事业的发展,轨道运营质量与运营速度不断提升,轨道车辆各组成部分不断提高与完善。制动系统中的 F8 型分配阀是为适应旅客列车速度提高对车辆制动机性能的要求而设计的,具有较先进的水平。分解保养 F8 分配阀是制动系统检修的重要内容。

【任务目的】

1. 能够拆卸、分解 F8 型分配阀。
2. 掌握 F8 型分配阀的保养内容。

【任务内容】

1. F8 型分配阀的保养。
2. F8 型分配阀的分解。

【任务实践基本要求】

1. 在认真学习本任务"基础理论"的基础上完成实训。
2. 做好相关实训记录。

3. 遵守企业规章制度,按企业要求规范操作。

【设备及工具】

1. F8 型分配阀。
2. 高压水枪、活口扳手、润滑油。

 基础理论

1. F8 型空气分配阀特点

F8 型分配阀采用三压力控制为主,二压力控制为辅的混合控制机构。主阀为三压力(即制动管、压力风缸和制动缸的空气压力)机构平衡阀,辅助阀为二压力(制动管和辅助室的空气压力)机构平衡阀。因此,F8 型分配阀具有自动补风作用,即当制动缸有轻微漏泄时,副风缸可自动向制动缸补充压缩空气,使制动缸的空气压力不衰减,而且制动缸压力与制动缸活塞行程无关。

F8 型分配阀取消了金属滑阀和金属活塞环结构,采用橡胶膜板活塞和柱塞结构。因此,消除了金属活塞环及滑阀的漏泄,提高了分配阀的动作灵敏度;也使分配阀的制造和检修更为方便,减少了维修工作量,大大地延长了检修周期。同时,分配阀的阻力受润滑状态的影响甚小,因此其作用稳定、可靠。

F8 型分配阀具有良好的制动管局部减压作用。它采用了两个阶段的局减作用,提高了制动管的制动波速,使列车制动的一致性更好,减少了列车的纵向冲动,更适合较长编组的旅客列车。

F8 型分配阀具有良好的阶段缓解性能,提高了列车操纵的灵活性,并有阶段缓解与一次性缓解的转换装置,便于与其他类型制动机混编运行。

F8 型分配阀仍然采用常用制动与紧急制动分步作用的方式。在紧急制动时,制动管压缩空气直接从辅助阀排入大气,产生强烈的紧急局减作用,提高列车的紧急制动波速。在常用制动时,不发生紧急局减作用,既保证常用制动的安定性,又具有良好的常用制动转紧急制动的性能。

F8 型分配阀可与国内任何型号客车三通阀、分配阀无条件混编,可以编组至 25 辆。使用阶段缓解性能时,司机操纵更方便、安全,列车运行品质平稳,乘客舒适度更好。

F8 型分配阀是结合我国国情,并吸收国外先进经验而设计、制造的,其结构与我国内燃机车主型制动机 Jz-7 型制动机相近,多数零部件可与之互换使用。

F8 型分配阀是目前国内最接近 UIC(国际铁路联盟)标准的分配阀,近年来已随车出口到伊朗、缅甸等国家。

2. F8 型空气分配阀的构造和作用

1) F8 型分配阀的构造

F8 型分配阀作为空气制动装置主控部件,在车下安装布置如图 5-26 所示,配设压力风缸、副风缸和制动缸。

F8 型分配阀由主阀、辅助阀和中间体(也称管座)等三部分组成,如图 5-27 所示。

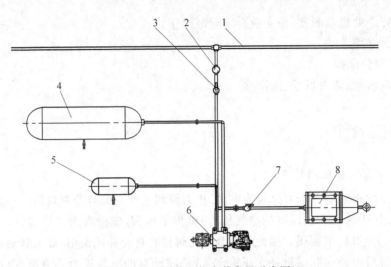

图 5-26 F8 型分配阀安装布置示意图
1—制动管；2—集尘器；3—截断塞门；4—副风缸；5—压力风缸；6—F8 型分配阀；7—缓解塞门；8—制动缸

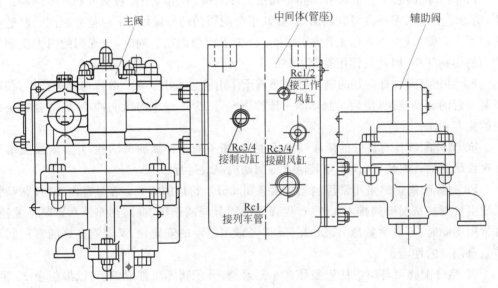

图 5-27 F8 型分配阀总体组成

(1) 中间体

中间体用铸铁制成，既可以作为主阀、辅助阀及制动管和各风缸连接管路的安装座，又在中间体内设有各种暗道通路和空腔，直接参与 F8 型分配阀的作用。中间体的构造如图 5-28 所示。

中间体主要由中间体 1、螺堵 2、螺盖 3、滤尘器 4、防尘垫 5、安装螺柱等组成。

中间体内设有两个空腔，一个是容积为 0.8L 的局减室，一个是容积为 3L 的辅助室。另外还有一些内部通路。在制动管的内部通路上加装有一个圆筒型滤尘器，对进入 F8 型分配阀主阀的压缩空气进行过滤。滤尘器的外侧安装有螺盖，以便取出清洗和更换滤尘器。

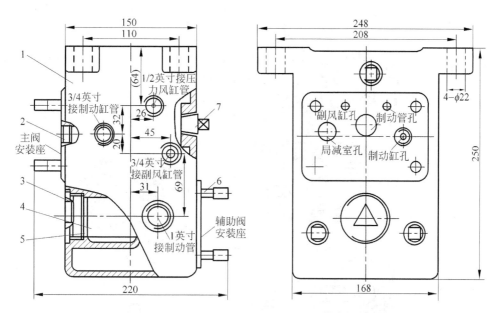

图 5-28 F8 型分配阀的中间体组成
1—中间体；2—螺堵（制动缸压力限制堵）；3—螺盖；4—滤尘器；5—防尘垫；6—双头螺栓；7—丝堵

主阀和辅助阀分别安装在中间体的两个垂直侧面上。中间体的上平面有 4 个吊装孔，用于将中间体吊装在车体下。

在中间体的一个垂直侧面上设有连接制动系统的螺孔，分别连接制动管 $\phi25mm$、副风缸 $\phi18mm$、压力风缸 $\phi12.5mm$、制动缸 $\phi18mm$。

中间体的主阀安装面上设置一个制动缸限制螺堵，一般情况下不用时须将它卸掉，否则会影响制动缸的压力上升时间，影响制动机的正常作用。

(2) 主阀部分

F8 型分配阀的主阀部分由主控部、充气阀、限压阀、副风缸充气止回阀、局减阀、转换盖板等组成，如图 5-29 所示。

① 主控部。

主控部主要由平衡阀 4、主阀杆 11、小活塞 17、小膜板 18、主活塞 20、大膜板 21、局减阀套 36、缓解柱塞 37、制动弹簧 39、缓解阀 33 等组成。其用途是根据制动管压缩空气压力的变化，通过制动管、压力风缸、制动缸三者压力的平衡作用产生制动机的制动、缓解、保压等基本作用。

主活塞安装在主控部的主阀体与下阀体之间。先将主活塞 20、大膜板 21、主活塞压板 22 装在一起，用螺钉将主活塞压板拧紧在主活塞上，然后将 O 形密封圈、装好的主活塞套装在缓解柱塞 37 的上部，并用压紧螺母将其固定在缓解柱塞上。缓解柱塞的上部有一个轴向中心孔，上端部装有一个透气的硬心。在缓解柱塞的中部装有一个 O 形密封圈，下部装有两个 O 形密封圈。下部的两个 O 形密封圈之间有径向孔与轴向中心孔相通。主活塞与阀下体之间装有制动弹簧 39。

依次将小活塞压板 16、小膜板 18、小活塞 17、O 形密封圈套装在主阀杆的端部，用压

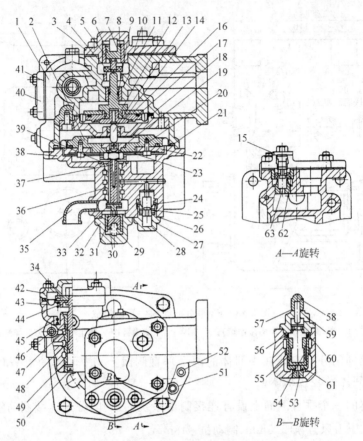

图 5-29　F8 型分配阀的主阀部分

1—主阀体组成；2—中体组成；3—主阀上盖组成；4—平衡阀；5—固定销；6—导杆；7—平衡阀弹簧；8—套用 O 形密封圈；9—O 形密封圈；10—主阀上盖垫；11—主阀杆；12—顶块；13—顶杆；14—压帽；15—螺堵；16—压板；17—小活塞；18—小膜板；19—排风阀 O 形密封圈；20—主活塞；21—大膜板；22—压板；23—硬心；24—弹簧；25—止回阀橡胶垫；26—止回阀；27—止回阀弹簧；28—螺盖；29—保压弹簧；30—导杆；31—O 形密封圈；32—缓解阀盖；33—缓解阀；34—膜板托；35—放风弯头；36—局减阀套；37—缓解柱塞；38—主阀下体；39—制动弹簧；40—转换盖板；41—转换盖板垫；42—充气盖；43—充气阀膜板；44—压板；45—充气阀弹簧；46—缩堵；47—排气堵；48—充气柱塞；49—充气套；50—排气罩；51—大胶垫；52—胶垫；53—大缩堵；54—限压弹簧；55—限压阀；56—弹簧托；57—调整螺栓；58—螺母；59—限压阀盖；60—限压阀套 O 形密封圈；61—限压阀套；62—止回阀套；63—缩堵

帽 14 拧紧。主阀杆上装有一个 O 形密封圈 9。在主阀体内压装有主阀杆导向套，小活塞就装入主阀杆导向套，然后用螺钉将中体固定在主阀体内，中体把小膜板的外缘压紧在主阀体上。中体的中心压装有顶杆导向套，顶杆导向套内装有 O 形密封圈。顶杆 13 装入顶杆导向套。

在主阀体的上部压装有平衡阀座。平衡阀 4、平衡阀导杆 6、平衡阀弹簧 7 安装在与此相对应的主阀盖内。主阀盖内压装有平衡阀导杆套。为了防止漏泄，在平衡阀导杆上装有 O 形密封圈 8。为使平衡阀在开放、关闭过程中保持正位，阀面和阀口应保持良好接触,平衡阀与平衡阀导杆采用固定销5连接。

主阀下阀体内压装有局减阀套36、缓解阀座。缓解阀33、缓解阀导杆30、保压弹簧29用缓解阀盖32装在下阀体上。与平衡阀一样,缓解阀导杆上也装有一个O形密封圈31,缓解阀与缓解阀导杆也采用固定销连接。缓解阀盖内压装有缓解阀导杆套。主阀下体上还装有放风弯头35。

主控部是三压力平衡机构,主活塞上、下两侧分别反映制动管和压力风缸压力;小活塞上方反映制动缸压力,下方通大气。通过制动管、压力风缸、制动缸三者压力的平衡作用,产生F8型分配阀的制动、缓解、保压等基本作用。

第一阶段,当制动管施行减压时,主活塞下侧的空气压力下降,主活塞上、下两侧形成一定的压力差。在压力风缸空气压力的作用下,主活塞向上移动,打开平衡阀,使副风缸的压缩空气进入制动缸,形成制动作用。

第二阶段,制动管停止减压(阶段缓解时为停止增压)时,制动缸压力还在上升(或下降)。当压力风缸、制动管和制动缸三者压力平衡时,平衡阀关闭。此时,制动缸压力保持不变,主阀处于保压位状态。

第三阶段,当制动管空气压力增大时,制动管和制动缸空气压力的合力大于压力风缸作用在主活塞上的力,使主活塞向下移动,打开缓解阀,使制动缸压缩空气通过缓解阀排向大气,主控部处于缓解位。

第四阶段,在制动管压力下降,主活塞刚开始向上移动时,缓解柱塞随之向上移动,打开制动管与局减阀套之间的联络通路。制动管的压缩空气经缓解柱塞上的中间孔、局减阀套,顶开止回阀,进入中间体中的局减室,使制动管发生局部减压作用,促进主阀迅速动作而进入制动位,又可促进制动波速的传递。

第五阶段,一次性缓解和阶段缓解的转换:转换盖板40可以使用"一次性缓解"或"阶段缓解"两个位置安装。安装在"阶段缓解"位时,具有阶段缓解作用。当与无阶段缓解的制动机混编运行时,转换盖板须放置在"一次性缓解"位安装,此时制动机施行缓解,压力风缸压缩空气经局减阀套、转换盖板上的孔和槽直接进入制动管,达到一次性缓解的目的。由于缓解时,压力风缸压缩空气直接迅速进入制动管,既提高了制动管的再充气速度,又加速了主阀的缓解作用,对于较长编组列车的后部车辆加速缓解很有意义。

② 充气阀。

充气阀主要由充气阀盖42、充气阀膜板托34、充气阀膜板43、充气阀膜板压板44、充气阀弹簧45、充气柱塞48、充气阀套49等组成。

充气阀的作用:在缓解位时,制动管压缩空气经充气阀套49、充气柱塞48向压力风缸充气。在缓解位时,局减室压缩空气经充气阀套49、排气罩50排入大气。在制动位时,制动缸压缩空气推动充气阀膜板43,压缩弹簧45,移动充气柱塞48,切断局减室通大气的通路,切断制动管与压力风缸之间的联络通路,以保证主阀的正常作用。

③ 限压阀。

限压阀主要由限压阀盖59、限压阀套61、限压阀套O形密封圈60、大缩堵53、限压阀弹簧54、限压阀55、调整螺柱57、螺母58等组成。

限压阀的作用是:限制常用制动和紧急制动时的制动缸最高压力值,其限制值可由调整螺柱调整,调整后由螺母锁紧。一般常用制动时,限压阀不限制制动缸压力;使用常用制动过量减压时,制动缸压力可继续上升,一直达到紧急制动时最高制动缸压力值。

④ 副风缸充气止回阀。

副风缸充气止回阀主要由止回阀套62、缩堵63、螺堵15、止回阀弹簧27、止回阀26等组成。其作用是沟通制动管向副风缸的充气通路,并防止副风缸压缩空气向制动管逆流,保证主阀正常工作。

⑤ 局减阀。

局减阀主要由止回阀26、止回阀弹簧27、螺盖28等组成。其作用是:主阀产生局减作用时,制动管压缩空气经局减阀向局减室充气,并防止局减室压缩空气向制动管逆流。

(3) 辅助阀部分

辅助阀部分主要由辅助阀活塞8、辅助阀套10、O形密封圈11和12、辅助阀杆5、常用排风堵13、紧急排风堵14、紧急放风阀组成1等组成,如图5-30所示。

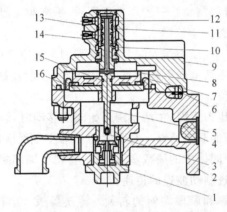

图5-30 F8型分配阀的辅助部分

1—紧急放风阀组成;2—辅助阀组成;3—触头;4—滤尘网;5—辅助阀杆;6—胶垫;7—膜板;8—辅助活塞;9—辅助阀上盖;10—辅助阀套;11—排风阀O形密封圈;12—阀杆O形密封圈;13—常用排风堵;14—紧急排风堵;15—柱塞O形密封圈;16—活塞压板

辅助阀采用二压力平衡机构,辅助阀活塞上方为辅助室压缩空气,下方为制动管压缩空气。从主阀来的压力风缸压缩空气经上方通路充入辅助室内和膜板7上方,辅助室与制动管压缩空气达到平衡。制动时,由于制动管减压,辅助阀到达制动位,辅助室压缩空气经过常用排风堵13和紧动排风堵14排入大气。

辅助阀的作用是:车辆制动后再充气缓解时,制动管空气压力增大,压力风缸的压缩空气再次经辅助阀套10、辅助阀杆5上的联络槽充入辅助室,压力风缸压力迅速下降,从而加速主阀的缓解作用。当制动管以紧急制动减压时,辅助阀活塞下方的空气压力迅速降低,依靠辅助室空气压力推动辅助阀活塞8和辅助阀杆5向下移动,打开下方的紧急放风阀,产生制动管紧急放风作用。

2) F8型分配阀的作用

F8型分配阀的作用有:充气缓解作用,常用制动作用及稳定性和安定性,制动保压作用及自动补风作用,阶段缓解保压作用,紧急制动作用等。

(1) 充气缓解作用(如图 5-31 所示)

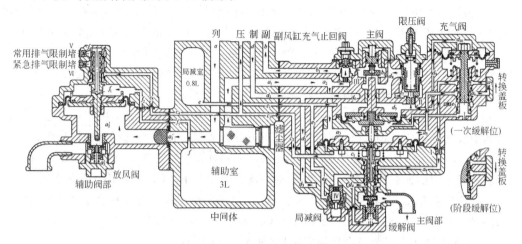

图 5-31　F8 型分配阀的充气缓解位

初充气时，制动管空气压力增大，压缩空气经制动管、制动支管、截断塞门和远心集尘器进入 F8 型分配阀的中间体。一路由滤尘器、主阀安装面孔 a_1，进入主控部；另一路经辅助阀安装面孔 a_1'、滤尘网进入辅助阀活塞下方 a_2'。

进入主控部的压缩空气，经主阀暗道 a_2 进入主活塞上方空间 a_3（同时进入 a_4），推动主活塞向下移动，压缩制动弹簧，直到主活塞外缘碰到下阀体。此时，主阀处于充气缓解位，制动管向副风缸、压力风缸和辅助室充气。

① 副风缸充气：制动管的压缩空气→a_1→a_2→副风缸充气止回阀→b_1→b→副风缸。另一方面，经副风缸充气止回阀，从 b_1 进入主阀平衡阀的空腔 b_2。

副风缸充气止回阀弹簧有一定的预紧力。实际上，副风缸充不到定压值，一般情况下，在制动管定压为 600kPa 时，副风缸空气压力可充至 560kPa 以上，而定压为 500kPa 时，副风缸空气压力可充至 460kPa 以上。

② 压力风缸充气：主活塞上方的压缩空气→a_5→充气阀杆沟槽 a_6→转换盖板槽 a_7→a_8→缩堵→下阀体通路 a_9→局减阀套→主活塞下方 c_1→上阀体通路 c_2→中间体通路 c_3→压力风缸。

③ 辅助室充气：由于制动管压缩空气经 a_1' 进入辅助阀体内 a_2'（同时进入放风阀下方 a_3'），推动辅助阀活塞向上移动，辅助阀处于充气缓解位。制动管的压缩空气经 c_4→辅助阀暗道 c_5→辅助阀套→辅助阀杆→辅助阀活塞上方 f_1→f_2→f_3→辅助室。

再充气时，即制动机在制动后进行充气缓解，当制动管增压后，主控部原来的三压力平衡状态被打破，制动管和制动缸的压缩空气作用合力（向下）大于压力风缸的压缩空气向上的作用力，主阀向下移动，到达充气缓解位。此时，压力风缸、副风缸和辅助室的充气通路与初充气时相同。

④ 制动缸缓解：主控部在缓解位时，主活塞带动缓解柱塞向下移动，打开缓解阀。制动缸的压缩空气→d→d_1→d_2→d_3→d_4→缓解阀排气口→大气。同时，主阀小活塞上方 d_5 的压缩空气经限制阀底部的大缩堵→限压阀套→限压阀沟槽→d_6→d_2→d_3→d_4→

缓解阀排气口→大气。

使用阶段缓解时(转换盖板在阶段缓解位),由于制动管从增压到增压停止,主阀小活塞上方制动缸压力下降,直到主控部向上的作用力大于向下的作用力,主活塞即向上移动,关闭缓解阀口,制动缸停止向大气排气,主控部的三压力达到一个新的平衡点。此时,制动缸仍保留一定的空气压力,车辆仍具有一定的制动力。缓解时,制动缸压力的大小可以通过控制制动管的增压量得到控制。

使用一次性缓解时(转换盖板在一次性缓解位),当制动管增压,主控部到达缓解位后,制动缸压缩空气排向大气,同时主活塞下方的压力风缸压缩空气经 c_1→局减阀杆→局减阀套→a_9→a_8→a_7→a_6,流向主活塞上方 a_3,压力风缸压力迅速下降并充入制动管。此时,主控部不可能回到缓解保压位,制动缸一次性缓解到底,不能实现阶段缓解作用。

⑤ 局减室排气:制动缸压力排至 20kPa 以下时,充气阀活塞在弹簧力作用下移动,打开充气阀杆尾部气路,局减室压缩空气经 $e(e_2)$→e_1→e_3→大气。

(2) 常用制动作用及稳定性和安定性(如图 5-32 所示)

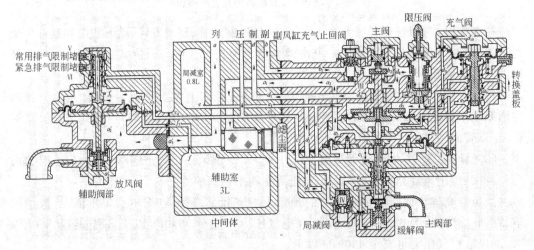

图 5-32 F8 型分配阀的常用制动位

① 常用制动作用。

当制动管以常用制动减压时,主控部的主活塞上方的空气压力下降,而主活塞下方压力风缸压缩空气,开始向制动管逆流。但由于受缩堵 I 的限制,其逆流速度较慢,因而主活塞上、下形成一定的压力差,又有制动弹簧的预紧力作用,推动主活塞并带动缓解柱塞、主阀杆等向上移动。主控部处于制动位置。

此时,由于缓解柱塞向上移动,切断压力风缸压缩空气向制动管逆流的通路,使主活塞上、下两侧的压力差进一步增大,主活塞迅速向上移动。缓解阀在弹簧的作用下,关闭制动缸与大气的通路。

第一阶段局减作用:主活塞上方的压缩空气经 a_3→缓解柱塞中心孔 a_4→缓解柱塞径向孔→缓解柱塞与局减阀套的沟槽→e_5→局减阀中的缩堵 IV→e_4→e_3→e_2→e_1→e→局减室,同时经通路 e_3→充气阀排气口排入大气,形成第一阶段局减作用,如图 5-33 所示。

第一阶段局减作用进一步促进了制动管空气压力的降低,使主活塞迅速向上移动,打

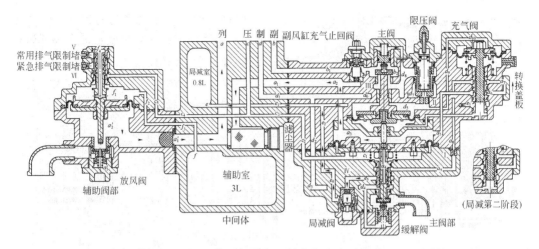

图 5-33　F8 型分配阀的常用制动位(局部减压作用)

开主阀上方的平衡阀,形成副风缸向制动缸的充气通路。

副风缸压缩空气→b→b_1→b_2→打开的平衡阀口→b_3→b_8→限压阀套和限压阀→d_7→d_6→d_1→d→制动缸。同时,制动缸压缩空气经 d_7→大缩堵Ⅱ→d_5→主阀小活塞上方,又经 d_9→d_{10}→充气阀活塞的上侧,压缩充气阀弹簧,使充气阀向下移动,充气阀杆上的橡胶密封圈切断局减阀通大气的通路,第一阶段局减作用结束。

但制动管压缩空气向局减室充气的通路并没有切断,局减室空气压力将继续增加,一直到局减室空气压力与制动管空气压力平衡为止,即第二阶段局减结束。

在常用制动过程中,由于制动管空气压力低于副风缸空气压力,因此,副风缸止回阀被关闭。

在常用制动初期,辅助室的空气压力几乎不变。制动管减压后,作用在辅助阀活塞上、下侧压力失去平衡。当其压力差大于辅助阀的动作压差时,辅助阀活塞与辅助阀杆一起向下移动,先遮断压力风缸与辅助室的空气通路(c_5 与 f_1 间联络),然后开启辅助室与常用排气堵的空气通路,使辅助室的压缩空气从常用制动排风堵Ⅴ排入大气,辅助阀处于常用制动位置。

② 制动机的稳定性。

制动机的稳定性,指在列车管缓慢减压速度(如列车管漏泄等)下不发生制动作用的性能。在列车正常运行过程,分配阀呈缓解作用位。此时,若列车管缓慢减压(如漏泄),此漏泄速度小于制动管最小减压速度,则压力风缸压缩空气经压力风缸限制堵向制动管逆流,制动管压力下降的同时补偿了制动管压力,使压力风缸与制动管压力同步下降,在主活塞两侧不能形成压力差,主活塞不会上移而产生制动作用,保证了制动机的稳定性。

③ 制动机的安定性。

制动机的安定性是指制动机在常用制动减压时不发生紧急制动作用的性能。制动管常用制动减压,辅助阀活塞下方的空气压力下降,辅助阀活塞的上、下两侧形成常用制动压力差,辅助阀活塞稍微向下移动,辅助阀杆露出常用制动排风堵,辅助室的压缩空气经常用制动排风堵排向大气(辅助室压缩空气→f_3→f_2→f_1→f_4 缩堵Ⅴ→大气)。辅助室排气速度不小于制动管常用制动最大减压速度,辅助室的空气压力紧随制动管空气压力下降,使辅助阀活塞上、下方不能形成更大的压力差而继续下移。放风阀在放风阀弹簧作用下保持与放风阀座密贴,保证了不产生紧急制动排风作用,即保证了制动机的安定性。

（3）制动保压作用及自动补风作用(如图 5-34 所示)

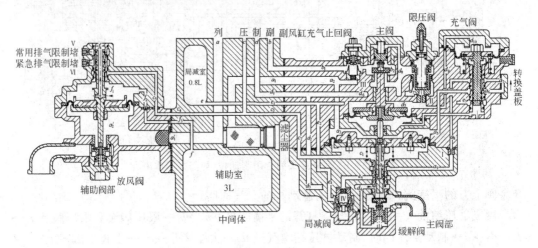

图 5-34　F8 型分配阀的制动保压位

① 制动保压作用。

在常用制动过程中,制动管停止减压后,副风缸的压缩空气继续进入制动缸及小活塞上方空间。当作用在主阀上向下的作用力大于向上的作用力时,主阀小活塞和主活塞一起向下移,平衡阀关闭。此时,副风缸向制动缸的充气通路被切断,副风缸停止向制动缸供气。主阀的其他通路与常用制动时相同,主阀处于制动保压位。

制动管停止减压后,辅助室的压缩空气继续排入大气。当辅助阀活塞上侧的压力低于下侧压力时,辅助阀活塞带动辅助阀杆向上移动,关闭辅助室与大气的通路,辅助室停止排气,辅助阀也处于保压位状态。

② 自动补风作用。

制动保压位,主控部三压力机构处于平衡状态,即制动管压力与制动缸压力作用在主活塞与小活塞上向下的压力与压力风缸作用在主活塞上向上的压力平衡。

长、大下坡道运行因制动时间长,闸瓦磨耗引起制动缸活塞行程伸长,使得制动缸容积增大或因制动缸漏泄,均会引起制动缸压力下降,反映在小活塞上,侧压力下降,主控部三压力机构失去保压位的平衡,机构向上的力大于向下的力,主活塞和小活塞上移,主阀杆再次推开平衡阀,使副风缸向制动缸和小活塞上方充气。当制动缸恢复到原平衡压力时,主活塞和小活塞下移,平衡阀再一次关闭,停止副风缸向制动缸补送压力空气。这一过程即自动补风作用,保证实现制动力不衰减的性能。分配阀的这一性能,适应于长、大下坡道运行。

（4）阶段缓解保压作用(如图 5-35 所示)

当转换盖板装于阶段缓解位置时,F8 型分配阀具有阶段缓解作用,就是在充气缓解时,制动管停止增压,制动缸压力相应地停止向大气排气,实现制动机的阶段性缓解动作。

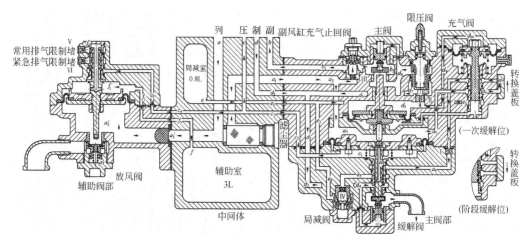

图 5-35　F8 型分配阀的阶段缓解保压位

在转换盖板阶段缓解位,由于转换盖板切断了压力风缸与制动管的直接联络通路,主控部处于缓解位时,压力风缸的压缩空气不能直接向制动管逆流,其空气压力基本保持不变。当制动管停止增压,而作用在小活塞上方的制动缸压力与作用在主活塞上方的制动管压力的合力小于压力风缸空气向上的作用力时,主活塞向上移动,使制动管、制动缸和压力风缸三者压力维持平衡状态。此时,主活塞带动缓解柱塞向上移动,缓解阀关闭,切断了制动缸向大气的排气通路,F8 型分配阀的主阀从充气缓解状态进入阶段缓解保压位。

只有在制动缸空气压力降至 20kPa 以下时,充气阀在其弹簧作用下向上移动,充气阀杆重新沟通压力风缸与制动管的联络通路,压力风缸的压缩空气先向制动管逆流,等压力风缸空气压力小于制动管空气压力后,制动管向压力风缸充气。

阶段缓解保压位是在充气缓解作用后施行的制动管保压状态,所以缓解柱塞、主活塞、主活塞杆等都处于下方位置(即缓解阀刚关闭的位置),此时制动管与局减室的联络通路处于被切断状态;而制动保压位是在常用制动作用后施行的制动管保压状态,缓解柱塞、主活塞、主活塞杆等都处于上方位置(平衡阀刚关闭的状态),此时制动管与局减室的联络通路是连通的。

(5) 紧急制动作用(如图 5-36 所示)

紧急制动时,主控部的动作与常用制动时相同,只是由于制动管的减压速度比常用制动时快,主控部的动作更迅速。另外,主活塞上、下两侧形成的压力差比常用制动时大得多,所以平衡阀处于全开状态,副风缸的压缩空气迅速进入制动缸,制动缸的压力迅速上升。同时,由于制动管紧急减压,辅助阀活塞下方的空气压力骤降,辅助阀活塞的上、下两侧形成较大的压力差,辅助阀活塞迅速向下移动,辅助阀杆压缩放风阀弹簧,顶开紧急放风阀,使制动管的压缩空气从放风阀迅速排入大气,达到紧急排风的目的。此时,辅助室的压缩空气除经常用制动排风堵排大气外,辅助室与紧急排风堵Ⅵ的联络通路也被打开,辅助室的压缩空气经两路同时排入大气。

当制动缸空气压力超过限压阀弹簧的预紧力时,限压阀向上移动,关闭副风缸向制动缸的充气通路。此时,虽然主阀处于紧急制动状态,但制动缸的空气压力不能继续上升,

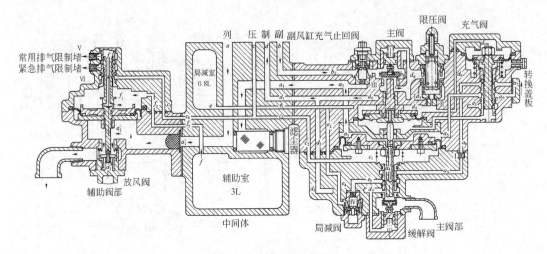

图 5-36　F8 型分配阀的紧急制动位

制动缸的最高压力值受限压阀的控制。限压阀的限压值可根据不同的要求进行调整。

紧急制动时,制动管的空气压力迅速降至 0 后,辅助室的压缩空气继续由两路排入大气,需经 10~15s 降至 0。在此过程中,放风阀一直处于开放状态,制动管无法施行再充气。因此,F8 型制动机在紧急制动后,必须保持 15s 以后,才能施行充气缓解作用。

3. F8 型空气分配阀检修

1) 检修的一般要求

(1) 当车辆进行辅修(A1 修)、段修(A2、A3 修)或由于分配阀发生故障时,需将 F8 型分配阀的主阀、辅助阀及电空阀拆下,然后检修。如暂时不安装阀,中间体上暴露出的主阀、辅助阀安装面须加防护,以防尘土、杂物等进入。

(2) 辅修(A1 修)时,只需将 F8 型分配阀的主阀、辅助阀拆下,对其表面油垢、污物用钢丝刷或铲子进行清理,并用压力空气吹净,然后卸下;对于中间体上的制动缸限制堵(与空重车调整阀匹配时有此堵),用标准钻头或钢钎疏通后,重新装入各处,注意不要装错位置。然后,在 F8 阀试验台上对拆下的各阀进行性能试验检查。经试验合格的,可不进行分解而直接装车;如试验不合格,应针对存在的故障进行检修。最后检查各部螺柱、螺母等紧固件,如出现滑扣、锈蚀严重、变形或损伤等问题,应更换,同时检查各部零件是否有丢失现象。如有,应配齐后再装车。

(3) 段修(A2、A3 修)时,将 F8 型分配阀的主阀、辅助阀全部拆下,对其表面污物进行清理,再分解。阀的全部清洗应按规定进行,重新润滑、组装工作应在清洁、明亮的工作作台上完成。所有活动的橡胶 O 形圈和橡胶膜板、止阀胶垫等均需更换,其他橡胶件经检查合格后方可使用,但使用期不应超过两个段修期。各零部件检查合格后需重新组装,经 F8 阀试验台试验合格后方可装车使用。F8 阀的中间体在段修时不必拆下,但其内部的滤尘器必须清扫,如出现破损等现象,应更换。中间体表面也应清污,然后用高压风对其内部各腔及气路进行吹扫。

(4) 其他辅修、段修要求按铁道部颁布的《25K 型客车检修规程》执行。

(5) 厂修（A4修）时，不但将F8的主阀、辅助阀拆下，还须将中间体拆下，并按规定对阀进行分解、清洗、检查、组装和试验。试验合格后，方可装车使用。厂修时，橡胶件一般应全部更换。中间体必须分解检查，清洗组装后，需进行风压（700kPa）试验及通量试验，合格后方可装车。

(6) 检修用工具、润滑脂及密封材料如下所述。

① 标准工具。

双头呆扳手—13、16、18两套；活动扳子—200、300；电动扳手（PIB-12型）或手枪柄风扳手（QBI-6型）；内六角扳手—5（用于M6螺钉）、6（用于M8螺钉）；克丝钳—200；尖嘴钳—160；一字螺钉旋具（螺丝刀）—75×5、100×6、125×8；圆头锤—0.44或0.66；錾子；台虎钳—125（活动）；孔用挡圈钳—175；管子钳—250或300。

② 专用工具。

各种橡胶膜板起出工具，如图5-37所示；拆卸主阀中间体内六角螺钉工具，如图5-38所示；限压阀套拆卸工具，如图5-39所示；充气阀充气阀套及防尘罩拆卸工具，如图5-40所示；局减阀套拆卸工具，如图5-41所示；中间体滤尘器拆卸工具，如图5-42所示；疏通各孔钢钎，如图5-43所示；放大阀套拆卸工具，如图5-44所示。

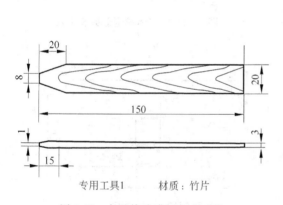

图5-37 各种橡胶膜板起出工具

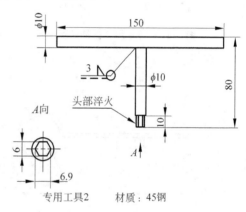

图5-38 内六角螺钉拆卸工具

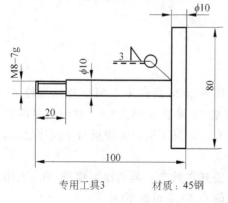

图5-39 限压阀套拆卸工具

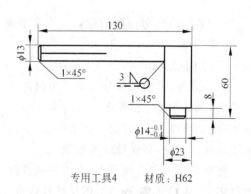

图5-40 充气阀套及防尘罩拆卸工具

③ 润滑脂和密封材料。
- 润滑脂：组装 F8 型分配阀时，允许使用 7057 硅油润滑脂。
- 密封材料：组装 F8 型分配阀时，各密封处允许使用天山 TS1069 管螺纹密封剂或乐泰 567 管螺纹密封剂，不允许使用铅油、麻及聚四氟乙烯胶带。使用密封材料时，被密封面必须清洁、干燥，并且涂抹密封材料不宜过多。

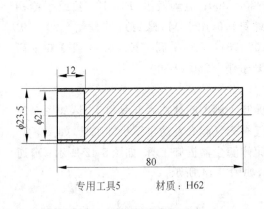

图 5-41 局减阀套拆卸工具

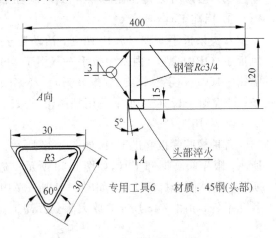

图 5-42 中间体滤尘器拆装工具

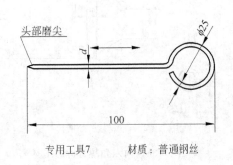

图 5-43 疏通各孔钢钎

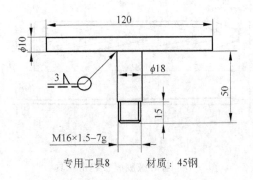

图 5-44 放大阀套拆卸工具

2) F8 型空气分配阀的检修及注意事项

(1) 分解

① 主阀（如图 5-45 及表 5-2 所示）。

第一部分，主活塞部分。拆下主阀体 1 和主阀下体 36 之间 4 个 M12 连接螺栓 77 和螺母 78，将主阀上、下部分开，取下胶垫 55、大胶垫 56 及制动弹簧 38。对使用时间较长的主阀，大膜板 21 有时会粘在上体上，这时可将专用工具 1 插到大膜板与主阀体之间，取出主活塞。注意，切勿戳破大膜板。

将主活塞夹在台虎钳上（不可夹阀杆部位），松开主活塞一侧的压紧螺母 39。取出缓解柱塞 23 和 O 形圈 15、13，但缓解柱塞 23 上的硬心 40 不可取下。

用内六角扳手依次松开大活塞压板 22 上的 8 个 M6 压紧螺钉 69，将主活塞 20 及压板 22 分开，取出大膜板 21。

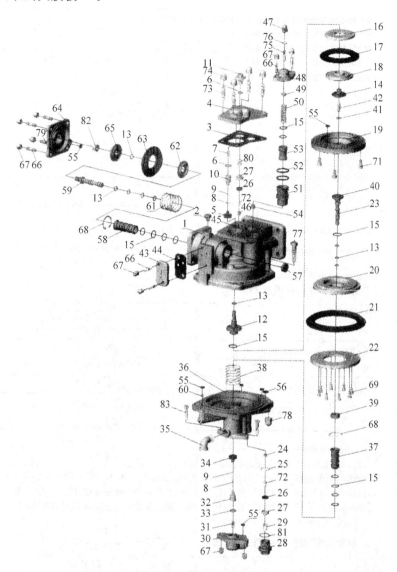

图 5-45 F8 型分配阀主阀零件关系图

表 5-2 主阀零件

件号	名　　称	数量	件号	名　　称	数量
1	主阀体组成	1	9	固定销	2
2	排气罩	1	10	导杆（平衡阀）	1
3	主阀上盖垫	1	11	螺堵	1
4	主阀上盖组成	1	12	主阀杆	1
5	平衡阀	1	13	O 形圈 14×2.25	9
6	O 形圈 20×2.25	2	14	压帽	1
7	平衡阀弹簧	1	15	O 形圈 24×2.25	12
8	销 $\phi 1 \times 14$	2	16	压板	1

续表

件号	名　　称	数量	件号	名　　称	数量
17	小膜板 ϕ109	1	51	限压阀套	1
18	小活塞	1	52	O 形圈 20×2.25	2
19	中体组成	1	53	限压阀	1
20	大活塞	1	54	大缩孔堵	1
21	大膜板 ϕ166	1	55	胶垫	6
22	压板	1	56	大胶垫	1
23	缓解柱塞	1	57	排气罩	1
24	缩孔堵（Ⅰ）	1	58	充气阀套	1
25	弹簧挡圈	1	59	充气柱塞	1
26	止回阀胶垫	2	60	缩孔堵 M8	1
27	止回阀	2	61	充气阀弹簧	1
28	螺盖	1	62	压板	1
29	止回阀弹簧	1	63	充气阀膜板 ϕ84	1
30	缓解阀盖组成	1	64	充气阀盖	1
31	保压弹簧	1	65	膜板托	1
32	导杆(缓解阀)	1	66	螺柱 M8×20	5
33	O 形圈 16×2.25	1	67	螺母 M8	8
34	缓解阀组成	1	68	挡圈 28	2
35	排风弯头	1	69	螺柱 M6×12	8
36	主阀下体组成	1	70	螺堵 R1/4	1
37	局减阀套	1	71	螺钉 M8×14	3
38	制动弹簧	1	72	螺钉 M5×8	2
39	螺母	1	73	螺柱 M10×20	4
40	硬心	1	74	螺母 M10	4
41	O 形圈 12×1.75	1	75	螺钉 M8×30	1
42	顶杆	1	76	螺母 M8	1
43	转换盖板	1	77	螺栓 M12×45	4
44	转换盖垫	1	78	螺母 M12	4
45	止回阀套	1	79	螺柱 M8×30	1
46	缩孔堵（Ⅱ）	1	80	止回阀弹簧	1
47	螺母	1	81	O 形圈 26.5×2.65	1
48	限压阀盖	1	82	螺母 M12	1
49	弹簧托	1	83	螺栓 M8×30	2
50	限压阀弹簧	1			

　　第二部分，中体部分。用专用工具 2 或内六角扳手松开中体组成 19 上的 3 个 M8 内六角螺钉 71，将中体组成 19 从主阀体 1 中取出。取下胶垫 55，拔出顶杆 42，用钢丝小心地将中体组成 19 内的 O 形圈 41 取出(注：不要戳坏 O 形圈)。

　　第三部分，小活塞部分。卸下中体后，用专用工具 1 插到小膜板与主阀体之间，将小活塞取出；然后将小活塞夹在台虎钳上(不可夹阀杆部位)，拆下压帽 14 及主阀杆 12 和 O 形圈 15、13 将小活塞 18 和压板 16 分开，取出小膜板 17。

第四部分,主阀上盖部分。拆下主阀上盖组成 4 上 4 个 M10 螺母 74,卸下主阀上盖组成 4,取出平衡阀弹簧 7、平衡阀 5 及导杆 10 等。用尖嘴钳拉直销 8,取出固定销 9,将平衡阀 5 和导杆 10 分开,然后取出 O 形圈 6;同时,取出止回阀弹簧 80 和止回阀 27 等。用螺丝刀卸下 M5 螺钉 72,将止回阀胶垫 26 从止回阀 27 中取出;用螺丝刀卸下缩孔堵(Ⅱ)46。止回阀套 45 根据情况可不拆下。最后,卸下主阀上盖上的螺堵(Ⅱ)及 O 形圈(注:老结构无此圈)。

注意:

第一步,卸下主阀上盖组成 4 后,切勿丢失平衡阀弹簧 7 及止回阀弹簧 80。

第二步,拆下的销 8 和固定销 9 要注意保管,切勿丢失。如销 8 损坏,更换新销(用 $\phi1\times14$ 磷铜丝)。

第三步,卸缩孔堵(Ⅱ)46 时,不要碰坏阀口。

第五部分,限压阀部分。拆下防尘螺母 47,用螺丝刀松开限压阀上方的调整螺钉 75,完全放松限压阀弹簧 50,拆下两个 M8 紧固螺母 67;卸下限压阀盖 48,取出弹簧托 49、限压阀弹簧 50 和限压阀 53。用专用工具 3 旋入限压阀套 51 下部螺孔,向上拔出限压阀套 51,取下限压阀 53 及限压阀套 51 上的 O 形圈 15 和 52,用螺丝刀卸下阀体上的大缩孔堵 54。

第六部分,充气阀部分。拆下充气阀盖 64 上的 4 个 M8 螺母 67,取下充气阀盖 64、胶垫 55、充气阀活塞和充气阀弹簧 61。将充气阀活塞夹在台虎钳上(不可夹阀杆部位),松开紧固螺母 82,将膜板托 65、压板 62 和充气柱塞 59 分离,取出充气阀膜板 63 及充气柱塞 59 上的 O 形圈 13。

用专用工具 4,将是 $\phi13$ 一端轻轻插到充气阀套 58 内,向后轻轻打下充气阀尾部的排气罩 57。用孔用挡圈钳取出充气阀套 58 前部的挡圈 68,再用专用工具 4 将 $\phi23$ 一端从尾部向前顶出充气阀套 58,并拆下上面的 O 形圈 15。

第七部分,转换盖板部分。拆下转换盖板 43 上的两个 M8 螺母 67,取下转换盖板 43 和转换盖垫 44。

第八部分,缓解阀部分。拆下缓解阀盖组成 30 上的两个紧固螺栓 83 和螺母 67,卸下缓解阀盖组成 30,取出胶垫 55、缓解阀组成 34、导杆 32 及保压弹簧 31;用尖嘴钳拉直销 8,取出固定销 9,将缓解阀 34 和导杆 32 分开,然后取出 O 形圈 33。

注意:

第一步,卸下缓解阀盖组成 30 组成后,切勿丢失保压弹簧 31。

第二步,拆下的销 8 和固定销 9 要注意保管好,切勿丢失。如销 8 损坏,更换新销(用 $\phi1\times14$ 磷铜丝)。

第九部分,局减阀套部分。用孔用挡圈钳取出局减阀套 37 前部的挡圈 68,再用专用工具 5 从下(阀套阀口部位)向上顶出局减阀套 37,并拆下上面的 O 形圈 15(注:顶局减阀套时,不要碰伤下部的阀口)。

第十部分,局减阀部分。卸下局减止回阀螺盖 28,取下 O 形圈 81,用尖嘴钳取下弹簧挡圈 25 后,将螺盖 28 内部的止回阀 27 和止回阀弹簧 29 取出;用螺丝刀松开 M5 螺钉 72,将止回阀胶垫 26 从止回阀 27 中取出;用螺丝刀卸下缩孔堵(Ⅰ)24(注:不要碰坏阀口)。从主阀下体取下三个胶垫 55 和一个大胶垫 56,并用螺丝刀取出主阀下体组成 36 上的缩孔堵 60。

② 辅助阀(如图 5-46 及表 5-3 所示)。

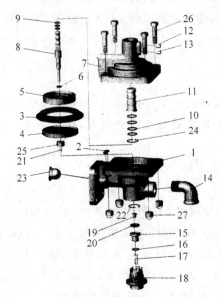

图 5-46　F8 型分配阀辅助阀零件关系图

表 5-3　辅助阀零件

件号	名　称	数量	件号	名　称	数量
1	辅助阀体组成	1	15	放风阀	1
2	胶垫	2	16	O 形圈 18×2.25	1
3	辅助阀膜板	1	17	放风阀弹簧	1
4	活塞压板	1	18	螺盖	1
5	辅助阀活塞	1	19	放风阀胶垫螺帽	1
6	O 形圈 12×1.75	1	20	放风阀胶垫	1
7	辅助阀上盖	1	21	触头	1
8	辅助阀杆	1	22	弹簧挡圈	1
9	O 形圈 14×2.25	3	23	滤尘网	1
10	O 形圈 24×2.25	4	24	挡圈 28	1
11	辅助阀套	1	25	螺帽 M12	1
12	常用制动排气堵	1	26	螺栓 M12×45	4
13	紧急制动排气堵	1	27	螺母 M12	4
14	放风弯头	1			

第一部分,辅助阀活塞部分。拆下辅助阀体组成 1 和辅助阀上盖 7 之间的 4 个 M12 连接螺栓和螺母 27,将辅助阀上、下部分开,取出两个胶垫 2。用专用工具 1 插到辅助阀膜板 3 和辅助阀上盖之间,取出辅助阀活塞(注:切勿戳破辅助阀膜板)。将辅助阀活塞上的螺帽 25 夹在台虎钳上,松开压紧螺母 27,将活塞压板 4、辅助阀活塞 5 和辅助阀杆 8

分离,然后取下辅助阀膜板 3 和辅助阀杆 8 上的 O 形圈 6 和 9。触头 21 不要拆卸下来。

第二部分,辅助阀上盖部分。用螺丝刀卸下辅助阀上盖 7 上的常用制动排风气堵 12 和紧急制动排气堵 13。用孔用挡圈钳取下辅助阀套 11 前的挡圈 24,从辅助阀上盖 7 顶部向下推出辅助阀套 11,并取下上面的 O 形圈 10。

第三部分,放风阀部分。将辅助阀体组成 1 夹在台虎钳上,卸下放风阀螺盖 18;用尖嘴钳取下弹簧挡圈 22 后,将螺盖 18 内的放风阀弹簧 17 和放风阀 15 取出;用螺丝刀松开放风阀胶垫螺帽 19,取出放风阀胶垫 20,同时取下 O 形圈 16。

③ 中间体(如图 5-47 及表 5-4 所示)。

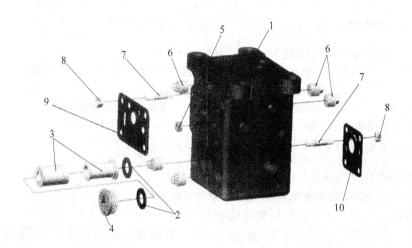

图 5-47　F8 型分配阀中间体零件关系图

表 5-4　中间体零件

件号	名　称	数量	件号	名　称	数量
1	中间体	1	6	螺堵 R3/4	5
2	防尘垫	21	7	螺柱 M12×30	8
3	滤尘器	1	8	螺母 M12	8
4	螺盖	1	9	主阀垫	1
5	制动缸限制堵	1	10	辅助垫	1

用专用工具 6 拆下螺盖 4,从中间体内将两个防尘垫 2 及滤尘器 3 取出。用活动扳手卸下 5 个 R3/4 工艺螺堵 6。用螺丝刀卸下制动缸限制堵 5(注:只有装设空、重车调整阀的车辆具有)。

(2) 清洗

① 清洗要求。

所有零件(橡胶件除外)都必须用规定的方法清洗,要求去除油脂、锈斑,而不损伤零件及表面涂层(氧化或涂镀层)。所有零件在清洗后都必须用压力空气吹干。

清洗剂允许使用 761 金属清洗剂或 8501 常温低泡清洗剂,不允许用汽油、橡胶水等对橡胶件有害的溶剂作为清洗剂。

② 清洗方法。

采用专用清洗机清洗。

a. 对具有较复杂气路的铸件。

第一步,先加热清洗剂。

第二步,当清洗剂温度达到(80±10)℃时,冲洗内部气路 5～10min。

第三步,将已冲洗过内部气路的工件再清洗一个行程。

第四步,取下工件,用高压风吹干。

b. 铜、铝及其他小件。

第一步,将工件放入塑料箱或铁箱(侧面及底部带孔,但不可将工件漏下)。

第二步,将装有工件的箱子放入清洗槽隔板浸泡 5min。

第三步,用毛刷、棉布依次刷洗工件的内、外表面。

第四步,工件全部洗净后,将工件箱放在清洗槽上面的梳板上将水沥净。

第五步,清洗后的工件用高压风吹干。

(3) 检修

各零部件都必须在清洗后进行检查。

① 各铸件不得有裂纹、损伤,安装面须无划伤及碰伤。

② 各套内孔面及其他活动摩擦表面不得存在划伤、过量磨耗或锈蚀。

③ 各阀口、导杆的导面应无伤痕及毛刺。

④ 各弹簧不能有折损、锈蚀、变形或衰弱。

⑤ 各橡胶件不能存在膨胀、开胶、磨耗过限、破损及老化变质现象,与阀口接触的胶垫表面印痕深度不宜过深。

⑥ 各缩孔堵中心孔须用钢钎或相应孔径钻头疏通,不得出现堵塞现象。同时,注意防止孔径扩大,影响作用性能。

⑦ 其他金属部件不得存在碰伤、变形和裂纹。

⑧ 滤尘器及滤尘网的丝网不得破裂及严重锈蚀。

⑨ 各螺纹须无滑扣及过大损伤。

⑩ 各紧固件不应有滑扣、锈蚀严重或变形等现象。

(4) 组装

组装前,对所有零件进行检查,如发现有不符合要求的零件,必须更换或修复后才能使用。组装时,所有零件都必须容易地装配在一起,决不可强行装配,否则会造成阀的损坏或故障。各零件不得错装或漏装。组装各膜板时,必须确认其边缘完全嵌入阀体槽,以防压伤膜板;所有弹簧都应放置平稳,正确定位,该入槽的必须入槽。紧固各部位螺钉、螺母时,要注意均匀拧紧,以防出现漏泄及损伤零件等情况。装入各阀套时要用力柔和,切不可硬压、硬砸,否则会造成 O 形圈损伤,引起漏泄。同时,各套要到位,各挡圈应完全入槽。各缩孔堵如无特殊要求,不可涂密封材料,旋入阀体时切忌用力过大,以免造成螺纹损坏并影响下次拆卸;各橡胶 O 形圈在装入槽后需在其表面及周围抹适量的润滑脂,再装入阀套或体。组装活塞时,首先在活塞上的膜板嵌槽内涂少量油脂,然后装上膜板压紧、固定。除膜板周边可抹少量油脂外,其他部位不许涂抹油脂。

各部件组装好后,再组装各阀部。组装时,按前述分解步骤的相反顺序操作。

各部组装时的注意事项如下所述。

第一,主阀(见图5-44)。

第一部分,主活塞。

① 大膜板切勿装错或装反。

② 大活塞压板22上的8个M6螺钉需均匀上紧,防止由于用力不均匀而产生漏泄。

③ 主活塞与缓解柱塞组装时,切勿漏装O形圈15。

④ 主活塞压紧螺母39一定要上紧。

第二部分,小活塞。

① 小膜板切勿装错或装反。

② 主阀杆12下部与小活塞18间的密封圈不可漏装。

③ 注意将压帽14上紧。

第三部分,中体。

① 橡胶密封胶垫55及O形圈41不可漏装或少装。

② 中体与阀体各气路对正。

③ 3个M8内六角螺钉71需均匀上紧,以防产生漏泄。

第四部分,充气阀。

① 充气阀膜板切勿装反。

② 充气阀膜板托65与充气柱塞59间的O形圈13不可漏装或少装。

③ 充气柱塞59上部的紧固螺母82一定要上紧。

④ 充气阀弹簧61应装在阀体内部一侧,切勿装在充气阀盖一侧。

⑤ 充气阀盖上的胶垫55切勿漏装。

第五部分,平衡阀和缓解阀。

① 平衡阀5或缓解阀组成34分别与导杆10或32组装时,不要漏装固定销9或销8。

② 平衡阀5或缓解阀组成34组装后,以销为轴,在一定角度内应与各自的导杆相对摆动自如,另一方向可略微摇动(新结构则以中心轴线为轴,向四周均匀摆动2°左右),切不可过紧而卡死。

第六部分,止回阀部分。

① 用螺钉72紧固止回阀胶垫26时,不可用力过大,使胶垫变形。

② 止回阀螺盖28旋入主阀体前,需在螺盖螺纹处涂抹密封材料(如盖与体间有密封圈,可不必涂抹密封材料)。

第七部分,主阀上盖部分。

① 应先装入止回阀27;对于止回阀弹簧29,待主阀上盖4紧固后,从止回阀上部孔装入,然后在螺堵11螺纹处涂抹密封材料(如堵与体之间有密封圈,可不必涂抹密封材料)。最后,将螺堵11旋入主阀上盖4并紧固。

② 组装平衡阀部分时,用手或螺丝刀顶住平衡阀导杆10下部,将主阀上盖组成4上的4个螺柱孔与体上4个螺柱73对正,轻轻压下主阀上盖,然后抽出手或螺丝刀,再拧紧4个螺母74。

③ 对于新结构的主阀上盖组装,先将已组装好的平衡阀组成及平衡阀弹簧 7 放入主阀上盖,用手轻轻压下平衡阀,然后在主阀上盖台阶处穿入两根固定销(注意:销不宜过长或过短,以两端正好不露出为宜),再放开手;将上盖组成上的 4 个螺柱孔与体上 4 个螺柱 73 对正,压下主阀上盖,然后拧紧 4 个螺母。

第八部分,限压阀部分。

① 切勿漏装或装反弹簧托 49。

② 待试验时,将限压阀压力调定后,紧固锁紧螺母 76,最后装上防尘螺母 47。

第九部分,主阀体与主阀下体。

先将制动弹簧 38 放入主阀下体组成 36 制动弹簧的槽穴,然后放入主活塞组成。

第十部分,排气罩。

排气罩 57 一般等试验完毕后再装。装排气罩时,需注意将该罩下部槽对正阀体上小孔。如阀体此处无小孔(此孔后改在外面),将槽向下装入。

主阀组装后几个主要参考尺寸:组装误差是各组装零件公差的积累,它直接影响到该阀的正确动作。为保证组装质量,这里提供如下主要部位的组装尺寸供参考,也可作为故障判断时参考,但不作为组装时的要求,更不是检查验收的依据。

① 平衡阀部位,如图 5-48 所示。

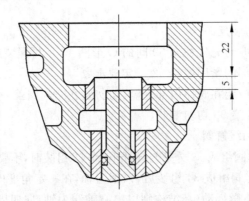

图 5-48 主阀平衡阀部位参考尺寸(缓解位)(单位:mm)

② 缓解阀部位,如图 5-49 所示。

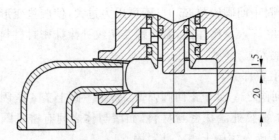

图 5-49 主阀平衡阀部位参考尺寸(缓解位)(单位:mm)

③ 副风缸充气止回阀部位,如图 5-50 所示。

第二,辅助阀(参见图 5-46)。

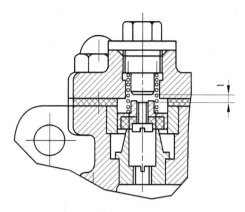

图 5-50　副风缸充气止回阀部位参考尺寸(缓解位)(单位：mm)

第一部分,辅助阀活塞。

① 辅助阀膜板 3 切勿装反。

② 辅助阀杆 8 与辅助阀活塞 5 之间的密封 O 形圈 6 切勿漏装。

③ 膜板紧固螺帽 25 一定要上紧。

④ 检查阀杆下端的触头 21 是否紧固。

第二部分,常用排风堵和紧急排风堵。

注意：上面为孔径 $\phi1.2$ 的常用排风堵 12,下面为孔径为 $\phi1.5$ 的紧急排风堵 13,切不可装错。

第三部分,放风阀。

① 紧固放风阀胶垫螺帽 19 时不可用力过大,以防胶垫变形。

② 放风阀 15 上的 O 形圈 16 不可漏装。

③ 放风阀弹簧 17 不可漏装或错装。

④ 放风阀螺盖 18 旋入辅助阀体组成 1 前不需涂抹任何密封材料。

第四部分,辅助阀体与上盖组装。

① 切勿漏装胶垫 2 和滤尘网 23。

② 4 个连续螺帽 25 的穿入方向要正确(从上向下穿入)。

第三,中间体(管座)(参见图 5-46)。

① 滤尘器内、外圈方向不要装错。

② 两个防尘垫 2 不要漏装或装错。

③ 装滤尘器前部螺盖 4 和工艺螺堵 6 时,应先涂抹密封材料,再旋入中间体 1。

(5) 喷漆及喷涂标记

① 试验合格后,需在铸造表面涂 C06-1 铁红醇酸底漆,再喷 C04-42 深灰色醇酸磁漆,但安装面、铭牌不得油漆,各小孔应加防护。

② 辅修、段修(A1、A2、A3 修)后的分配阀,需在合适部位喷涂标记。

(6) 装运及存放

① 当分配阀试验合格后从试验台卸下时,应在安装面装防护罩。直至装车时,方可卸下防护罩。即使这样,还必须采用专门措施,避免安装时损伤零件,并防止灰尘进入。

② 分配阀如暂时不用,需存在库房内,库内温度保持在-15～35℃,相对湿度不得高于80%。当存放期超过半年再使用时,须重新试验,合格后方可装车使用。存放期超过1年,需重新拆检组装,试验合格后方可装车使用。

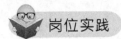
岗位实践

1. 分解 F8 型分配阀
1) 主阀
(1) 主活塞部分
拆下主阀体的 4 个 M12 连接螺栓,将主阀上、下部分开,取下胶垫、大胶垫及制动弹簧。松开主活塞一侧的压紧螺母,取出缓解柱塞和 O 形圈。用内六角扳手依次松开大活塞压板上的 8 个 M6 压紧螺钉,将主活塞及压板分开,取出大膜板。

(2) 中体部分
用内六角扳手松开中体组成上的 3 个 M8 内六角螺钉,将中体组成从主阀体中取出。取下胶垫,拔出顶杆,用钢丝小心地将中体组成内的 O 形圈取出。

(3) 小活塞部分
卸下中体后,用专用工具将小活塞取出,然后拆下压帽及主阀杆和 O 形圈,将小活塞和压板分开,取出小膜板。

(4) 主阀上盖部分
拆下主阀上盖上的 4 个螺母,卸下主阀上盖组成,取出平衡阀弹簧、平衡阀及导杆等。取出固定销,将平衡阀和导杆分开,然后取出 O 形圈;同时,取出止回阀弹簧和止回阀等;用螺丝刀卸下 M5 螺钉,将止回阀胶垫从止回阀中取出。

(5) 限压阀部分
拆下防尘螺母,用螺丝刀松开限压阀上方的调整螺钉,完全放松限压阀弹簧,然后拆下两个 M8 紧固螺母,卸下限压阀盖,取出弹簧托、限压阀弹簧和限压阀。取下限压阀及限压阀套上的 O 形圈,再用螺丝刀卸下阀体上的大缩孔堵。

(6) 充气阀部分
拆下充气阀盖上的 4 个 M8 螺母,取下充气阀盖、胶垫、充气阀活塞和充气阀弹簧。松开紧固螺母,将膜板托、压板和充气柱塞分离,取出充气阀膜板及充气柱塞上的 O 形圈。

(7) 转换盖板部分
拆下转换盖板上的两个 M8 螺栓,取下转换盖板和转换盖垫。

(8) 缓解阀部分
拆下缓解阀盖上的两个紧固螺栓和螺母,卸下缓解阀盖组成,取出胶垫、缓解阀、导杆及保压弹簧,将缓解阀和导杆分开,然后取出 O 形圈。

(9) 局减阀套部分
用孔用挡圈钳取出局减阀套前部的挡圈,再用专用工具从下向上顶出局减阀套,并拆下上面的 O 形圈。

（10）局减阀部分

卸下局减止回阀螺盖，取下 O 形圈，然后从主阀下体取下 3 个胶垫和 1 个大胶垫，并用螺丝刀取出主阀下体组成上的缩孔堵。

2）辅助阀

对于辅助阀活塞部分，拆下辅助阀体和辅助阀上盖之间的 4 个 M12 连接螺栓和螺母，将辅助阀上、下部分开，取出 2 个胶垫。取出辅助阀活塞，松开压紧螺母，将活塞压板、辅助阀活塞和辅助阀杆分离，然后取下辅助阀膜板和辅助阀杆上的 O 形圈。

3）中间体

拆下螺盖，从中间体将两个防尘垫及滤尘器取出。用活动扳手卸下 5 个 R3/4 工艺螺堵。用螺丝刀卸下制动缸限制堵。

2. 保养 F8 型分配阀

① 用专用清洗机清洗各部件。

② 各零部件都必须在清洗后检查。如发现有不符合要求的零件，必须更换或修复后才能使用，检查标准如下。

- 各铸件不得有裂纹、损伤，安装面须无划伤及碰伤。
- 各套内孔面及其他活动摩擦表面不得存在划伤、过量磨耗或锈蚀。
- 各阀口、导杆的导面应无伤痕及毛刺。
- 各弹簧不能有折损、锈蚀、变形或衰弱。
- 各橡胶件不能存在膨胀、开胶、磨耗过限、破损及老化变质现象，与阀口接触的胶垫表面印痕深度不宜过深。
- 各缩孔堵中心孔须用钢钎或相应孔径的钻头疏通，不得出现堵塞现象。同时，注意防止孔径扩大，以免影响作用性能。
- 其他金属部件不得存在碰伤、变形和裂纹。
- 滤尘器及滤尘网的丝网不得破裂及严重锈蚀。
- 各螺纹须无滑扣及过大损伤。
- 各紧固件不应有滑扣、锈蚀严重或变形等现象。

思考题

1. 简述 104 型分配阀的结构特点。
2. 简述 104 型分配阀的作用原理。
3. 104 型分配阀主阀由哪几部分组成？
4. 简述 104 型分配阀主阀各部分的构造及各零部件的配合关系。
5. 简述 104 型分配阀各部孔路及字母代号。
6. F8 型分配阀有哪些主要特点？
7. F8 型分配阀的中间体有哪些主要构造？
8. F8 型分配阀的主阀有何作用？其构造上由哪些零部件组成？

岗位工作 6

检修风源系统

知识目标
1. 掌握供风系统的组成。
2. 掌握空气压缩机的结构和工作原理。
3. 掌握空气干燥器的组成和工作原理。
4. 掌握空气管路部件的作用。

能力目标
1. 能够检修供风系统。
2. 能够检修空气压缩机。
3. 能够检修干燥器。

工作任务 6.1 空气压缩机保养

任务描述

空气压缩机是空气制动系统的重要组成部分,是用来产生压缩空气的装置。轨道车辆采用的压缩机要求具有噪声低、振动小的特点。定期对空气压缩机进行保养,能够使压缩机的性能达到城轨车辆的使用要求。

【任务目的】
1. 掌握空气压缩机的保养内容。
2. 能够准确地校正安全阀压力。

【任务内容】
1. 空气压缩机的保养。
2. 安全阀压力校正。

【任务实践基本要求】

1. 在认真学习本任务"基础理论"基础上完成实训。
2. 做好相关实训记录。
3. 遵守企业规章制度,按企业要求规范操作。

【设备及工具】

1. 空气压缩机。
2. 管钳、高压水泵、活口扳手、润滑油、尺带、8♯内六角、抹布。

基础理论

6.1.1 风源系统的组成和作用

1. 风源系统的组成

风源系统主要由驱动电动机、空气压缩机、空气干燥器、压力控制器、风缸及其他空气管路部件等组成。

空气压缩机组采用模块化设计,吊挂于车辆底架下部,如图 6-1 所示,广州地铁 1 号线车辆的空气压缩机组安装在 A 车(拖车)下部,广州地铁 2 号线和上海地铁 1、2 号线车辆的空气压缩机组均安装在 C 车(动车)下部。由两个单元组成的列车具有两套风源系统,为了减少压缩机组的磨损,列车前部单元的空气压缩机总是给整个列车供风,而不是同时使用两组压缩机单元。带有空气压缩机组的拖车管路系统如图 6-2 所示,与其编组的动车,除风源系统、受电弓管路以外,其他管路与拖车一样。在该系统中,每辆车上设有四个风缸,其中包括一个 250L 的总风缸、一个 100L 的空气悬架系统(空气弹簧)风缸、一个 50L 的制动储风缸和一个 50L 的客室风动门风缸。另外装有单塔式干燥器,附设一个 50L 的再生风缸。

图 6-3 所示为每车均有的空气弹簧管路,主要由截断阀门(L01、L106)、滤清器(L02)、溢流器(L03)、空气弹簧风缸(L04)、高度阀(L107)和差压阀(L08)等组成。

2. 作用

风源系统是向整个列车提供压缩空气的气源。它不仅给空气制动系统,而且也为其他用气部件提供足够的、干燥的压缩空气,例如气动门、汽笛、空气弹簧(二系悬挂)和刮水器等。

6.1.2 空气压缩机组

空气压缩机组是整个供气系统的核心部件。可以说,没有空气压缩机,就没有风源。

一般城市轨道交通列车是以动车组为单元的,所以供气系统一般以动车为单元来设置,每一个单元设置一个空气压缩机组,每个机组包括压缩机、驱动电动机、空气干燥器和压力控制开关等。这些装置集中安装在动车单元的一个车的底架上,例如上海地铁 1 号线列车的空气压缩机组安装在每个单元的 C 车上。

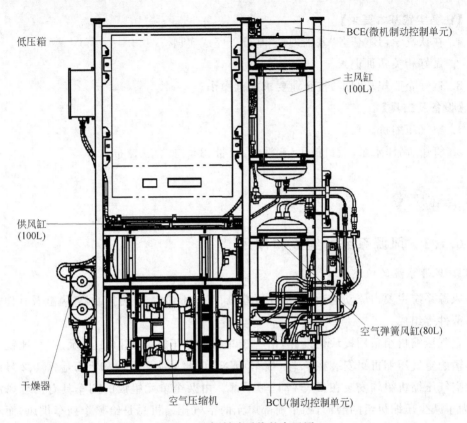

图 6-1 空气制动系统的布置图

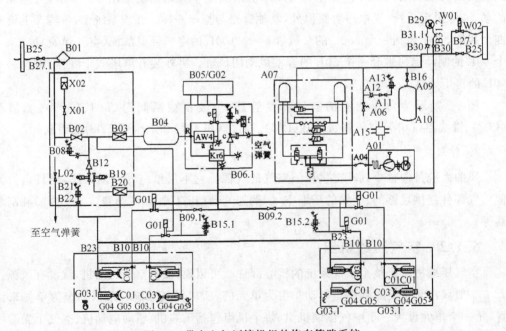

图 6-2 带有空气压缩机组的拖车管路系统

A—供风系统；B—制动系统；C—基础制动；G—防滑系统；L—空气弹簧系统；W—车钩；X—车间供气

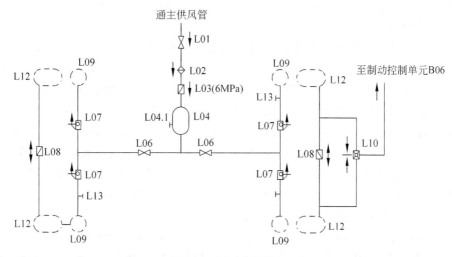

图 6-3 空气弹簧管路

城市轨道交通车辆的供电制式一般为直流 1 500V 或 750V 或 600V。除了 1 500V 比较高外,750V 和 600V 额定输入电压的直流电动机都比较容易制造,因此制动空气压缩机组的驱动电动机大都采用直流电动机,直接由接触网供电。进口车辆的空气压缩机驱动电动机也有采用 1 500V 直流电动机的。电动机通过弹性联轴器驱动空气压缩机。

进入空气压缩机的空气必须先经过滤清器使其净化。经过压缩的空气在存入主储风缸前,还要进行干燥,然后供各用气部件使用。

城轨车辆的制动系统及其他子系统使用的压缩空气(也称压力空气)都是由空气压缩机组(简称空压机)产生的。电动机通过万向节直接驱动空气压缩机。目前,城轨车辆中采用的空气压缩机主要有活塞式和螺杆式两种。对空气压缩机一般要求具有噪声低、振动小、结构紧凑、维护方便、环境实用性强等特点,鉴于此要求,目前交流电动机已逐渐取代了直流电动机。

1. 活塞式空气压缩机

活塞式空气压缩机由固定机构、运动机构、进排气机构、中间冷却装置和润滑装置等组成。其中,固定机构包括机体、气缸、气缸盖,运动机构包括曲轴、连杆、活塞,进排气机构包括空气滤清器、气阀,中间冷却装置包括中间冷却器(简称中冷器)、冷却风扇,润滑装置包括润滑油泵、润滑油路等。

1) 用于城轨车辆的几种活塞式空气压缩机

(1) VV230/180-2 型活塞式空气压缩机

该空气压缩机排气量为 1 500L/min,输出压力为 1 100kPa,转速为 1 520r/min,用 1 500V 直流电动机通过弹性万向节直接驱动。VV230/180-2 型空气压缩机共有四个气缸,分两段压缩,即低压压缩和高压压缩。低压压缩是将外界大气压缩至 260kPa 左右,然后进入高压压缩,将压力提高至 1 000kPa。低压压缩段有三个气缸,其直径为 95mm;高压段有一个气缸,其直径为 85mm。每个气缸顶部都设有吸气阀和排气阀,外界大气通过设在空气压缩机进气口处的油浴式滤清器净化后,被吸入低压气缸进行压缩,然后送至高压缸进一步压缩。高压力的压缩空气还必须经过冷却器冷却,使其温度降低,以便进行油水分离,得到洁净、干燥的压缩空气。

VV230/180-2型空气压缩机在直流电动机的直接驱使下,以1 520r/min的速度旋转,每分钟可提供1MPa的压缩空气1 500L。另外,空气压缩机启动与停止受压力开关控制。在直流传动车中,其压力开关设置为700kPa/850kPa(交流传动车为750kPa/900kPa),前者为开启压力,后者为停止压力。在气路中还设置1 000kPa安全阀,以防压力开关失效。另外,其所采用的吸入式空气滤清器与DC01型电动列车空气压缩机的滤清器不同,它采用过滤纸过滤,效果较油浴式滤清器好,但应用成本较高。冷却风扇的叶片不直接安装在曲轴端头上,而是通过温控液力万向节连接。在温度较低时,万向节内的液体黏度很低,不传递转矩。使用这种万向节,可节约空气压缩机的能源。

(2) VV120/150-1型活塞式空气压缩机

此压缩机有三个缸,其中两个缸为低压缸,一个为高压缸。两级压缩带有两个空气冷却器,如图6-4所示,其排气量为920L/min,输出压力为1 000Pa,转速为1 450r/min,由380V三相50Hz交流笼型异步电动机驱动。电动机与压缩机之间是永久连接的,不需要维护,有一个自对中心的凸缘连接,这种布置需要在电动机和压缩机之间有很精确的直线连接。其空气滤清器采用过滤纸过滤,效果较油浴式滤清器好,但应用成本较高。冷却风扇的叶片不直接安装在曲轴端头上,通过温控液力万向节连接,也称黏性连接。在温度较低时,万向节内的液体黏度很低,不传递转矩,故可节约能源。该空气压缩机组的一个主要优点是在4.6mm的距离内,噪声的声压级只有64dB(A)。

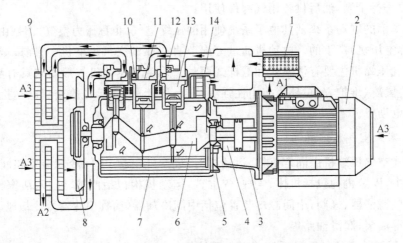

图6-4 VV120/150-1型活塞式空气压缩机的结构

1—进风口滤清器;2—电动机;3—过滤法兰;4—波纹管万向节;5—油位指示器管;6—曲轴;7—曲轴箱;8—风扇叶轮+柔性连接;9—冷却器;10—出风口;11—吸入口;12—安全阀;13—气缸;14—集油箱;A1—进风口;A2—出风口;A3—冷却空气

该压缩机采用双级压缩方式,两台气缸用于低压级,一台气缸用于高压级。气缸盖上装有吸排气一体阀。空气直接进入干式滤清器清洁→吸入低压级进行压缩→进入一次冷却器→进入高压级气缸压缩到最终压力→流经二次冷却器→最后进入压力容器。

活塞式空气压缩机应用广泛,技术成熟,可靠性和稳定性好,不需特殊润滑,价格比较具有吸引力。

(3) HS10-3 型空气压缩机

西安地铁每辆带受电弓的动车配备有一个风源模块(包括 HS10-3 型空气缩机和除湿装置),为空气制动和辅助用风系统提供足够的、干燥的压缩空气。

HS10-3 型空气压缩机采用 280V 50Hz 三相交流电动机驱动,由四架防振橡胶悬挂在车体上。从空气压缩机供给的压缩空气经过具有可挠性的特氟龙软管输送到除湿装置,吸收压缩机机组上产生的振动。过滤器、油面观察孔、滤清器均集中装配于空气压缩机侧面,以便维修、保养。

H510-3 型空气压缩机性能参数如表 6-1 所示。

表 6-1 HS10-3 型空气压缩机性能参数

项 目			规 格
空气压缩机部	型号		HS10-3
	方式		往复式单动 2 级压缩
	气缸排列		水平对置式 4 缸
	气缸直径×行程×个数	低级压	$\phi 100 \times 54 \times 2$
		高级压	$\phi 55 \times 54 \times 2$
	旋转速度		1 435r/min
	变位容积		1 230L/min
	排出压力		最大 900kPa(计量压)
	容积效率		75% 以上
	润滑方式		齿轮泵式,强制润滑
	冷却方式		自然风冷
电动机部	型号		A6538A
	方式		笼式
	外壳形式及冷却方式		全密封自冷式(自然风冷)
	额定	时间	30min
		旋转速度	1 435r/min
		输出	6.5kW
		电压	AC380V(50Hz)
		电流	16A
	极数		4 极
	相数		3 相
	绝缘种类		F 类
	启动方式		直接启动
动力传递部	方式		橡胶万向节
	质量		285kg
	噪声		机侧 4.6m 处 65dB(A)以下

2) 空气压缩机的检修

对空气压缩机的检修要求如下所述。

(1) 空气压缩机分解
① 把空气压缩机单元从车体上拆下。
② 将空气压缩机与电动机分解开。
③ 分解空气压缩机。
(2) 空气压缩机各零部件清洗
① 空气压缩机分解后,所有金属部件用碱性清洁剂清洗。
② 橡胶件的清洗:先用温热的肥皂水清洗,以减少对橡胶件的腐蚀,再用清水冲洗。
③ 用压缩空气吹干。
④ 清洗空气压缩机外表及冷却器叶片,并对需要润滑的零部件进行润滑。
(3) 检查内部零件是否有损坏
清洗完成后,首先要对压缩机的零部件进行目测检查,检查是否存在裂纹、变形或锈蚀等损伤。
(4) 重要部件检修
对于下列重要部件,必须详细地检查和测量,并根据需要修复或更换。
① 曲轴检修。
检查曲轴有无裂纹。检查曲轴的螺纹是否有损坏。检查连杆支承点有无磨耗,某些轻微拉伤可经抛光修复。如果支承点磨耗严重或是褪色严重,或是实际尺寸超出极限,要更换整个曲轴。
② 活塞和活塞销检修。
检查活塞表面,如出现较大的拉伤,要更换整个活塞。检查活塞销有无拉伤和擦伤。其表面应该平滑无拉伤,否则应更换活塞销。如果活塞或活塞销的实际尺寸超出了其报废尺寸的极限,应更换该活塞或活塞销。

注意:如果要更换活塞,应整套更换连杆活塞总成,包括活塞环、活塞销和保持圈。在空气压缩机大修时,以下部件必须更换:轴承、针套、连杆轴承的导向环、活塞环、吸气/排气阀、锁紧环、弹簧垫圈、轴密封环、密封圈、O形环和轴承环等。

(5) 空气压缩机测试
在空气压缩机装配完成后,应检验空气压缩机的功能是否正常。因此,需要有专用试验台,对空气压缩机单元的相关功能进行测试。在试验中,主要测量、控制下列参数。
① 吸气口温度(即环境温度)。
② 第一级压缩(低压压缩)后温度(未经冷却)。
③ 第一级压缩(低压压缩)后温度(经冷却)。
④ 第二级压缩(高压压缩)后温度(未经冷却)。
⑤ 第二级压缩(高压压缩)后温度(经冷却)。
⑥ 空载情况下的输出压力。
⑦ 满负载情况下的输出压力。
⑧ 电动机转速。

注意:先将空气压缩机热机运行20min,使空气压缩机机油至热油状态,然后放油。注意防止烫伤。将3L空气压缩机机油注入空气压缩机进行冲洗,启动空气压缩机,将机油打热后放出(注油和放油时,应对角注放)。然后注入3L空气压缩机机油进行冲洗,打热后放出。冲洗完毕,将3.5~3.7L空气压缩机机油注入空气压缩机。此时,新油加注更换完毕。

新车运行3 000km后,更换空气压缩机机油;其他车辆的空气压缩机运行2 000h或一年,应更换一次机油,也可视机油乳化情况提前更换。

2. 螺杆式空气压缩机

1) 螺杆式空气压缩机的特点

(1) 噪声低、振动小

当螺杆式空气压缩机工作时,旋转部件中两个螺杆的运动没有质心位置的变动,因而没有产生振动的干扰力。经精密加工和精密磨削制造的阴、阳螺杆和机壳之间,两两互相紧密贴合,其啮合时通过喷油实现密封和冷却,不产生机械接触和摩擦,因而工作中的噪声较低;并且喷油润滑使噪声强度大大降低,一般不超过85dB(A)。另外,因压缩空气的过程是连续的,不受气阀开闭的制约,所以压缩空气的流动是连续而且平稳的。

(2) 可靠性高,寿命长

螺杆式空气压缩机工作时,除了轴承和轴封等部件外,没有其他因相对运动而承受摩擦的零部件。因为阴、阳螺杆和机壳之间不产生机械接触,即在工作中不产生摩擦,因此它具有较高的可靠性,并可免维护。通常,螺杆式空气压缩机的检修周期可以保证不短于整车的大修期。

(3) 维护简单

在运行中,检查、检修人员只要保证螺杆式空气压缩机的机油油位不低于油位计或视油镜刻线,保证空气滤清器未脏到堵塞的程度,空气压缩机就能工作,不需特别维护。

2) 螺杆式空气压缩机的结构

螺杆式空气压缩机的主机是双回转轴容积式,转子为一对相互啮合的螺杆。螺杆具有非对称啮合型面。主动转子为阳螺杆,从动转子为阴螺杆。常用的主、副螺杆齿数比依空气压缩机容量的不同而不同,一般为4∶5、4∶6或5∶6。两个相互啮合的转子在一个只留有进气口和排气口的铸铁壳体里面旋转,螺杆的啮合和两个螺杆与壳体之间的间隙通过精密加工严格控制,并在工作时向螺杆腔内喷压缩机油,使间隙密封,并将两转子的啮合面隔离,防止机械接触时产生磨损。另外,不断喷入的机油与压缩空气混合,带走压缩过程中产生的热量,以维持螺杆副长期、可靠地运转。螺杆副啮合旋转时,从进气口吸气,压缩后从排气口排出,得到具有一定压力的压缩空气。

图6-5所示螺杆副由一对齿数比为4∶6,以特定螺旋角互相啮合的螺杆组成。其中,阳螺杆(通常作驱动螺杆)为凸形不对称齿,阴螺杆(通常作从动螺杆)为瘦齿形弯曲齿。两螺杆的齿数

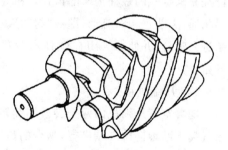

图6-5 螺杆式空气压缩机的螺杆副

断面线形是专门设计并精密磨削加工而成的。

3) 螺杆式空气压缩机的工作原理

该压缩机的工作过程分为吸气、压缩和排气三个阶段,其结构如图6-6所示。

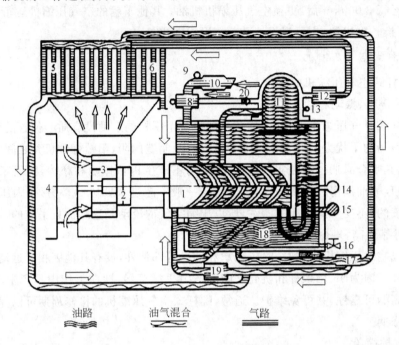

图6-6 螺杆式空气压缩机的结构

1—螺杆式空气压缩机;2—万向节;3—冷却风机;4—电动机;5—空、油冷却器(机油冷却单元);6—冷却器(压缩空气冷却单元);7—压力开关;8—进气阀;9—真空指示器;10—空气滤清器;11—油水分离器;12—最小压力维持阀;13—安全阀;14—温度开关;15—视油镜;16—泄油阀;17—温度控制阀;18—油气筒;19—机油过滤器;20—单向阀

(1) 吸气过程

螺杆安装在壳体内,在自然状态下就有一部分螺杆的沟槽与壳体上的进气口相通。也就是说,在任何时候,无论螺杆式空气压缩机的螺杆旋转到什么位置,总有空气通过进气口充满与进气口相通的沟槽。这是压缩机的吸气过程。主、副两个转子在吸气终了时,已经充满空气的螺杆沟槽的齿顶与机壳腔壁贴合。此时,齿槽内的空气被隔离,不再与外界相通,无法再相对流动,即被"封闭"。当吸气过程结束后,两个螺杆在吸气口的反面开始进入啮合,并使得封闭在螺杆沟槽里的空气体积逐渐减小,压力开始上升,压缩随之开始。

(2) 压缩过程

随着空气压缩机的两个转子继续转动,封闭有空气的螺杆沟槽与相对螺杆齿啮合,从吸气端不断地向排气端进行,啮合的齿逐渐占据原来已经充气沟槽的空间,并挤压沟槽里的空气,使体积逐渐变小,压力则随着体积变小而逐渐升高。空气被裹带着一边转动,一边继续被压缩。这个过程从吸气结束开始,一直延续到排气口打开之前。当前一个螺杆齿端面转过被它遮挡的机壳端面上的排气口时,在沟槽内的空气与排气腔的空气相连通,受挤压的空气开始进入排气腔。至此,空气压缩机内的压缩过程结束。这个体积减小、压力渐升的过程,就是空气压缩机的压缩过程。在此过程中,空气压缩机不断地向压缩室和轴承喷射润滑油。

(3) 排气过程

压缩过程结束,封闭有压缩空气的螺杆沟槽的端部边缘与壳体端壁上的排气口边缘相通时,受到挤压的压缩空气被迅速从排气口排出,进入空气压缩机的排气腔。随着螺杆副继续转动,螺杆啮合继续向排气端的方向推移,逐渐将沟槽里的压缩空气全部挤出。这就是空气压缩机的排气过程。

螺杆式空气压缩机壳体的进气口开口的大小及边缘曲线的形状,与螺杆的齿数及螺旋角的角度相关。空气压缩机后端壁上的排气口开口形状(呈现为蝶形)及尺寸也是由空气压缩机的压缩特性及螺杆的断面齿形决定的。

在这里所讲的螺杆式空气压缩机的工作原理,是以螺杆的一个沟槽为例介绍的,并且把它的工作过程分为吸气、压缩和排气三个阶段。实际上,空气压缩机螺杆的工作转速很快,而且主动螺杆和从动螺杆的每一个沟槽在运转过程中都承担着相同的任务,即它的空腔在进气侧打开时吸进空气,将其带到排气侧压缩后排出。在螺杆相邻两个沟槽的同一个工作阶段,尽管有先有后,但由于这个过程的速度非常快,而且周而复始,所以实际上是重叠发生的。这就形成了螺杆式空气压缩机工作的连续性和供气的平稳性,保证了它的低振动和高效率。

螺杆式空气压缩机的工作循环,是在啮合的螺杆齿和沟槽间一个接一个周而复始、连续不断地进行,而且其压缩过程是当沟槽里的空气被挤进排气腔才完成,所以没有像活塞式空气压缩机那样的振动和排气阀开闭形成的冲击噪声。

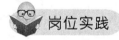

岗位实践

(1) 用高压水泵清洗空压机表面油污及灰尘。
(2) 用管钳将空气压缩机正面的红色注油孔盖拧下。
(3) 用活口扳手将空气压缩机底部油箱的放油孔螺栓逆时针拧下。
(4) 从放油孔放油,直至旧油流尽。
(5) 用活口扳手将放油孔螺栓顺时针拧紧。
(6) 从注油孔注入壳牌 46#润滑油。
(7) 用尺带更换油水分离器。
(8) 更换空气过滤器。
(9) 用 8#内六角拆卸下空气压缩机顶部进气阀,阀体内部用抹布清洁干净后涂抹润滑油。
(10) 校正安全阀压力 12MPa(轻拉安全阀拉环,有气体排出,表示正常)。

工作任务 6.2　干燥器的保养与测试

空气制动系统是将车辆外界的空气进行压缩,作为制动的原动力。外界空气含有较大的水分,若水分进入制动管路中,会使管路和阀体锈蚀;在寒冷天气还会结冰,堵塞管路。干燥器的作用就是吸收从外界进入制动系统的空气中的水分,使上述故障发生率降低。为保证干燥器工作性能正常,干燥器的保养与测试成为检修工作的重点。

【任务目的】
1. 掌握干燥器的保养内容。
2. 能够对干燥器进行测试。

【任务内容】
1. 干燥器的保养。
2. 干燥器的测试。

【任务实践基本要求】
1. 在认真学习本任务"基础理论"内容的基础上完成实训。
2. 做好相关实训记录。
3. 遵守企业规章制度,按企业要求规范操作。

【设备及工具】
1. 双塔式干燥器。
2. 6♯内六角、活口扳手、润滑油、O形圈、抹布。

6.2.1　空气干燥器

空气压缩机输出的高压压缩空气中含有较高的水分和油分,必须经过空气干燥器,将其中的水分和油分分离出去,才能达到车辆上各用气箱体对压缩空气的使用要求。

空气干燥器一般做成塔式的,有单塔和双塔两种。上海地铁1号线直流传动车采用的是单塔式空气干燥器,交流传动车使用的是双塔式空气干燥器。

1. 单塔式空气干燥器

单塔式空气干燥器(如图 6-7 所示)由油水分离器、干燥筒、排泄阀、电磁阀、再生储风缸和消声器等组成。在油水分离器中存有许多拉希格圈(这是一种用铜片或铝片做成的有缝的小圆筒);干燥筒是一个网形的大圆筒,其中盛满颗粒状的吸附剂。

空气干燥器的工作过程如下所述:空气压缩机输出的压力空气从干燥塔中部的进口管进入干燥塔后,首先到达油水分离器。当含有油分的压缩空气与拉希格圈相接触时,由

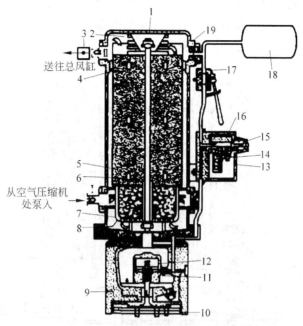

图 6-7　单塔式空气干燥器

1—空气干燥器；2—弹簧；3—单向阀；4—带孔挡板；5—干燥筒筒体；6—吸附剂；7—油水分离器；8—拉希格圈；9—排泄阀；10—消声器；11—弹簧；12—活塞；13—电磁阀；14—线圈；15—排气阀；16—衔铁；17—带排气的截断塞门；18—再生储风缸；19—节流孔

于液体表面张力的原因，使空气中的油滴很容易地吸附在拉希格圈的缝隙中，将空气中的油分大量地排出。然后，空气进入干燥筒并通过吸附剂。吸附剂能大量地吸收空气中的水分。只要干燥筒上方输出的空气湿度 $\varphi<35\%$，即可满足车辆各用气系统的需要。洁净而干燥的压力空气输向主储风缸，分离后留在干燥塔内的油和水还要进行再处理。从空气干燥塔输出的干燥空气有一部分通过干燥塔顶部的另一小孔储入再生储风缸。当总储风缸压力达到 8.5×10^5 Pa 时，空气压缩机停止工作，干燥塔顶的压力将迅速降低。由于干燥塔与主储风缸的通路中有单向阀，故主储风缸的压力空气不能倒回至干燥塔。这时，再生储风缸内干燥的压力空气将回冲至干燥器内，并且沿干燥筒、油水分离器一直到干燥塔下部的积水积油腔内。在下冲的过程中，回冲干燥空气不仅吸收了吸附剂中的水分，还冲掉了拉希格圈上的油滴，使吸附剂和拉希格圈都得到还原，使之在以后的净化和干燥中可以继续发挥作用。再生储风缸还有一条管路通向积水积油腔底部的排污阀门。管路中间有一个电磁阀，其电磁线圈与空气压缩机的压力开关相接。当空气压缩机关闭时，电磁阀线圈失电，气路导通，再生储风缸内的压力空气顶开积水积油腔底部的排泄阀门，使积水积油腔内的水和油通过消声器迅速排向大气。

2. 双塔式空气干燥器

双塔式空气干燥器（如图 6-8 所示）。工作原理与单塔式类似，只不过它采取的不是时间分段法，即一段时间吸污，下一段时间再生和排污，而是采取双塔轮换法，即一个塔在去油脱水的同时，另一个塔进行再生和排污，然后两个塔的功能对换，达到压缩空气连续进行去油脱水的目的。双塔式空气干燥器没有再生储风缸,而是依靠两个干燥塔互相提供回冲压力空气排污。但它设有一个定时脉冲发生器,使两个干燥塔的电磁阀定时地轮换开、关,使两个塔的功能能够定时轮换。

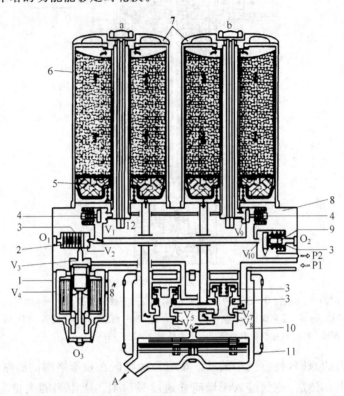

图 6-8　双塔式空气干燥器作用原理(干燥筒 7a 为吸附工况,干燥筒 7b 为干燥工况)
1—电磁阀;2—预控制阀;3—克诺尔 K 型环;4—单向阀;5—油水分离器;6—吸附剂;7—干燥筒;8—干燥器座;9—旁通阀;10—双活塞阀;11—隔热材料;12—再生节流孔;A—排泄口;$O_1 \sim O_3$—排气口;P1—进气口;P2—出气口;$V_1 \sim V_{10}$—阀座

6.2.2　PD-10DF 型除湿装置

此除湿装置安装于空气压缩机下方,可除去空气中的水蒸气、雾状的油及水,也可除去灰尘。并且,此装置内有一个单向阀,当空气压缩机发生故障或空气压缩机软管破损时,可防止压缩空气从原气缸管排出。

PD-10DF 除湿装置性能参数如表 6-2 所示。

表 6-2　PD-10DF 除湿装置性能参数

项　目		规　格
A-20 后冷却器	方式	带有 23 个交错排列的散热片
	表面积	7.4m²
	内容积	7.5L

续表

项　　目			规　　格
油水分离器		油分离性能	0.001 25mg/m³（进气温度38℃时）
	排水阀	方式	遵循先导空气压力指令的动作方式
		形式	二通自动排水阀
		加热器	110V,80W
	电磁阀	形式	SJ-3P 电磁阀
		方式	ON 型
		工作电压	110V
		消耗功率	8W
		额定	连续
干燥器		干燥方式	中空丝膜式
		处理空气量	1 300L/min
		使用最高压力	960kPa
		进气温度	60℃或60℃以下
单向阀		容量	1″
干燥性能			相对湿度30%RH或30%RH以下
吹洗空气消耗率			（处理空气量）×15%
质量			75kg

空气压缩机输出的高压压缩空气中含有较高的水分和油分,必须经过空气干燥器,将其中的水分和油分排去,才能达到车辆上各用气系统对压缩空气的使用要求。

双塔式空气干燥器无须特殊保养,一般只做常规检查。由于空气干燥器里没有移动部件,因此一般不会有磨损的问题。如果发生故障需要修理时,需做如下检修。

1）空气干燥器分解检查

拆开空气干燥器,必须首先对分解后的干燥器零件进行清洁,并检查是否有裂纹、变形或锈蚀等损伤。

2）吸附剂更换

如果在排泄阀的出口处有白色沉淀物,或是吸附剂过饱和,必须检查吸附剂。如有必要,需要更换。一般来说,吸附剂每4～5年需要更换一次。

3）拉希格圈清洗

用于吸油的拉希格圈可以用碱性清洁剂清洗,再用清水洗涤,最后用压缩空气吹干。

4）功能测试

干燥器组装完成后,应测试其功能,测试应在专用测试设备上进行。测试主要检查干燥器是否有泄漏,排泄功能是否正常,消声器的工作效果如何等。按照设计要求,经过干燥的压缩空气,其相对湿度应小于35%,这是必须要测试的项目,可以使用压力露点计或相对湿度计来检查其是否达到要求。

5）干式空气滤清器的维护及更换说明

① 遵守产品安全手册要求,检修工作只允许由受过专业培训的人员在授权车间进行。使用原装备件时,必须保证在两次检修之间,供气设备功能正常。

② 对于内置干式空气滤清器,观察作为附加装置的真空指示器,当发现滤清器内侧脏污时,应及时保养、维护。

③ 压缩空气机机组运行 1 000h 或最迟 12 个月后更换干式空气滤清器。

6.2.3 其他空气管路部件以及风源系统的工作模式

1. 其他空气管路部件

1) 脉冲电磁阀

脉冲电磁阀是先导控制的二位三通阀(左、右二位,B、P、S 三通口),它由一个气动往复阀芯和用于防控的电磁阀组成。此外,它还配有附加的手动控制。当拆掉 A 通口的封口螺母时,就变成一个二位五通阀(左、右二位,B、P、S、R、A 五通口),如图 6-9 所示。

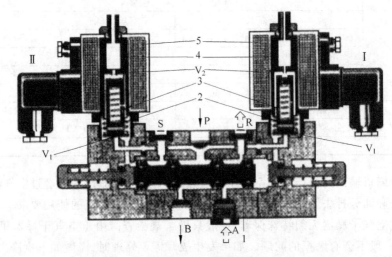

图 6-9 脉冲电磁阀

1—活塞;2—弹簧;3—衔铁;4—电磁阀体;5—线圈;V_1、V_2—阀座

脉冲电磁阀用于气电控制回路中。如果电脉冲被触发,则控制腔充气或排气,或按顺序交替运行。例如,用于单作用风缸或双作用风缸(操作弹簧加载的停车制动,控制门风缸)等,其操作原理是:当电磁铁Ⅰ和Ⅱ失电时,在缓解位,电磁铁断电,活塞总处于一个端部位置,活塞位于左端。二位三通阀工作时,进气口 P 和排气口 B 形成通路。

当电磁铁Ⅱ得电时,控制空气经阀座 V_1 到活塞,活塞移到右端位。当电脉冲终止时,衔铁连同其底座被弹簧压在阀座 V_1 上,流进活塞的空气被切断,活塞仍留在原来的位置上,从 V_1 通向活塞的控制管经阀座 V_2 排气。当活塞保持在右端位时,控制空气 B 经排气口 S 排入大气。当电磁铁Ⅰ得电时,压力空气驱动活塞运动到左端位,如之前未得电时一样。

在断电情况下,可手动操作脉冲电磁阀压下按钮到停止位,使活塞移到左、右两端中的一端;松手后,按钮在弹簧作用下复位,活塞仍停留在原位。

2) 单向阀

单向阀(如图 6-10 所示)安装于只允许空气从一个方向流入而反向截止的空气管路中,以避免压降。当流入方向压力升高时,阀锥打开,阀座 V 克服弹簧的作用力,使压力空气流过。当供应管 A_1 压力下降时,弹簧使阀锥顶住阀座 V,截止空气回流,避免 A_2 的压降。

3) 减压阀

减压阀(如图 6-11 所示)的作用是调节压缩空气系统中的空气压力。

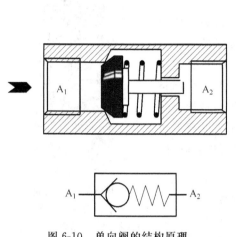

图 6-10　单向阀的结构原理

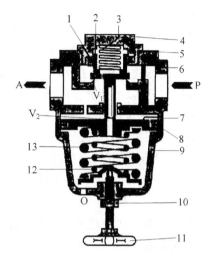

图 6-11　减压阀

1,5,8—密封圈；2—排气阀；3—弹簧；4—阀盖顶；6—进气口；7—活塞；9—阀体；10—锁紧螺母；11—调节螺钉；12—调整弹簧；13—大弹簧；V_1、V_2—阀口；O—排气口

未经控制的压缩空气经 P 端口进入减压阀。压缩空气流经活塞底部。如果空气压力足够大，活塞上升，排气阀也上升，直到其靠住阀口 V_1，端口 P 到端口 A 的通路被切断。如果端口 P 的压力空气继续推动活塞上升，则活塞上的 V_2 打开，多余的空气从端口 O 排出。当压力下降时，弹簧把活塞推下来，通过阀杆关闭阀口 V_2。如果端口 A 的空气压力进一步下降，阀口 V_1 被打开，使更多的压缩空气从端口 P 流入。这一过程一直持续下去，保证端口 A 的压力恒定。

4) 空气滤清器

空气滤清器用于压缩空气制动系统、气动车门机构等，保护这些敏感的设备不受损坏。空气滤清器对在多尘环境下运行的列车的制动系统的可靠性具有极其重要的作用(如图 6-12 所示)。

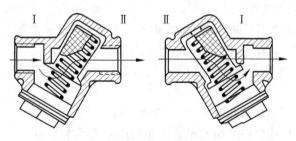

图 6-12　空气滤清器的结构原理

空气滤清器可根据需要任意连接，也可以安装在任意方向。如果滤清器被阻塞，要使工作单元不受损坏而停机，工作单元应与滤清器接口 Ⅱ 相连。在滤清器被阻塞时，如果被

连接的单元要保持在工作位,应与滤清器接口Ⅱ相连。因为从接口Ⅱ进入的压力空气在受阻的情况下会压缩滤网弹簧,使压缩空气继续通过。

5) 安全阀

安全阀是制动系统中保证空气压力不致过高的重要部件。安全阀的结构如图 6-13 所示,它中间的顶杆是个导向杆,底部的阀口可以沿其上下滑动。调整螺母将一个弹簧压在阀门上面,靠弹簧压力使阀门关闭,而弹簧压力可由调整螺母调节。当空气压力超过规定压力时,空气压力抵消弹簧压力,将阀口顶开,释放压力空气。有时,空气压力没有超过规定压力,但需要释放压力时,也可以用工具向上拔起阀杆,打开阀口。

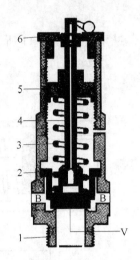

图 6-13 安全阀
1—阀体;2—活塞;3—弹簧;4—顶杆;5—调节螺母;6—上盖;B—排气口;V—阀门

2. 风源系统的工作模式及空气压缩机的选择

1) 工作模式

以 EP2002 制动控制系统为例,列车的空气压力是由安装在拖车上的空气压缩机提供的。空气压缩机是由微机制动控制单元(BCE)来完成的。空气压缩机的工作模式有两种,即辅助模式和正常模式。如果把列车单元 1 位端的空气压缩机作为主空气压缩机(也就是正常模式),后面 2 位端的空气压缩机就作为储备压缩机(也就是辅助模式)。如果列车需要的压力空气由一个空气压缩机就能满足,第二个空气压缩机就不再启动;只有当总风缸压力低于 750kPa,一个空气压缩机不能满足需求时,才启动第二个空气压缩机。

(1) 辅助模式

空气压缩机辅助模式是指当压缩空气的压力低于辅助恢复压力(750kPa)时,第二个空气压缩机开始启动,当压缩空气的压力达到排气压力(950kPa)时停止的工作模式。

(2) 正常模式

正常模式时,一个空气压缩机工作即可满足列车气路系统的需求。当压缩空气的压力低于恢复阈值(840kPa)时,空气压缩机开始工作;当空气压缩机的压力达到排气阈值(950kPa)时,空气压缩机停止工作。

主空气压缩机由奇偶日来确定,即如果这台空气压缩机在单数日(奇数日)为正常模式工作,则在双数日(偶数日)换另一台空气压缩机在正常模式工作。

图 6-14 进一步解释了不同压力时空气压缩机的操作模式。控制压缩机工作共有 5 种压力阈值。

① 安全阈值:安全释放阀的压力(1 030kPa)。

② 排气阈值:压缩机停止所有模式工作的压力(950kPa)。

③ 恢复阈值:在正常模式下,压缩机开始工作的压力(840kPa)。

④ 辅助阈值:当主风管中的压力达到这个压力极限值时,第二个空气压缩机开始帮助操作空气压缩机充气(750kPa)。

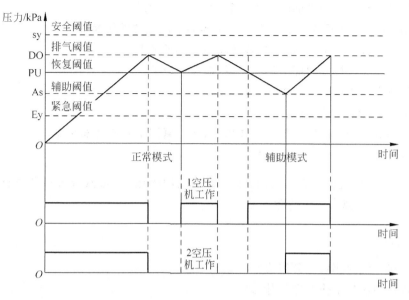

图 6-14 不同压力时空气压缩机的操作模式

⑤ 紧急阈值：当主风管中的压力到达这个压力极限值时，紧急制动，使列车停止(700kPa)。

2）空气压缩机的选择

在正常模式下，空气压缩机根据奇偶日来确定运转方式。在对应日的空气压缩机出现故障的情况下，TIMS 允许工作的空气压缩机切换。列车在运行时，空气压缩机在正常模式或辅助模式下工作。

当一个空气压缩机得到"奇偶日"信号时，它在正常模式下工作；当"奇偶日"信号无效时，空气压缩机工作在辅助模式下。表 6-3 所示为空气压缩机的选择模式。

表 6-3　空气压缩机的选择模式

奇数日	偶数日	空气压缩机 1	空气压缩机 2
0	0	辅助模式	辅助模式
0	1	辅助模式	正常模式
1	0	正常模式	辅助模式
1	1	正常模式	正常模式

岗位实践

1. 保养

① 用 6♯内六角将双塔式干燥器底部端盖拆卸下来，然后清理内部灰尘。

② 用 6♯内六角将双塔式干燥器上的止回阀拆卸下来。

③ 用活口扳手分解阀体，更换止回阀内部 O 形橡胶圈。

④ 用抹布将止回阀内部清洁干净后,涂抹润滑油。
⑤ 用 6 # 内六角拆卸下处于双塔式干燥器中间位置的转换阀。
⑥ 用活口扳手分解阀体,更换转换阀内部 O 形橡胶圈。
⑦ 用抹布将转换阀内部清洁干净后,涂抹润滑油。
⑧ 检查电磁阀连线是否牢固。
⑨ 检查管路无老化、龟裂。
⑩ 将拆卸下的各阀体恢复至干燥器内,然后紧固干燥器底部端盖。

2. 测试

方法:空气压缩机停止运转时,干燥器电磁阀得电,干燥器排气口能够向外界排气 1min,则此干燥器视为工作性能正常。

思考题

1. 供风系统由哪些部分组成?
2. 供风系统的工作原理是什么?
3. 城轨车辆供风系统中常用的空气压缩机类型有哪些?
4. 活塞式空气压缩机的基本工作原理是什么?
5. 城轨车辆供风系统中有哪些辅助设备?
6. 城轨车辆供风系统为什么采用干燥器?
7. 双塔式干燥器的工作过程是怎样的?

岗位工作 7

检修防滑装置

知识目标
1. 掌握黏着机理、蠕滑理论。
2. 掌握防滑系统的基本结构。
3. 理解防滑控制的依据。
4. 掌握防滑系统的基本要求。

能力目标
1. 能够分析黏着机理、蠕滑理论在防滑系统中的作用。
2. 能够分析防滑系统的基本结构。
3. 能够分析防滑系统在实际生产中的应用。
4. 能检修城轨车辆防滑装置。

工作任务 7.1 长客车辆外加撒沙风泵装置及加热装置检修

任务描述

撒沙装置是车辆的常用防滑装置。在寒冷天气下,车辆实施制动操作时,车轮与轨道之间容易出现打滑现象,撒沙装置将沙粒喷涂在轨面上,可增加轨道摩擦系数,达到防滑的目的。我国北方城市在天气变冷之前,均要检修撒沙装置,保证其使用性能。

【任务目的】
1. 掌握撒沙装置的检修内容。
2. 能够按照企业标准对撒沙装置进行检修。

【任务内容】
检修撒沙装置。

【任务实践基本要求】

1. 在认真学习本任务"基础理论"内容的基础上完成实训。
2. 做好相关实训记录。
3. 遵守企业规章制度,按企业要求规范操作。

【设备及工具】

1. 长客车辆撒沙装置。
2. 毛刷、抹布。

基础理论

7.1.1 防滑控制概述

1. 防滑控制的必要性

当前城市轨道交通车辆正朝着安全性、高速性和舒适性的方向发展。城市轨道交通车辆的高速性促进单轴牵引功率和制动功率不断提高。动力制动和强力制动装置的采用,带来了因制动力过大而导致列车制动滑行的倾向。列车制动滑行会产生普遍的轮轨发热、轮轨擦伤现象,严重时会使线路失稳,产生所谓的胀轨跑道事故。因此,有效地防止列车制动滑行极为重要。人们对防滑的研究,除上述原因外,还基于以下原因。

① 制动黏着系数是车辆制动设计的基本参数之一。制动黏着系数的测试研究结果表明,对应某一运行速度的黏着系数是一组正态分布随机变量。我们选取的某一个确定值,实际是指其5%打滑率的值。因此,只能保证车辆轮对不会滑行的概率为95%左右。

② 低速制动的黏着系数离散度比较大,是我国制动黏着系数分布的特点之一。在500km/h以下的低速段,一般是列车进站和出站的区段。站台两侧轨面状态比较复杂,轨面污染比较严重,是造成黏着系数离散比较大的主要原因。从制动黏着系数测试结果可知,有时站台两侧测得的黏着系数甚至比速度为120km/h时的黏着系数还要低。因此,列车在低速段的车轮滑行和擦伤的问题是很突出的。

③ 车轮踏面擦伤问题一直困扰运营部门,虽然长期以来技术人员采取了很多措施,试图降低车轮踏面擦伤事故,但收效甚微,其根本原因就是在列车制动过程中,制动力的设定基本上是一个定值,而黏着系数是变化的,黏着力不可能总是大于制动力,一旦遇到低黏着的情况,制动力超过黏着力,车轮便产生滑行,甚至造成车轮踏面擦伤。

④ 城市轨道交通车辆一般都在较高的速度下行驶,一旦出现车轮踏面擦伤,其危害伴随运行速度的提高而增加。因为车轮踏面擦伤造成的车轮踏面不圆或凹坑会产生对轨面的垂向冲击,而且车轮垂向冲击加速度随着运行速度的提高而加剧,它降低了乘坐舒适性,使轴承发热,轨道受损,严重危及行车安全。

总之,车轮踏面擦伤的根本原因在于列车制动过程中的制动力超过黏着力。这种可能性无论是在高速段还是在低速段,均有可能发生。随着列车运行速度的提高,车轮踏面擦伤造成的后果将更具危险性。解决这一问题的途径就是加装防滑器或防滑系统。防滑器或防滑系统能够控制车辆制动过程中的制动力,使它小于并接近即时的黏着力。

2. 防滑控制技术的发展

防滑器是防止列车因制动力过大或某种原因使黏着系数下降而造成车轮抱死,使车轮在钢轨滑行的装置。这种装置也经历了由简到繁,再由繁到简的发展过程。

1) 防滑装置的发展

最初人们发现,由于制动强度过大,车轮踏面上会摩擦出一块小平面,称之为平面现象。小平面产生后,车轮就不能平稳地旋转,而产生很大的震动和噪声。1908 年,J. E. Francis 设计了一种最初的防滑装置,把它装到机车上,人们意外地发现制动距离减少了。1936 年,德国 Robert Bosch 公司取得了 ABS(Anti-lock Braking System)的专利权。ABS 由装在车轮上的电磁式转速传感器和控制液压的电磁阀组成。当制动液压力上升、车轮抱死时,转速传感器的输出为零,电磁阀动作,关闭制动液进口,使制动液压降低;制动缓解后,车轮再次旋转,转速传感器的输出不为零,电磁阀动作,打开制动液进口,液压随之上升,再次对车轮制动。1948 年,美国的 Westinghouse Air Brake 公司开发了铁路机车专用的 ABS 装置。该装置利用安装在车轴上的转速传感器测出车轴的减速度(用飞轮控制检测开关),然后使电磁阀动作,控制制动空气压力,防止车轴滑行。

2) 国内外防滑系统研究现状

防滑装置经历了不断发展、进步的过程。早期的列车防滑器为机械离心式或电气混合式结构。我国铁路在 20 世纪 60 年代曾采用电气混合式结构的列车防滑器。随着计算机控制技术在工业控制中的迅猛发展,国外在 70 年代后期相继开展了微机控制防滑系统的研究与开发。进入 80 年代,国外推出的高速列车无一例外地采用微机控制防滑器,例如德国的 WGS-1 型防滑器、法国 TGV 列车使用的高性能防滑器等。我国在 80 年代后期对单板机防滑系统进行研究(如青岛四方机车车辆研究所)。90 年代,我国在引进、吸收国外技术经验的基础上,对微机控制的防滑系统进行了深入研究,取得了很大的成果,但与国外的先进水平相比还有一定差距。近年来,我国轨道交通发展很快,防滑控制的理论研究不断提高,防滑控制的很多参考条件不断变化,需要对其更深入地研究与开发。

我国现有的防滑器适应速度较低,而且主要在防止滑行上下功夫,只在一定程度上考虑了充分利用黏着的问题,但是高速车辆用防滑器要求在具有良好防滑性能的同时,具有改善和提高黏着的性能。目前,我国很多轨道车辆安装的是国外进口的防滑系统,价格较贵,因此设计出具有高灵敏度的防滑控制系统对于我国轨道交通的发展具有重大意义。

7.1.2 防滑控制的机理分析

1. 黏着机理

黏着是表示轮轨间关系的铁路专用术语,黏着力是指轮轨接触面切线方向传递的力。轮轨之间的黏着是轨道交通车辆形成制动力和牵引力的基本依据。

黏着系数表示了黏着的利用程度,它是具有一定分散性的随机因数,服从统计学规律。黏着系数的大小与滑移率的大小直接相关,两者的相关规律只有通过大量试验才能得出。据各种试验确认,在滑移率大于 30% 时,应视为黏着破坏,出现宏观滑行的界限。这种观点已经得到公认。当然,这条界限也是有些余地的,但这时黏着系数已随滑移率的增加呈明显下降趋势,而且量值在 0.25 以下,难以保证列车正常制动。

改善黏着条件，提高黏着利用率，可以充分发挥列车的制动和牵引性能，同时能有效地防止滑行和空转，减少列车和线路设备损伤。无论是摩擦制动还是动力制动，都是利用轮轨间黏着力的作用。摩擦制动力过大，会把车轮抱死而滑行。动力制动的制动力如果超过轮轨黏着力，车轮的反力矩将过大，导致车轮逆转。

过去改善黏着的方法之一是撒沙，这种方法对列车启动时防空转比较有效。但是在高速制动时，因沙子无法正好撒在钢轨面上，因此效果很差。有的国家研制出先进的撒沙器或把沙子制成悬浮体喷洒在轨面上，并取得了成功，但成本太高。用化学方法清洗轨面，可以明显地改善轮轨间的黏着，但只能用于黏着状态特别不良的区间。国际铁路联盟试验研究所专门进行了电火花处理轨面的试验，利用电火花清除油污，使轨面活化，明显地提高了黏着。但由于电火花处理轨面消耗功率太大，以及对轨道电路和通信产生干扰等原因，所以该方法不能广泛应用。

其实，影响利用黏着的因素还很多，例如车轮滚动圆直径不完全相等、车辆的摇摆运动过大、车体与转向架的垂直振动过大等。这些因素涉及很多技术问题，要充分利用黏着，必须全面考虑。

2. 蠕滑理论

从20世纪60年代以来，众多学者研究指出：滑动实际上包含有益效应和有害效应。一般来说，滑动反映的是传力条件，黏着反映的是滚动条件。在力的方向上，接触面前沿的黏着区消失，这时的滑动是有害的；反之，则是有利的。这就是著名的蠕滑理论。从物理上说，由于黏着区消失，意味着力的传递过程被中断。从滑动是传力的必要条件和黏着是传力的充分条件来判断，这种概念的延伸也是正确的。

然而，黏着系数不代表传统的摩擦系数。根据近代滚动理论的发展，它实际上是静摩擦系数、法向压力、接触面积轴长比以及材料弹性常数四者的函数。

从宏观上看，轮轨相对滚动时，法向力是切向力存在的必要条件。简单说来，蠕滑是宏观上轮子非纯滚动的状态，由于轮轨的三维弹性形变，轮轨接触面上存在微观的黏着区和滑动区，因而轮子在钢轨上滚动时存在一定的相对滑动，即车轮轮心前进的速度 v 总是低于车轮的圆周速度 ωR_i。这是由于在力矩 M 的作用下，轮轨接触面产生向后的弹性变形。这个现象称为蠕滑。蠕滑大小的程度可用滑移率 σ 表示，即

$$\sigma = \frac{\omega R_i - v}{v} \times 100\%$$

但是在实际应用蠕滑理论控制黏着的过程中，一般都把轮对的轮周速度与轮心位移速度之差相对于轮心位移速度的比值定义为滑移率。这是因为在列车上比较容易检测到轮对转速和列车的实际运行速度。虽然这是一种近似表示方法，但便于获得检测信号，使防滑控制系统开展工作。

此外，在一些滚动接触理论中，滑移率定义为有切向力作用时车轮滚过距离与无切向力作用时车轮滚过距离之差的变化率。也就是说，如果轮轨之间不存在干摩擦，车轮将在钢轨上纯滚动，滚过的距离等于车轮所转圈数乘以车轮圆周长所得的距离（$n \times 2\pi R$）。然而，由于干摩擦的存在，车轮的滚动已不再是纯滚动，而是伴随有车轮相对钢轨的滑动发生。这也反映了接触面上的干摩擦引起能量的消耗，车轮实际滚过的距离与纯滚动距离

之差的变化率用滑移率来描述，即

$$滑移率 = \frac{车轮实际滚过的距离 - 纯滚动距离}{纯滚动距离} \times 100\%$$

把位移变化对时间求导数，就变成了速度关系。由于位移约束是对车轮和钢轨分别求得的，因此由求导得到的速度约束分别属于车轮和钢轨。这是精确的滑移率关系。如果车轮和钢轨的绝对速度都可以测定，那么利用精确的滑移率表达式就可以向控制系统输入精确的信号，将轮轨之间的复杂运动都纳入控制范畴。然而，就目前绝对速度的测量尚未被突破的现状说来，这种精确控制仍是不可能的。

蠕滑现象是一种轮轨设备都可以接受或"容忍"的微量滑行现象，但在理论上它又是一个可以划分为若干个阶段的发育过程。利用滑移率的量值变化，可以将轮轨作用情况做出新的分层分类，如下所述。

1) 正常运行区

正常运行区划分为以下两个阶段。

① 微量滑移阶段（弹性形变阶段）：$\sigma \leqslant 0.2\%$。

② 轻度滑移阶段（弹塑性形变阶段）：$0.2\% \leqslant \sigma \leqslant 1\%$。

2) 稳态运行区

稳态运行区可划分为以下两个阶段。

① 稳定滑移阶段：$\sigma = 1\% \sim 25\%$。

② 振荡滑移阶段：$\sigma = 26\% \sim 35\%$。

3) 非稳态运行区

非稳态运行区有一个阶段，即打滑阶段——$\sigma > 35\%$。

4) 锁轴滑行区

在锁轴滑行区，轮对速度下降，直至趋于零，产生轮对与钢轨的滑行。

防滑控制一般在 $\sigma \leqslant 35\%$ 以内，也就是在稳态运行区中进行。还可以把稳态运行区按照滑移性质再划分成三个阶段，即稳定滑移阶段、自复滑移阶段和临界滑移阶段。其具体划分方法如下所述。

① 稳定滑移阶段：$\sigma < 10\%$，可以不做调控或做低级调控。在该阶段，应尽量挖掘黏着潜力，提高制动性能，充分利用这个控制区。

② 自复滑移阶段：$\sigma = 10\% \sim 26.0\%$，已有滑移量迅速扩大的趋势，应做必要的比例调节来抑制滑移量。它是防滑控制最主要的区域，也是防滑控制体现其控制价值的最佳区域。

③ 临界滑移阶段：$\sigma = 26\% \sim 35\%$，此时黏着已经破坏，进入宏观滑行的界限。随着黏着系数下降和滑移率增大，轮轨间已无能力产生可与待续制动力相平衡的切向力。必须在此区域实行高级别的控制，以抑制滑移发展成为宏观上的滑行。

3. 车轮滑行的形成

研究表明，轮轨间的切向力与轮轨间的滑动是同时存在的，并且两者之间有一定的变化规律。黏着控制就是要通过对微观滑移量的检测，给控制系统以控制信号，通过控制滑移，使列车处于最佳黏着条件下运行。因此，控制滑移率，也就是为了提高黏着的利用率。

为了有效利用轮轨之间的黏着并控制蠕滑,世界各国的铁路专家进行了大量的、卓有成效的试验和计算分析,得到了许多相关曲线,其中的 KALLER 滑移理论曲线得到世界公认。图 7-1 所示为 KALLER 滑移理论曲线(理想、干燥、无污染条件下)。由该图所示黏着系数—滑移率曲线可知,当黏着系数随滑移率的增大而达到最大值 μ_{max} 时,若继续增大滑移率,将使黏着系数急剧下降。这种性质是干摩擦本身所固有的,对于列车来说却是灾难性的。

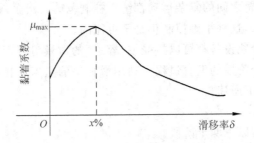

图 7-1　KALLER 滑移理论线

如果这时制动力的下降速度赶不上黏着系数的下降速度,那么由这种下降速度不平衡建立起来的力的不平衡,将只能由车轮自己来消化。滑行就是这种自我消化的产物。为清晰起见,下面先介绍制动过程中制动力与黏着力之间的关系。

① 制动力由制动装置提供,其给定值根据需要由司机制动手柄发出。

② 这里所指的黏着力是由轮轨接触产生的,尽管许多因素可以影响它,但是轮轨接触过程中产生的黏着力是由干摩擦决定的。这里的黏着力是对一种传统习惯解释的沿袭,实质上是切向力,而且包含纵向力和横向力。

③ 列车产生制动效果的必要条件是:制动力小于或等于黏着力(切向力),即制动装置提供的制动力应该与轮轨接触产生的黏着力相互平衡。一般在正常情况下,都能够满足上述关系。但由于产生黏着力的能力是经常变化的,偶然会有所失调,撒沙可以弥补;然而对于高制动力和高轴重的情况,由于轮轨产生黏着力的能力已经饱和,制动力与黏着力之间的关系破裂,一旦产生这种沟通被截止的条件,制动力只好在车轮中自己消化,造成滑行。

④ 接触面内的黏着面上没有轮轨的相对滑动,即没有速度差,因此黏着面不能传递制动力。制动力是靠滑动力传递给钢轨的。也就是说,制动力是靠滑动区内轮轨两者的变形差传递的。很显然,外界加在轮轨接触面的法向力和切向力越大,变形差越大。只要摩擦系数足够大,这些变形差就能产生足够的切向力而与制动力相平衡。干摩擦传递外界切向力的上限是库仑极限摩擦力,因此接触面间的自然摩擦系数越低,这个传力能力的上限就越低。没有电机特性和黏控装置的配合,不可能自然地由低的黏着上限向高的黏着上限恢复。也就是说,传力的平衡条件一旦被破坏,只能重建平衡,或者是在新的黏着上限上恢复黏着条件,以确保力的传递路线导通,并避免能量在车轮中自我消化。必须指出的是,当上述边界条件确定后,用黏着系数乘法向力计算黏着(切向)力。这是一种表示法,其含义是:当法向力产生的法向应变不影响切向应变时,库仑极限摩擦力等于黏着系

数乘法向力。

⑤ 滑行的定义域。如上所述,滑行是在不满足传力的充分必要条件时,制动功率在车轮中自我消化的产物。因此,滑行本质上属于滑移的广义定义,满足条件的轮轨切向变形差或速度差(相对滑动)称为滑移,不满足的称为滑行。这反映了由微观到宏观的演变。显然,制动力与黏着力之间平衡的破坏或黏着面积从接触面前沿消失,即为黏着破坏。黏着破坏需要尽快重建平衡或重建黏着区。必须注意:黏着区的调整是滑动区扩大造成的,而滑动区的扩大是由蠕滑率的扩大引起的。因此,重建平衡条件的过程通常也是重建黏着区的过程。延误了重建时机,就会发生制动滑行现象。

7.1.3 防滑控制系统

黏着失去的根本原因是制动力大于所能实现的黏着力。恢复黏着的有效手段是使制动力减小,以满足"制动力小于所能实现的黏着力"这个平衡条件。前面已得出结论,黏着一旦被破坏,单靠轮轨系统本身是不可能恢复的,必须有外部因素介入,才能使黏着恢复。电子防滑控制装置实质上就是一种非常合适的外部干预,用于帮助轮轨间的黏着恢复。

防滑控制装置的功能是:一旦检测到因外界因素或较大的制动力引起黏着系数下降,就立即实施控制,尽快使黏着恢复。这种恢复应尽量接近当时条件所允许的最佳程度,即再黏着恢复必须充分提高黏着利用率。

1. 防滑系统的基本结构

典型的防滑控制系统主要由控制单元、速度传感器与机械部件防滑阀组成。其中,控制单元是防滑控制系统的核心部分。图7-2所示为电子防滑控制装置的示意图。

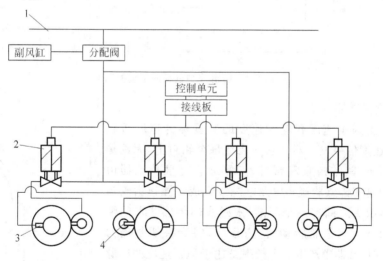

图7-2 电子防滑控制装置示意图
1—制动主管;2—防滑阀;3—速度传感器;4—制动缸

防滑控制系统的形式是多种多样的,但工作原理基本相同。列车制动时,当车轮由于轨道污染、气候潮湿或者制动力过大而被"抱死"时,轮轨间立即产生滑行。在这一瞬间,该车轮的减速度必然大大超过列车的减速度，达到一个相当大的值。也就是说，被"抱死"的车轮与其他正常运行的车轮之间有一个很大的速度差。防滑控制系统可以通过速度传感器检测出列车的正常速度，以及列车与"抱死"车轮间的速度差。这两个检测信号被传送到防滑控制系统的微处理器。微处理器根据比较和判断，发出防滑控制指令。防滑控制系统的执行装置按指令采取措施，使该车轮的制动力迅速下降，快速缓解车轮的滑行。当滑行消失，微处理器得到速度信号后，重新发出指令，恢复该车轮的制动力。防滑控制系统的工作原理框图如图 7-3 所示。

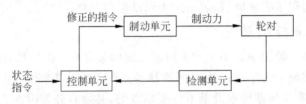

图 7-3　防滑控制系统的工作原理框图

防滑控制过程的逻辑框图如图 7-4 所示。

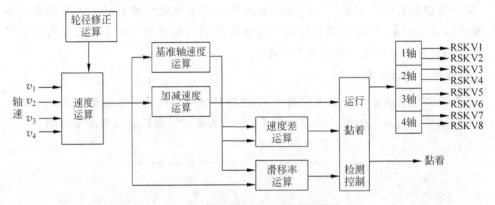

图 7-4　防滑控制过程的逻辑框图

1) 速度传感器

用于检测列车速度和轮对速度的装置称为速度传感器，又称为速度信号发生器。它安装在每个轮对上，无论是拖车还是动车，其结构原理如图 7-5 所示。速度传感器由测速齿轮和速度传感器探头以及电缆线组成。测速齿轮与速度传感器探头之间有一个间隙，永磁式的传感器在间隙中感应磁力线。当齿轮转动时，齿顶、齿谷交替切割磁力线，在永磁式传感器中产生一个频率正比于运行速度的电脉冲信号。这个电脉冲信号就是送入微处理器的速度信号。

2) 防滑电磁阀

防滑电磁阀（以下简称防滑阀）是轨道车辆中电子防滑系统的主要组成部分。它是防滑控制回路中的执行机构。防滑阀的结构虽然形式各异，但就现有的国内和国外的防

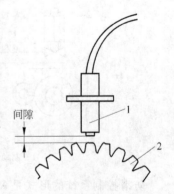

图 7-5　速度传感器的结构原理
1—速度传感器探头；2—测速齿轮

滑阀来说,其设计要求和工作原理几乎相同。当防滑控制系统不发出防滑指令时,防滑阀对正常的制动和缓解不产生不利的影响。当防滑控制系统发出防滑指令而具有防滑功能时,通过控制防滑阀的励磁线圈使铁芯动作,改变防滑电磁阀内的压力空气通路,排放制动缸的压力空气或恢复制动缸压力,实现减压防滑功能。

上海地铁车辆空气制动系统中使用的一种防滑电磁阀 WMV-2/2 ZG 是一种间接控制的二位三通阀,其特点是能控制和改变压力空气连接,使其工作范围在 $(0\sim10)\times10^5$ Pa。当防滑阀处于关闭位(如图 7-6 所示)时,电磁阀无信号,处于失电位。这时,预控阀座 V_1 到活塞的通路被切断,活塞上方压力腔内的压力经阀座 V_2 排到 0。在压缩弹簧 9 的压力下,活塞保持在上端位与活塞连成一体的垫圈 D_2 紧靠阀座 V_4。进气口 A 和排气口 B 的通路被打开,排气口 B 到排气口 C 的通路被切断。进气口 A 和排气口 B 分别与制动储风缸和单元制动机的制动缸连接,对正常制动不起作用。排气口 C 与大气相通,也对制动无任何作用。

当电磁阀线圈励磁后(如图 7-7 所示),磁铁被电磁线圈吸起。预控阀座 V_1 被打开,阀座 V_2 关闭。从连接端口 Z 进入阀体,再经过预控阀座 V_1 加在活塞上的空气压力使活塞克服压缩弹簧 9 的压力向下运动到下位端。垫圈 D_1 压在 V_3 上,V_4 打开。进气口 A 和排气口 B 的通路被切断,与排气口 B 连接的单元制动机制动缸内的压力空气经过阀座 V_4 和排气口 C 向大气排气,使制动缓解,实现减压防滑功能。

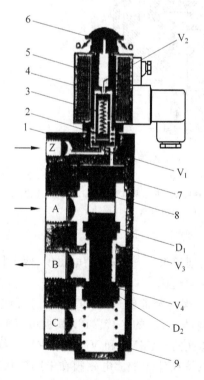
图 7-6 防滑电磁阀失电

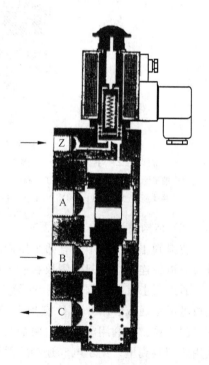
图 7-7 防滑电磁阀得电

1—上部壳体;2—压缩弹簧;3—衔铁;4—电磁线圈;5—反向衔铁;6—排气滤网;7—下部壳体;8—活塞;9—压缩弹簧;D_1,D_2—密封垫;$V_1\sim V_4$—阀座

目前，地铁车辆使用的电磁阀主要有 GV12A、GV12A-1A、GV12-1B、GV12-2、GV12-ESRA 等。

(1) 制动系统的排布

制动系统的排布如图 7-8 所示。防滑阀 D 室与控制阀或压力转换器进行气动连接，C 室与其控制的制动气缸连接。与防滑电子装置的电气连接采用三芯线。在防滑阀上设置了一个三极插头分离点。芯线Ⅱ和芯线Ⅲ用来控制排气和进气的两个阀用电磁铁，芯线Ⅰ是共用回路。

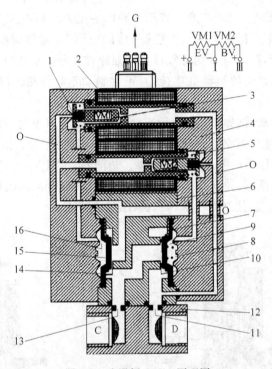

图 7-8　防滑阀 GV12 原理图

1—外部阀口；2—内部阀口；3—双阀用电磁铁；4—侧板；5—电枢弹簧；6—通道板；7—PD 膜板；8—锥形弹簧；9—控制室 S_D；10—阀座 V_D；11—喷嘴 d_D（并非所有型号）；12—阀门支架；13—喷嘴 d_C（并非所有型号）；14—阀座 V_C；15—PC 膜板；16—控制室 S_C

(2) 结构设计

防滑阀主要由一个带有两个换向膜板的通道板、一个双阀用电磁铁、两个将阀用电磁铁与通道板连接在一起的侧板和一个阀门支架组成。

通道板上有两个阀座（V_D 和 V_C）。每个阀座都能够通过 PD 膜板打开或关闭。PD 膜板可以接通或者断开从 D 室到 C 室（到制动气缸）的连接。PD 膜板可以使 C 室和 O（空气）相连。双阀用电磁铁由两个二位三通换向阀（VM1 和 VM2）组成。其线圈在一个共用的塑料壳里。用于电气连接的触销被浇铸在外壳上。电磁阀在未励磁状态下，两个电枢通过电枢弹簧的弹力将外面的阀口密封；内部的阀口被打开，如图 7-8 所示。

两个侧板中包括膜板控制室 S_D 和 S_C，以及通向双阀用电磁铁的输入管路。阀门拧在阀门支架上。支架上有 D 和 C 管路的两个连接螺纹口。阀门从支架上拆下后，喷嘴 d_D

和 d_C 便很容易接近(并非所有的型号都配备喷嘴)。

(3) 功能说明

① 无防滑系统的制动和松闸(阀用电磁铁 VM1 和 VM2 不励磁),包括缓解状态、制动状态和制动解除。

缓解状态下,如图 7-8 所示,阀门处于无压状态。PD 膜板通过锥形弹簧保留在阀座 V_D 上。

制动状态下如图 7-9 所示,VM1 和 VM2 不励磁,D 管路内的压力作用于 PD 膜板,由于控制室 S_D 仍然没有压力,膜板顶着锥形弹簧压向右侧末端,阀座 V_D 开启。

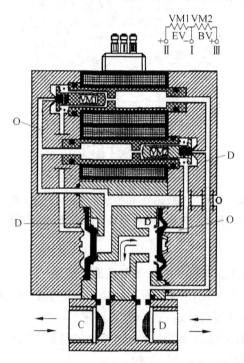

图 7-9　防滑阀 GV12 原理图(VM1 和 VM2 不励磁)

与此相反,通过开启的 VM1 内部阀口给控制室 S_C 加载 D 管路内的压力。D 管路内的压力(与阀口 C 的面积有关)作为一种闭合力作用于 PC 膜板,阀座 V_C 被关闭,D 与 C 管路间的通道开通。车辆可以无阻碍地进行制动。

在制动解除时,阀门仍保持上述制动状态中所述位置,即 D 与 C 之间的通道是开通的,如图 7-9 所示。当锥形弹簧的弹力超过 D 管路内压力时(与膜板的有效面积有关),在 D 管路内压力小的情况下,PD 膜板关闭。随着 D 管路内压力不断降低,V_C 阀座上的 C 管路内压力也会降低。无防滑系统的制动和松闸,通过防滑系统再次制动。

② 通过防滑系统松闸:两个阀用电磁铁励磁。

通过 VM2 给控制室 S_D 加载 D 管路内的压力,如图 7-10 所示。在 PD 隔膜上压力平衡,锥形弹簧将隔膜压到阀座 V_D 上。D 管路内的压力被阻断。

通过 VM1 给控制室 S_C 排气,C 管路内的压力将 PC 隔膜压向左面。阀座 V_C 打开,

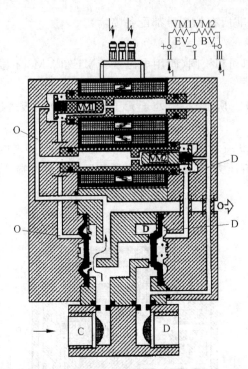

图 7-10 防滑阀 GV12 原理图（用防滑系统松闸、VM1 和 VM2 励磁）
（无防滑系统的制动和松闸，通过防滑系统再次制动）

C 压力通过 V_C 流向 O。

③ 通过防滑系统再次制动：两个阀用电磁铁不励磁。

控制室 S_D 排气，S_C 进气，如图 7-9 所示。功能相应于上述无防滑器。

④ 通过防滑系统保持压力恒定。

阀用电磁铁 VM1 不励磁，VM2 励磁。给两个控制室（S_D、S_C）加载 D 管路内的压力。如图 7-11 所示，隔板将阀座 V_D 和 V_C 关闭。

C 管路内压力与 D 管路内和 O 的通道都关闭。

通过有效操作阀用电磁铁的控制，不仅可以在排气阶段，也可以在进气阶段产生恒压等级。因此，根据防滑系统调节逻辑的要求，快速（无级地）或慢速（一级一级地）增压或降压。进气或排气的压力梯度（无级）由喷嘴 d_D 和 d_C 决定。喷嘴的大小取决于需控制的 C 管路容积（并非所有型号都配有喷嘴）。

(4) 防滑电磁阀在车辆上的安装

将防滑阀固定在车身上时，须使排气口方向向下。

为了保持尽可能低的无效时间和气流损失，注意使通向受控的制动气缸的输入管路要短，而且不能被节流。

防滑阀（除 GV12A 外）在阀门支架上有一个 C 管路压力的测量接口。这个测量接口在车辆投入使用之前必须密闭起来。

安装尺寸和技术数据请参见相关的安装图纸。

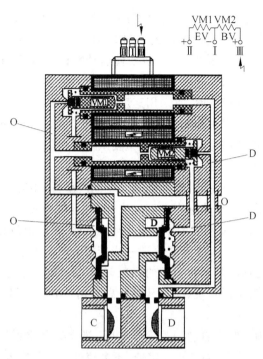

图 7-11　防滑阀 GV12 原理图（通过防滑系统保持恒压，VM2 励磁）

2. 防滑控制依据

防滑控制是在制动力即将超过黏着力时，降低制动力，使车轮恢复处于滚动或滑、滚混合状态，避免车轮滑行。然而，防滑控制的关键是首先正确判断什么时候为"滑行"。判断早了，会使制动力损失过大，无法充分利用轮轨间的黏着，使制动距离延长；判断晚了，会产生滑行，造成踏面擦伤，起不到防滑作用。

1) 速度差判据控制

速度差是某一根轴的速度与车辆速度的差值。防滑可针对速度差制定滑行检测标准。对于速度差标准，车轮磨耗的允许值有 6%～7%，加上其他公差，速度差范围很大。如果速度差标准定得太高，会造成防滑控制系统误动作；但如果速度差标准定得太低，会导致灵敏度降低（日本一般取速度差标准值为 15km/h）。如果按高速范围制定速度差标准，到低速时不能保证正常的防滑作用。因此，速度差标准不能是一个固定值，而应当是速度的函数。也就是说，速度差应随列车速度的减小而逐渐减小。确定速度差是否超限的阈值是随列车速度变化而变化的下坡函数，这就使系统变得复杂。

能否精确地测定轮对间的速度差是系统工作正确与否的关键。由于每个动轮直径不是绝对相同的，并且在运行中的磨耗各不相同，所以各轮对间的速度差总是存在，尽管此时并没有发生滑动。这就要求在检测轮径速度差时，必须考虑此轮径差异的因素，设置轮径矫正功能。我国运行的列车允许轮径差：同一节车为 10mm，同一转向架为 7mm。

速度差控制就是：当一节车的四个轮对（四根轴）中的一个轮对发生滑行时，该轮对的轴的速度必然低于其他没有滑行的轮对的车轴的速度，将该轴速度与其他各轴速度进行比较并判定滑行轴的速度与参考速度之间的差值。当比较差值大于滑行判定标准时，该车轴的防滑装置动作，降低它所控制的该轴制动缸的压力，此时该轴的减速度逐渐减小；当比较差值达到某个预定值时，防滑装置使制动缸保压，让车轴速度逐渐恢复；当其速度差值小于滑行判定标准时，防滑装置使制动缸压力恢复。

实践表明，车轮在连续滑行时，宜采用速度差判据控制。它需要把各根车轴联系在一起。同时，由于它往往受速度范围的制约，且对于车轮磨耗造成的轮对圆周尺寸的误差特别敏感，因此速度差标准的制定和设计是一个复杂的问题。

2）减速度判据控制

一节车的某一根轴滑行或四根轴以接近速度同时滑行，用速度差是判别不到的，需要采用减速度判据来控制。当车轮速度发生突变时，减速度值相应增大。当减速度值大于预定值时，防滑装置降低它所控制的制动缸压力；当减速度值逐渐减小，恢复到预定值时，防滑装置使制动缸保压；当减速度值进一步恢复，小于预定值时，防滑装置使制动缸压力逐渐恢复。减速度标准是相对独立的标准，被检测的轴与其他轴无关。由于有这个特点，所以绝大多数防滑控制系统（无论是机械离心式防滑器，还是电子防滑器）都采用此标准。

减速度判据值的确定对黏着利用也十分重要，部分防滑控制系统一般在减速度达到 $3\sim 4\,\text{m/s}^2$ 时降低制动缸压力，而且作为定值，不受速度变化的影响。

3）减速度微分判据控制

由于防滑机械部分动作的延迟使制动缸的压力变化作用滞后，有的防滑控制系统，例如安装在法国 TGV 车上的防滑器，在使用减速度判断的同时，引入了减速度微分进行辅助判断。因为当减速度达到判据标准时，虽然防滑装置动作，但需经过延迟时间 Δt 后，制动缸压力才开始变化。延迟时间内减速度的变化快慢会不同，即减速度的微分不同，有可能造成减速度变化快的防滑作用不良，而减速度变化慢的黏着利用不良。引入减速度微分控制后，可能解决上述问题。减速度微分控制的判据是

$$\left[a+\frac{\mathrm{d}a}{\mathrm{d}t}\Delta t\right]$$

式中：a 为开始检测计算时的减速度值；$\frac{\mathrm{d}a}{\mathrm{d}t}$ 为对减速度微分；Δt 为延迟时间。

假如判据达到"滑行"判断值，则防滑系统动作。经过延迟时间后，无论减速度变化快还是变化慢，制动缸压力开始变化的减速度值都是相同的。控制制动缸压力开始变化的减速度，可以保证良好的防滑作用和充分利用黏着。但这种判断方式对防滑系统要求较高，控制单元要有相当快的计算速度。

4）滑移率判据控制

滑移率是某一轴的速度与参考速度之差值与参考速度的比值。当采用滑移率作为判据控制时，认为某一轴的滑移率达到一定值时，便会发生滑行，即对该轴的制动缸压力进行控制，其控制过程与上述几种判据变化控制方法相同。

国外的试验表明：滑移率与黏着利用是密切相关的，控制滑移率可达到充分利用黏着的目的。日本的研究表明：当黏着系数为最大值时，滑移率随轨道情况而变化，干燥轨

道滑移率一般在 3%～10%,所以认为"在微小滑行时,即使不产生缓解作用,也会再黏着的情况很多,超过适当大小的滑行才进行缓解,有助于缩短制动距离"。根据法国的试验结果,除轻微滑移(蠕滑)的滑移率为 0.5%～15%时达到一个黏着系数峰值外,与黏着有关的较大滑移,滑移率在 5%～25%时有最大黏着点 B(如图 7-12 所示)。

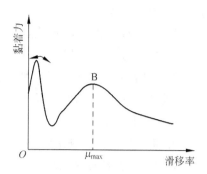

图 7-12　滑移率与黏着力的关系曲线

日本进行了专门试验,把滑移率维持在 10%以下。当滑移率低于 6%时,瞬时黏着系数变化很小;当滑移率超过 5%时,黏着系数趋于下降。这表明,如果制动缸压力能被准确地控制,即车轮的滑移率能维持在确定水平,黏着就能得到有效利用,相应地可防止滑行的产生。在日本 883 系摆式车组(最大速度为 130km/h)的制动试验中,使用常规防滑器,制动距离延长 15%;而采用滑移率控制的防滑器,仅延长 3%以内。

综上所述,根据轮轨间极限摩擦力水平,滑行控制的出发点是:在合理控制滑移率量值的基础上,充分利用和挖掘列车的黏着潜力,根据滑移率控制制动力,即通过控制制动力,使车轮滑移率保持在一定范围内,完全能在防止滑行的基础上充分利用黏着,防止制动距离延长过大。

3. 防滑系统的基本要求

1) 灵敏度高

在较高的速度范围内,由于黏着系数较低,本来就容易发生滑行,而且即使是在很短的时间内,因滑行距离较长,危害是相当严重的,因此防滑控制系统应该具有高灵敏度。

2) 防滑特性良好

所谓防滑控制系统的防滑特性,就是当车轮发生滑行,防滑控制系统检测到之后,通过逻辑线路和机械装置,立即切断动力制动,并且使摩擦制动的制动缸快速缓解;而当车轮停止滑行并恢复再黏着以后,制动缸重新充气的整个过程的特性。它不但取决于检测系统、机械部件的灵敏性,而且主要决定于防滑控制采用的控制方法及算法。防滑特性好,将取得良好的防滑效果,使制动距离延长较短等。一个好的防滑特性可以保证:制动效率高,防滑反复动作次数少,制动距离延长不是太多,节约压力空气。

4. 防滑控制系统应用比较

电子防滑控制系统的发展从控制模式上划分大致经历了三代。

1) 第一代防滑控制系统

国内外普遍采用的防滑控制系统是第 1 代"速度差、减速度(和滑移率)"控制式防滑控制系统,只要有一个检测参数超过设定值,就对制动缸进行大量排气,其控制状态基本如图 7-13 所示。该类控制方式的防滑控制系统存在很多缺点,如下所述。

① 缓解迟缓,造成滑移率不安定区的顶点 B 左移,不能有效防止车轮滑行。

② 由于使车轮安全脱离滑行状态所需的化解量较大,制动力难以沿轮轨黏着迅速恢

复,产生黏着损失。

③ 防滑器频繁动作,可能造成最终黏着时的制动缸压力不足,影响黏着利用。

④ 黏着与滑行交替进行,降低了轮轨黏着系数,如图 7-13 所示。

第一代防滑控制系统运用情况:日本新干线电动车组防滑控制采用的是油压制动系统,其响应灵敏度高。因此,采用第一代防滑控制系统的控制模式,可有效防止车轮擦伤,并减小黏着损失。

2) 第二代防滑控制系统

在第一代防滑控制系统的基础上,法国和日本进行了第二代"滑移率"控制式防滑控制系统的开发。这种防滑控制系统采用轴速度差、减速度及减速度微分联合控制,即使检测到车轮滑行,制动缸也不大量排气,而是逐渐降低制动缸压力,使滑移率维持在一定范围内,以充分利用连续滑行的增黏效果,其控制状态基本如图 7-14 所示。它的优点是:延长制动距离小,提高黏着利用;缺点是:加速了轮轨磨耗(这是它最大的缺点),反复进行大的滑行控制会导致总风缸压力下降,引起非常制动。

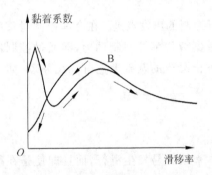

图 7-13　第一代防滑控制系统控制状态

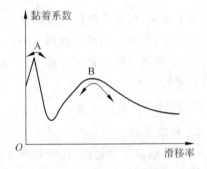

图 7-14　第二代防滑控制系统控制状态

第二代防滑控制系统运用情况:法国将滑移率控制在 10%～25%;日本证明滑移率控制在 10% 以内,可基本维持最大黏着不变。

3) 第三代防滑控制系统

为解决"滑移率"控制法的轮轨磨耗问题,日本进行了第三代"蠕滑"控制式防滑控制系统的开发。该防滑控制系统也采用轴速度差、减速度及减速度微分联合控制,并在图 7-14 所示的蠕滑力饱和点 A 附近 5% 的微小蠕滑区内进行再黏着控制。它的优点是:黏着利用率高,制动距离短,性能好;缺点是:对系统运算速度和检测精度要求高。

第三代防滑控制系统运用情况:仅日本在研制此类防滑控制系统。

总结国内外的研究经验,在防滑控制模式上,按滑行趋势和再黏着趋势划分更细致的控制,其主要控制模式如下所述。

① 被广泛采用的减压、保压和压力恢复的三模式控制。

② 用于小滑行的三模式控制(小减压、小减压保压、小减压恢复)。

③ 用于减少再滑行几率的压力恢复暂时保压模式。

④ 防止黏着系数和采用铸铁闸瓦时产生大滑行的控制模式。

⑤ 用于防止产生过大减速度和应力的控制模式。

小滑行和压力恢复暂时保压控制模式,是为了精密地保持黏着力和制动力处于均衡状态。

表 7-1 对各代防滑器的控制模式进行了比较。

表 7-1　各代防滑器的控制模式比较

防滑器类型 项目	第一代	第二代	第三代
特点	"速度差、减速度(和滑移率)"控制式	"滑移率"控制式	"蠕滑"控制式
控制阈值	减速度、速度差	轴速度差、减速度及减速度微分联合控制	轴速度差、减速度及减速度微分联合控制
控制模式	开关式二位阀结构的二模式(全制动和全缓解式)。有一个参数超过设定值,就对制动缸大量排气	三位阀阶梯形控制。检测到车轮滑行,制动缸不大量排气,而是逐渐降低制动缸压力,使滑移率维持在图 7-14 所示 B 点附近的一定范围内,以充分利用连续滑行的增黏效应	在图 7-14 所示蠕滑率饱和点 A 附近 0.5% 的微小蠕滑区内进行再黏着控制
运用情况	日本新干线	TGV 高速、东日本 E501 系电动车组,883 系特快电动车组	日本

5. 电子防滑装置简介

制动防滑器是高速列车制动系统中的重要组成部分。微处理器控制的制动防滑器是当今国际上最先进的防滑器,它主要用于盘形制动或其他单元制动机的四轴客车制动系统中;也可用于机车制动机,作为防空转和防滑装置。

制动防滑器的主要功能如下。

① 制动时,能有效地防止车辆轮对因滑行而造成的踏面擦伤。

② 制动时,能根据轮轨间黏着状态的变化调节制动缸压力,实现调节制动力,充分利用轮轨间的黏着系数,得到较短的制动距离。

现以 SF25Z 型准高速客车上采用的 MGS 微机电子防滑装置为例,说明如下。

MCS 微机电子防滑装置是从德国科诺尔(KNORR)公司引进的微处理机控制防滑装置。MCS 防滑系统操作简便,作用可靠,广泛运用于欧洲的高速列车上,其系统图如图 7-15 所示。

该装置由电子防滑单元 11、防滑阀 5、速度传感器 6、齿轮 7 及压力开关 4 等组成。其防滑过程简述如下:电子防滑单元接收来自速度传感器的信号,通过微机一系列软件处理,向防滑阀发出指令,控制制动缸压力,最终达到车辆制动时防滑的目的。

1)作用原理

(1)信号获得

齿轮安装于每个转向架二位侧的轴端上,每个齿轮有 80 个齿。车辆运行时,齿轮随轮对一起旋转。速度传感器安装于二位侧的轴箱盖上,如图 7-16 所示。速度传感器上的

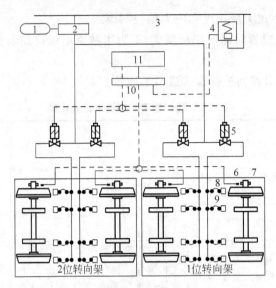

图 7-15 MGS 防滑系统图

1—副风缸；2—104 型分配阀；3—制动主管；4—压力开关；5—防滑阀；6—速度传感器；7—齿轮；8、9—单元制动缸；10—接线板；11—电子防滑单元

脉冲发生器与齿轮齿顶留有 0.4～1.4mm 的间隙。脉冲发生器不断地向齿轮齿和齿之间扫描。车轮每旋转一周，相当于齿轮向速度传感器发生 80 个脉冲信号，并转换为该轮对的速度信号。

（2）信号处理

电子防滑单元接收来自 4 个轮对的速度信号，形成该辆车的参考速度；同时，对速度进行微分，获得各轮对的加速度。电子防滑单元通过对速度和加速度的综合分析，判断各轮对所处的黏着和滑行状态，并适时地向各防滑阀发出控制信号，使系统在车辆制动时最有效地利用轮轨黏着。

防滑阀安装在转向架上，一辆车的 4 个防滑阀分别独立地控制 4 个轮对上的制动缸空气压力。防滑阀对制动缸的控制有排气、充气和保压 3 种作用形式。

压力开关安装在车厢内，它根据制动主管路压力的大小，自动关闭和接通防滑系统的电源，达到节电的目的。

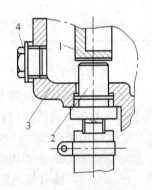

图 7-16 传感器安装图

1—齿轮；2—脉冲发生器；3—轴箱盖；4—观察孔螺堵

（3）监督功能

① 电子防滑单元中装有对各部件进行监督的软件，包括监督速度传感器及其产生的信号，监督防滑阀及进排气作用。一旦出现故障，这些监督软件将采取相应的措施，避免因防滑系统的错误对制动系统产生影响。

② 电子防滑单元还设有独立的监控器，它能识别电子防滑单元和上述监督软件非正常的工作。发现问题，及时发出相应的指令。

2）应用中的问题分析

车辆制动时,如轮对滑行,则防滑阀立即动作,排掉制动缸的一部分空气,使制动缸压力下降。轮对正常运转以后,防滑阀关闭排气口,副风缸压力补充至制动缸。在这一过程中,副风缸的压力降低。

因此,在选择副风缸容积时,除要考虑到制动缸一次制动副风缸压力下降外,还要考虑防滑器的影响。

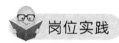

岗位实践

（1）检查沙箱内沙子余量：打开撒沙箱,确认撒沙箱内的沙子余量,应到达沙窗1/2以上。

（2）检查撒沙电机箱过滤网：用毛刷清理撒沙电机箱的过滤网,确认无堵塞。

（3）检查进风口过滤器：检查进风口的过滤器是否堵塞或者破损。如堵塞,进行清洗,用风反向吹过滤器。如果用风吹后,仍达不到进风良好的效果,应更换。如过滤器损坏,应更换。

（4）检查橡胶软管：检查橡胶软管是否老化、脱落及与其他部位干涉等现象。由于冬、夏温差比较大,应该每月至少查看一次,并进行撒沙实验,确认撒沙正常。

（5）检查连接软管：连接软管无松动,固定夹无脱落。

（6）检查撒沙加热：冬季撒沙加热正常。

思考题

1. 简述列车防滑控制的必要性。
2. 城轨车辆常用的防滑控制系统由哪几部分组成？
3. 车辆制动时为什么产生"滑行"？有什么危害？最重要的防滑方法是什么？
4. 简述防滑控制的依据。
5. 简述减速度判据控制的基本方法。

岗位工作 8

城轨车辆制动系统调试

知识目标

1. 掌握 KBWB 型制动控制系统的设计、组成、特点及控制概述。
2. 掌握 KBWB 型制动控制系统的组成。
3. 掌握 EP2002 型制动控制系统的组成。
4. 掌握智能阀、RIO 阀和网关阀的作用。
5. 掌握 KBGM 型制动控制系统的组成。
6. 掌握 KBGM 型制动控制系统主要部件的结构及作用。
7. 掌握 NABTESCO 常用制动、紧急制动、快速制动及坡道启动的控制过程。
8. 掌握 NABTESCO 车辆滑动保护的作用及工作原理。

能力目标

1. 能够分析并说明 KBWB 型制动控制系统的结构及特点。
2. 能够分析并说明 EP2002 型制动控制系统的结构及特点。
3. 能够分析并说明 KBGN 型制动控制系统的结构及特点。
4. 能够分析并说明 NABTESCO 型制动控制系统的结构及特点。

工作任务 8.1　EP2002 阀工作电压调试、强迫缓解调试

EP2002 型控制系统为电气模拟指令式制动控制系统,负责空气制动系统的控制、监控及与车辆控制系统通信,是轨道车辆制动控制系统中较先进、应用率较高的系统。此系统的核心部件为 EP2002 阀。本任务要求完成 EP2002 阀工作电压调试、强迫缓解调试工作。

【任务目的】

1. 掌握 EP2002 阀工作电压调试方法。
2. 掌握 EP2002 阀强迫缓解调试方法。

【任务内容】

1. EP2002 阀工作电压调试。
2. EP2002 阀强迫缓解调试。

【任务实践基本要求】

1. 在认真学习本任务"基础理论"内容的基础上完成实训。
2. 做好相关实训记录。
3. 遵守企业规章制度,按企业要求规范操作。

【设备及工具】

1. EP2002 阀。
2. 万用表。

8.1.1 KBWB 型制动控制系统

1. KBWB 型制动控制系统概述

KBWB 型制动控制系统是由英国 Westing 公司(现已被克诺尔收购)设计的制动系统。该系统按照整车模块化原则设计,集成度较高。它将微机制动控制单元、空气制动控制单元、风缸和风源等全部安装在一个构架上,维护简单,质量轻,并具有自我诊断及故障保护显示功能,其结构如图 8-1 所示。

KBWB 型制动控制系统属于模拟指令式制动控制系统。所谓模拟指令式制动控制系统,就是从司机室送往各车辆的制动电气指令用模拟量传递。该控制系统可获得无限级制动力,可对制动进行细微调节,因此比较适用于 ATC 控制的列车。该制动系统具有反应迅速、制动力大、制动距离短、停车精度高、安全可靠的特点。

模拟指令式制动控制技术是将变量输入微机,微机经过逻辑运算控制电磁阀,由电磁阀控制气阀,再由气阀直接控制制动缸压力,达到控制制动力的目的。这是一种先进的电空控制系统,其核心部分是电子控制单元。它输入制动命令、电制动施加信号、车体载荷信号、空气制动实际值的反馈信号,经综合运算后,输出电—气模拟转换和防滑控制的电信号,控制各种电磁阀,并根据制动要求和实际情况不断调整制动缸压力。系统的另一个重要部件是制动控制单元。它由模拟控制阀、紧急制动阀、负载限流阀、中继阀等电磁阀组成,集成安装在一块内通管路的模板上,接收电子控制单元的指令,完成电—气转换,实现对制动风缸压力的控制。

2. KBWB 型制动控制系统的组成

1) 供气单元

每辆带司机室的拖车上都装有 1 套供气单元,每列车共有 7 套供气单元,按奇偶数日

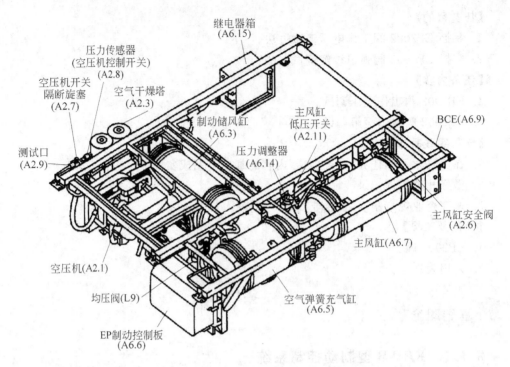

图 8-1　KBWB 模拟式电气指令制动系统集成化布置图

期定义为主供气单元或辅助供气单元。每套供气单元由空气压缩机组、空气干燥器及控制装置等组成,如图 8-2 所示。

2) 微机制动控制单元

每节车都装有一套微机制动控制单元(BCE)用于制动控制,它是双列车线需求信号、空气制动控制单元(BCU)和牵引系统之间的界面和桥梁。BCE 控制所有空气制动的常用制动,包括随需求信号和车辆载荷变化而变化的压力值。如果使用电制动,BCE 为电制动和空气制动的混合控制提供了界面划分,形成一个完整的制动系统。

BCE 还提供正常运行管理和故障检测功能,这些信息通过 FIP 数据线传给列车信息管理系统(TIMS)。数据线也可通过便携式计算机接口做简单的诊断和维修。

常用制动时,BCE 接收所有车辆的空气弹簧平均压力信号,根据该信号计算出该车辆制动所需的制动力,同时将反映车辆质量的载荷信号传送给 FIP 网络系统。拖车的载荷信号通过 FIP 网络传送到动车的 BCE 和牵引控制装置;动车的载荷信号通过 PWM 线传送到相应的牵引控制电子装置,牵引控制电子装置经过综合计算后决定制动力的分配。对于动车,电制动系统和空气制动系统同时存在,这两种制动系统都是由司机控制器或 ATO 自动驾驶装置控制。无论采用哪种控制,动车都能随时得到连续的电制动和空气制动。如果制动需求值超过电制动能力,空气制动根据总的制动力要求补充电制动力不足的部分。混合制动要求的制动缸的压力可以不一样,只要电制动和空气制动的和达到制动所需求的值即可。

BCE 还对空气压缩机(A2.1)和空气干燥器(A2.3)进行控制。

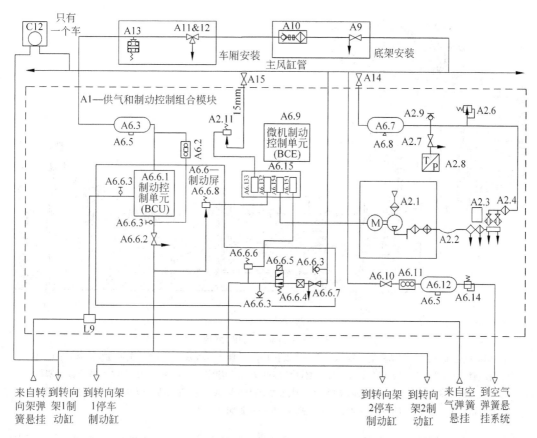

图 8-2 供气单元

A2.1—空气压缩机；A2.6—主风缸安全阀；A6.6.1—制动控制单元(BCU)；A6.6.5—停放制动实施电磁阀；A6.6.6—停放制动缓解电磁阀；A6.7—主风缸；A6.9—微机制动控制单元(BCE)；A13—制动实施和缓解电磁阀；A6.15—继电磁阀箱；L9—压力均衡阀

3) 空气制动控制单元

安装在拖车 A 和动车 B、C 上的空气制动控制单元(BCU)由于车辆载重不同而略有不同。空气制动控制单元(BCU)分为三个部分，即 EP 控制板、称重阀和主控阀，如图 8-3 所示。

(1) EP 控制板

EP 控制板是空气制动控制单元(BCU)的基座。它是一个阳极氧化铝的管道接口座，除了管道接口外，座上还安装了称重阀、主控阀等其他部件。EP 控制板的钢盖涂灰色油漆，装在管道接口座的前端，以保护其中的设备。钢盖由两个不锈钢插销定位锁住，钢盖上还有两个安全挂钩，保证在插销失效时钢盖不会跌落。

在管道接口座的背面有五个气路连接口，分别连接主风缸(MR)、空气弹簧(AS)、制动储风缸(BSR)、停放制动风缸(PB)和单元制动机风缸(BC)。每个接口都是内螺纹 BSP 型接口。除了这些接口，还有一个制动风缸排气端口。该端口前装有一个消声器。管道接口座的背面有两个 19 路的电气接口插座。空气压力转换信号接口为 C_1，BCU 驱动信

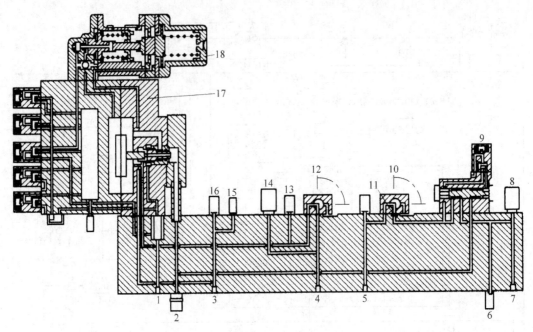

图 8-3 空气制动控制单元(BCU)

1—制动风缸接口；2—制动机消声器；3—空气弹簧接口；4—制动机压力接口；5—主风缸压力接口；6—停车制动测试点；7—停车风缸接口；8—停车制动缓解开关；9—停车制动消声器；10—停车制动截断塞门；11—主风缸测试点；12—主风缸截断塞门；13—制动机压力测试点；14—制动机压力开关；15—空气弹簧压力转换器；16—空气弹簧压力测试点；17—主控阀；18—称重阀

号接口为 C_2。管道接口座的背面还有一个 M10 的安装孔，用于安装接地线；在端盖下部有两个 M6 的安装孔，用于元件接地的端口。管道接口座有四个压力测试点，其中一个在背面，三个在前面。压力测试点可以在不拆除端盖的情况下使用。其测试对象为空气弹簧压力、单元制动机风缸压力、主风缸压力和停放制动风缸压力。

(2) 称重阀

称重阀是一种混合压力限制装置，它接收来自空气弹簧系统的压力信号(车辆的载重信号)，限制 BCU 向单元制动机输出的空气压力。如果空气弹簧压力信号因种种原因消失，称重阀假定超载性能，BCU 给出最大超载信号，使列车紧急制动。称重阀有三种规格，可根据车辆载重进行选择。

称重阀的构造如图 8-4 所示。其上部有一个进排气阀，与紧急电磁阀连通。来自制动储风缸的压力空气通过紧急电磁阀进入进排气阀的进气阀座。进排气阀下是一个输出口，通往控制腔室 Y。此外，还有一个输出压力室和一个检测阀与输出口相通。阀体中间是两个膜板腔室，主膜板与上膜板之间是排气腔室，里面有一个可上、下移动的排气杆。排气杆中间有排气通道，并有一个主弹簧，使其具有恒定的向上作用力。上膜板与下模板之间是一个控制腔室，来自空气弹簧的压力空气进入该控制室。下膜板也有一个活动阀片，有个偏置弹簧使它具有向上的作用力。当称重阀无来自空气弹簧压力信号时，上膜板和下膜板都与中间一个滑动块密贴无间。因此，偏置弹簧、活动阀片、滑动块、上膜板、主弹簧、主膜板和排气杆叠加在一起,形成一个向上的力,用排气杆的排气阀座口顶开进排气阀,使从紧急电磁阀来的压力空气通过进气阀座口进入输出压力室,并通过输出口进入控制腔室 Y。这时,进入控制腔室 Y 的空气压力最大,产生最大紧急制动力。

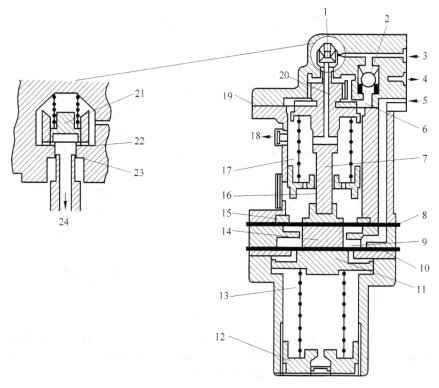

图 8-4 称重阀

1—进排气阀;2—检测阀;3—储风缸入口(BSR);4—输出口(通往控制腔室 Y);5—空气弹簧压力信号(ASP);6—输出压力室;7—排气杆;8—上膜板;9—控制腔室;10—下膜板;11—活动阀片;12—偏置弹簧座;13—偏置弹簧;14—滑动块;15—膜板圈;16—排气杆;17—主弹簧;18—排气口;19—主膜板;20—排气通道;21—进排气阀;22—进气阀座口;23—排气阀座口;24—排气通道

当称重阀接收来自空气弹簧的压力信号时,上膜板和下膜板与中间滑动块分离,它们之间充满压力。压力空气对下膜板和偏置弹簧有向下的反作用力,对上膜板和排气杆仍有向上的作用力,但作用力减小,并与空气弹簧压力信号成正比。这时,进入控制腔室 Y 的空气压力随空气弹簧压力变化,产生与车辆负载成正比的制动力。

(3) 主控阀

主控阀与气—电转换器、制动储风缸、空气弹簧、单元制动机和称重阀等制动设备气路连接。由两部分组成:一部分是电气转换部分,类似于 EP 阀;另一部分是输出放大部分,类似于均衡阀,如图 8-5 所示。

① 电气转换部分。

电气转换部分主要包括五个电磁阀、控制腔室 X 和气—电转换器。

五个电磁阀分别是两个缓解电磁阀、两个充气电磁阀和一个紧急电磁阀。缓解电磁阀和充气电磁阀分粗调和精调两种。五个电磁阀的一端都与控制腔室 X 连接,两个缓解

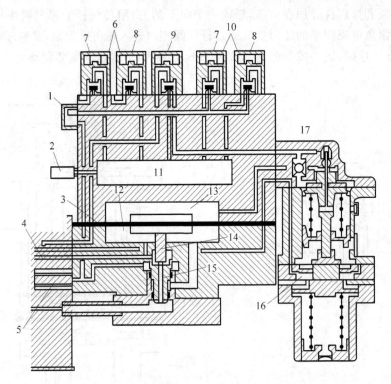

图 8-5 主控阀

1—过滤网；2—气—电转换器；3—控制膜板；4—通向单元制动机；5—制动储风缸；6—缓解电磁阀；7—精调；8—粗调；9—紧急电磁阀；10—充气电磁阀；11—控制腔室 X；12—控制腔室 A；13—控制腔室 Y；14—操纵杆；15—充排气阀；16—控气弹簧压力信号；17—称重阀

电磁阀的另一端通大气，两个充气电磁阀的另一端与制动储风缸连接，紧急电磁阀的另一端与称重阀连接。

控制腔室 X 除了与电磁阀连通外，还接有一个气—电转换器，将腔室内的气压转换成电信号，反馈给微机制动控制单元（BCE）。

② 输出放大部分。

输出放大部分主要包括控制膜板、控制腔室 Y、控制腔室 A、操纵杆和充排气阀。

控制膜板将主控阀下部隔成两个控制腔室，即控制腔室 Y 和控制腔室 A。控制腔室 Y 通过称重阀与控制腔室 X 连接。

控制腔室 A 内上部有一个操纵杆固定在控制膜板下面，下部有一个充排气阀。操纵杆在控制膜板的作用下，向下可顶开充排气阀的上口并堵住充排气阀的排气通道；向上则关闭充排气阀并打开排气通道。当充排气阀上口被顶开时，制动储风缸和控制腔室 A 与单元制动机连接，根据控制腔室 Y 的压力向单元制动机输出给定的制动压力空气，施加制动；当充排气阀上口关闭时，制动储风缸和控制腔室 A 与单元制动机的连接被切断，排气通道被打开，单元制动机的制动压力空气从排气通道排出，制动缓解。

(4) BCE 的工作原理

常用制动时，BCE 发出充气指令，两个充气电磁阀得电，开始对控制腔室 X 充气。在充气过程中,气—电转换器不断地把控制腔室 X 内的空气压力转换成电信号并反馈给 BCE。BCE 也不断发出调整指令,直到控制腔室 X 内的压力与指令值精确一致。这时,紧急电磁阀处于得电状态,控制腔室 X 与称重阀的进排气阀相通。如果有来自空气弹簧的压力信号,上膜板和下膜板都与中间滑动块分离,它们之间充满压力空气。排气杆将顶开进排气阀的进气阀座口,使控制腔室 X 的压力空气经输出口进入控制腔室 Y。控制腔室 A 的操纵杆在控制膜板的动作下,向下顶开充排气阀的上口并堵住充排气阀的排气通道,制动储风缸和控制控室 A 与单元制动机连接,根据控制腔室 Y 的压力向单元制动机输出给定的制动压力空气,直到控制腔室 A 和控制腔室 Y 平衡。充排气阀的上口关闭并仍堵住充排气阀的排气通道,施加的制动力与 BCE 发出的充气指令一致。

称重阀主要用来限制过大的制动力。由于控制腔室 X 内的压力受 BCE 的控制,而 BCE 的制动指令本身是根据车辆的负载、车速和制动要求给出的。因此,在常用制动中,称重阀几乎不起作用,仅起预防作用,以防主控阀的五个电磁阀控制失灵。常用制动时,主控阀和称重阀的状态如图 8-6 所示。

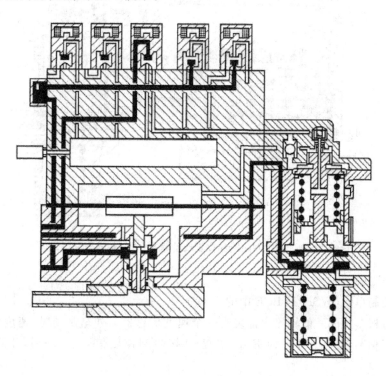

图 8-6 主控阀和称重阀的状态(常用制动时)

称重阀的主要作用是在紧急制动时发挥。在紧急制动时,紧急电磁阀失电,压力空气从制动储风缸直接经紧急电磁阀到达称重阀,中间未受主控阀的控制,而紧急电磁阀仅作为通路的选择,不起控制压力大小的作用。这时,如果有来自空气弹簧的压力信号,上膜板和下膜板都与中间滑动块分离,它们之间充满压力空气。称重阀的排气杆顶开进排气阀的进气阀座口,压力空气从制动储风缸进入输出控制室和控制腔室 Y。输出控制室里的压力克服主弹簧和上膜板与中间滑动块间的压力,将排气杆向下压,直到上膜板与中间滑动块间的压力消失,进排气阀的进气阀座口关闭。控制腔室 Y 的压力比常用制动时要高,并且空气弹簧的压力信号越大,控制腔室 Y 的压力越高。控制腔室 A 的操纵杆在控制膜板的动作下,向下顶开充排气阀的上口并堵住充排气阀的排气通道,制动储风缸和控制腔室 A 与单元制动机连接,根据控制腔室 Y 的压力向单元制动机输出给定的制动压力空气,直到控制腔室 A 和控制腔室 Y 空气压力平衡,充排气阀的上口关闭并仍堵住充排气阀的排气通道,施加的制动力即为受称重阀限制的紧急制动压力。紧急制动时,主控阀和称重阀的状态如图 8-7 所示。

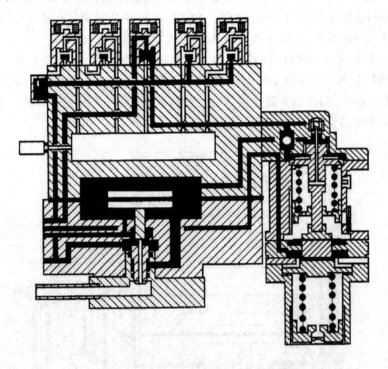

图 8-7 主控阀和称重阀的状态(紧急制动时)

4) 防滑控制单元

防滑控制单元(WSP)是 BCE 中的一部分。

列车每根车轴的一侧轴箱内都装有一个速度传感器。列车制动时,速度传感器将检测到的速度信号送入 BCE。BCE 中的 WSP 接收到速度信号后进行以下两项计算和比较。

① 一根车轴的减速度是否超过了先前设定的参数。

② 所有车轴的相对速度水平与预设值比较。

一旦 WSP 监测到某根车轴减速度过快,或是某根车轴转速与最大转速的车轴转速之差超出某个值,即判断该轴滑行,应进行防滑控制。

在进行防滑控制时,防滑控制单元通过减小该车轴的制动缸压力来控制车轮滑行的深度。WSP 通过对制动压力的修,自动将车轮转速调整到最佳水平,以便最大限度地利用黏着系数。

实际上,列车的微机牵引控制(PCE)和 BCE 各有一套车轮滑行监测和防护系统。当实施电制动时,PCE 通过减小电制动力来防止车轮滑行,同时向 BCE 提供一个 EDB 低电位信号,防止 BCE 用增加空气制动力的方法来补偿。但如果滑行信号的持续时间超过 2s,将取消电制动,只采用空气制动。

在空气制动时,防滑控制是通过 BCE 对安装在转向架上的双防滑阀的通气和排气的控制来实现的。双防滑阀实际上是两个完全对称的单防滑阀的组合,因此每个转向架只要配置一个,就能控制两个轮对。双防滑阀的结构如图 8-8 所示。

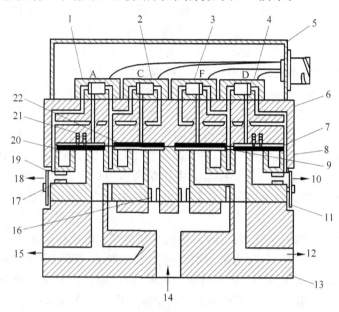

图 8-8 双防滑阀的结构

1,4—膜板排气阀；2,3—通气电磁阀；5—盖头；6—膜板盖；7—膜板排气阀 2；8—阀体；9—膜板通气阀 2；10—排气口 2；11—排气阻塞盖；12—输出口 2；13—管板；14—进气口；15—输出口 1；16—进气塞块；17—排气塞块；18—排气口 1；19—排气阻塞盘；20—膜板排气阀 1；21—弹簧；22—膜板通气阀 1

单防滑阀上部有两个电磁阀:一个称为通气电磁阀,另一个称为排气电磁阀。通过对通气电磁阀和排气电磁阀的得电和失电组合,形成防滑阀的三种工况,即通气、保压和排气。

(1) 通气工况

排气电磁阀 A 失电,阀板向左,使压力空气穿过底部的进气口,再经过排气电磁阀作用到膜板排气阀 1 的顶部,加上弹簧的向下顶力,膜板排气阀 1 下压关闭排气口 1 和输出口 1。同时,通气电磁阀 C 失电,阀板向左,穿过底部进气口的压力空气不能进入通气电磁阀 C。通气电磁阀 C 的另一端通排气口 1,不能作用在膜板排气阀 1 上。进气口的压力空气顶开膜板排气阀 1 的底部,把阀芯抬离阀座,进气口和输出口 1 形成通路,从 BCU 来的压力空气通过防滑阀,被送到单元制动机的风缸内。

(2) 保压工况

排气电磁阀 A 失电,阀板向左,压力空气从进气口穿过,作用在膜板排气阀 1 顶部。

在弹簧的顶压下,该压力关闭膜板排气阀1,并关闭排气口1和输出口1。同时,通气电磁阀C得电,阀板向右,穿过底部进气口的压力空气进入通气电磁阀C,作用到膜板排气阀1顶部,关闭膜板排气阀1,并关闭进气口和排气口的通路,使防滑阀保持压力,也就保证了单元制动机风缸的压力。

(3) 排气工况

通气电磁阀C得电,阀板向右,压力空气进入通气电磁阀C,作用到膜板通气阀1顶部,关闭膜板排气阀1,并关闭进气口和排气口的通路。同时,排气电磁阀A得电,阀板向右,从膜板排气阀1顶部来的进气压力被切断。原先进入单元制动机风缸的压力反过来克服弹簧的向下顶力,顶开膜板排气阀1,使输出口的压力空气从排气口1排出。膜板排气阀1顶部的压力也经排气电磁阀A送入大气。从进气口来的压力空气不能通过防滑阀,而原先进入单元制动机风缸的压力空气被排放到大气中去。

防滑阀在通常情况下处于不通电的状况,也就是通常处于通气状态。这时,从BCU主控阀来的压力空气全部经过防滑阀进入单元制动器风缸,产生预定的制动力。如果哪个轮对出现滑行,BCE会使相应的防滑阀的排气电磁阀动作,将单元制动机风缸中的部分空气排向大气,待滑行现象消除后,再分阶段恢复制动力。防滑阀的动作反应速度由安装在进、排气口内的阻塞盘的大小决定。由于防滑阀串联在制动通路上,在紧急制动期间,防滑功能依然有效。当紧急制动缓解时,制动缸内的空气经EP控制板上的消声器排向大气。

为确保制动系统的安全性,每个转向架的双防滑阀输出量都受到控制,且每个速度信号都被监视。在正常情况下,动力制动引起的滑行由PCE控制,空气制动引起的滑行由BCU控制。在动力制动模式下,如果出现较大的滑行,制动控制单元将发送信号给PCE的WSP,信号设为高电平。当PCE探测到这个输入信号正在变为高电平时,制动力迅速降为零。当制动力保持为零时,电制动一直是失效的。当WSP输入信号再次变为低电平时,制动力逐渐恢复。

在防滑控制时,制动力分两个阶段逐渐回升:第一个阶段,以接近冲击极限的速率回升,直到制动力达到设定值;第二个阶段,制动力逐渐回升到滑行出现时的制动力值,到达这一点时,防滑控制就完成了。这个滑行修正的参数能达到优化系统控制的目的,并将反复出现滑行的可能性降到最小。

3. KBWB型制动控制系统的控制过程

KBWB型模拟式电气指令制动系统采用模拟电空联合制动控制方法,其控制原理如图8-9所示。电气指令由驾驶台上的司机控制器DCH发出,采用PWM(脉宽调制)方式调制,能进行无级控制。每个BCE控制同一节车的两个转向架。

1) 输入信号

① 制动指令线:根据司机手柄的位置,由Encode编码器下达的指令,是两个脉宽调制信号(2PWM)。

② 制动信号LV:高电平保持制动命令,防止车辆停车前的冲动,使车辆平稳停车。低电平出现时,制动命令撤销。

③ 负载信号的传递线:拖车载重信号通过FIP线传输到动车的BCE装置。

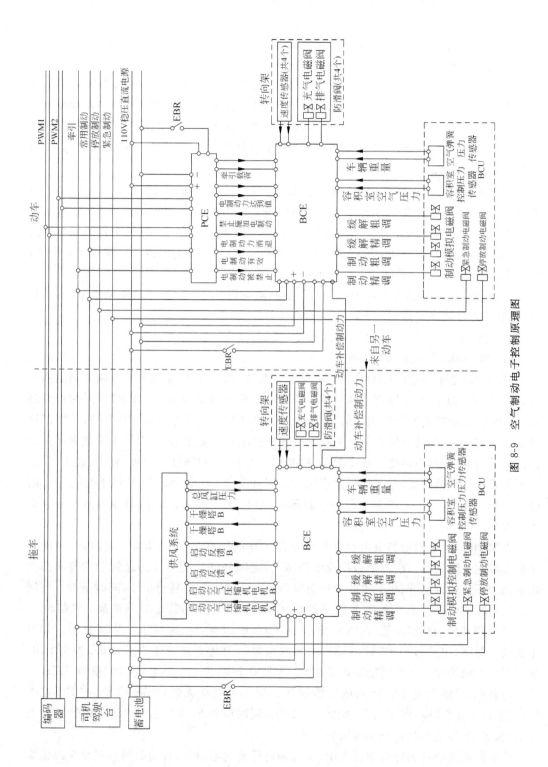

图 8-9 空气制动电子控制原理图

④ 紧急制动控制信号：跳过电子制动控制信号系统，直接驱动 BCE 中的紧急阀动作的安全保护信号。

⑤ 保持制动信号：防止车辆在停止时溜车。

2) 控制原理

① 司机控制器或 ATO 发出制动信号，制动列车线被激活，发出制动指令。动车 PCE/BCE 及拖车 BCE 经过对电制动信号、电制动实际值和电制动滑行等综合计算后进行判断。如果运行速度在 6km/h 以上，使用的主要制动模式是电制动，以空气制动为辅。

② 控制制动力大小的电流信号被编码器编译成两个 PWM 信号，PWM 信号由 PWM 列车线输出。

③ PWM 信号触发牵引系统单元的逆变元件，使所有电动机减速。为了使制动力效果最好，同时兼顾冲击极限的限制，总的制动力应综合考虑空气制动载荷要求。

④ 当司机手柄上发出最大制动力指令时，制动列车线被激活。它将提供最大制动力（快速制动），达到紧急制动的性能（$1.3m/s^2$ 的减速度）。除非列车线 LV 被设为低电平，否则快速制动将一直保持激活。但快速制动是可逆的。

⑤ 当列车运行速度在 6km/h 以下时，电制动取消，BCU 发出空气制动指令，制动控制功能由 BCU 独立完成。

3) 控制过程

(1) 常用制动与快速制动的实施

制动控制电子装置（BCU）和牵引控制电子装置（PCE）同时接收来自牵引和制动列车线的信号，并根据这些信号判定列车的运行工况。列车制动时，BCE 和 PCE 同时接收到双份 PWM 制动减速度脉宽调制信号（一个来自 PWM1，另一个来自 PWM2），并判断这两个信号的大小，取其中较大值作为制动减速度需求值。拖车 BCE 根据本车载重计算出所需制动力的大小，但是此时拖车 BCE 控制本车的 BCU 只施加一个极小的制动力（仅使闸瓦刚好接触车轮踏面，并不加到需求压力），同时通过 FIP 网络向动车 PCE 发送本车的载重信号（PWM）动车。PCE 根据动车的载重，加上 50% 的拖车载重，计算出所需电制动力的大小。

电制动时，再生制动和电阻制动交替使用。在网压高于 DC 1 800V 时，再生制动能平稳地转到电阻制动。在整个运行速度范围内，电阻制动功能单独满足制动的要求。在电制动力不足的情况下，动车和拖车分别根据各自车辆接收的制动指令，同时施加空气制动。如果电制动有效，PCE 给本车 BCE 发送"电制动有效"指令，禁止 BCE 施加空气制动。

当电制动施加到需求值后，PCE 向 BCE 发送"电制动力已施加"的 PWM 信号。如果电制动力足够，BCE 控制 BCU 不动作。如果电制动力达不到减速要求，BCE 控制 BCU 进行空气制动补偿。当电制动开始关闭时，PCE 向 BCE 发送"电制动关闭"信号，BCE 立即进行补偿，最终实现电空制动的平滑过渡。如果电制动无效，PCE 给本车 BCE 发送"电制动被禁止"指令，BCE 立即施加空气制动，同时向拖车 BCE 发送"动车补偿制动力无效"指令，通知拖车自行施加所需制动力。

在电制动失效或紧急制动过程中，空气制动将替代电制动，且根据列车载重全部施加空气制动。

当列车低速运行时,由空气制动代替电制动,实施"保持制动",使整列车停车。当车辆启动时,"保持制动"由牵引指令根据车辆牵引力的不断增大进行缓解,应防止牵引力不足时制动先完全缓解而造成列车倒退的情况。

如果某车空气制动缓解出现故障,可以操作安装在车端电器柜内的三通阀,隔断该车制动储风缸与总风管的通路。这时,制动储风缸的进气口与车体底架下的排气口相通,排出制动储风缸内的空气。当制动储风缸空气压力下降后,制动控制单元主控阀旁通管上的单向阀(检测阀)打开,单元制动机缸内的压力空气经由三通阀排向大气,实现强迫缓解。

(2) 紧急制动

紧急制动电气控制线路中有一个 EBR 触点与列车自动保护(ATP)及模式开关等联锁。列车运行中,EBR 触点始终吸合,紧急制动列车线与紧急制动电磁阀一同得电,BCE 不控制紧急制动电磁阀。但是,一旦触发紧急制动,EBR 触点断开,动车 BCE 接收到紧急制动信号后,立即向 PCE 发出"禁止电制动"信号。在紧急制动期间,所有动车的牵引电源被立即切断,只有当列车完全停下来后才可以缓解。紧急制动的触发条件是:①司机控制室内的"警惕"装置起作用;②按下司机控制台上的紧急制动按钮;③列车脱钩;④紧急列车线环路中断或失电;⑤主风缸压力过低;⑥ATC 系统发出紧急制动指令等。

紧急制动电磁阀是一种双入口大口径电磁阀,一般带电在正常状态下,紧急制动电磁阀与制动储风缸相通的入口关闭,与控制腔室 X 相通的入口打开。一旦紧急制动触发,紧急制动电磁阀失电,与制动储风缸相通的入口立即开启,而与控制腔室 X 相通的入口关闭。制动储风缸内的空气经空重车调整阀进入主控阀控制腔室 Y,顶开充排气阀,快速响应紧急指令,施加紧急制动压力。紧急制动力的大小由空、重车调整阀根据车辆载荷来调整。

(3) 停放制动

停放制动不受 BCE 控制。司机按下停放制动按钮,停放制动列车线与停放制动电磁阀失电,立即施加停放制动。当司机再次按下停放制动按钮时,停放制动列车线得电。只要总风管空气压力高于某设定门槛值,将压力空气送入停放制动缸,便能克服停车弹簧压力,使停放制动缓解。

EP 控制板内有一个停放制动缓解压力开关来显示停放制动的施加和缓解,司机可通过控制停放制动电磁阀来实施停放制动,以测试停放制动的性能及状态。

4) KBWB 型制动控制系统的特点

KBWB 型制动控制系统实现了空气制动与电制动的高度结合,在系统上保证了车辆运行的安全。列车制动时,不仅满足了电制动优先的要求,还实现了电空混合制动的平滑过渡,还设有冲动限制,以提高乘客乘坐舒适度。该系统的设计开发和应用是成功的,主要有以下几个特点。

① 采用模拟式电气指令制动控制系统,模拟方式为 PWM。
② 采用充气、排气各两个电磁阀进行精确闭环控制,实现 EP 信号转换。
③ 采用"拖车空气制动滞后控制"的制动控制策略,充分利用动力制动。
④ 常用制动采用空重车调整信号加微机计算给定信号。
⑤ 紧急制动根据空重车调整信号限制冲动,采用单独回路控制、失电控制和纯空气制动。
⑥ 防滑控制采用动力制动和空气制动分别控制。

⑦ 制动控制系统具有故障诊断、故障存储及故障显示功能,并可通过网络进行数据交换和监控。

⑧ 整个制动系统采用模块化,结构紧凑,重量轻。

8.1.2 EP2002型制动控制系统

1. EP2002型制动控制系统的组成

EP2002型制动控制系统是由德国克诺尔公司研制生产的,为电气模拟指令式制动控制系统,其核心部件是EP2002阀,负责空气制动系统的控制、监控及与车辆控制系统的通信。

EP2002制动控制系统与常规制动控制系统的最大区别在于设计思想不同:常规的制动控制系统采用车控式,即一个制动电子控制单元控制同一节车的两个转向架;而EP2002制动控制系统采用架控式,即一个EP2002阀控制一个转向架,当一个EP2002阀出现故障时,只有一个转向架上的空气制动失效,减小了对车辆产生的影响,同时对车辆轮滑可以针对每根轴进行相应的保护。

EP2002制动控制系统主要由EP2002阀、制动控制模块以及其他辅助部件组成,部件集成化程度高,节省了安装空间,也便于安装、使用和维护。图8-10所示为广州地铁3号线车辆动车气路原理图,拖车除了不设有空气供给装置、升弓装置、双针压力表和汽笛外,气路原理基本与动车相同。

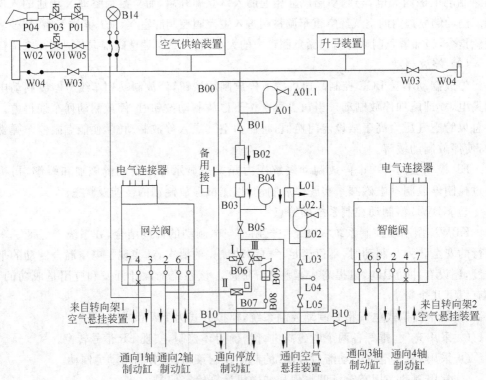

图8-10 广州地铁3号线车辆气路原理图(动车)

B00—制动控制模块;B10—转向架空气制动切除塞门;
P04—汽笛;W01—解钩电磁阀;W03—截断塞门

如图 8-11 所示的 EP2002 系统边界内，所有的 EP2002 系统采用 3 个核心产品安排到所需的网络配置中构成。这 3 个核心产品是 EP2002 Gateway 阀、EP2002 Smart 阀和 EP2002 RIO 阀，分别安装在底架上靠近它们所控制的转向架的位置（每个转向架 1 个阀）。这些产品通过一根专用的 CAN 制动总线连接在一起。

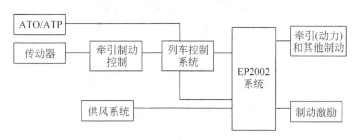

图 8-11　系统构架图

1) EP2002 阀

EP2002 阀相当于常规制动控制系统中的电子制动控制单元 EBCU（简写为 ECU）和制动控制单元 BCU（有时也写作 BECU）的集成部件。根据功能的不同，EP2002 阀分为智能阀、RIO 阀（远程输入/输出阀）和网关阀三种。每节车设有两个 EP2002 阀，每个 EP2002 阀都安装在其控制的转向架附近的车体底架上；所有的 EP2002 阀上都提供多个压力测试接口，可以方便地测量制动风缸压力、制动缸压力、载荷压力、停放制动缸压力等。EP2002 阀的主要技术参数如表 8-1 所示。

表 8-1　EP2002 阀的主要技术参数

项　目	网　关　阀	RIO 阀	智　能　阀
最高工作压力/kPa	1 030	1 030	1 030
允许环境温度/℃	$-25\sim+55$	$-25\sim+55$	$-25\sim+55$
防护等级	IP66	IP66	IP66
额定工作电压/V	110	110	110
额定功率/W	85	85	70
质量/kg	18.5	18.5	17.2
外形尺寸/mm	210×210×324	210×210×324	210×210×268

(1) 智能阀

智能阀是机电一体化的产品，包括一个直接安装在气阀上的电子控制部件，如图 8-12 所示。智能阀产生电控制信号直接控制气阀，对其控制的转向架的电空制动和车轮滑行进行控制，并通过 CAN 总线与其余 EP2002 阀通信。智能阀通过硬连线与列车安全回路（紧急制动回路）相连。当列车安全回路失电时，智能阀将使其控制的转向架产生紧急制动。Smart 阀的输入/输出如图 8-13 所示。

EP2002 Smart 阀是一个机电一体化的部件，它包括一个直接安装在气动伺服阀上的电子控制部分，称为气动阀单元（PVC）。每个阀分别按照由 EP2002 Gateway 阀通过 CAN 制动总线提供给它的制动要求来控制其所在的转向架上的制动执行机构中的制动缸压力（BCP）。该装置为每一个转向架提供摩擦制动和紧急制动，还执行每根轴的 WSP

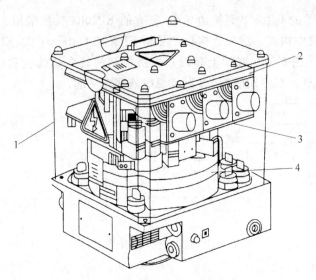

图 8-12 EP2002 Smart 阀结构
1—装置外壳；2—RBX 卡；3—PSU 卡；4—PVU

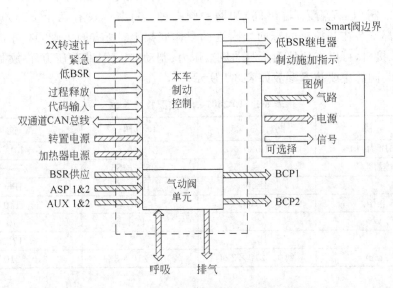

图 8-13 EP2002 Smart 阀的输入/输出示意图

控制。阀采用软件与硬件结合的方式予以控制和监视,能够检测潜在的危险故障。通过结合所在车轴的轴速数据和由专门的 CAN 制动总线传递的其他轴速数据,执行车轮防滑保护。车轮滑动保护是采用本车取得的轴速数据和从其他阀门获得的速度数据相结合,并通过专用 CAN 制动总线来提供的。

(2) RIO 阀

RIO 阀结构如图 8-14 所示。

RIO 阀除了具有智能阀的所有功能外,还可以通过硬连线与其控制的转向架上的牵引控制单元通信,使电制动和空气制动协调工作。

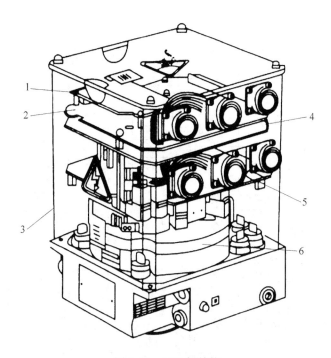

图 8-14 RIO 阀结构

1—可选择的模拟输入/输出卡；2—BCU；3—装置外壳；4—RBX 卡；5—PSU 卡；6—PVU 卡

RIO(远程输入/输出)阀与 Gateway 阀的输入/输出相同,但是它不进行制动控制运算,也没有安装网络接口卡。

RIO 阀读取可编程输入,主要的 Gateway 阀通过 EP2002 双通道 CAN 总线也可应用可编程输入。RIO 阀可编程输出的状态由主要 Gateway 阀控制。RIO 阀的输入/输出如图 8-15 所示。

(3) 网关阀(Gateway)

网关阀的结构如图 8-16 所示。

网关阀除了具有 RIO 阀的所有功能外,还具有制动管理的功能。另外,EP2002 制动控制系统(包括网关阀、RIO 阀和智能阀)由网关阀的通信卡通过 MVB 总线(或其他总线)与列车控制系统通信。

在任何 EP2002 系统中,EP2002 Gateway 阀内的制动需求分配功能将踏面制动的制动力要求分配到列车上安装的所有制动系统中,达到驾驶员/ATO 要求的制动力。

EP2002 Gateway 阀执行 EP2002 Smart 阀的所有功能,并且把踏面制动压力要求分配到安装在本车 CAN 网内的所有 EP2002 阀。它还提供 EP2002 控制系统与列车管理系统之间的接口。EP2002 Gateway 阀可以量身定制,以便与 MVB、LON、FIP 和 RS-485 通信网络和(或)传统的列车线及模拟信号系统接口。

Gateway 阀的输入/输出如图 8-17 所示。

2) 制动控制模块

制动控制模块主要由风缸及其他一些辅助部件组成。上述装置也被集成到一个构架

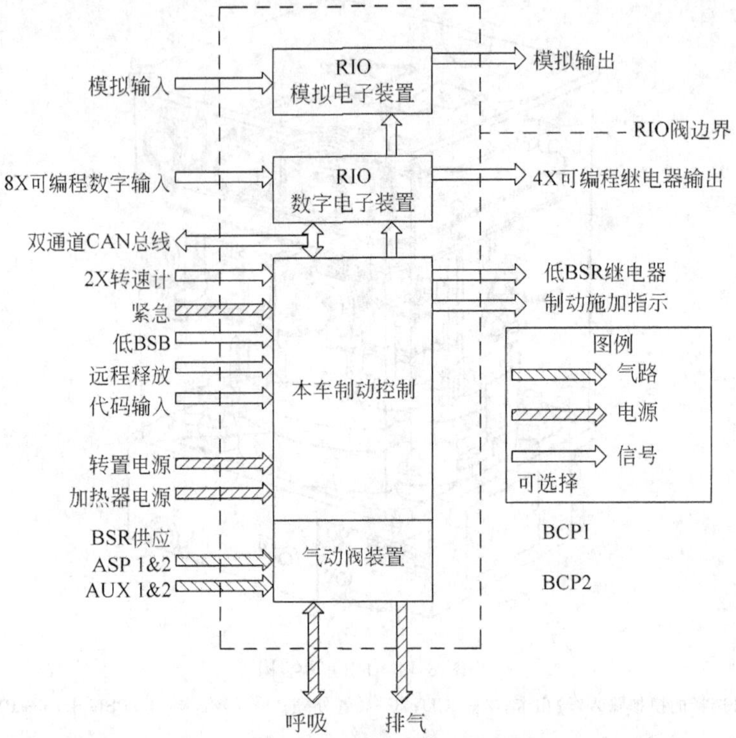

图 8-15 RIO 阀的输入/输出示意图

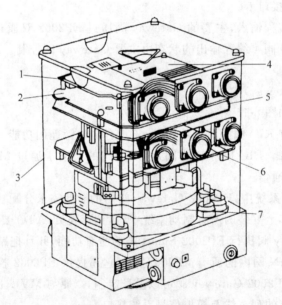

图 8-16 Gateway 阀结构

1—可选择模拟输入/输出卡；2—BCU；3—装置外壳；4—可选择网络 COMMS 卡；5—RBX 卡；6—PSU 卡；7—PVU 卡

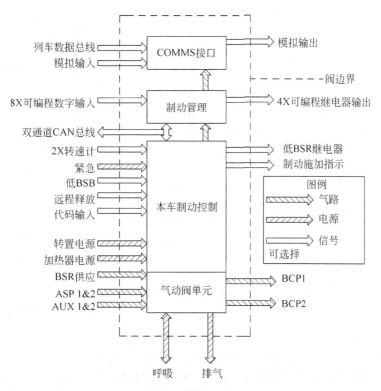

图 8-17　网关阀的输入/输出示意图

上,采用模块化结构,节省了安装空间,也便于安装、使用和维护。制动控制模块的主要作用是储存风源,施加和缓解停放制动,以及向 EP2002 阀和空气悬挂装置供风。

3) 其他辅助部件

(1) 空气制动力切除装置

为了便于维护和隔离,在制动风缸向 EP2002 阀供风的气路中设有两个塞门(B10)。一般将这两个塞门安装在座椅下,以便操作。操作其中一个塞门,可以将其控制的转向架上的空气制动切除。

(2) 双针压力表(B29)

在每个 A 车司机室内设有一个双针压力表(B29),用于显示主风缸压力和本车第 1 根轴上的制动缸压力。它带有内照明,并提供常规测试/校正用接口。

2. EP2002 型制动控制系统作用原理

1) EP2002 阀内部气路结构

所有 EP2002 阀的内部气路结构是相同的。为了便于理解,将其功能区域分成如图 8-18 所示的几个区域来说明。

① 主调节器("A"区域):由一个中继阀负责调整压力到相应载荷的紧急制动压力值。如果电子称重系统发生故障,该阀负责提供一个最小的空载紧急制动压力。

② 副调节器("B"区域):在主调节器的上游,副调节器负责限制供给到制动缸的最大压力不超过超员载荷下紧急制动压力的水平。

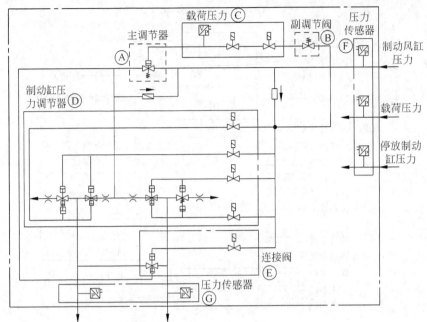

图 8-18　EP2002 阀内部气路原理图
A—主调节器；B—副调节器；C—载荷压力；D—制动缸压力调节器；E—连接法；F,G—压力传感器

③ 载荷压力("C"区域)：负责提供控制压力到主调节器中继阀。这个控制力在常用制动和紧急制动时有效，并且与空气悬挂压力(ASP1、ASP2)成正比。

④ 制动缸压力调整器("D"区域)：负责将主调节器的输出压力调整成所要求的制动缸压力大小。制动缸压力调整区域也负责防滑保护功能激活时的制动缸压力调节。为了安全起见，紧急制动电路和常用制动控制电路是分开的。

⑤ 连接阀("E"区域)：连接阀使制动缸压力连接到一起或分开。在常用制动和紧急制动时，两根轴上的制动缸输出气路连接到一起，以转向架为单位施加制动；在车轮防滑保护功能激活时，两根轴的制动缸压力被分离开，每个轴上的制动缸压力由制动缸压力调整阶段单独控制。

⑥ 压力传感器("F"和"G"区域)：压力传感器用于内部调节或外部显示（制动风缸压力、载荷重量、制动缸压力、停放制动）。

按照上述功能区域划分，仅为了方便理解该阀的内部气路特性。EP2002 阀是一种精密的机械电子阀，由上百个零件组成，供货时将以整体的形式提供给车辆制造商。

2) EP2002 型制动控制系统网络结构

EP2002 型制动控制系统的网络结构关系到列车制动控制以及制动力分配等关键问题。EP2002 型制动控制系统具有很高的可用性和灵活性，可与多种总线结构兼容，如 MVB 总线、RS-485 总线、LONBUS 总线和 FIP 总线等。制动控制系统网络结构的设置主要应从安全性、可靠性、经济性等方面考虑。下面以 6 节编组的地铁车辆为例，对目前应用较多的两种 EP2002 型制动控制系统网络结构进行说明。

(1) 半列车 CAN 总线网络结构

半列车 CAN 总线网络结构是将半列车所有的 EP2002 阀用 CAN 总线相连,并由 B 车和 C 车上的两个网关阀通过 MVB 总线(或其他总线)与列车控制系统通信,如图 8-19 所示。每半列车上 B 车和 C 车中的一个网关阀将被定义为主网关阀,另一个被定义为从网关阀。当主网关阀出现故障时,从网关阀能够自动接替主网关阀的工作,保证了系统的冗余性。如果 MVB 总线(或其他总线)出现故障,网关阀将按照默认状态工作。另外,CAN 总线由两对双绞线组成,具有较好的冗余性。

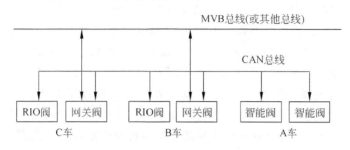

图 8-19 半列车 CAN 总线网络结构图

在 B 车和 C 车上各设置一个 RIO 阀的目的是:RIO 阀可以通过硬连线与其控制的转向架上的牵引控制单元通信,使电制动和空气制动协调工作。根据每个项目的实际情况,在充分研究网关阀与车辆总线信息传输量的情况下,考虑用网关阀与 MVB 总线(或其他总线)之间的通信来代替 RIO 阀与其控制的转向架牵引控制单元的通信工作。这样,B 车和 C 车上的 RIO 阀可以用智能阀代替,增强了部件的互换性,也减少了备品、备件的种类,经济性更好。

(2) 单节车 CAN 总线网络结构

单节车 CAN 总线网络结构是将每节车上的两个 EP2002 阀用 CAN 总线相连,并由每节车上的网关阀通过 MVB 总线(或其他总线)与列车控制系统通信。如果 MVB 总线出现故障,网关阀将按照默认状态工作。单节车 CAN 总线网络结构如图 8-20 所示。

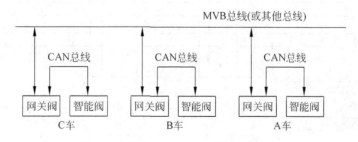

图 8-20 单节车 CAN 总线网络结构图

从安全性和可靠性的角度分析,半列车 CAN 总线网络结构中的从网关阀作为主网关阀的备份,具有较好的冗余性。如果 CAN 总线在 A、B 两车之间断开,将导致 A 车的空气制动失效,但发生这种故障的概率比较低。而在单节车 CAN 总线网络结构中,如果某节车上的网关阀出现故障,则本节车空气制动失效;如果某节车上的 CAN 总线断开,则一个转向架上的空气制动失效。经过上述对比可见,半列车 CAN 总线网络结构的安全性和可靠性略高于单节车 CAN 总线网络结构。

从经济性角度分析,半列车 CAN 总线网络结构比单节车 CAN 总线网络结构少使用一个网关阀,多使用了一个 RIO 阀或智能阀。如单纯从 EP2002 阀的总价格来考虑,半列车 CAN 总线网络结构的价格低于单节车 CAN 总线网络结构的价格,但是由于半列车 CAN 总线网络结构比单节车 CAN 总线网络结构使用的 CAN 总线更长,所以从综合成本考虑,两者基本相同。

3) EP2002 型制动控制系统的制动管理及工作逻辑

在单节车 CAN 总线网络结构的 EP2002 型制动控制系统中,一般选择由列车上的主车辆控制单元(VCU)负责列车的制动管理。除紧急制动外,主 VCU 控制列车电制动力与空气制动力的分配。制动力指令由列车总线传输给 VCU 和网关阀,主 VCU 连续循环计算车辆系统所需制动力的大小,实际总制动力值由车辆的载荷决定。主 VCU 再根据网压、电制动/空气制动分配特性,将总制动力合理地分配给电制动控制单元和空气制动控制单元。另外,为了使列车具有载荷补偿功能和制动故障时车辆内部制动力能合理分配,VCU 和网关阀之间通过列车和车辆总线进行实际制动力施加值的数据交换。

在半列车 CAN 总线网络结构的 EP2002 型制动控制系统中,可以选择由列车上的主车辆控制单元(VCU)负责列车的制动管理;也可以设置两个半列车 CAN 总线网络结构中的任何一个主网关阀作为整列车的主网关阀负责列车的制动管理,另一个半列车 CAN 总线网络结构中的主网关阀作为备份。

广州地铁 3 号线车辆采用由 VCU 来负责列车的制动管理的工作模式,其制动控制系统的工作逻辑图如图 8-21 所示。

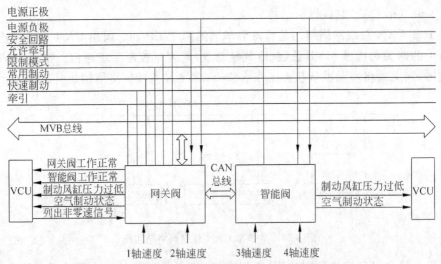

图 8-21 广州地铁 3 号线车辆制动控制系统工作逻辑图

4) 制动控制

(1) 常用制动

在常用制动模式下,电制动和空气制动都处于激活模式,以便电制动和空气制动之间及时转换。常用制动优先采用电制动；当电制动故障或电制动力不足时，由空气制动补充，以达到要求的常用制动减速度。常用制动具有防滑控制功能，并且受到冲击极限的限制。

每个 EP2002 阀测量其控制的转向架的载荷，并通过局部制动控制卡传输数据到 CAN 总线。CAN 总线内的主网关阀通过 MVB 总线（或其他总线）与列车控制系统通信，根据列车控制数据和转向架载荷为本节车的每个转向架产生单独的、与载荷信号相关的空气制动力指令，并通过 CAN 总线将指令发给各个 EP2002 阀。上述过程考虑到了每个转向架的黏着限制情况，每个局部制动控制卡通过气动阀和气动阀单元内的传感器反馈信号提供闭环摩擦制动控制。

(2) 快速制动

当司机操作司机控制器手柄，使其处于快速制动位时，快速制动被触发。快速制动是一种特殊的制动模式，与紧急制动的制动率相同。快速制动优先使用电制动；当电制动故障或电制动力不足时，由空气制动补充。快速制动命令是可以恢复的。快速制动时具有防滑控制功能，并且受到冲击极限的限制。快速制动时，EP2002 型制动控制系统的工作原理基本与常用制动时相同。

(3) 紧急制动

紧急制动是列车在紧急情况下采取的制动方式。紧急制动是通过列车安全回路来控制的。一般情况下，紧急制动由以下系统或元件触发：紧急按钮、列车超速、警惕按钮、车钩断钩、ATP 系统等。紧急制动一经触发，列车安全回路中断，触发信号传输给列车控制单元和牵引控制单元，牵引控制单元中断牵引系统工作。紧急制动是按照比常用制动更高的制动率设计的。紧急制动仅仅由空气制动提供，且制动命令在停车之前是不可恢复的。紧急制动时具有防滑控制功能，但不受冲击极限的限制。

(4) 停放制动

为了满足列车较长时间停放的要求，停放制动采用弹簧施加，压缩空气缓解方式，还具有手动缓解功能。EP2002 阀将实时监控停放制动缸的空气压力。

(5) 保压制动

激活保压制动的条件是：当地铁列车施加制动后，若检测到列车停车（列车速度约为 0.5km/h，根据不同的项目进行调整），由 EP2002 阀激活保压制动，防止列车溜车。保压制动力的大小将保证 AW3 载荷的列车停在最大坡度线路上而不会溜车。

缓解保压制动的条件如下所述。

① 司机将司机控制器手柄打在牵引位，每个牵引系统将牵引力的实际值发送给列车主 VCU。

② 主 VCU 计算列车牵引力实际值的总和。

③ 牵引力实际值的总和足以启动列车（不会引起列车后溜）。

④ 主 VCU 向 EP2002 阀发出"缓解保压制动"信号。

空气制动的状态信号将反馈给 VCU，VCU 通过该信号确认制动是否缓解。如果空气制动在某一时间段内没有完全缓解，主 VCU 将向各牵引系统发出中断牵引的指令，并再次施加保压制动。

(6) 车轮防滑保护功能

车轮防滑保护系统采用轴控防滑方式,包括防滑阀、测速齿轮、速度传感器、防滑电子控制单元。防滑电子控制单元和防滑阀都集成在 EP2002 阀内。

车辆防滑保护控制集成在 EP2002 型控制系统内。系统通过控制制动力来检测和校正车轮的滑行。安装于每根轴上的速度传感器用来监控轴速,这个信息共享于 CAN 区域内的 EP2002 阀。

如果 EP2002 阀检测到滑行,它将控制制动缸压力来校正该轴上的车轮滑行。当列车制动并且检测到滑行存在时,车轮防滑保护控制能独立控制每根轴的制动力。以下两种检测车轮滑行的方法用于确定低黏着情况的存在。

① 单个轴过大的减速度变化率。

② 每根轴和旋转速度最高的轴的速度偏差。

当由上述任意条件检测到车轮滑行时,负责其控制的转向架的 EP2002 阀将快速沟通该轴制动缸与大气之间的通路,通过减小制动缸的压力来消除滑行现象;同时,控制系统将定期执行地面速度检测,以便更新计算真实的列车速度。系统能根据轨道条件精确地控制滑行深度,这将改进后面车轮的黏着条件,在低黏着情况下使用最大制动力,同时确保没有车轮擦伤。当车轮防滑保护装置计算确定黏着条件回到正常状态时,系统将返回到最初的状态,地面速度检测将结束。

实际上,列车的防滑控制使用了两套完全独立的防滑系统:电制动防滑系统和空气制动防滑系统。电制动防滑控制由列车控制单元 VCU 中的牵引控制功能模块 TCF 执行,其控制以转向架为基础。一旦检测到滑行发生,施加在滑行转向架的制动力将减少。空气制动防滑控制由 EP2002 型控制系统执行。当滑行发生时,施加在滑行轴上的制动力将减少。在任何轴上,空气制动的滑行时间不超过 5s,否则,空气制动将自动恢复。

除此之外,EP2002 型制动控制系统还具有空气制动和停放制动状态检测功能、制动风缸压力过低检测功能、自测功能以及故障记录功能等。

3. EP2002 型制动控制系统的特点

1) EP2002 型制动控制系统的优点

① 减小了故障情况下对列车的影响。如果一个 EP2002 阀出现故障,则只有一个转向架的常用制动失效,地铁列车只需要对此转向架损失的常用制动力进行补偿即可;而如果常规制动控制系统中的微机制动控制单元 EBCU(简写为 ECU)出现故障,地铁列车需要对本节车损失的制动力进行补偿。所以,使用架控方式的 EP2002 型制动控制系统尤其适合于短编组的地铁列车(紧急制动力无法补偿)。

② 缩短了制动响应时间。根据克诺尔的试验数据,EP2002 型制动控制系统的响应时间比常规制动控制系统的响应时间缩短约 0.2s。

③ 提高了制动精确度。常规制动控制系统的精确度约为 ±20kPa,而 EP2002 型制动控制系统提供给制动缸制动力的精确度可以达到 ±15kPa。

④ 空气消耗量减少。由于 EP2002 阀靠近转向架安装,从 EP2002 阀到制动缸的管路长度缩短,所以制动时的空气消耗量将减小,空气泄漏量也将减小。

⑤ 节省安装空间,减轻重量,减少布管和布线数量。

⑥ 更高的可靠性和可用性,降低了故障率。根据克诺尔的计算,EP2002 型制动控制系统的故障率比常规制动控制系统的故障率减少了 50% 左右。

⑦ 维护工作量小。EP2002 型制动控制系统部件集成化程度较高,需要维护的部件较少,大修期从常规制动控制系统规定的 6 年提高到 9 年。

⑧ 缩短了安装和调试时间。

⑨ 可以根据每个转向架的载荷压力调整施加在其控制的转向架上的制动力,比常规制动控制单元以每节车载荷压力进行制动力控制更加精确和优化。

2) EP2002 型制动控制系统的缺点

① 关键部件维护难度增大。由于 EP2002 阀的技术含量和集成化程度高,如果 EP2002 阀出现故障,基本上需要将整个阀送回制造厂家维修,维修周期长;而常规制动控制系统出现故障,有经验的工作人员可以直接查找并更换故障部件(如压力传感器、防滑阀、印制电路板等),可大大缩短维护周期,减少对车辆产生的影响。

② 互换性差。在 EP2002 型制动控制系统中,如果一个 EP2002 阀出现故障,只能用相同类型的阀更换;而常规制动控制系统中的微机制动控制单元 EBCU,甚至 EBCU 中单独的印制电路板出现故障,在所有车上的设备中都可以互换。

③ 无直观的故障显示码。常规制动控制系统中的微机制动控制单元 EBCU 安装在车上的电器柜内,提供 4 位数字的故障码显示,有利于工作人员查找故障;而 EP2002 型制动控制系统没有直观的数字故障码显示功能,工作人员只能通过专用软件才能查找故障。

8.1.3 KBGM 型制动控制系统

1. KBGM 型制动控制系统概述

KBGM 型制动控制系统是由德国克诺尔(KNORR)公司生产的一种控制系统。该系统用一条列车线贯通整个列车,形成连续回路,其电气指令采用脉冲宽度调制(PWM),能进行无级控制。它的制动方式有三种,即再生制动、电阻制动和空气制动,分别为第一、第二和第三优先制动。其电空制动控制系统如图 8-22 所示。

在图 8-22 中,输入信号的功能如下所述。

① 制动指令。此指令是微机根据变速制动要求,即司机施加制动的百分比(常用制动为 100%)所下达的指令。

② 制动信号。这是制动指令的一个辅助信号,表示运行的列车即将制动。

③ 负载信号。这个信号来自于空气弹簧。

④ 电制动关闭信号。此信号为信息信号,它的出现,意味着空气制动要立即替补即将消失的电制动。

⑤ 紧急制动信号。这是一个安全保护信号,它可以跳过电子制动控制系统,直接驱动制动控制单元(BCU)中的紧急阀动作,实施紧急制动。

⑥ 保持制动(停车制动)信号。这个信号能防止车辆在停车前的冲动,使车辆平稳地停止。

当列车开始制动时,首先是动力制动,即再生制动和电阻制动。每个动车的电制动为主制动,且优先于空气制动,由于在电制动时不存在制动闸片或制动盘的磨损,因此这种方式更经济。电制动力对于特定速度和负载条件,可以满足列车单元(MC+TC)在没有

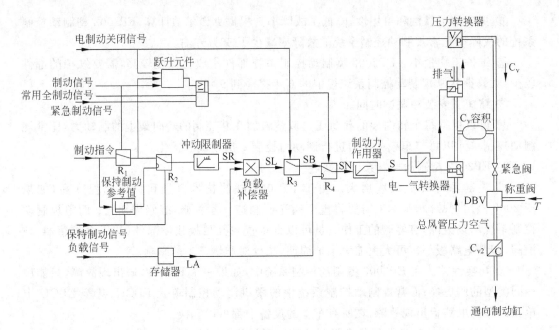

图 8-22 KBGM 型电空制动控制系统

摩擦制动系统支持条件下的减速。电阻制动用于承担不能再生的那部分制动电流。如果再生制动失败,由电阻制动承担全部动力制动。一旦电制动不能提供司机主控制器要求的制动力,不能提供的部分制动力将由空气制动补充。当列车速度降低到 6km/h 以下时,电制动将被全部切除,所有给定的制动力全由空气制动提供。

在一般常用制动模式中,每个动车的电制动都能使自己的动车和拖车减速到特定的速度和负载条件相对应的制动参考值。如果相对应的参考值和负载的制动力设定值超过最大可用的电制动力,剩余的制动力最先由相应的拖车的电空制动补充,其余的由动车补充。

目前许多城市轨道交通车辆由四节编组改为六节编组,即 A-B-C-C-B-A,其中 A 车为无动力的拖车,B 车为动车,C 车为带制动空气压缩机组的动车;以后还会有八节编组,即 A-B-C-B-C-B-C-A。城市轨道交通车辆的设计速度为 80km/h,平均旅行速度为 35km/h。常用制动时,当制动初速为 80km/h、60km/h、40km/h 和 20km/h 时,停车的时间分别为 19.3(1±15%)s、14.5(1±15%)s、11.1(1±15%)s 和 5.6(11±15%)s。紧急制动,当制动初速为 80km/h、60km/h、40km/h 和 20km/h 时,紧急停车的时间分别为 17.1(1±15%)s、16.7(1±15%)s、8.6(1±15%)s 和 5.6(1±15%)s。

2. KBGM 型制动控制系统的组成

图 8-23 所示为 KBGM 型电空制动控制系统,它由供气单元、制动控制单元(BCU)、微机制动控制单元(ECU)、防滑系统和单元制动机五个部分组成。

1) 供气单元

该系统的供气单元主要由 VV120 型或 VV230 型活塞式空气压缩机组、空气干燥器和多个风缸组成。空气压缩机组和空气干燥器只在 C 车上安装,即一个六节编组列车有两套供气机组,一个八节编组列车有三套供气机组。图 8-23 所示为模拟空气制动管路系统图。

岗位工作8 城轨车辆制动系统调试 251

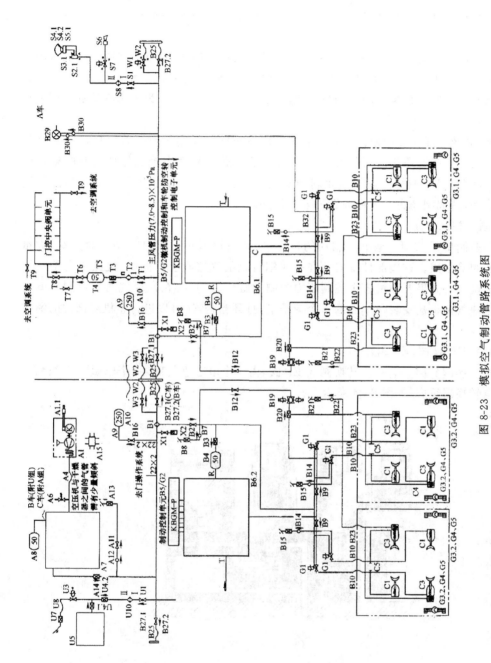

图 8-23 模拟空气制动管路系统图

A—供气装置；B—制动控制设备；C—基础制动装置；G—防滑保护设备；L—空气悬挂装置；S—气喇叭和刮水器装置；T—门操作装置；U—受电弓驱动装置；W—车钩操纵装置；X—车间供气

空气压缩机组为每个车组提供足够所需的干燥压缩空气,在供气过程中由安全阀和压力继电器对空气压力进行监控。安全阀的锁定值为1 000kPa;压力继电器是空气压缩机组电动机的控制元件,其开启压力为700kPa,切断压力为850kPa。整个供气系统除了为空气制动供气外,还为受电弓、客室气动门、空气悬挂系统和刮水器等提供所需的压缩空气。

在空气制动系统中,由制动储风缸进入制动控制单元的压力空气,在微处理机和制动控制单元的控制下,进入各个单元制动机,中间要经过数个截断塞门和排气阀等。排气阀仅受微处理机的防滑系统控制,在制动和缓解过程中,排气阀仅作为进出制动缸的压力空气的通道,不产生任何动作。

此外,总风管通过截断塞门、减压阀、电磁阀及双向阀通向具有弹簧(停车)制动器的单元制动机。这条通路是由司机在司机室内操纵电磁阀B19来控制停放制动的施行或缓解的,双向阀B20的另一端与单元制动机相连,主要是为了防止因常用制动与停放制动同时施加,造成制动力过大而设置的安全回路。

2) 制动控制单元

制动控制单元(BCU)是电空制动的核心,主要由模拟转换阀(EP阀)、紧急阀、称重阀和均衡阀等组成。这些部件都安装在一块铝合金的气路板上。同时,气路板上配备了一些测试接口。如果要测量各个控制压力和制动缸压力,只要在这块气路板上测试就可以了。这块气路板被安装在车底的一个箱子里,打开箱盖,便可以进行整机或部件的测试及检修。

(1) 模拟转换阀(EP阀)

模拟转换阀又称为电—气转换阀或EP阀,由一个电磁进气阀、一个电磁排气阀和一个气—电转换器组成,如图8-24所示。

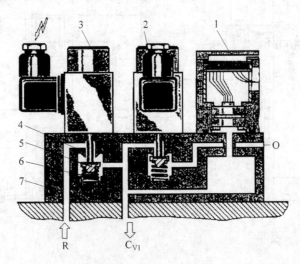

图8-24 模拟转换阀

1—气—电转换器;2—电磁排气阀;3—电磁进气阀;4—阀座;5—阀;6—弹簧;7—阀体;R—由制动储风缸引入压力空气;C_{V1}—预控制压力空气引出;O—排气口

当电磁进气阀的励磁绕组接收到微处理机要求提供一定的摩擦制动电指令时,励磁绕组吸开进气阀,使 R 口引入的制动储风缸的压力空气通过该进气阀转变成与电指令要求相符的压力,即预控制压力 C_{V1},并送向紧急阀。与此同时,具有 C_{V1} 的压力空气送向气—电转换器和电磁排气阀。气—电转换器将压力信号转换成相对应的电信号,马上反馈送回微处理器,让微处理器将此信号与制动指令比较。如果电信号大于制动指令,则关小进气阀,并开启排气阀;如果电信号小于制动指令,继续开大进气阀,直到预控制压力 C_{V1} 与制动电指令的要求相符为止。从模拟转换阀出来的 C_{V1} 压力空气通过气路板内的气路进入紧急阀的 A2 口。

(2) 紧急阀

紧急阀实际上是一个二位三通电磁阀,它有三条通路:A1 与制动储风缸相连接,A2 与模拟转换阀的输出口相连接,A3 与称重阀的输入口相连接。在紧急制动时,紧急阀不励磁,如图 8-25(a)所示,滑动阀受弹簧压力滑向右侧,使 A1 与 A3 之间的通路畅通,即制动储风缸与称重阀相通,而切断模拟转换阀与称重阀的通路,使压力空气直接通过称重阀作用在单元制动机上。在常用制动时,如图 8-25(b)所示,紧急阀励磁,滑动阀受空气压力控制滑向左侧,使 A1 与 A3 之间的通路断开,A2 与 A3 之间的通路畅通,即模拟转换阀与称重阀相通,而切断称重阀与制动储风缸的通路,这时预控制压力 C_{V1} 经过紧急阀进入称重阀。当预控制压力 C_{V1} 经过紧急阀时,由于阀的通道阻力,使预控制压力略有下降。这个从紧急阀输出的预控制压力称为 C_{V2} 进入称重阀的压力空气为 C_{V2}。

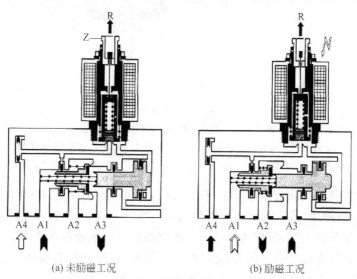

(a) 未励磁工况   (b) 励磁工况

图 8-25 紧急阀的两种工况

A1—通制动储风缸;A2—通模拟转换阀;A3—通称重阀;A4—控制空气的通路;Z—手柄;R—排气口

(3) 称重阀

称重阀即空、重车调整阀,为杠杆膜板式,主要用来限制过大的制动力。它根据车辆的负载情况来限制预控制压力 C_{V1} 的升高,从而限制制动储风缸内压力的形成,防止车辆在紧急制动时产生过大的制动力。因此,在常用制动中,称重阀几乎不起作用,仅起预防作用,预防模拟转换阀控制失灵。称重阀主要是在紧急制动时作用,压力空气直接从制动储风缸经紧急阀到达称重阀,中间未受模拟转换阀的控制,紧急阀仅仅作为通路供选择,不起压力大小的控制作用。因此,在紧急制动时,预控制压力只受称重阀的限制,即为最大的预控制压力,如图 8-26 所示。

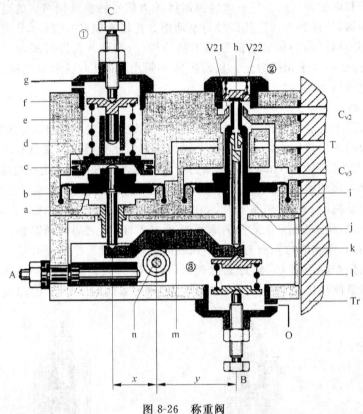

图 8-26 称重阀

a—膜板;b—活塞;c—克诺尔密封圈;d—从动活塞;e—压缩弹簧;f—阀体;g—螺盖;h—橡胶夹心阀;i—膜板活塞;j—活塞;k—空心杆;l—弹簧;m—杠杆;n—支点滚轮;A,B,C—调整螺栓;V21—充气阀室;V22—排气阀座;Tr—管座;O—排气门;T—气动负载信号;C_{v2},C_{v3}—预控制压力

称重阀由左侧的负载指令部分①、右侧的压力调整部分②和下方的杠杆部分③组成。

与车辆负载(车重)成正比的由空气弹簧输出的压力空气,经称重阀管座的接口 T 充入膜板 a 和活塞 b 的上侧,形成向下的力。该力通过与活塞连接的作用杆作用在杠杆 m 的左端。由于杠杆左端受向下的力,使杠杆失去平衡,通过杠杆右端推动空心杆 k 上移,使橡胶夹心阀 h 离开其充气阀座 V21 而被顶开。于是,具有预控制压力 C_{v2} 的压力空气经开启的夹心阀阀口充入活塞 j 和膜板活塞 i 的上侧。当作用在活塞和膜板上的向下作用力达到某一值,使杠杆处于平衡状态时,夹心阀阀口关闭,活塞和膜板上的空气压力为预控制压力 C_{v3},经管座的接口及气路板内的通路引向均衡阀。因此,均衡阀动作的预控制压力为 C_{v3}。

杠杆的支点滚轮 n 的位置可通过调整螺栓调整,从而改变力臂 x、y 的大小。

(4) 均衡阀

均衡阀如图 8-27 所示。均衡阀 KR-5 和 KR-6 在功能上是相同的,唯一的区别在于

预控制压力 C_V 对 KR-5 有效,而对 KR-6 无效。它们是将预控室内的空气压力 C_V 变化同步地、以约 1∶1 的比例传至与 C 相连的单元制动缸内。

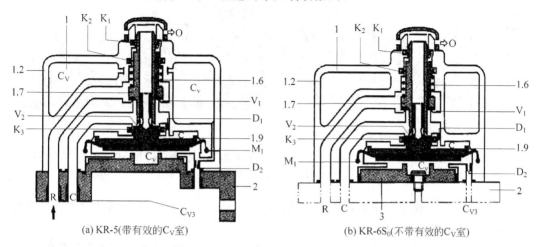

(a) KR-5(带有效的 C_V 室) (b) KR-6S₀(不带有效的 C_V 室)

图 8-27 均衡阀

1—控制室 C_V;2—气路板;3—均衡阀安装面;D_1、D_2—节流孔;V_1—进气阀座;V_2—排气阀座;M_1—膜板;1.2—阀体;1.6—弹簧;1.7—带橡胶阀面的空心导向杆;1.9—活塞;K_1、K_2、K_3—克诺尔密封圈;R—通向制动储风缸;C—通向各个单元制动缸;O—排气口;C_{V3}—均衡阀

从称重阀经节流孔 D_2 进入均衡阀 C_{V3} 压力空气,推动膜板 M_1 及活塞 1.9 上移。由此,排气阀座 V_2 被关闭,压缩弹簧 1.6 的弹力被克服,进气阀座 V_1 被打开,使制动储风缸经接口 R 进入均衡阀的压力空气通过进气阀口与接口 C 相通,向各单元制动缸充风,产生制动作用。

从上述内容可以看出,均衡阀能迅速进行大流量的充、排气。大流量压力空气的压力变化随预控制压力 C_{V3} 的变化而变化,进气阀上产生的压力可作为 C 压力同时加在单元制动缸和活塞的表面 C 上。所产生的 C 压力和压缩弹簧 1.6 的弹力共同起作用,控制活塞回到其中间位置。这样,进气阀 V_1 将关闭,且排气阀 V_2 保持关闭状态,C 和 C_{V2} 的压力相等,并且互相间的压力传递比为 1∶1。因此,可以把均衡阀看作是一个气流放大器。

如果 C_{V3} 压力空气消失,均衡阀活塞在其上腔压力空气的作用下向下移动,于是空心导向杆的下橡胶阀面离开排气阀座 V_2,排气阀口开启,使各单元制动缸中的压力空气经开启的排气阀口 O,并经空心导向杆中空通路排入大气,列车缓解。

3) 微机制动控制系统(ECU)

制动控制系统中有一个用于控制电空制动和防止车轮滑行控制的微处理机,称为制动控制单元 BCU。制动控制单元 BCU 各部件在气路板上的安装位置如图 8-28 所示。该图是按气路连通关系绘制的展开图,不仅显示出各部件之间的气路关系、气路板内的通路,也简略显示出各部件的外形。

当列车在运行中施行制动时,所有与制动有关的参数信号将被输送到该微处理机中,微处理机立即计算出一个当时所需制动力的制动指令。这个指令由模拟转换阀转换成一个与电指令呈一定比例的预控制空气压力,由预控制空气压力通过均衡阀使单元制动缸

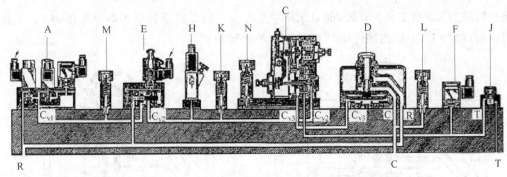

图 8-28 BCU 各部件在气路板上的安装位置展开图

A—模拟转换阀;M,K,N,L—电磁阀;H—限压阀;C—称重阀;C—均衡阀;F—压力传感器;J—均压阀;R—通往制动储风缸的压力空气;C—通往各单元制动缸的压力空气;T—通往空气弹簧的压力空气

充入压力空气,并使单元制动缸压力与预控制空气压力相对应。这个制动控制系统对每一辆车的控制都是独立的。

此外,微机制动控制系统具有整个制动控制系统的故障自诊断和故障储存功能。

4) 单元制动机

一般情况下,在每个转向架上都安装有两个不带停车制动功能的单元制动机和两个带有停车制动功能的单元制动机。同一类型的单元制动机成对角线安装,即每个轮对各有一个不带停车制动功能的单元制动机和一个带有停车制动功能的单元制动机。

(1) 停放制动控制阀

停放制动控制阀为二位五通换向阀,用在电气动制动控制系统中。该阀通过电脉冲触发,控制气量的交互充气和排气,如图 8-29 所示。

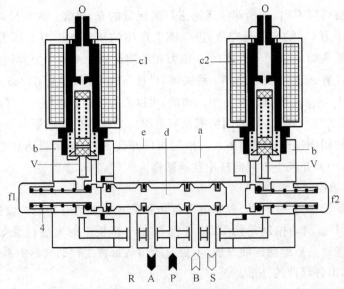

图 8-29 停放制动控制阀

a—底阀;b—盖;c1,c2—阀用电磁铁;d—活塞;e—克诺尔密封圈;f1,f2—手动按钮;A、B—用气单元接口;O—排气口;P—压缩空气接口;R,S—排气接口;V—阀座

(2) 踏面制动单元

闸瓦制动装置是气动操纵的制动设备,它由制动气缸、变速机构和磨耗调节器组合而成。因其具有紧凑、节省空间的卧式和立式结构,因此特别适于安装在空间狭窄的转向架上。无论是带半悬挂的弹簧式储能器类型,还是带驻车制动杆的类型,都可以作为常用制动器或驻车制动器使用。弹簧式储能器由压缩空气控制,使得列车中所有的驻车制动器都可以从司机台上集中启动和松开。

常用闸瓦制动装置的结构如图 8-30 所示。

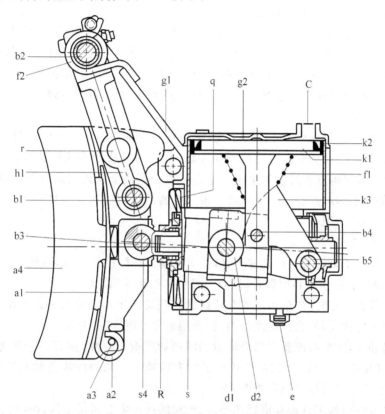

图 8-30 闸瓦制动装置 PEC7(不带弹簧式储能器)

a1—制动蹄片;a2—楔式制动块;a3—楔形闩;a4—制动闸瓦;b1—连接销;b2—吊耳螺杆;b3—销钉;b4—活塞销;b5—轴承销;d1—止推环;d2—凸轮滚柱;e—通气塞;f1—活塞回位弹簧;f2—扭转弹簧;g1—外罩;g2—气缸盖;h1—吊耳;k1—活塞;k2—活塞垫圈;k3—凸轮盘圈;q—波纹管;r—摩擦件;s—调节机构;s4—连杆头;C—通单元制动缸;R—复位六角头

3. KBGM 型制动控制系统的控制过程

KBGM 型制动控制系统的主要作用是将来自微机制动控制单元 ECU(B5/G2)的电子模拟信号通过 B6 制动控制单元中的模拟转换阀转换成一个与其相对应的预控制压力。这个预控制压力呈线性变化,以后还受到称重阀和防冲动检测装置的检测和限制,最后使单元制动缸 C1 和 C3 获得符合制动指令的空气制动压力。

KBGM 型制动控制系统的控制过程如下所述。

1) 常用制动

当模拟转换阀的电磁进气阀的励磁绕组接收到摩擦制动的电指令时，吸开进气阀，使压力空气从制动储风缸接口 R 进入模拟转换阀，并通过该进气阀转变成与电指令要求相符的压力，即项控制压力 C_{V1}。由于是常用制动，紧急阀处于励磁工况，滑动阀在左侧，接口 A2 和 A3 导通，C_{V1} 经紧急阀成为 C_{V2}，并由接口 A3 进入称重阀。称重阀根据车辆负载对 C_{V2} 再次预调整，输出预控制压力 C_{V3}。C_{V3} 进入均衡阀后推动活塞上移，打开进气阀，使制动储风缸经接口 R 进入均衡阀的压力空气通过该开起的进气阀口，经输出口 C 充入各单元制动缸，产生制动作用。

同样，制动缓解指令由微处理机发出，模拟转换阀接到缓解指令后，将其电磁排气阀打开，使预控制压力 C_{V1} 通过此阀排向大气。C_{V2}、C_{V3} 压力空气也都在紧急阀和称重阀输出口消失，均衡阀活塞向下移动，排气阀门开启，使各单元制动缸中的压力空气经开启的排气阀口和空心导向杆中空通路及排气口 O 排向大气，列车得到缓解。

2) 紧急制动

紧急制动时，紧急阀处于不励磁工况，滑动阀在右侧，接口 A1 和 A3 导通，即制动储风缸与称重阀相通，而切断模拟转换阀与称重阀的通路，从制动储风缸接口 R 来的压力空气绕过模拟转换阀直接进入称重阀。称重阀根据车辆负载输出最大预控制压力，送入均衡阀后，使制动储风缸的压力空气通过该开启的进气阀口和输出口 C 充入各单元制动缸，产生紧急制动作用。

3) 防滑控制

防滑系统用于车轮与钢轨黏着不良时，对制动力进行控制，其作用是：防止车轮即将抱死；避免滑动；最佳地利用黏着，以获得最短的制动距离。

当黏着状态不好时，列车速度和车轮速度之间将产生一个速度差。防滑控制系统就是用来控制车轮速度，消除该速度差的，其作用原理如图 8-31 所示。

列车启动后，防滑系统就对每个轮对的圆周速度进行检测，形成一个参考速度，取代列车速度，并用排气阀 G1 来控制车轮的滑行和减速度。轮对的速度和减速度与设定的标准相比较，形成控制排气阀的指令。

由于轮对踏面加工直径和磨耗的差别，轮对的线速度有稍微差别，所以在防滑控制系统中设置了人工的轮径调整装置。这个装置就是图 8-31 中所示的五个开关。利用这些开关分和合的不同位置，将车轮直径分成 32 挡。将每辆车中的一根轴调整到它的规定标准，其他轴将根据轴端的速度传感器输出的速度信号自动调整。

(1) 空转/滑行的判断

① 空转：牵引力大于黏着力，发生空转的轮对转速大于列车速度。

② 滑行：制动力大于黏着力，发生滑行的轮对转速小于列车速度。

列车的实际速度由 A 车轮轴上的速度传感器提供，与动车上的电动机速度信号分别比较，判断轮对是否发生空转或滑行。

(2) 摩擦制动滑行控制

ECU 实时监控每根轴的转速，一旦任一轮对发生滑行，都能迅速向该轮轴的防滑阀发出指令，沟通单元制动缸与大气的通路，使单元制动缸迅速排气，从而解除该轮对的滑

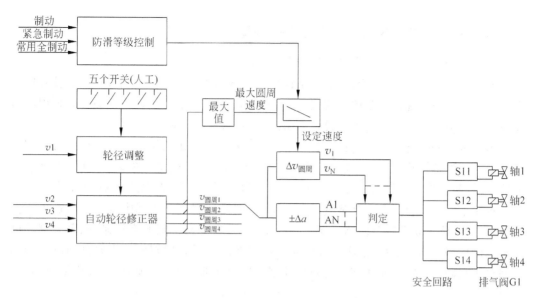

图 8-31　防滑控制系统作用

行现象,实现 ECU 对各轮对滑行的单独保护控制。

(3) 电制动滑行控制

由于一辆动车中的一台 VVVF 逆变器并联向 4 台牵引电动机供电,当 DCU 监测到任一轮对出现电制动滑行时,会向 VVVF 发出降低电制动力的指令,使本车的 4 个轮对的制动力矩同时下降,待滑行消除后再恢复。

电制动滑行时,如果黏着力小于 50% 并超过 3s,DCU 将切除电制动,由 ECU 补充气制动。

4. KBGM 型制动控制系统的特点

KBGM 型制动控制系统实现了空气制动与动力制动的高度结合,在系统上保证了车辆运行的安全。列车制动时,不仅满足动力制动优先的要求,还实现了电空混合制动的平滑过渡。该系统主要由风源及管路系统、控制部分和执行部分三个主要部分组成。控制部分是制动装置的核心,由带有防滑控制的微机制动控制单元 ECU、制动控制单元 BCU、空气控制屏(阀类的集中安装屏)等组成。其主要特点有以下几个。

① 采用脉冲宽度调制(PWM),能进行无级控制。
② 采用预控制压力的传递,能做到制动压力均衡。
③ 微机制动控制系统还具有本车控制系统故障自诊断和故障存储功能。
④ 制动控制系统有一个用于控制电空制动和防止车轮滑行控制的微处理机。
⑤ 设有紧急阀,当列车发生分离和断电故障时,能自动施行紧急制动,以保证行车安全。
⑥ 防滑控制采用动力制动和空气制动分别控制。
⑦ 制动和缓解作用快,空走时间短,可以缩短制动距离。
⑧ 整个制动系统采用模块化设计,结构紧凑,重量轻。

8.1.4　NABTESCO型制动控制系统

1. NABTESCO型制动控制系统的组成

西安地铁2号线车辆的列车制动系统采用日本NABTESCO公司生产的模拟式电—空制动装置。该系统采用车控方式，按照一动一拖为一个单元进行系统设计；采用网络总线控制列车的制动及列车主要设备的状态、故障监视和诊断。

为便于大修时整个系统能快速拆卸和更换，采用模块化的设计理念：空压机及相关冷却和干燥设备组装为"风源模块"，安装在每个Mp车(带受电弓的动车)上；根据制动的特点，将制动控制装置及相关设备组装为"制动控制集成"，安装在每辆车上。

每辆车配备一套制动控制装置(其中，Tc车制动控制单元内部配备有总风低压压力开关，此信号将串联至紧急回路)，用于进行带有空、重车调整阀的常用制动、紧急制动以及滑行保护等控制；此外，还具有自诊断等诸多功能。制动控制装置主要分为电子制动控制单元和制动控制单元两部分。制动控制装置内部部件布局图如图8-32所示。

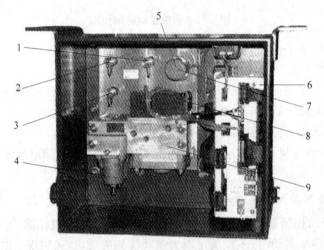

图8-32　制动控制装置

1—制动缸压力测试口；2,3—空气弹簧压力测试口1；4—空、重车调整阀；5—总风低压压力开关(仅Tc车)；6—电子制动控制单元；7—常用制动电磁阀；8—紧急制动电磁阀；9—中继阀

1) 电子制动控制单元

电子制动控制单元如图8-33所示，具有以下功能。

① 检测两个空气弹簧的压力，并通过压力传感器进行空电转换，保证无论空车还是超员，均可以得到稳定的牵引力和制动力。

② 进行电空演算，从而进行常用制动控制，并保证优先使用电制动。

③ 有滑行检测和校正功能，即测定各个车轴的速度。一旦检测出车轮滑行，即通过控制防滑阀来降低制动缸内部压力，从而尽快恢复黏着，使车轮最大限度地利用现有黏着条件。

④ 提供状态监测和诊断功能。

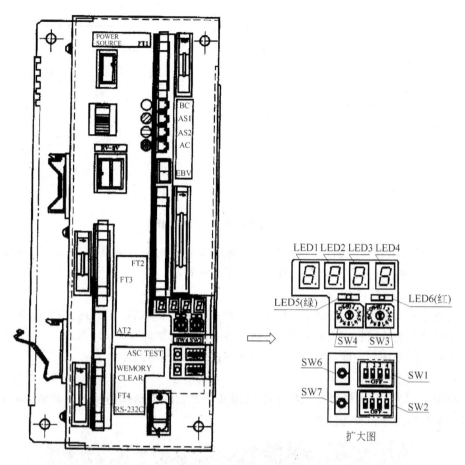

图 8-33 电子制动控制单元

2) 制动控制单元

制动控制单元包括常用制动和紧急摩擦制动所需的所有电空阀和压力传感器。制动控制单元内部气路图如图 8-34 所示。

(1) 中继阀(RV)

中继阀为气动操作阀,可将大量压缩空气由制动风缸提供给制动缸。供风压力等同于中继阀通过变载截断阀从制动/缓解和紧急电磁阀获得的压力信号。如果压力信号保持一定,中继阀将保持恒定的闸缸压力以防泄漏,并自动补充发生的任何泄漏。

(2) 空、重车调整阀(VLF)

空、重车调整阀为机械变压限制装置,可将中继阀信号阀口的供风压力限制在称重阀紧急制动所需的压力以下。空、重车调整阀只影响紧急制动的压力,并正比于空气弹簧压力,还通过两个连接管路上的节流孔(B05)来减小空气弹簧的压力产生的波动。当没有空气弹簧压力信号时(例如空气弹簧爆裂),空重车调整阀将默认空载紧急制动值为默认值。

(3) 常用制动电磁阀(SBV)

电子制动控制单元通过压力传感器来感应空气弹簧的压力,通过总线接收常用制动

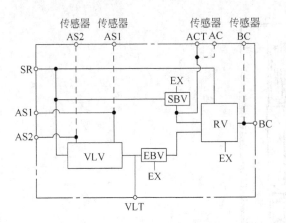

图 8-34 制动控制单元内部气路图

指令,从而计算出制动缸的压力,并通过控制常用电磁阀中的供给阀和排气阀得电和失电,使实际的制动缸压力与计算出的制动缸压力相符。

(4) 紧急电磁阀(EBV)

紧急电磁阀采用得电缓解、失电制动的形式。因此,车辆在正常运行期间,紧急电磁阀必须得电。无论何种原因导致失电,列车将立即施加紧急制动。

在紧急制动施加期间,通过空重车调整阀进行空重车调节。

3) 列车防滑系统

如图 8-35 所示,车轮滑动保护系统采用基于单轴的滑动检测和校正功能,即每个轴配备一套防滑阀和速度传感器。

 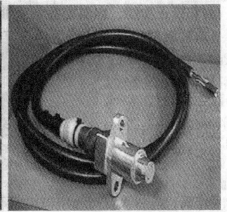

图 8-35 防滑阀和速度传感器

4) 停放制动控制装置

停放制动控制装置如图 8-36 所示。停放制动电磁阀在车辆正常运行状态下为失电状态,此时停放制动缓解,并通过停放制动压力开关进行反馈,压力设定为 500～700kPa。高于 700kPa 时,列车停放制动缓解;低于 500kPa 时,列车制动将随着压缩空气压力的降低而逐渐施加作用。

图 8-36　停放制动控制装置
1—停放制动压力开关；2—停放制动电磁阀

列车通过给电磁阀供电才能施加停放制动，但是在施加停放制动之前，需要先施加空气制动，即常用制动或者紧急制动。

安装在制动模块上的停放制动隔离塞门(K1)由主风供风。更换闸瓦时，可操纵此塞门，将停放制动装置隔离并排风，实现手动缓解。

列车每根轴上均配备一套带停放制动和不带停放制动的踏面制动单元，如图 8-37 所示，用于执行停放制动、常用制动和紧急制动。

(a) 带停放制动　　　　　　　　(b) 不带停放制动

图 8-37　带停放制动和不带停放制动的踏面制动单元

停车制动采用弹簧施加充气缓解的形式。在空气制动有效的情况下(常用制动和紧急制动)，通过司机台上的停放制动施加按钮(通过控制停放电磁阀 K3 得电)来施加停放制动。停放制动与空气制动使用同一套将制动力施加在轮对上的闸瓦。

停放制动具有使地铁列车在最大坡道上保持静止的能力。

此外，配备有手动缓解装置，用于无风或者空气压力低的情况下缓解停放制动。当空气压力恢复时，进行一次空气制动循环(制动—缓解)，缓解机构自动复位，并为下一次手动缓解做好准备。

(1) 自动磨耗补偿

所有的踏面制动装置都配有闸瓦间隙自动调整器，用于保持闸瓦与车轮间的正确间隙,补偿闸瓦与车轮的磨耗。闸瓦间隙自动调整器能保证在新车轮和新闸瓦的情况下顺利安装闸瓦,在磨耗到限的车轮以及磨耗到限的闸瓦的情况下正常施加常用和紧急制动。

(2) 闸瓦

每个车轮上配有一个 NABTESCO 提供的 NC3443 型合成闸瓦,如图 8-38 所示。

图 8-38 闸瓦

闸瓦材料为无石棉材料。闸瓦的使用情况与施加制动的频率、级别、载荷情况以及电制动的使用情况密切相关,因此闸瓦的更换周期需要根据实际情况而定。磨耗到限的标记如图 8-38 所示。

基础制动装置采用单侧踏面单元制动缸的制动方式,如图 8-39 所示。

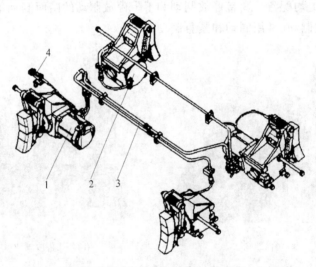

图 8-39 基础制动装置
1—带停放制动的单元制动缸;2—单元制动缸;3—制动配管;4—手动缓解拉链

每台转向架有四个踏面单元制动缸,分为两个具有停放制动的踏面单元制动缸和两个不具有停放制动的踏面单元制动缸,并使用高耐磨合成闸瓦。

踏面单元制动缸能对车轮和闸瓦的磨耗间隙自动补偿,同时设有手动复原装置。通过手动复原装置可以调整车轮及闸瓦间的间隙,使制动闸瓦和车轮踏面之间的距离保持在 5~10mm。

具有停放制动的踏面单元制动缸还配有手动缓解闸线。手动缓解闸线的把手安装在侧梁上部,可以在必要时很方便地手动缓解停放制动。制动配管采用立体折弯钢管,钢管与钢管、钢管与软管之间采用螺纹连接形式,密封性能较好,方便安装和拆卸。

5) 主风低压开关

每辆 Tc 车上设有一个压力开关(制动控制单元内),用于监控主风压力。当主风压力降至设定值 600kPa 以下时,列车紧急回路断开,列车将立即实施紧急制动;当压力升到 700kPa 以上时,紧急制动才可能缓解。

6) 司机台仪表

司机台上设置一块双针压力表,用于显示主风压力和制动缸压力。红表针用于显示主风缸压力,黑表针用于显示 Tc 车第一根轴的制动缸压力。

2. NABTESCO 型制动控制系统的控制过程

1) 常用制动

列车按照一动一拖为一个单元进行系统设计。常用制动时,系统程序将最大可能地采用电制动。空气制动通常作为电制动的补充。

常用制动可通过司机控制器手动实施或者 ATO 系统自动实施,但其最终均通过 ATI 进行控制。每辆车上的微机制动控制单元(FCU)与直接与它通信的 RS-485 总线相连,ATI 接收来自每辆车上电子制动控制单元发送过来的车重信号和来自司机控制器的指令信号,并根据此指令和载荷信号计算每辆车需要的制动力,减去可实现的动力制动力,计算出每辆车需要的摩擦制动。此指令通过 RS-485 总线直接送给每辆车上的 ECU。

2) 紧急制动(安全制动)

列车以"故障安全"为原则进行系统设计,因此紧急回路采用得电缓解、失电制动的形式。

当紧急制动回路断开时,所有车辆的牵引将被封锁。

紧急制动为独立系统,并采用"得电缓解"的形式。紧急制动由空气制动系统根据车重独自承担,并且具有零速联锁功能,防止在紧急制动期间出现意外。

任何以下装置的动作均会断开紧急制动回路,使每辆车的紧急制动电磁阀失电,从而施加紧急制动。

① 触发司机控制器中的警惕装置。
② 按下司机室控制台上的紧急制动按钮(击打式按钮)。
③ 列车脱钩。
④ 总风欠压。
⑤ 紧急制动电气列车线环路中断或失电。
⑥ DC 110V 控制电源失电。
⑦ ATO 系统发出紧急制动指令。
⑧ ATP 系统发出紧急制动指令。
⑨ 当列车运行时,如方向手柄拉至"0"位,列车产生紧急制动。

3) 快速制动

司机控制器的最后一位为"快速制动位",施加快速制动的减速度与施加紧急制动的减速度相同,并优先使用电制动。

4) 坡道启动

列车设置坡道启动功能,可以看作常用制动的一种。如果坡道启动有效,列车将施加 3 级常用制动。在载荷状况为 AW3 时,西安 2 号线在最大坡道上(35‰),列车的斜面加速度 $a=9.8\text{m/s}^2 \times$ 坡度 $=9.8\text{m/s}^2 \times 35$‰$=0.343\text{m/s}^2$,此斜面加速度<3/7 常用制动减速度$=0.43\text{m/s}^2$。

5) 冲动限制

制动指令同时传递到所有车辆上。作用时间不属于时间延迟,常用制动在所有车上均以冲击极限(0.75m/s^3)同时实施。制动时间采用电子制动控制单元进行控制。

紧急制动同时在所有车上以机械的方式实施,由于安全的原因,将超过常用制动的"冲击极限"。

6) 负载补偿(空、重车调节)

每辆车的制动控制单元将检测两个空气弹簧的压力(对角检测),作为计算牵引力和制动力的依据。

常用制动称重为电子称重,通过压力传感器测量两个空气弹簧压力(对角)。电子称重信号从制动系统的电子控制单元传到牵引控制系统。

紧急制动作用通过空、重车调整阀实施载荷补偿。

如果一个空气弹簧压力信号过低或过高,系统将使用正常车的空气弹簧压力进行牵引和制动控制;如果两个均发生故障,车辆将按照空车进行控制。

7) 车轮滑动保护

列车在常用制动、紧急制动模式下均具有滑动保护功能,如图 8-40 所示。

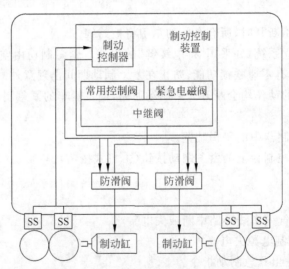

图 8-40 车轮滑动保护(WSP)结构图

制动过程中,如果轮轨间黏着力不足以满足制动要求,车轮产生滑动,损坏车轮,并会延长制动距离。车轮滑动保护就是要防止擦轮现象的发生,使列车充分利用黏着进行制动。

车体安装的防滑阀基于每根轴进行制动缸压力控制。每个单阀包括两个电磁阀,用于控制相应制动缸的空气压力。一个电磁阀控制制动缸的进风,另一个控制制动缸的排风,这两个阀的动作组合形成三个不同的状态:"充风",两阀均失电,空气进入制动缸;"保压",进风阀得电,排风阀失电,制动缸被隔离,空气压力恒定;"排风",两阀均得电,空气从制动缸排出。

(1) 轮滑检测

每根轴的轴端均装有速度传感器,产生车轴转速的信号。车轮滑动保护处理器监测这些信号。防滑系统确定相对轴速,并使用它们来检测是否有滑动发生。检测一根轴的减速度是否超过设定值。此设定值高于所有正常制动状态下预计的最大减速度值;或检测车轮滑动保护系统监测的四根轴中任一根轴的相对转速的改变。

(2) 轮滑的恢复

当检测出车轮滑动时,车轮滑动保护系统通过本车的排放阀来降低相应车轴上制动缸的压力,从而控制滑行的深度。此系统可控制达到最理想的车轮滑行状态,以充分利用黏着,确保尽可能减少制动距离和避免车轮擦伤。

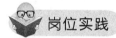
岗位实践

1. 电压调试

① 将万用表挡位调至直流电压位。

② 测量制动级位每级的电压,电压数值逐级降低 2V 左右为标准值。

③ 在测量电压数值的同时,气压表的制动气压值应上升每级 200kPa。

④ 若气压值上升数值达不到 200kPa,需调整阀体底部螺栓。螺栓顺时针旋转,气压值上升;逆时针旋转,气压值减小。

2. 强迫缓解调试

① 按压司控台上的强迫缓解按钮。阀体上的两条接线短接在一起,此时阀体处于被切断状态,车辆应自动缓解。若此操作使车辆自动缓解,说明强迫缓解功能有效。

② 按住阀体上的平衡杆,若车辆自动缓解,说明强迫缓解功能有效。

思考题

1. KBWB 模拟式电气指令制动系统有何特点?
2. KBWB 模拟式电气指令制动系统的空气制动系统由哪些部分组成?
3. 在 KBWB 模拟式电气指令制动系统中,空气干燥器是如何工作的?
4. 微机制动控制单元有何作用?
5. 主控阀由哪些部件组成?
6. EP2002 制动控制系统主要由哪些部件组成?
7. 智能阀与 RIO 阀的主要区别是什么?
8. EP2002 制动控制系统常用制动是怎样形成的?
9. EP2002 制动控制系统内部气路结构中,主、副调节器的作用是什么?

10. 分析 EP2002 制动系统的优、缺点。
11. KBGM 模拟式电气指令制动系统的主要组成有哪些？
12. 在 KBGM 模拟式电气指令制动系统中，制动控制单元由哪些部分组成？
13. KBGM 模拟式电气指令制动系统的模拟转换阀有何作用？
14. KBGM 模拟式电气指令制动系统的动力制动和空气制动是如何协调制动的？
15. KBGM 模拟式电气指令制动系统的紧急阀有何作用？
16. NABTESCO 型制动控制系统的制动控制装置由哪几部分组成？

岗位工作 9

检修动力制动和磁轨制动

知识目标
1. 掌握涡流制动的基本原理。
2. 掌握动力制动系统的分类、基本原理和基本要求。
3. 掌握新干线 700 系动车组和我国城市轨道交通车辆再生制动的构成及工作原理。
4. 掌握新干线 100 系动车组和我国城市轨道交通车辆电阻制动的构成及工作原理。

能力目标
1. 能够分析涡流制动的工作原理。
2. 能够检修电阻制动装置。
3. 能够分析再生制动的工作过程。
4. 能够检修磁轨制动的装置。

工作任务 9.1 电阻制动检修

任务描述

将发电机发出的电能加于电阻器中,使电阻器发热,即将电能转变为热能,也称能耗制动。电阻器上的热能靠风扇强迫通风而散于大气中。由于电阻器发热,长期处于高温状态,因而故障率较高。电阻制动的检修成为制动检修工作的重点内容。

【任务目的】
1. 掌握制动电阻的检修标准及检修方法。
2. 能够按照企业标准对制动电阻进行检修。

【任务内容】
1. 清理制动电阻。

2. 测量制动电阻阻值。

【任务实践基本要求】

1. 在认真学习本任务"基础理论"的基础上完成实训。
2. 做好相关实训记录。
3. 遵守企业规章制度,按企业要求规范操作。

【设备及工具】

1. 制动电阻模型。
2. 10#棘轮、活口扳手、抹布。

基础理论

9.1.1 电磁涡流制动

磁轨制动的优点是制动力大、不受轮轨间黏着系数的限制,但是与钢轨的磨耗很大(这也是它的主要缺点)。为了发挥它的优点,避免其缺点,人们创造出电磁涡流制动。

电磁涡流制动是利用电磁涡流在磁场下产生洛伦兹力,而洛伦兹力方向与物体运动方向相反的物理原理创造的一种电车电磁制动方式。电磁涡流制动具有无摩擦、无噪声、体积小、制动力大的优点。目前,车辆利用电磁涡流制动的方式主要有盘形涡流制动和轨道直线涡流制动。

1. 盘形涡流制动

盘形涡流制动利用安装在车轴上的圆盘切割磁力线产生涡流和洛伦兹力,根据产生磁场的机理,分为电磁涡流盘形制动和永磁涡流盘形制动。

在日本新干线 100 系、300 系及 700 系的拖车上使用了盘形涡流制动。盘形涡流制动是将涡流制动线圈安装在制动盘的两侧,当线圈通以电流时,在转动盘上就可以得到作用于轮对的制动转矩,并在轮轨接触点处产生对列车的制动力。

使用直流电动机的日本新干线 100 系车辆,涡流制动线圈与主回路设备的电枢绕组、励磁绕组及主电阻器串联,在控制主电阻器阻值的同时,控制了涡流制动线圈的电流。对于日本新干线 300 系及 700 系车辆,通过涡流制动控制装置控制其电流,使其与制动要求相适应。使用 Arago(Arago 圆盘是指法国科学家阿拉果(D. F. J. Arago)在 1824 年进行圆盘试验,用旋转圆盘得到了旋转磁场,此圆盘即被称为 Arago 圆盘)圆盘产生与转动方向相反制动力的作用原理如图 9-1 所示。设图中的感应圆盘逆时针转动,如果磁极 S 和磁极 N 靠近感应圆盘,根据右手法则,可知在感应圆盘上有涡流产生;对产生的涡流再应用左手法则,可知会产生顺时针转动的制动力。

如果把涡流制动盘当作感应盘,车轴当作轴,连接在主回路的涡流制动线圈当作磁极,在车轴上安装的涡流制动盘就会产生制动作用。

日本新干线的高速电动车组采用的电磁涡流盘形制动原理也可用图 9-2 说明。图中,I_F 为励磁电流,使电磁铁心在制动工况下产生所需要的磁场;n 为轮对旋转速度,T_B 为制动力。电磁涡流盘形制动安于电动车组的拖车上,相邻车辆牵引电机的主电路电

图 9-1　圆盘涡流制动原理图

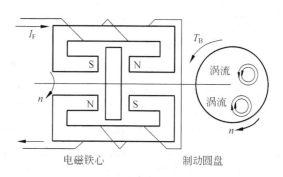
图 9-2　电磁涡流盘形制动原理图

源作为励磁电源。

永磁涡流盘形制动利用永久磁铁代替电磁铁线圈产生电磁场。制动圆盘在磁场中产生涡流,阻止磁场增加,产生制动转矩。日本铁道综合技术研究所试验的永磁涡流盘形制动原理如图 9-3 所示。永磁涡流盘形制动装置的制动圆盘安装于转轴上,定子为永磁圆盘。永磁圆盘分为内圈圆盘和外圈圆盘,配置有内、外两圈磁轭。两圈磁轭内均交错放置 N 极和 S 极的永久磁铁。车辆正常运行时,外圈和内圈永久磁场的异极排列在一起,磁通在极片和磁轭内构成闭合磁路,但不穿越制动圆盘,因而不产生制动转矩。车辆制动时,内、外圈永久制动圆盘场的同极排列在一起,永久磁铁通过极片和制动圆盘构成磁路。制动圆盘随转轴转动,切割磁力线产生涡流和制动转矩。改变极片相对位置,可以调节制动转矩的大小。

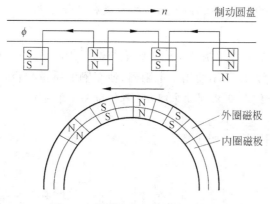
图 9-3　永磁涡流盘形制动原理图

两种盘形涡流制动中,电磁涡流盘形制动的制动功率较大,且设备较多,已在日本新干线列车上广泛使用;永磁涡流盘形制动结构简单,但由于目前制动功率受到一定限制,尚处于试验阶段。

在日本新干线 100 系、300 系、700 系拖车上使用的是盘形涡流制动。盘形涡流制动结构类似于机械盘形制动,但没有制动圆盘与闸片之间的磨耗。对列车制动来说,还需受到轮轨黏着系数的限制。虽然因没有摩擦部件而有利于实现无维修化,但在低速时,制动力会急剧衰减。另外,由于是通过在制动圆盘中产生涡流来得到制动力,所以高速时制动产生的热量很大,因此在制动圆盘的中间设有散热孔。

2. 轨道直线涡流制动

轨道直线涡流制动通过对安装于转向架两侧车轮之间的条形磁铁励磁,在钢轨上产生涡流,使车辆制动,具有无摩擦、制动迅速等优点。同时,轨道直线涡流制动装置可增加车辆轴重,提高车辆黏着力,其原理如图 9-4 所示。当处于制动状态时,由于电磁铁的 N 极和 S 极相对钢轨运动,在钢轨内产生交变的磁场,使钢轨头部产生涡流;涡流与电磁铁相互作用,产生一个垂直于钢轨面的吸引力和一个与车辆运动方向相反的制动力。垂直于轨面的力可增加车辆的黏着力,与车辆运动方向相反的力就是电磁涡流制动力。但轨道直线涡流制动如果要得到很大的涡流制动力,需要很庞大的制动装置。这种轨道直流涡流制动装置应用于上海磁悬浮列车的制动控制系统中。

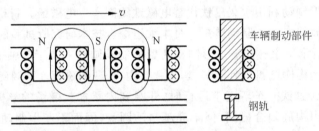

图 9-4 轨道直线涡流制动原理图

9.1.2 再生制动

1. 日本新干线 700 系动车组再生制动的构成和工作原理

1) 系统构成

日本新干线 700 系再生制动系统的组成与牵引传动系统一致,包括受电弓、主变压器、变流器和电动机等。由于不使用主电阻器,使车辆的质量减轻。再生制动的原理图如图 9-5 所示(日本新干线 700 系列动车组,三辆车为一个单元)。

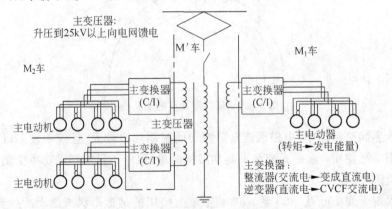

图 9-5 再生制动的原理图

2)工作原理

再生制动与电阻制动相似,也是在制动时将牵引电动机变为发电机运行:交流电机将列车动能变为三相交流电,主变换器(包含整流器和逆变器)将此三相交流电转换为单相交流电,单相交流电再由主变压器变压后经受电弓回馈到电网,由正在牵引运行的动车组接收和利用。

2. 我国城市轨道交通车辆再生制动

1)直流再生制动电路时的工作原理和电流控制

在各种形式的制动中,电气制动是一种较理想的动力制动方式,它建立在电动机的工作可逆性基础上。在牵引工况时,电动机从接触网吸收电能,将电能转换为机械能,产生牵引力,使列车加速或在上坡的线路上以一定的速度运行;在制动工况时,列车停止从接触网受电,电动机改为发电机工况,将列车运行的机械能转换为电能,产生制动力,使列车减速或在下坡线路上以一定的限速度运行。

车辆进行电气制动时,首先应该是再生制动,即向电网反馈电能。如果触网电压过高或在同一供电区无其他车辆吸收反馈能量,电路转为电阻制动,把能量消耗在电阻器上。图9-6所示为上海地铁1号线直流制列车的再生制动示意图。该列车主电路采用直流斩波器调压和串接直流电动机的方式。直流斩波器调压和串接直流电动机的牵引方式将在列车牵引技术课程中讲述,这里只介绍制动工况。当一个直流斩波器控制的"两串两并"四个电机的主电路由牵引工况转换成电制动工况时,原先的各自电枢和励磁绕组串联的两条支路,现在转换成交叉励磁,也就是电动机的励磁绕组去激励另一支路的电动机电枢,而另一支路电动机的励磁绕组来激励本电动机电枢。采用这种交叉励磁方法的目的是提高电路的电气稳定性。虽然这种交叉励磁电路看起来具有他励(对每一组的电枢绕组而言)的性质,但由于电动机型号和参数相同,实际上具有串励的特性,因为励磁绕组与电枢还是串联连接,只不过不是同一台电动机的。在制动回路中还需介入一个预励磁电路,因为当回路由牵引工况转为制动工况时,原先的励磁方向必须改变,为此必须对电机预先他励励磁,以便使电机建立起发电机工况的初始电压。

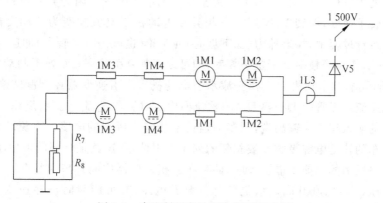

图9-6 直流制列车的再生制动示意图

再生制动电路工作时,斩波器导通,制动电流流过各个电机电枢、励磁绕组、平波电抗器(1L3)和制动电阻,使电机建立起电枢电动势,使平波电抗器也建立起感应电动势;当斩波器关闭时,电路通过二极管(V5)续流,电枢电动势与平波电抗器上的感应电动势(此时感应电动势的方向改变)叠加,向电网馈电。如果这时电网上有负载(如本列车的辅助电源)或其他列车在附近,可以作为负载吸收电能,再生制动成功;如果电网不吸收电能(因网压太高),则再生制动失败,由制动电阻吸收电能,转为电阻制动。

最近十几年,由于城市轨道交通车辆乘坐舒适性提高,列车客室空调消耗的能量大大增加,车厢内乘客服务设施(如报站显示器、广告电视屏)的耗能日渐增多,使得列车辅助电源用量大为增加。因此,再生制动的能量被本车辅助电源消耗吸收的比例占 80% 左右,反馈到电网上供其他列车使用的能量很少了。这样一来,再生制动的节能效果非常明显,由制动电阻消耗的能量相对减少。

从上述内容可以看到,实施再生制动必须满足以下两个条件。

① 再生(反馈)电压必须大于电网电压。

② 再生电能可由本列车的辅助电源吸收,也可以由同一电网的其他列车吸收。这一条件不能由再生制动车辆自己创造,而取决于外界运行条件。

再生制动电路建立后,电机接通负就会有制动电流,然后制动电流产生制动力,使列车减速。但列车减速会使电机电枢转速下降,引起电机的电枢电动势下降,从而使制动电流和制动力下降。制动电流下降,还会使平波电抗器的感应电动势减小,达不到再生制动的第一个条件。为了保证恒定的制动力矩和足够的反馈电压,在上述直流制动列车制动时,直流斩波器按列车控制单元及制动控制单元的指令,不断调节斩波器导通比,无级、均匀地控制制动电流,使制动力和再生制动电压持续保持恒定。当车速较高时,制动电流较大,再生制动电路需串入较大的电阻,并且将斩波器导通角控制得较小,以控制制动电流不能太大;当车速太低时,制动电流较小,再生制动电路会在调节过程中逐级切断电阻,并将斩波器全导通,以提高制动电流并维持反馈电压。在列车进行再生制动时,再生制动产生的电能有时不能完全反馈给电网,这时需要将部分电能消耗在电阻器上,以保持制动恒定。

2) 直—交流再生制动电路的工作原理和电流控制

交流制列车进行再生制动时,主电路连接方式不需改变。因为异步电机的旋转磁场如果落后于转子速度,即转差小于 0,三相异步电动机工况就改变为三相交流发电机工况。在列车运行过程中,如果外力(如下坡时)使车轮(也就是电机转子)加速,或人为控制定子频率降低,使转子频率高于定子频率,即可改变其牵引状态;而处于制动状态制动时(如图 9-7 所示,右侧电动机为三相交流牵引电动机),牵引逆变器控制旋转磁场,定子中的感应电流经流二极管($VD_1 \sim VD_6$)的整流向电容(C_d)及直流电源侧反馈。这样,牵引逆变器原来的输入端变为输出端,列车的运行电能转换成新的电能。直流端输出的电能可以被本列车的辅助电源吸收或被相邻的列车牵引使用,这就是全部的再生制动。

但是如果反馈的电能不能被吸收,储存在三相逆变器中间环节电容(C_d)上的电能会造成直流电压(U_d)急剧升高。该电压称为泵升电压,有可能瞬时击穿逆变器元件。因此,必须在电容边并联一个斩波调阻电路(R_7 和 VT_7)。当直流侧电压高于 1 800V 时,斩波器(VT_7)开通,将再生制动电流消耗在电阻器(R_7)上,变成电阻制动。斩波器配合牵引逆变器,根据电机制动特性限制和调节制动电流,使电机保持恒转差率和恒转矩控制模

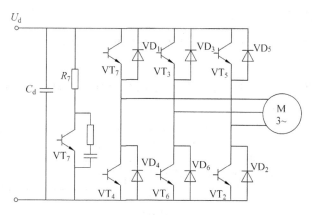

图 9-7　交流制列车的直—交逆变电路

式,这时电流制动转为部分电阻制动或全部电阻制动。

列车由运动状态逐渐减速,直至停止的控制大致经历三个模式,即恒转差模式(恒电压、恒转差频率)、恒转矩 1(恒转矩 1、恒电压)模式和恒转矩 2(恒转矩 2、恒磁通)模式。

(1) 恒转差模式

在高速时开始制动,此时万相逆变器电压保持恒定最大值,转差频率保持恒定最大值。随着列车速度下降,逆变频率减小。电机电流与逆变频率成反比增加,制动力与逆变频率的平方成反比增加。当电机电流增大到与恒转矩相符合的值时,将进入恒转矩控制模式。但当电机电流增大到逆变器的最大允许值时,从电机电流增大到该最大值的时刻起,保持电机电流恒定,在一个小区段内用控制转差的方法进行恒流控制。在这种情况下,制动力将随逆变频率成反比增加。

(2) 恒转矩 1 模式

逆变器电压保持恒定最大值,控制转差频率与逆变频率的平方成反比。随着速度下降,减小逆变频率,则转差频率变小至最小值。电机电流与逆变器频率成正比减小,制动力保持恒定。

(3) 恒转矩 2 模式

转差频率保持恒定最小值,此时电机电流也保持恒定。随着车辆速度下降,减小逆变频率。同时采用 PWM 控制减小电机电压,即保持电机电压与逆变频率(V/f_i)恒定,则磁通恒定,制动力恒定。

一般制动工况下,列车由高速减至 50km/h 期间大约处于恒电压、恒转差频率区;由 50km/h 减速至完全停车期间,理论上大约处于恒转矩控制区。但实际上,在 10km/h 以下的某个点,再生制动力迅速下降,所以当列车减速至 10km/h 以下后,为保持恒制动力,需要逐步补充摩擦制动力。

列车在下较长距离的坡道时,如果重力作用使列车加速运行,这种加速会使动车上的感应电机转子转速超过旋转磁场转速。此时,列车自动进入制动工况,制止转速进一步增加。

9.1.3 电阻制动

1. 日本新干线 100 系动车组电阻制动的构成和工作原理

1) 系统构成

电阻制动系统在结构上的显著特点是主回路中有一个制动电阻,其主回路如图 9-8 所示(日本新干线 100 系动车组)。

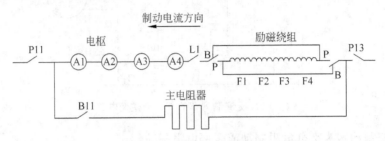

图 9-8 电阻制动的原理图

2) 工作原理

司机制动控制手柄或列车自动控制系统 ATC 发出制动指令后,制动控制装置首先对列车运行速度进行判断。当速度大于 5km/h 时,构成制动主回路(PB 转换器转为制动位置);然后,制动接触器发生动作(B11 闭合、P11 打开、P13 打开);随后,依次是励磁削弱接触器打开、预励磁接触器投入;最后,断路器投入(L1 闭合)。

此时,电枢绕组、励磁绕组和主电阻器构成电阻制动主回路,并使电流向增加原牵引励磁的方向流动,再由主电阻器将电枢转动发出的电能变为热能消散掉。

2. 我国城市轨道交通车辆电阻制动

1) 直流制列车电阻制动的原理

再生制动失败,列车主电路自动切断反馈电路,转入电阻制动电路。这时,由列车运行电能转换成的电能将全部消耗在列车上的电阻器中,并转变为热能散发到大气中去。因此,电阻制动又称为能耗制动。图 9-9 所示为一个直流制列车的直流斩波器控制电阻制动电路。斩波器(GTO)按制动控制指令不断改变导通角,调节制动电压和电流的大小。电路中的电阻($R_7 \sim R_9$)也根据制动电流调节需要,按照车速的逐步减低而逐级短接,最后全部切除。

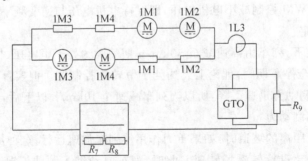

图 9-9 直流制列车的直流斩波器控制电阻制动电路

2) 交流制列车电阻制动的原理

交流制列车电阻制动的原理与直流制列车基本相同,只是控制设备不仅有直流斩波器,还有三相逆变器;不仅要调节制动电流、电压,还要调节频率。

如图 9-10 所示,城轨车辆每节动车装备有一个三相调频调压逆变器(VVVF)、一个牵引控制单元(DCU)、一个制动电阻、四个自冷式三相交流电动机 M_1、M_2、M_3、M_4(每轴一个,互相并联)。

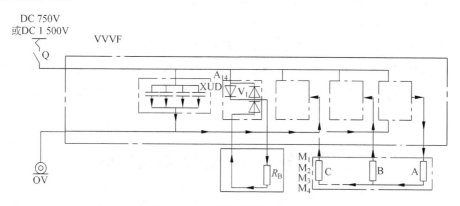

图 9-10　电阻制动结构示意图

如果制动列车所在的电网供电区段内无其他列车吸收电制动能量,VVVF 则将能量反馈在线路电容上,使电容电压 XUD 迅速上升;当 XUD 达到最大设定值 1 800V 时,DCU 启动能耗斩波器模块 A_{14} 的门极关断晶闸管 GTO:V_1;GTO 打开制动电阻 R_B。制动电阻 R_B 与电容并联,将发电机上的制动能量转变成热能消耗掉。电阻制动能单独满足常用制动的要求。

电阻制动承担电动机电流中不能再生的那部分制动电流。再生制动电流加电阻制动电流等于制动控制要求的总电流。此电流受电动机电压的限制。再生制动与电阻制动之间的转换由 DCU 控制,能保证它们连续交替使用,且转换平滑。

制动电阻安装在车体底架上的牵引逆变箱外。制动电阻是由不会被磁化的镍铬合金制成的。制动电阻由一个 1 500W 三相风机强迫风冷。制动电阻内有一个惠斯通电桥监测装置,提供超温报警。监测装置的输出信号传送给牵引控制单元 DCU。

电制动具有独立的滑行保护功能。由于四台电动机是并联连接的,因此当 DCU 检测出任意一根轴发生滑行时,DCU 只能对四台电动机进行同步控制,同时降低或切除四台电动机的电制动力。

电制动是将列车运动的电能转变为新电能,再变成热能消耗掉或反馈回电网的制动方式。因为电气制动具有摩擦部件少(仅有轴承)、维修工作量少、可以反复使用等许多优点,所以担负着车辆制动减速时的大部分能量。但也有由于增加控制装置和制动电阻等设备,使质量增加,以及如果条件不具备就不能产生制动作用(电气制动失效)的缺点。为提高可靠性,动车组或城轨车辆应该具有在由于某种原因使电制动系统不能工作时,能够切换到摩擦制动系统的控制功能。

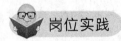 岗位实践

(1) 清理制动电阻表面：用10#棘轮将制动电阻塞网打开，用抹布擦拭制动电阻表面，使表面无异物、无裂纹。

(2) 清理塞网表面：用抹布清洁，使表面无污渍。

(3) 检查制动电阻箱：目测检查，使表面无破损。

(4) 箱体螺栓：目测检查，无松动，如有松动，需紧固，并重新标识。

(5) 测量制动电阻值：用10#棘轮将位于制动电阻箱旁边的小箱上的4个螺栓松开，将小箱盖打开，然后用万用表的正、负极分别进行横向、纵向以及交叉的双极测量。

工作任务 9.2　磁轨制动检修

 任务描述

磁轨制动能得到较大的制动力，常被用作轨道车辆紧急制动时的一种补充制动手段。通过电磁铁与钢轨的吸附作用，使车辆停下来。车辆的动能通过磨耗板与钢轨的摩擦转换为热能，逸散于大气。磁轨制动的检修是为了保障其工作性能，使车辆偶遇突发状况时能最大限度地发挥作用，保证车辆安全。

【任务目的】
1. 掌握磁轨制动的检修标准及检修方法。
2. 能够按照企业标准对磁轨制动进行检修。

【任务内容】
1. 磁轨制动器的检修。
2. 磨耗板的检修。

【任务实践基本要求】
1. 在认真学习本任务"基础理论"内容的基础上完成实训。
2. 做好相关实训记录。
3. 遵守企业规章制度，按企业要求规范操作。

【设备及工具】
1. 轨道车辆磁轨制动模型。
2. 塞尺、13mm开口扳手、13mm棘轮。

磁轨制动又称为轨道电磁制动(如图 9-11 所示),是一种很传统的制动方式。这种制动方式是在转向架结构前、后两轮对之间的侧梁下装置升降风缸,风缸顶端装有一个电磁铁靴。电磁铁靴包括电磁铁和磨耗板。电磁铁靴悬挂安装在距轨面适当高度处。制动时,电磁铁靴落下,并接通励磁电源,使之产生电磁吸力。电磁铁靴吸附在钢轨上,通过磨耗板与轨道摩擦产生制动作用。这种制动不受轮轨间黏着系数的限制,能在保证乘客舒适性的条件下有效地缩短制动距离。但磨耗板与轨道摩擦会产生很大的热量,对钢轨的磨损较大。这种装置在有轨电车和轻轨上使用较多,其制动距离短,而且简单、可靠。由于磁轨制动能获得较大的制动力,并且与轮轨间黏着系数无关,所以在高速动车上通常装有磁轨制动,但仅在紧急制动时使用。

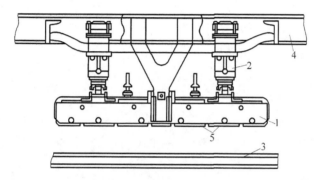

图 9-11 轨道电磁制动器
1—电磁铁;2—升降风缸;3—钢轨;4—转向架结构侧梁;5—磨耗板

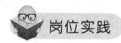

(1) 检查磁轨制动器:磁轨制动器的悬挂轨道靴和轨道上边缘之间的距离为 7~9mm。

注意:调整工作之前,磁轨制动器必须整个安装在转向架中。当调整悬挂时,在要调整的转向架区域,轨道要平直。

(2) 目测连接电缆:连接电缆必须没有擦伤痕迹、弯曲或裂纹。

(3) 目测磨耗板:磨耗板无严重磨损,发现裂纹应更换。

注意:防磨板上对螺钉头的磨损是可以接受的。

(4) 目测悬挂装置:检查所有的部件(弹簧、塑料零件、减震器)是否有磨损,对磁轨悬挂装置调整螺栓进行防锈润滑处理。

1. 分析各种动力制动的基本原理和要求。

2. 分析新干线700系动车组和我国城市轨道交通车辆各种再生制动的构成及工作原理,比较其异、同点。

3. 分析新干线100系动车组和我国城市轨道交通车辆各种电阻制动的构成及工作原理,比较其异、同点。

4. 磁轨制动由哪几部分构成？

5. 电磁涡流制动由哪几部分构成？

岗位工作 10

检修液压制动系统

知识目标
1. 掌握液压制动的基本原理。
2. 掌握液压制动辅助元件的结构及工作原理。
3. 掌握液压制动控制元件的结构及工作原理。
4. 掌握液压制动调节元件的结构及工作原理。
5. 掌握城市轨道交通车辆液压制动系统的组成及工作原理。

能力目标
1. 能够分析液压制动的工作原理。
2. 能够分析液压制动常用元件的结构及工作原理。
3. 能够分析城轨车辆液压制动系统的组成及工作原理。
4. 能够检修城轨车辆液压制动系统。

工作任务 10.1 液压制动检修

任务描述

液压制动是当今轨道车辆制动系统中新兴的制动形式,其优点为能够克服气温对于制动效果的影响,使车辆制动的稳定性大大提高。液压系统依靠液压管路内液压油的压力增减实现其制动功能,因此在检修过程中,液压管路的分解与安装工作成为重点内容。

【任务目的】
1. 掌握液压管路的安装标准。
2. 能够按照企业标准对液压管路进行分解与安装。

【任务内容】

1. 液压管路的分解。
2. 液压管路的安装。

【任务实践基本要求】

1. 在认真学习本任务"基本理论"的基础上完成实训。
2. 做好相关实训记录。
3. 遵守企业规章制度,按企业要求规范操作。

【设备及工具】

1. 轨道车辆液压制动系统模型。
2. 抹布、17♯棘轮、13♯棘轮、橡胶圈、安可舒。

基础理论

10.1.1 液压制动的基本原理

1. 液压制动的工作原理

液压制动的工作原理与液压传动相同。下面以液压千斤顶为例,简述液压传动的工作原理。图 10-1 所示为液压千斤顶的工作原理图。液压千斤顶有两个液压缸 1 和 6,内部分别装有活塞,活塞和缸体之间保持良好的配合关系。不仅活塞能在缸内滑动,而且配合面之间能实现可靠地密封。当向上抬起杠杆时,小液压缸 1 活塞向上运动,液压缸 1 下腔容积增大,形成局部真空,排油单向阀 2 关闭,油箱 4 的油液在大气压作用下经吸管顶开吸油单向阀 3 进入小液压缸 1 下腔,完成一次吸油动作。当向下压杠杆时,小液压缸活塞下移,小液压缸 1 下腔容积减小,油液受挤压,压力升高,关闭吸油单向阀 3,小液压缸 1 下腔的压力油顶开排油单向阀 2,油液经排油管进入大液压缸 6 的下腔,推动大活塞上移顶起重物。如此不断,上、下扳动杠杆,使重物不断升起,达到起重的目的。若杠杆停止动作,大液压缸 6 下腔油液压力将使排油单向阀 2 关闭,大液压缸 6 活塞连同重物一起被自锁不动,停止在举升位置。如打开截止阀 5,大液压缸 6 下腔通油箱,大液压缸 6 活塞将在自重作用下向下移,迅速回复到原始位置。设液压缸 1 和 6 的面积分别为 A_1 和 A_2,液压缸 1 和 6 受到的力分别为 F 和 W,不计活塞的重量,小液压缸 1 单位面积上受到的压力 $p_1 = \dfrac{F}{A_1}$,即大液压缸 6 单位面积上受到的压力。根据流体力学的帕斯卡定律——平衡液体内某一点的压力值能等值地传递到密闭液体内各点,有

$$p_1 = p_2 = \frac{F}{A_1} = \frac{W}{A_2} \tag{10-1}$$

由液压千斤顶的工作原理得知,小液压缸 1 与单向阀 2、3 一起完成吸油与排油,将杠杆的机械能转换为油液的压力能输出。大液压缸 6 将油液的压力能转换为机械能输出,抬起重物。有了负载作用力,才产生液体压力。因此,就负载和液体压力两者来说,负载是第一性的,压力是第二性的。液压传动装置本质上是一种能量转换装置。在这里,大液压缸 6 和小液压缸 1 组成了最简单的液压传动系统,实现了力和运动的传递。

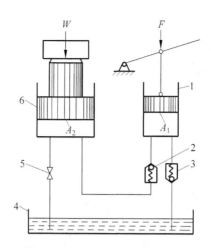

图 10-1 液压千斤顶工作原理图

1—小液压缸；2—排油单向阀；3—吸油单向阀；4—油箱；5—截止阀；6—大液压缸

从液压千斤顶的工作过程，归纳出液压传动工作原理，如下所述。

① 液压传动是以液体（液压油）作为传递运动和动力的工作介质。

② 液压传动经过两次能量转换，先把机械能转换为便于输送的液体压力能，然后把液体压力能转换为机械能对外做功。

③ 液压传动是依靠密封容积（或密封系统）内容积的变化来传递能量的。

工程机械的超重机、推土机、汽车起重机、注塑机以及机床行业的组合机床的滑台、数控车床工件的夹紧等都应用了液压系统传动的工作原理。

2. 液压系统的组成及符号

下面以图 10-2 所示的典型液压系统原理图为例，说明其组成。

液压泵 3 由电动机驱动旋转，从油箱 1 中吸油，经过滤器 2 后，被液压泵吸入并输出给系统。当换向阀 6 的阀芯处于图 10-2(a)所示位置时，压力油经流量控制阀 5、换向阀 6 和管道进入液压缸 7 的左腔，推动活塞向右运动。液压缸右腔的油液经管道、换向阀 6、管道 9 流回油箱。改变换向阀 6 的阀芯工作位置，使之处于左端位置时，如图 10-2(b)所示，液压缸活塞反向运动。

工作台的移动速度是通过流量控制阀来调节的。阀口开大时，进入缸的流量较大，工作台的速度较快；反之，工作台的速度较慢。为满足克服大小不同负载的需要，要求泵输出油液的压力应当能够调整。流量控制阀开口小，工作台低速移动时，泵输出多余的油液，经溢流阀 4 和管道 10 流回油箱，调节溢流阀弹簧的预压力，就能调节泵输出口的油液压力。

从上面的例子可以看出，液压传动系统主要由以下 5 个部分组成。

① 动力元件：将机械能转换成流体压力能的装置。常见的是液压泵，为系统提供压力油液，如图 10-1 中的小液压缸 1。

② 执行元件：将流体的压力能转换成机械能输出的装置。它可以是做直线运动的液压缸，也可以是做回转运动的液压马达、摆动缸，如图 10-1 中的大液压缸 6 和图 10-2 中

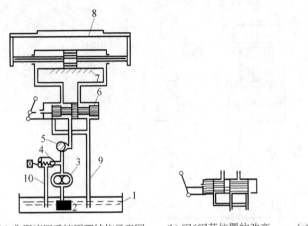
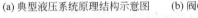
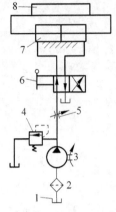

(a) 典型液压系统原理结构示意图　(b) 阀6阀芯位置的改变　(c) 典型液压系统原理图形符号

图 10-2　典型液压系统原理

1—油箱；2—过滤器；3—液压泵；4—溢流阀；5—流量控制阀；6—换向阀；7—液压缸；8—工作台；9,10—管道

的液压缸 7。

③ 控制元件：对系统中流体的压力、流量及流动方向进行控制和调节的装置，以及实现信号转换、逻辑运算和放大等功能的信号控制元件，如图 10-2 中的溢流阀 4、流量控制阀 5 和换向阀 6。

④ 辅助元件：保证系统正常工作所需的上述 3 种以外的装置，如图 10-1 中的油箱 4 和图 10-2 中的过滤器 2、油箱 1 和管件。

⑤ 工作介质：用它实现能量和信号的传递。液压系统以液压油液作为工作介质。

图 10-2(a) 和图 10-2(b) 中的各个元件是用半结构式图形画出来的，直观性强，易理解，但难以绘制，元件多时更是如此。在工程实际中，除某些特殊情况外，一般都用简单的图形符号绘制，如图 10-2(c) 所示。图形符号只表示元件的功能，不表示具体结构和参数。

10.1.2　液压制动辅助元件

在液压制动系统中，除必备的动力元件、执行元件之外，其辅助元件也是系统的主要组成部分。辅助元件包括蓄能器、油箱、滤油器、热交换器、油管、管接头、压力表、密封元件等。这些元件是轨道车辆制动系统中保养及检修的重要部分。

1. 蓄能器

1) 蓄能器的功用

蓄能器是存储和释放液体压力能的一种装置。它存储多余的压力油液，在系统需要时重新释放出来供给系统。蓄能器在液压制动系统中主要用作辅助动力源、应急动力源、脉动阻尼器及液压冲击吸收器，实现漏损补偿、系统保压等。

2) 蓄能器用作辅助动力源

蓄能器最常见的功用是用作辅助动力源。工作周期较短的间歇工作系统或一个循环内速度差别很大的系统，可采用蓄能器作为辅助动力源。当速度小的系统不需要大流量时，可以把液压泵输出的多余压力油储存在蓄能器内；而当速度大，需要大流量时，由蓄能器快速向系统释放,协助泵工作,满足系统需要。这样,就可以减小液压泵的容量以及电动机的功率消耗,从而降低系统温升。图 10-3 所示为压力机液压系统。在工作循环中,当液压缸慢进和保压时,蓄能器把液压泵输出的压力油储存起来,达到设定压力以后,卸荷阀打开,泵卸荷;当液压缸快速进、退时,蓄能器与泵一起向液压缸供油,完成一个工作循环。蓄能器提供的流量加上液压泵的流量,应该能够满足工作循环的流量要求,并能在循环之间重新充够油液。

3) 蓄能器用作应急动力源

在液压系统中,电源突然停电或液压泵突然出现故障停止供油时,会引起事故。为了确保重要系统的设备安全和人身安全,又要不停止供油,需要接入适当容量的蓄能器作为应急能源,使系统能在一段时间内获得压力油。

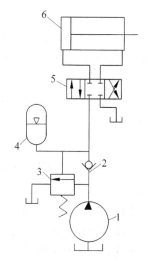

图 10-3 压力机液压系统
1—液压泵;2—单向阀;3—卸荷阀;
4—液压蓄能器;5—换向阀;6—液压缸

4) 蓄能器进行系统保压

当液压系统需要长时间处于停止且保持一定压力时,液压系统存在的泄漏会使压力慢慢降低。为了使执行元件保持压力,在系统中需要使用蓄能器补偿泄漏,使系统压力不因泄漏而下降,也就是所谓的漏损补偿作用。

5) 蓄能器用作吸收压力脉动的阻尼器和液压冲击吸收器

在液压系统中安装蓄能器,可以吸收和减少压力脉动峰值,这是防止振动与噪声的措施之一。图 10-4 所示为吸收压力脉动时用蓄能器的回路。液压泵的流量脉动使执行元件运动速度不均匀,并引起系统压力脉动。在液压泵附近安装蓄能器,可吸收压力脉动,减小流量或压力脉动的幅值。图 10-5 所示为蓄能器用作吸收液压冲击的吸收器的回路。当液压缸突然停止运动,换向阀突然关闭或换向,液压泵突然启动或停转时,都会引起液压冲击。把蓄能器装在液压缸或换向阀之前,可使冲击压力得到缓和,从而消除系统中管路和工作元件遭受损坏的危险。

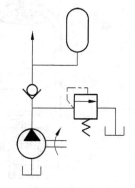 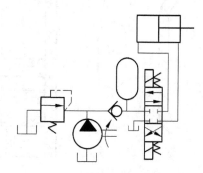

图 10-4 蓄能器用于吸收压力脉动　　图 10-5 蓄能器用于吸收液压冲击

2. 蓄能器的种类与原理

根据对液压油的加载方式不同,蓄能器分为利用惰性气体或空气的压缩性的气体加载式和非气体加载式蓄能器。常用的是气体加载式蓄能器,并可按其结构进一步分类。

1) 气体加载式蓄能器

气体加载式蓄能器的工作原理是利用压缩空气存储和释放能量。气体加载式蓄能器按其结构,分为无隔离式(气瓶式)、活塞式、气囊式、隔膜式、波纹管式。

(1) 气瓶式蓄能器

图 10-6 所示是一种气瓶式蓄能器。由于气体和液体直接接触,为防止油液气化变质和火灾发生,通常在容器中充氮气而不充压缩空气。在壳体下部有一个进、出液口与液压系统相连,顶部有一个进气孔安装充气阀充入压缩气体。油口向下垂直安装,使气体封在壳体上部,避免进入管路。其优点是结构简单、容量大、惯性小、反应灵敏;但气体易混入油中,使系统的工作平稳性降低,且耗气量大,需经常补气。因此,气瓶式蓄能器适用于中、低压大流量液压系统。

(2) 活塞式蓄能器

活塞式蓄能器如图 10-7 所示。蓄能器中的气体与油液用带密封件(一般为 O 形密封圈)的浮动活塞隔开。活塞上部为压缩空气,气体由气阀充入;下部经油孔通向系统。活塞随下部压力油的储存和释放而在缸内滑动。它结构简单,工作可靠,寿命长,主要用在大流量的液压系统中。但因活塞有一定的惯性和密封摩擦力,反应不灵敏,不能用于吸收脉动和压力冲击,只能用于储存能量。缸体与活塞之间有密封性能要求,所以制造费用较高,且在密封件磨损后易使气液混合,影响系统工作的稳定性。

(3) 气囊式蓄能器

气囊式蓄能器是一种隔离式蓄能器,如图 10-8 所示,主要由壳体、充气阀、气囊和提升阀等组成。在这种蓄能器中,气体和油液由气囊隔开。气囊用耐油橡胶做原料,与充气阀一起压制而成。囊内储放惰性气体(一般为氮气)。气囊出口上有气门(进气阀)。气门

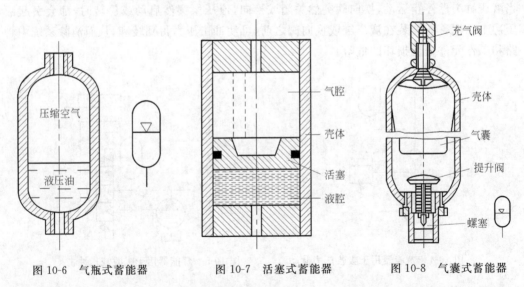

图 10-6 气瓶式蓄能器　　图 10-7 活塞式蓄能器　　图 10-8 气囊式蓄能器

只有在气囊充气时才打开,平时关闭。蓄能器工作前,用进气阀为气囊充气,充气完毕后自动关闭。壳体下部有一个受弹簧力作用的提升阀,在工作状态时,压力油液经过提升阀进入;当油液排空时,提升阀可以防止气囊被挤出。另外,充气时一定要打开螺塞,以便把壳体中的气体放掉,充完气后再拧紧螺塞。

这种蓄能器具有惯性小、反应灵敏、结构紧凑、重量轻、安装维护方便和无噪声等优点,所以在所有蓄能器中应用最为广泛;其缺点是容量小,胶囊和壳体制造困难等。气囊有折合型和波纹型两种,前者容量大,适于储能;后者容量较小,可吸收液压冲击和脉动。

(4) 隔膜式蓄能器

隔膜式蓄能器如图 10-9 所示。它以隔膜代替气囊,利用薄膜的弹性来存储和释放压力能。壳体为球形,重量与体积小,主要用于小容量液压系统,实现减震和缓冲等。

(5) 波纹管式蓄能器

波纹管式蓄能器如图 10-10 所示。在压力容器内用金属波纹管取代气囊,把气体和油液隔开。其灵敏性好,响应快,波纹管耐油性好,适应温度范围宽,但易损坏。它主要用于特殊液体及高温、低压和小容量场合。

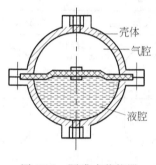

图 10-9 隔膜式蓄能器

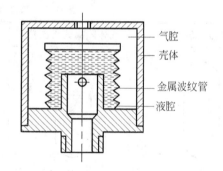

图 10-10 波纹管式蓄能器

2) 非气体加载式蓄能器

非气体加载式蓄能器按其结构分为重力式和弹簧式。

(1) 重力式蓄能器

这种蓄能器的结构原理如图 10-11 所示。它利用重物的位置变化来存储、释放能量。当压力油充入蓄能器时,油液推动柱塞上升,在重物的作用下以一定压力存储起来。它的特点是结构简单,压力恒定,能提供大容量、压力高的油液,但体积大、笨重,运动惯性大,反应不灵敏,密封处易泄漏,摩擦损失大。因此,重力式蓄能器常用于大型固定设备,最高工作压力可达 45MPa。

(2) 弹簧式蓄能器

弹簧式蓄能器利用弹簧的压缩能存储和释放能量,产生的压力取决于弹簧的刚度和压缩量。如图 10-12 所示,液压油通过活塞压缩和释放弹簧来存储和释放能量。它的结构简单,反应比较灵敏,但是容量小、有噪声、易内泄漏,并有压力损失,不适合高压和高频动作的场合,一般用于小容量、低压(低于 12MPa)系统,或用来缓冲。

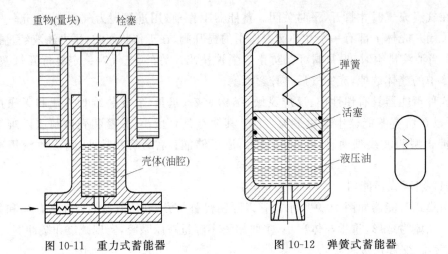

图 10-11　重力式蓄能器　　　　图 10-12　弹簧式蓄能器

3. 蓄能器的职能符号

蓄能器的职能符号如表 10-1 所示。

表 10-1　蓄能器的职能符号

蓄能器一般符号	气体隔离式蓄能器	重力式蓄能器	弹簧式蓄能器

4. 蓄能器的安装与使用

蓄能器安装的位置除应考虑便于检修外,对用于保压回路的蓄能器,应尽可能安装在执行元件的附近。蓄能器安装、使用时还应注意以下问题。

① 蓄能器的工作介质的黏度和使用温度应与液压系统工作介质的要求相同。

② 蓄能器一般应垂直安装,油口向下,以保证气囊的正常收缩。

③ 装在管路上的蓄能器必须用支板或支架固定,但不允许焊接在主机上,且应装在便于检查、维修的位置,并远离热源。

④ 充气式蓄能器中应使用惰性气体(一般为氮气),允许工作压力根据蓄能器结构形式而定。

⑤ 蓄能器充气后,各部分绝不允许再拆开,也不能松动。蓄能器是压力容器,搬运和需要拆装时应先排除内部的气体,确认没有气体后再拆卸,一定要注意安全。

⑥ 不同蓄能器适用的工作范围不同,如气囊强度不高,不能承受很大的压力波动,而

且只能在 $-20\sim+70℃$ 温度范围内工作。

⑦ 蓄能器与管路之间应安装截止阀,供充气和检修时使用。蓄能器与液压泵之间应安装单向阀,防止液压泵停止工作时蓄能器内的压力油经泵流回油箱及发生事故。

⑧ 蓄能器在使用过程中,必须定期对气囊进行气密性检查。新使用的蓄能器第一周检查一次,第一个月内还要检查一次,然后半年检查一次。对于作为应急动力源的蓄能器,为了确保安全,应经常检查和维护。

⑨ 在长期停止使用后,应关闭蓄能器与系统管路之间的截止阀,保持蓄能器油压在充气压力以上,使皮囊不靠底。

10.1.3 过滤器

1. 过滤器的功用与种类

1) 过滤器的功用

液压制动系统大多数故障是由于介质被污染造成的,在适当的部位安装过滤器可以截留油液中不可溶的污染物,如型砂、铁屑、焊渣等,使油液保持清洁,保证液压系统正常工作。系统中的过滤器滤去油中杂质,维护油液清洁,防止油液污染,保证系统正常工作,从而提高液压系统的工作稳定性、可靠性,延长元件的寿命。

2) 过滤器的种类

(1) 按过滤精度分类

过滤精度是指过滤器滤去杂质的粒度大小,以其外观直径的公称尺寸(μm)表示,粒度越小,精度越高。精度分为4个等级,分别为粗:$d \geqslant 100\mu m$;普通:$10\mu m \leqslant d < 100\mu m$;精:$5\mu m \leqslant d < 10\mu m$;特精:$1\mu m \leqslant d < 5\mu m$。

通常要求过滤精度不大于运动零件配合间隙的一半或油膜厚度。系统压力越高,相对于运动表面的配合间隙越小,要求的过滤精度越高。因此,液压系统的过滤精度主要决定于系统的工作压力,其推荐值如表10-2所示。

实践证明,采用高精度过滤器,液压泵和液压马达的寿命可延长4~10倍,可基本消除油液污染、阀卡紧和堵塞故障,并可延长液压油和过滤器本身的寿命。

表10-2 过滤精度推荐值表

系统类别	润滑系统	传动系统			伺服系统	特殊要求系统
工作压力/MPa	0~2.5	≤7	>7	≥35	≤21	≤35
过滤精度/μm	≤100	≤25~50	≤25	≤5	≤5	≤1

(2) 按滤芯材料和结构形式分类

按滤芯材料和结构分,过滤器有网式、线隙式、纸芯式、烧结式、磁性和复式过滤器等,并且有的还带有差压指示和发讯装置。

① 网式过滤器:也称滤油网或滤网,应用最普遍,常用在轨道车辆的制动系统中。它是用金属丝(常用黄铜丝)织成方格网敷在有一定刚性的骨架上作为滤油元件,如图10-13所示。它由上端盖、下端盖、铜丝网和金属或塑料圆筒(上开有多个圆孔)等组成。铜丝网(一层或两层)包在圆筒上,过滤精度由网孔大小和层数决定。这种过滤器一

般有三种精度等级：80μm(200目)、100μm(150目)和180μm(100目)(目即每英寸长度上的网孔数)，压力降为0.025MPa。网式过滤器的结构简单，清洗方便，通油能力强，压力损失小，但过滤精度低，常用于泵的吸油管路，对油进行粗过滤。

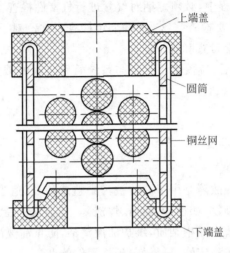

图10-13 网式过滤器

② 线隙式过滤器：分为吸油管路用和供油管路用两种。图10-14(a)所示为吸油管路上用过滤器，主要由上端盖、下端盖、圆筒骨架(上开有多个圆孔)和绕在骨架上的铜线(或铝线)构成，其过滤精度为30～80μm，压力降为0.06MPa。图10-14(b)所示为用于供油管路上的过滤器，主要由端盖、壳体、筒形骨架和铜线(或铝线)组成，其过滤精度为50～80μm，压力降为0.02MPa。工作时，流入壳体的油液经线间隙流入滤芯，再从上部孔道流出。安装在供油管路上的过滤器，其过滤精度为30～100μm，用于保护系统中较精密或易堵塞的液压元件，其通油压力可达6.3～32MPa；用于吸油管路上的线隙式过滤器没有外壳，过滤精度50～100μm，压力损失0.03～0.06MPa，其作用是保护液压泵。线隙式过滤器的过滤效果好，过滤精度比网式高，结构简单，通油能力强，但滤芯材料强度低，不易清洗。若带有发讯装置，当过滤器堵塞时，发讯装置会发出信号，以便清洗或更换滤芯。

③ 纸芯式过滤器：其结构如图10-15(a)所示，它由堵塞状态发生装置、滤芯外层、滤芯中层、滤芯里层、支撑弹簧、壳体等组成。其结构与线隙式过滤器基本相同，只是滤芯材质和组成结构不同，滤芯采用纸芯。滤芯由厚0.35～0.7mm的平纹或皱纹的酚醛树脂或木浆的微孔滤纸组成。为了增大滤芯的强度，一般纸芯由三层组成：外层用粗眼钢板网，中层为折叠成W形的滤纸，里层为金属网与滤纸折叠层，中间有支撑弹簧。这种结构提高了滤芯强度，增大了滤芯的过滤面积，其过滤精度为5～30μm。纸芯式过滤器主要用于精密机床、数控机床、伺服机构、静压力支撑等要求过滤精度高的液压系统，并常与其他类型的过滤器配合使用。

纸芯式过滤器的过滤精度高，滤芯价格低，一般装在管路上；但强度不高，堵塞后无法清洗，需经常更换滤芯。为了保证过滤器能正常工作，不致因杂质聚集在滤芯上引起压差增大而压破纸芯，过滤器顶部一般装有发讯装置。

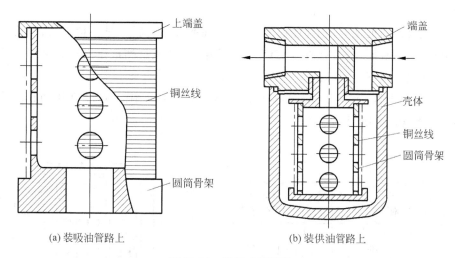

图 10-14　线隙式过滤器

纸芯式过滤器常装有堵塞状态发讯装置。图 10-15(b)所示为堵塞状态讯号发讯装置原理图。当滤芯堵塞时,其进、出口压力差(p_1-p_2)升高。升高到规定值时,活塞和永久磁铁向右移动。此时,感簧管 4 内的触点受到磁力的作用后吸合,接通电路,指示灯发出报警信号。

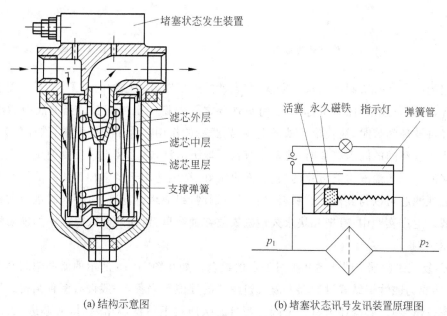

图 10-15　纸芯式过滤器

④ 烧结式过滤器:如图 10-16 所示,它由端盖、壳体和滤芯组成。滤芯一般由青铜粉等金属粉末压制后烧结而成。它是利用金属颗粒间的微孔过滤杂质。选择不同粒度的粉末和壁厚可获得不同的过滤精度。其过滤精度为 $10\sim100\mu m$,压力损失为 $0.03\sim0.2MPa$,滤芯形状可以做成杯状、管状、板状和碟状等。它主要用于工程机械等设备的液

压系统中。

烧结式过滤器的强度高、性能稳定、抗冲击性能好、耐高温、过滤精度高、制造比较简单，但易堵塞，清洗困难，若有脱粒，会影响过滤精度，甚至损伤液压元件。烧结式过滤器一般用在高温情况下。

⑤ 磁性过滤器：其工作原理是利用永久磁铁吸附油液中的铁屑、铁粉和其他带磁性的微粒，如图10-17所示。

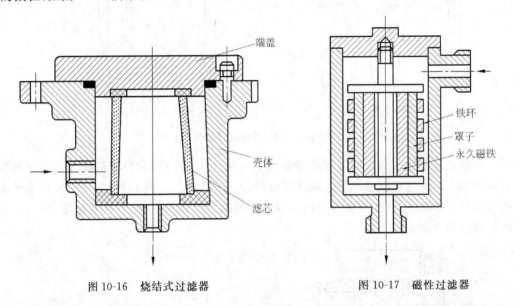

图 10-16　烧结式过滤器　　　　图 10-17　磁性过滤器

它的中心为一块圆筒式永久磁铁，在磁铁的外部罩有非磁性的罩子，罩子外面绕着四只铁环，由铜条连接（图中未标出）；每只铁环之间保持一定的间隙。当油液中能磁化的杂质经过铁环间隙时，被吸附于铁环上，起到滤清的作用。为了便于清洗，铁环分为两半。当杂质将铁环间的间隙堵塞时，将两半只铁环取下清洗，然后装上去反复使用。磁性过滤器用来滤除混入油液中能磁化的杂质，效果很好，特别适用于经常加工铸件的机床液压系统。磁性滤芯可以与其他过滤材料（如滤纸、铜网）组成组合滤芯，以便同时进行两种方式的过滤。生产实践中，有把几块永久性磁铁放在油箱里，以便随时去除油中的铁磁性物质的应用实例。

⑥ 复式过滤器：即上述几类过滤器的组合。如在图10-16所示的滤芯中间套入一组磁环，即成为磁性烧结式过滤器。复式过滤器的性能更完善，一般设有多种结构原理的堵塞状态发讯装置，有的还设有安全阀。当过滤杂质逐渐将滤芯堵塞时，滤芯进、出油口的压力差增大，若超过所调定的发讯压力，发讯装置便会发出堵塞信号。如不及时清洗或更换滤芯，当压差达到所调定的安全压力时，类似于直动式溢流阀的安全阀打开，保护滤芯免遭损坏。

3) 过滤器的符号

过滤器的图形符号如表10-3所示。

表 10-3 过滤器的符号

粗过滤器	精过滤器	带发讯装置的过滤器
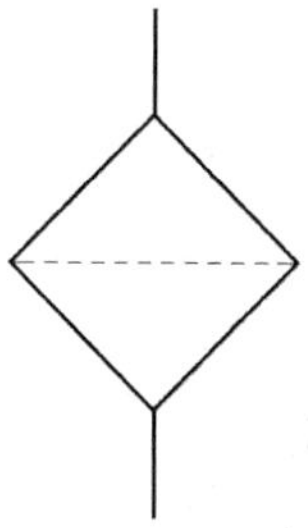	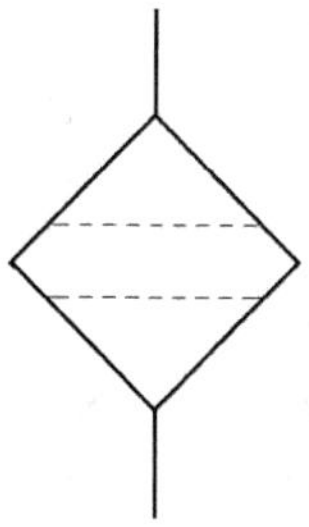	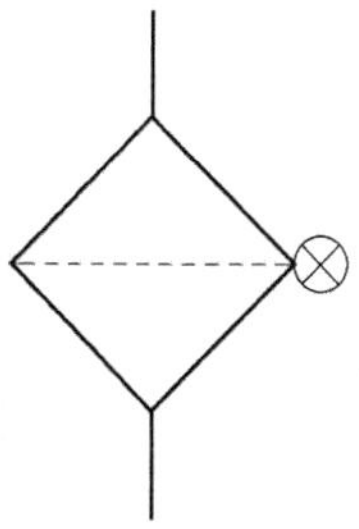

2. 过滤器的使用

1) 过滤器的选用

对于过滤器,应根据所设计的液压制动系统的技术要求,按过滤精度、通油能力、工作压力、油的黏度和工作温度等来选择其类型及型号,如下所述。

① 有足够的过滤能力。过滤能力即一定压降下允许通过过滤器的最大流量,应结合过滤器在系统中的安装位置选取。不同类型的过滤器可通过的流量值有一定的限制,需要时可查阅有关样本和手册。

② 能承受一定的工作压力。过滤器壳体应能承受其所在管路的工作压力。液压系统中的管路工作压力各有不同,应根据工作压力选取相应的过滤器。

③ 有足够的过滤精度。采用高精度过滤器,液压泵和液压马达的寿命可延长 4~10 倍,可基本消除阀的污染、卡紧和堵塞故障,并可延长液压油和过滤器本身的寿命。

④ 过滤器滤芯应易于清洗和更换。

⑤ 在一定的温度下,过滤器应有足够的耐久性。

⑥ 要考虑一些特殊要求,如抗腐蚀、磁性、发讯、不停机更换滤芯等。

2) 过滤器的安装

在液压制动系统中,通常在液压制动单元的进油口和回油口处分别安装过滤器。过滤器的作用与其在管路中的安装位置有关。

(1) 安装在液压泵的吸油管路上

如图 10-18 所示过滤器 1 位于液压泵吸油管路上,用来保护泵不致吸入较大的机械杂质,一般采用过滤精度较低的粗过滤器或普通精度过滤器。因为泵从油箱吸油,为了不影响泵的吸油性能,吸油阻力应尽可能小,否则将造成液压泵吸油不畅或出现空穴现象,并产生强烈噪声。这时,过滤器的通油能力应大于液压泵流量的两倍以上,压力损失不得超过 0.01~0.035MPa。必要时,泵的吸入口应置于油箱液面以下。

(2) 安装在压力油路上

如图 10-18 所示,过滤器 4 位于压力油路上,用于保护除液压泵以外的其他元件。必须选择精滤器。由于它在高压下工作,所以应该满足压力的几点要求:过滤器外壳要有足够的耐压性能;压力降不能超过 0.35MPa;能承受油路上的工作压力和压力冲击。应

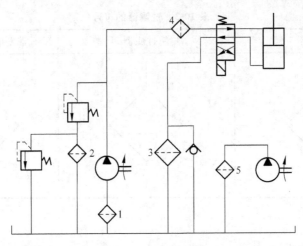

图 10-18　过滤器安装位置

将过滤器安装在压力管路中溢流阀的下游或与安全阀并联,以防止过滤器堵塞时液压泵过载。

(3) 安装在回油路上

如图 10-18 所示,过滤器 3 位于回油路上,它使油液在流回油箱前先经过过滤,滤去系统生成的污物,使油箱中的油液得到净化,或者使其污染程度得到控制。由于是在低压回路,可采用滤芯强度低的过滤器。为防止过滤器阻塞,一般要并联安全阀或安装发讯装置。

(4) 安装在旁油路上

如图 10-18 所示,过滤器 2 安装在溢流阀的回油路上,并有一个安全阀与之并联。由于过滤器只通过泵的部分流量,所以过滤器的尺寸可减小。另外,它起到清除油液杂质的作用。

(5) 独立的过滤系统

如图 10-18 所示,过滤器 5 和泵组成一个独立于液压系统之外的过滤回路。它的作用也是不断净化系统中的油液。通过过滤器的流量稳定不变,有利于控制系统中油液的污染程度。这种系统需要增加设备(泵),适用于大型机械的液压系统。液压系统中除了整个系统所需的过滤器外,还常常在一些重要元件(如伺服阀、精密节流阀等)的前面单独安装一个专用的精过滤器来确保其正常工作。

3) 过滤器的使用与维护要求

① 在液压泵的吸油管路上必须安装粗过滤器。
② 过滤器一般安装在回油管路上。
③ 过滤器不要安装在液流方向经常改变的油路上。
④ 并联安全阀和堵塞指示器。
⑤ 经常观察,定期清洗过滤器。

10.1.4　油管与管接头

管件是用来连接液压元件、输送液压油液的连接件,包括油管和管接头。油管和管接头遍及整个液压制动系统,油管的拆卸及安装也是液压制动系统维修的一项重要工作。管件应保证有足够的强度,没有泄漏,密封性能好,压力损失小,拆装方便。管件虽然结构简单,但在系统中有着不可或缺的作用,任何一根管道或任何一个接头损坏,都可能导致系统出现故障。

1. 油管

液压系统中使用的油管种类很多,有钢管、铜管、尼龙管、塑料管、橡胶管等,应按照安装位置、工作环境和工作压力来正确选用。

1) 油管的种类

液压系统常用的油管分为硬管和软管两大类。在选择时,应尽量用硬管,因为其成本低、阻力小、安全。但在液压制动系统中,通常使用软管,因其可弯曲,安装灵活,能吸收压力冲击。

(1) 硬管

对于具有不同管路长度的刚性连接,一般使用硬管。硬管包括无缝钢管、铜管、铝管和不锈钢管等。

无缝钢管价格低廉、耐高压、耐高温、耐油、抗腐蚀、刚性好,但安装时不易弯曲,装配后能保持布局原型。高压系统多用无缝钢管。无缝钢管用在装配部位不受限制、装配位置定型、大功率的液压传动系统。压力小于 2.5MPa 时,用焊接钢管;压力大于 2.5MPa 时,用 10 号或 15 号钢的无缝钢管。

无缝钢管有冷拔和热轧两种。冷拔管用得较多,因为冷拔管的外径尺寸精确、质地均匀、强度高。压力管常用 10 号或 15 号冷拔无缝钢管。吸油管和回油管等低压管可用有缝钢管。有的系统为了减小管件的品种,都采用无缝钢管。

紫铜管容易弯曲成形、安装方便、管壁光滑、流动压力损失小,但是耐压能力低、抗振动能力差、价格高、铜材比重大、易使油液氧化,所以只在少量的低压系统中采用,并应尽量少用,可用于仪表和装配部位受限制、压力小于 6.5MPa 的管道。黄铜管可承受比紫铜管高的压力,小于 25MPa 均可,但是黄铜管不如紫铜管易弯曲。

铝合金管重量轻,耐中等压力,多用于航空液压系统中,在工业液压系统中用量少。

不锈钢管强度高、耐腐蚀、抗气蚀,多用于化学工业液压系统中,一般在工业系统中用量少。

(2) 软管

软管包括橡胶软管、尼龙软管、金属软管和塑料软管等。软管应尽量少用,常用于连接两个有相对运动的液压元件;或金属硬管无法安装、无法弯曲的场合;或用于吸收压力脉动和压力冲击,以及补偿管道热膨胀伸长或安装变形等场合中。

① 橡胶软管。

橡胶软管是轨道车辆液压制动系统中常用的油管,用作连接两个相对运动部件,分高压和低压两种。高压软管是钢丝编织胶管,层次越多,承受的压力越高,其最高承受压力可达 42MPa,用于压力管道。低压软管是麻线或棉线编织胶管,承受压力一般在 10MPa 以下,用于回油管道。橡胶软管安装方便,不怕振动,有助于吸收部分液压冲击;但是受耐温能力的限制,其工作温度范围是 $-55 \sim +150℃$;另外,其价格高、寿命较短,固定连接时一般不用。橡胶软管是各种软管中应用最广的一种。

② 尼龙软管。

尼龙软管为乳白色半透明的新型油管,其耐压可达 2.5MPa,目前多用于低压系统中代替铜管使用或作为回油管。尼龙管还分为硬管和软管两种。其可塑性大、老化极慢。硬管加热后也可随意弯曲和扩口,使用比较方便,价格也比较便宜。

③ 金属软管。

金属软管能承受高压,可达 42MPa;可承受高温,工作温度范围是 $-200 \sim 400$℃。与橡胶软管相比,金属软管的弯曲半径小、重量轻、耐热强;缺点是管的内表面为波纹状、压力损失大。金属软管的工艺复杂、加工困难,非必要时应少用。

④ 塑料软管。

塑料软管的内管由塑料制成,外管是钢丝编织层。这种金属编织层可以是一层,也可以是多层。塑料软管的特点是价格便宜、装配方便、耐高温,工作温度范围是 $-55 \sim 200$℃。另外,其液体阻力小、化学稳定性高、能承受脉动压力、径向尺寸和弯曲半径小,常用于压力小于 0.5MPa 的回油管和泄油管。

2) 油管的安装要求

① 管路尽量短,布置整齐,转弯少;避免管路折皱,以减少压力损失;硬管装配时的弯曲半径要足够大;油管悬伸太长时,要有支架支撑。

② 管路应在水平和垂直两个方向上布置,最好平行布置,尽量少交叉;平行管间距要大于 10mm,防止接触振动,并便于安装管接头。

③ 安装前应清洗干净,进行干燥、涂油和做预压试验。一般先用 20% 硫酸和盐酸进行酸洗;然后用 10% 的苏打水中和;再用温水洗净。做两倍于工作压力的预压试验,确认合格后才能安装。

④ 软管安装时不许拧扭。软管直线安装时要有 30% 左右的余量,以适应油温变化、受拉和振动的需要。弯曲半径要大于软管外径的 9 倍,弯曲处到管接头的距离至少等于外径的 6 倍。

⑤ 管路的布置应便于拆装。

2. 管接头

管接头是油管与油管、油管与液压件之间的可拆式连接件。它必须具有装拆方便、连接牢固、密封可靠、外形尺寸小、通流能力大、压降小、工艺性好等各项条件。管接头与其他元件之间可采用普通细牙螺纹连接或锥螺纹连接(多用于中低压)。液压系统的泄漏问题大部分出现在管接头部位,一定要正确选择类型和安装方式。

管接头的种类很多,按照通路数量和方向来分,有直通式、直角式和三通等;按照管道的类型,分为硬管接头和软管接头等。

1) 硬管接头

硬管和硬管的连接或硬管和元件的连接用硬管接头。按照管道和管接头的连接方式,分为管端扩口式、卡套式、焊接式和回转式等几种。

(1) 扩口式管接头

图 10-19 所示为扩口式管接头,由接头体、接头螺母和管套组成,适用于铜、铝管或薄

壁钢管,也可以用来连接尼龙管和塑料管。图10-19(a)所示为其连接情况。装配前,先把要连接的油管套装上导套 2 和螺母 3,然后将油管端部在专门工具上(见图 10-19(b))扩成喇叭口(扩口角为 74°～90°),即可装在接头体 4 上。靠旋紧螺母时产生的轴向力把油管的扩口部分夹在导套 2 和接头体 4 相对应的锥面之间,实现连接和密封。其结构简单,造价低,连接可靠,可重复使用;缺点是扩口部分易出现皱裂,一般适用于中、低压系统($p \leqslant 10$MPa)。

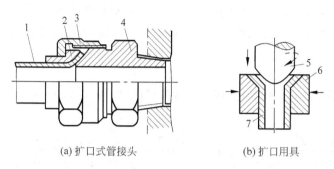

(a) 扩口式管接头　　(b) 扩口用具

图 10-19　扩口式管接头图

1—管接头;2—导套;3—螺母;4—接头体;5—扩口用具;6—成型夹具;7—被扩工具

(2) 卡套式管接头

如图 10-20(a)所示,卡套式管接头由接头体 4、卡套 2 和螺母 3 三个基本零件组成,卡套是一个在内圆端部带有尖锐内刃的金属环,刃口的形状很多,图 10-20(b)所示为其中的一种。刃口的作用都是在装配时切入被连接的油管(一般切入深度为 0.25～0.5mm),起到连接和密封作用。

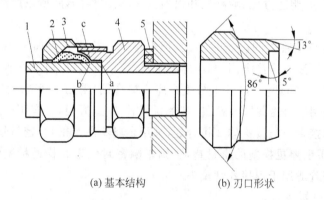

(a) 基本结构　　(b) 刃口形状

图 10-20　卡套式管接头

1—接管;2—卡套;3—螺母;4—接头体;5—密封圈;a—止推面;b,c—密封带

装配时,把被连接的油管端切成与油管中心线垂直的平面;然后顺序地把螺母 3、卡套 2 套在接管 1 上,并将接管 1 插入接头体 4 的内锥孔,把卡套装在接头体内锥孔与油管之间的间隙内;再把螺母旋在接头体上,直至螺母内 90°锥面与卡套尾部 86°锥面相接触。在用扳手拧紧螺母之前,使被连接的油管端面与接头体止推面 a 相接触,然后边旋进螺母,边用手转动油管。当油管不能转动时,表明伸在接头体内锥孔的卡套在螺母的推动下

沿油管轴向移动,同时刃口端径向收缩,使刃口卡在油管上,再继续拧紧螺母 3/4～1 圈,使卡套的刃口切入油管而形成卡套与油管之间的密封带 b,另一个密封带是卡套刃口端的外表面与接头体 4 内锥面所形成的球面接触密封带 c。

装配后的卡套,其刃口应均匀切入油管,这是卡套式管接头连接的关键,要求刃口应该锋利和具有足够的硬度,卡套心部还需具有良好的弹性。为此,对卡套的材料、加工精度及热处理工艺等要求较高。

卡套式管接头结构简单、拆装方便,不需另外的密封件就可达到好的密封效果,可用于高压系统。但要求管道的表面和卡套有高的尺寸精度,适用于冷拔钢管,而不适用于热轧钢管。

(3) 焊接式管接头

焊接式管接头主要由接头体、螺母和接管组成,如图 10-21 所示。

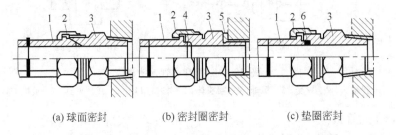

(a) 球面密封　　(b) 密封圈密封　　(c) 垫圈密封

图 10-21　焊接式管接头
1—接管;2—螺母;3—接头体;4—O 形密封圈;5—橡胶和金属组合密封圈;6—垫圈

管接头的接管 1 与系统管道焊接在一起,接管 1 与接头体 3 用接头螺母 2 连接。这种管接头结构简单、制造方便、耐高压和强烈振动、密封性能好,所以广泛应用于高压系统 ($p \leqslant 32\text{MPa}$)。

按照接头体与接管之间的密封形式,把焊接式管接头分为如图 10-21 所示的三种。图 10-21(a)所示管接头连接牢固,利用球面密封,简单可靠,但由于球面加工成本高,所以应用较少。图 10-21(b)所示接管 1 与接头体 3 接合处,采用 O 形密封圈 4 密封,接头体与机体的连接采用组合密封圈 5 密封,其密封可靠、制造方便,是应用最广泛的一种形式。图 10-21(c)所示接管 1 与接头体 3 接合处,采用金属垫圈 6 密封,密封垫的材料采用铝或紫铜,但每次拆下后要更换新的密封垫,否则影响密封效果。普通精度的 10 号、15 号冷拔(冷扎)无缝钢管适用于焊接式管接头。

(4) 回转式管接头

当被连接的两根油管有相对转动时,需采用回转式管接头,如图 10-22 所示。它有两种结构。图 10-22(a)所示为高压回转式管接头。1 是接头芯,2 是接头体,3a 是组合密封垫圈方形橡胶圈,3b 是组合密封垫圈尼龙圈。尼龙圈的作用有两个,一是作挡圈用,防止橡胶圈挤入缝隙;二是可以减小摩擦。这样可保证可靠密封,且回转摩擦力矩较小。两根被连接的油管可用扩口、焊接、卡套管接头,分别和接头芯 1、接头体 2 相连。接头芯和接头体可相对回转,和它们连接的油管也可相对回转,而不影响压力油的流通。

图 10-22(b)所示为一种低压用的回转式管接头。两个管头分别插入成 90°弯头的接

头本体。两个管头都可对接头本体做相对回转。管头和接头本体之间用密封圈密封。图 10-22(b)中,4 为四排滚珠,用于减少摩擦力矩。这种回转接头的转速可达 1 000r/min。

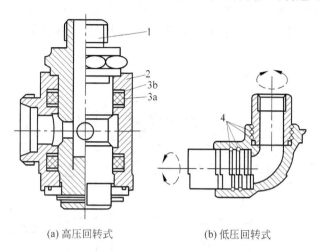

(a) 高压回转式　　(b) 低压回转式

图 10-22　回转式管接头

1—接头芯；2—接头体；3a—组合密封垫圈方形橡胶圈；3b—组合密封垫圈尼龙圈；4—滚珠

2) 软管接头

软管接头除了要求工作可靠外,还应耐振动、耐冲击、耐反复屈伸。软管接头的工作压力在 6～40MPa 之间。软管接头有以下几种。

(1) 扣压式胶管接头

扣压式胶管接头的结构如图 10-23 所示,它是一种不可拆、一次性使用的管接头。当软管失效时,管接头随软管一起废弃。它主要由接头螺母(外套)和接头体组成。接头螺母的外壁为圆柱形,内壁切有环形切槽；接头体的外壁上有径向切槽。将胶管的外层胶剥去后装入外套,再将锥形接头体拧入,并在专用设备上对外套进行挤压收缩,外套变形后,与胶管紧紧地连接在一起。扣压式胶管接头结构紧凑,外径尺寸小,密封可靠,适用于专业和大批量生产。

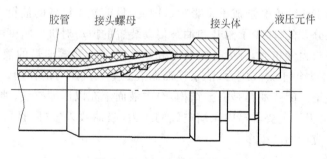

图 10-23　扣压式胶管接头

(2) 快换接头

在需要元件快速连接和分离的场合,可使用软管和快换接头。它不需要专用工具,适用于经常装拆的地方。它一般由两个半接头体组成,每个半接头体可以包含(或不包含)

一个截止阀。当快换接头分离时,截止阀自动关闭,防止管内油液流失;当快换接头连接时,截止阀相互顶开,使油液通过。图10-24所示为两个快换接头体连接通油的位置。需要断开油路时,用力左推外套,钢球从接头体槽中退出,拉出右接头体,两根弹簧把单向阀芯弹回关闭,油路断开。快换接头的缺点是结构复杂,压力损失大,一般不适用于吸油管路。

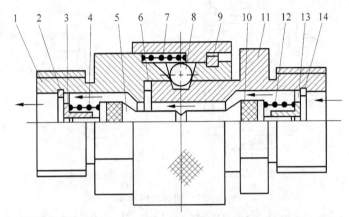

图10-24 两个快换接头体连接通油的位置
1,11—接头体;2,14—挡圈;3,13—弹簧座;4,12,7—弹簧;
5,10—单向阀芯;6—密封圈;8—钢球;9—卡环

10.1.5 油箱

油箱的主要功能是存储系统所需的足够液压油,还起着散发热量、分离油液中的空气和沉淀油液中的杂质等作用。此外,对于中、小型液压系统,在油箱的顶板上可安装泵及一些液压元件,以节省空间。

1. 油箱的结构

油箱从结构上分为整体式和分离式两种。整体式油箱是利用设备中较大的铸件或焊接件的空腔作为油箱,可节省占地面积,设备紧凑、美观,但清洗、维修不便,散热性差,液压振动对设备的工作精度会造成不良影响。因此,目前液压设备的油箱多数是分离式的,即油箱与主机是分开的,减少了温升和油泵传动装置的振动对机器精度的影响。

按油箱是否与大气相通,分为开式油箱和闭式油箱。开式油箱的液面与大气直接接触,油箱内液面压力等于大气压力,油泵吸油靠液面上大气压力的作用。开式油箱广泛用于一般的液压系统。闭式油箱是密封结构,箱中液面上充以压缩空气,油箱内液面压力大于大气压力,油泵吸油主要靠箱内压缩空气的压力,吸油效果较好,且可防止油泵产生气蚀,但结构复杂,应用不是很多。

1)基本结构

图10-25所示为开式油箱的结构简图,它由吸油管1、回油管4、隔板7和9、过滤器2、油箱上盖5、油面指示器6和放油阀8等组成。隔板9用来阻挡泡沫进入吸油管,隔板7用来阻拦沉淀杂质进入吸油管,放油阀8用于换油时放掉脏油;空气过滤器设在回油管一侧,兼有加油和通气作用;清洗油箱时,可卸掉上盖。

2）设置吸油管、回油管和泄油管

系统中，吸油管和回油管的管口之间应尽量远些，且都应在最低油面之下。吸油管应采用容易将过滤器从油箱内取出的连接方式。过滤器应安装在油面以下较深的位置，距离油箱底面不得小于50mm，防止吸入油箱底部的沉淀物。吸油管离箱壁要有3倍管径的距离，以便四面进油；回油管应加工成45°斜口形状，以增大通流截面；并面向箱壁，以利于散热和沉淀杂质。回油管口在最低油面以下，防止回油时带入空气。这样，大量油液返回油箱时不会产生剧烈扰动，从而防止气泡混入油中，并能使高温油迅速流向易于散热的油箱四壁，但离箱底要大于管径的2~3倍，以免飞溅起泡。阀的泄油管口应在液面之上，防止产

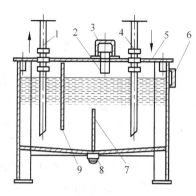

图10-25　开式油箱结构简图

1—吸油管；2—过滤器；3—油箱注油口盖；
4—回油管；5—油箱上盖；6—油面指示器；
7,9—隔板；8—放油阀

生背压；液压马达和液压泵的泄油管应引入液面之下，以免吸入空气。为防止油箱表面泄油，必要时，在油箱下面或顶盖四周设置盛油盘。

3）空气滤清器与液位计的设置

空气滤清器的作用是使油箱与大气相通，保证泵的自吸能力，滤除空气中的灰尘、杂物，同时也可用作加油口。其容量大小可根据液压泵输出油量的大小来选择。当油箱内的油面发生剧烈变化时，可保证油箱内不出现负压情况。它一般布置在顶盖靠近油箱边缘处。

液位计用于监测油面高度，其窗口尺寸应能满足对最高与最低液位的观察。这些标准件可以按需选用。

4）隔板的设置

在油箱中设置隔板的目的是将吸、回油隔开，迫使油液循环流动，分离回油带进来的气泡和杂质，利于散热和沉淀。一般设置1~2个隔板，高度约为油面的2/3或接近最大液面高度。为了使散热效果好，应使液流在油箱中有较长的行程，如果与四壁多接触，效果更好。油箱底面应有适当的倾斜度，并在最低处设置放油塞。

5）放油阀的设置

如图10-25所示，油箱底面做成斜面，在最低处设有放油阀8，平时用螺塞或放油阀堵住，换油时打开。

6）防污密封

油箱盖板和窗口连接处均需加密封垫，各进油管、出油管通过的孔都需要装密封垫。

7）油温控制

油箱正常工作温度应在15~650℃，必要时应安装温度计、温控器和热交换器。

8）油箱内壁加工

新油箱经喷丸、酸洗和表面清洁后，四壁可涂一层与工作液不相溶的塑料薄膜或耐油清漆。如果油箱用不锈钢板焊制，可不必涂层。较大的油箱应设置手孔或人孔，以便维修。

2. 油箱的使用

油箱在使用过程中容易出现油箱油温过高、油液污染、振动和噪声等故障,在设计和使用油箱时,要注意以下几点。

① 首先,正确选用油液黏度;油箱的安装位置应远离高温热辐射源;采取措施,减少系统各种压力损失;油箱底部应高于地面 150mm,以利于通风散热、防锈、放油和搬移。油箱底要带有斜度(一般为 1/25~1/20),利于杂质和水分集中在最低处,便于清洗和放油。油箱上要有吊耳,以便吊装用。

② 泵、电动机和其他液压元件常与油箱安装在一起。有四种安装方式:图 10-26(a)所示为卧式安装,油泵、电机水平安装在油箱的顶盖上,其结构紧凑、占地面积小、油泵维修方便,常用在中、小功率液压装置上;图 10-26(b)所示为立式安装,泵、电机垂直安装在油箱顶部,泵在油中,其结构紧凑、占地面积小、外表美观、噪声小、吸油条件好,常用于中、小功率液压装置上;图 10-26(c)所示为下置式安装,泵、电机安装在油箱下部,吸油条件好、传动功率大;图 10-26(d)所示为旁置式安装,泵、电机安装在油箱旁边,与油箱共用一个底座,装置高度低、便于维修、传动功率较大。前两种安装方式的顶板厚度为侧板厚度的 4 倍,以免产生振动,泵、电机等装置与箱顶之间应设隔振垫。

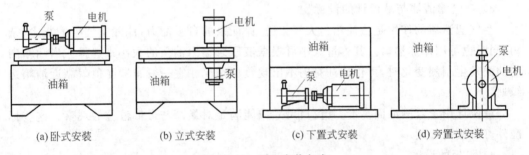

图 10-26 泵组安装方式

③ 要注意防止油箱内油液污染。油箱箱盖要注意防尘、密封,只允许装在箱盖上的空气滤清器(往往兼做注油口)和大气相通,避免将空气中的尘埃带入箱内。

④ 正确设置隔板、放油口位置。

⑤ 对液压泵电机装置采取减少振动和隔离振动措施,减少液压泵的进油阻力。油箱加盖的目的是减少油箱的振动和噪声。

10.1.6 压力计及压力计开关

1. 压力计

压力计是液压系统中用于工作压力监测的仪表装置。

压力计的种类较多,最常见的是弹簧弯管式压力计,如图 10-27 所示。它由金属弯管 1、指针 2、刻度盘 3、杠杆 4、扇形齿轮 5 和齿轮 6 等组成。压力油进入压力计的金属弯管 1,管端产生伸张变形,变形的大小和进入的油液压力成正比。端部的变形拉动杠杆 4 和扇形齿轮 5,使盘中间的齿轮 6 转动,从而带动指针旋转,由表盘读出压力的大小。压力计有多种精度等级。普通精度的有 1、1.5、2.5…级;精密的有 0.1、0.16、0.25…级等。

压力计有不同的外壳直径、安装方式、精度等级和量程。压力计精度等级的数值是压力计最大误差占量程(压力计的测量范围)的百分数。选用压力计时,一般取系统压力为量程的2/3~3/4,被测压力不应超过压力计量程的3/4,否则将影响压力计的使用寿命。压力计必须直立安装。压力油接入压力计时,应通过阻尼小孔,防止被测压力突然升高而将表冲坏。一般液压系统用压力计采用1.5~4级精度。一只4级精度、量程为10MPa的压力计,其最大误差为$10×4\%=0.4$(MPa)。在压力稳定的系统中,压力表的量程一般为最高工作压力的1.5倍,压力波动较大系统的压力表量程应为最大工作压力的2倍。

2. 压力计开关

压力油路与压力计之间往往需要安装压力计开关,用于切断和接通压力表与测量点的通路。压力计应设压力计开关或限压器加以保护。一般压力计应通过阻尼小孔及压力表开关接入压力管道,防止系统压力突变或压力脉动而损坏压力表。压力计开关按所能测量的测压点数量分为一点、三点和六点等,即用一块压力表可分别和几条被测油路相通,测量几处的压力。压力计开关按连接方式不同,分为板式和管式两种。

图10-28所示为6个测压点的压力计开关。图示位置为非测压位置,此时压力计经环形槽、轴向三角槽a、孔b和中心轴上的中间孔与油箱接通。若把手柄向右推,此时的压力计经环形槽、轴向三角槽c与上测压点相通,同时切断压力计与油箱的通路,可测量一点的压力。如将手柄旋转到另一个测压点的位置,便可将压力计与另一测压点连通,从而测出下一点的压力。不需测压时,应将手柄拉出,使压力油路与系统油路断开,与油箱接通,以保护压力计,并可延长压力计的使用寿命。

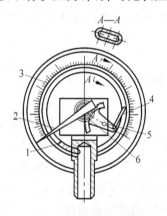

图10-27 弹射弯管式压力表
1—金属弯管;2—指针;3—刻度盘;4—杠杆;
5—扇形齿轮;6—齿轮

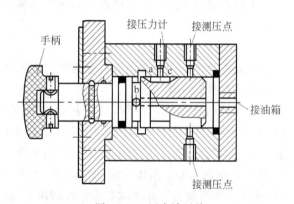

图10-28 压力计开关

10.1.7 液压制动控制和调节元件

在液压制动系统中,对基础制动装置的制动、缓解以及制动力的大小,制动倍率的控制等都需要用控制元件来完成。这种控制元件简称液压阀。

1. 液压控制阀概述

1) 液压控制阀的分类

液压控制阀(液压阀)按用途分为三大类:方向控制阀,简称方向阀,如单向阀、换向阀等；压力控制阀，简称压力阀，如溢流阀、顺序阀、减压阀和压力继电器等；流量控制阀，简称流量阀，如节流阀、调速阀等。这三类阀还可根据需要互相组合成组合阀，如单向顺序阀、单向减压阀、卸荷阀和单向节流阀等。液压阀按安装连接形式分为四大类：管式连接、板式连接、叠加式连接和插装式连接。

液压阀按控制原理通常分为开关阀、比例阀、伺服阀和数字阀。开关阀调定后只能在调定状态下工作；比例阀和伺服阀能够根据输入信号连续地或按比例地控制系统的参数，数字阀则用数字信息直接控制阀的动作。

2）液压控制阀的结构特点及对阀的基本要求

液压控制阀安装在液压泵和执行元件之间，在系统中不做功，只对动力元件、执行元件和性能参数起控制作用。它们的结构都由阀体（阀座）、阀芯和阀的操纵机构三大部分组成。阀的操纵机构可以是手动、机动、电动、液动等。虽然各类阀的工作原理不完全相同，但它们不外乎通过阀芯的移动，或控制油口的开闭或限制，改变油液的流动来工作，而且只要液体流过阀孔，都会产生压力降及温度升高等现象。为此，对液压阀提出如下要求。

① 动作灵敏，工作平稳、可靠，冲击、振动和噪声尽可能小。
② 一般情况下，油液流经阀时的阻力损失要小。
③ 密封性要好，内泄漏量要小，无外泄漏。
④ 结构要简单、紧凑，安装、维护、调整要方便，通用性要好，寿命要长。

2. 方向控制阀

方向控制阀主要用来控制液压系统中各油路的通、断或改变油液流动方向。它包括单向阀和换向阀。

1）单向阀

液压系统中常用的单向阀有普通单向阀和液控单向阀两种。

（1）普通单向阀

普通单向阀简称单向阀，其作用是使油液只能沿一个方向流动，不能反向流动。图 10-29 所示是一种管式普通单向阀的结构及图形符号。压力油从阀体左端的通口 P_1 流入时，克服弹簧 3 作用在阀芯 2 上的力，使阀芯向右移动，打开阀口，并通过阀芯 2 上的径向孔 a、轴向孔 b 从阀体右端的通口 P_2 流出。但是压力油从阀体右端的通口 P_2 流入时，液压力和弹簧力一起将阀芯压紧在阀座上，使阀口关闭，油液无法通过。

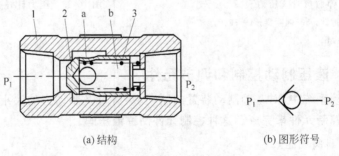

(a) 结构　　　　　　　(b) 图形符号

图 10-29　管式普通单项阀
1—阀体；2—阀芯；3—弹簧

由工作原理可知,单向阀的弹簧在保证克服阀芯和阀体的摩擦力及阀芯的惯性力而复位的情况下,弹簧的刚度应该尽可能地小,以免在液流流动时产生较大的能量损失。一般情况下,单向阀的开启压力为 0.03～0.05MPa;通过额定流量时,压力损失不应该超过 0.1～0.3MPa。在液压系统中,有时将普通单向阀作为背压阀使用,这时一般要换上刚度较大的弹簧,此时单向阀的开启压力为 0.2～0.6MPa。

(2) 液控单向阀

液控单向阀的结构及图形符号如图 10-30 所示。当控制口 K 处无压力油通入时,它的工作原理和普通单向阀一样,压力油只能从通口 P_1 流向通口 P_2,不能反向倒流。当控制口 K 有控制压力油时,因控制活塞 1 右侧 a 腔通泄油口,活塞 1 右移,推动顶杆 2 顶开阀芯 3,使通口 P_1 和 P_2 接通,油液就可在两个方向自由通流。液控单向阀的最小控制压力约为主油路压力的 30%。

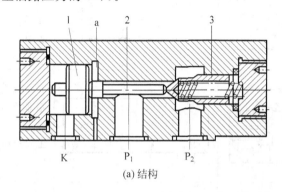

(a) 结构　　　　　　　　　　(b) 图形符号图

图 10-30　液压单项阀
1—活塞;2—顶杆;3—阀芯

2) 换向阀

换向阀是利用阀芯和阀体间的相对运动,使油路接通、切断或变换液流的方向,从而改变液压系统的工作状态。

(1) 换向阀的分类

换向阀的应用十分广泛,种类很多,分类方法也不同,一般可以按表 10-4 分类。由于滑阀式换向阀在液压系统中应用广泛,因此本节将主要介绍滑阀式换向阀。

表 10-4　换向阀的分类

分 类 方 法	类　　型
按阀芯运动方式	滑阀、转阀
按阀的操纵方式	手动、机动、电动、液动、电液动
按阀的工作位置数	二位、三位、四位
按阀的通路数	一通、二通、四通、五通等
按阀的安装方式	管式、板式、法兰式

对换向阀的主要性能要求是:换向动作灵敏、可靠、平稳、无冲击;能获得准确的终止位置;内部泄漏和压力损失要小。

(2) 滑阀式换向阀的工作原理及图形符号(如表 10-5 所示)

表 10-5 换向阀的结构原理及图形符号

名　称	结 构 原 理	图 形 符 号	使 用 场 合
二位二通	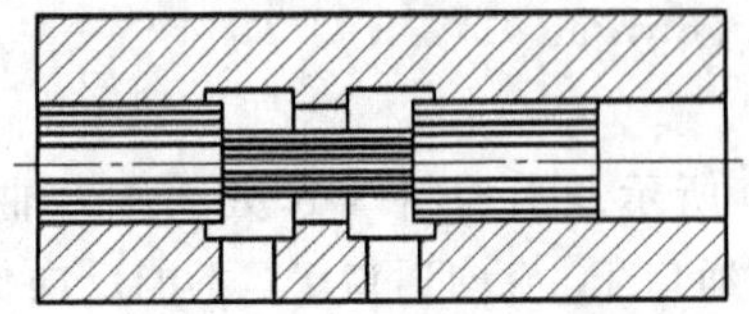	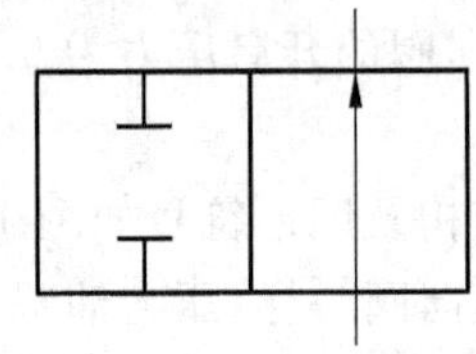	控制油路的接通与切断(相当于一个开关)
二位三通	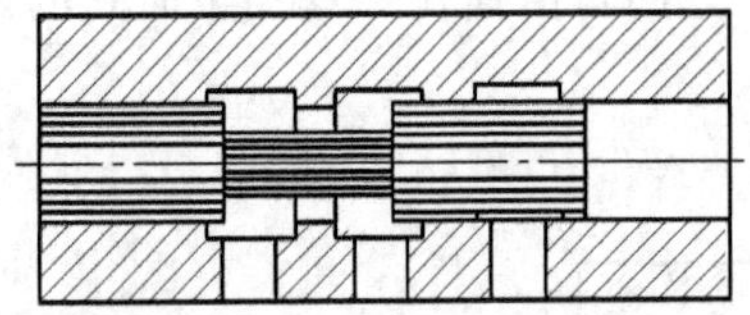	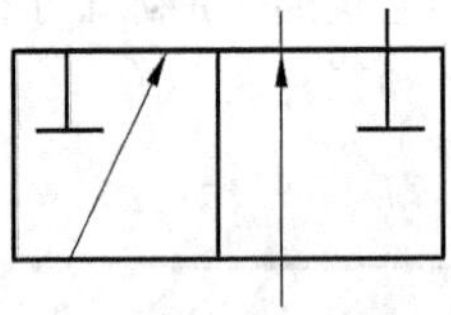	控制液流方向(从一个方向变换成另一个方向)
二位五通	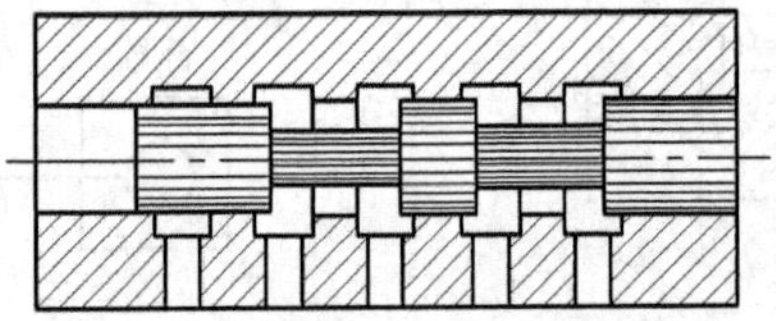	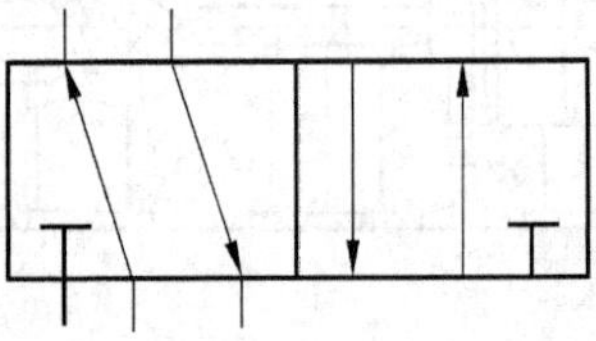	不能使执行元件在任一位置上停止运动
二位四通	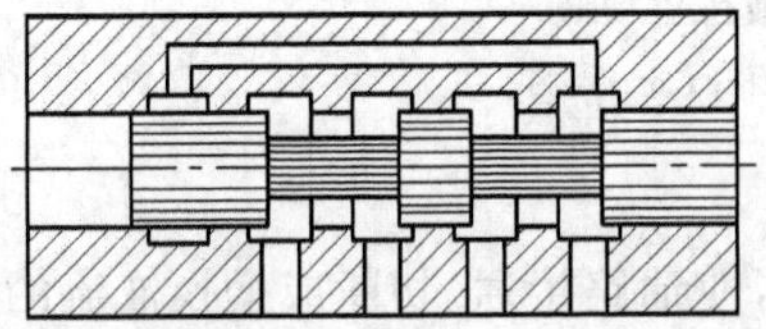	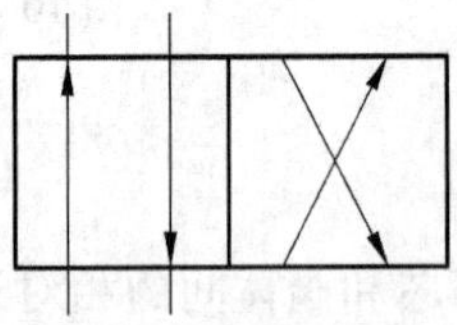	不能使执行元件在任一位置上停止运动
三位四通	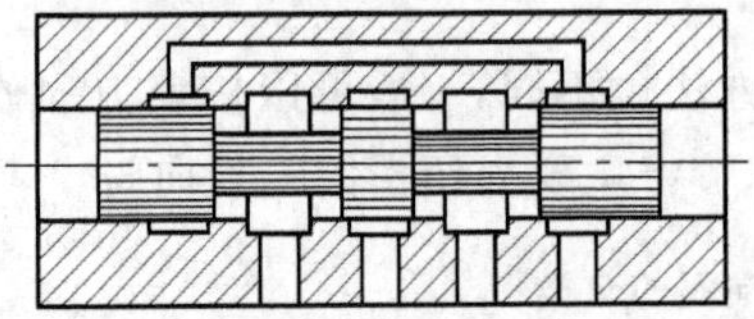	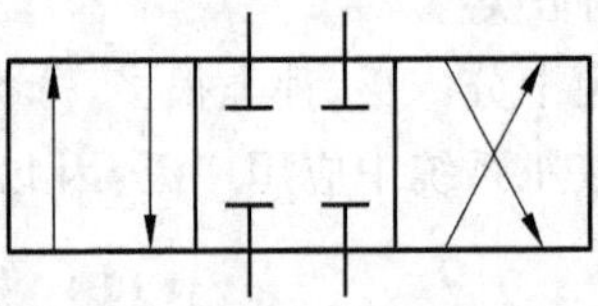	能使执行元件在任一位置上停止运动

① 工作原理。

图 10-31 所示为滑阀式三位五通换向阀的工作原理。液压阀由阀体和阀芯组成。阀体的内孔开有五个沉割槽,对应外接五个油口,称为五通阀。阀芯上有三个台肩与阀体内孔配合。在液压系统中,一般情况设 P、T(T_1、T_2)为压力油口和回油口;A、B 为接负载的工作油口(下同)。在图示位置(中间位置),各油口互不相通。若使阀芯右移一段距离则 P、A 相通,B、T_2 相通,液压缸活塞右移;若使阀芯左移,则 P、B 相通,A、T_1 相通,液压缸活塞左移。

② 图形符号。

一个换向阀完整的图形符号包括工作位置数、通路数、在各个位置上油口的连通关系、操纵方式、复位方式和定位方式等。换向阀图形符号的含义如下所述。

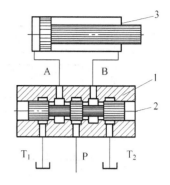

图 10-31　滑阀式三位五通
　　　　　换向阀的工作原理
1—阀体；2—阀芯；3—液压缸

第一，用方框表示阀的工作位置，有几个方框就表示有几"位"。

第二，方框内的箭头表示在这一位置上油路处于接通状态，但箭头方向并不一定表示油流的实际流向。方框内的符号"⊤"或"⊥"表示此通路被阀芯封闭，即该油路不通。

第三，一个方框中的箭头首尾或封闭符号与方框的交点表示阀的接出通路，其交点数即为滑阀的通路数。

第四，靠近操纵方式的方框，为控制力作用下的工作位置。

第五，一般情况下，阀与系统供油路连接的进油口用字母 P 表示；阀与系统回油路连接的回油口用字母 T 表示(或字母 O)；阀与执行元件连接的工作油口用字母 A、B 等表示。

③ 换向阀的操纵方式。

常见的滑阀操纵方式如图 10-32 所示。

(a) 手动式　(b) 机动式　(c) 电磁式　(d) 弹簧控制　(e) 液动　(f) 液压先导控制　(g) 电液控制

图 10-32　滑阀操纵方式

(3) 滑阀式换向阀的中位机能

三位换向阀的阀芯在中间位置时，各油口间的连接方式称为中位机能。中位机能不同，换向阀对系统的控制性能也不同。三位四通换向阀的中位机能如表 10-6 所示。

表 10-6　三位四通换向阀的中位机能

中位型式	符　　号	中位油口状况、特点及应用
O		各油口全部封闭，液压缸两腔闭锁，液压缸不卸载，可用于多个换向阀并联工作
H		各油口互通，液压缸浮动，液压泵卸载

续表

中位型式	符号	中位油口状况、特点及应用
P		P、A、B互通，T口封闭，可组成液压缸的差动回路
M	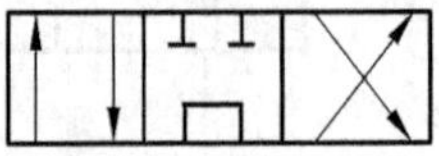	油口P与T互通，A、B油口封闭，液压泵卸载，液压缸两腔闭锁
K	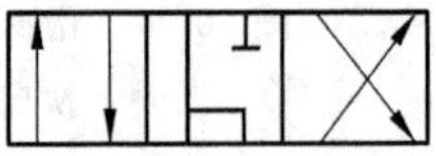	P、A、T三油口相通，B口封闭，液压缸一腔闭锁，液压泵卸载
D	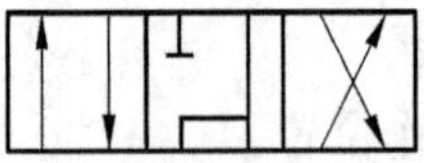	油口P、B、T互通，油口A封闭，液压缸一腔闭锁，液压泵卸载
C	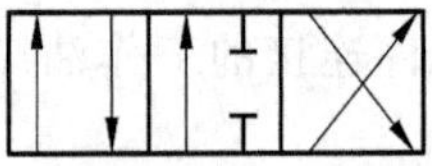	油口P与A互通，B和T封闭，液压缸一腔闭锁，液压泵不卸载
X		各油口半开启接通，液压泵压力油在一定压力下回油箱
J	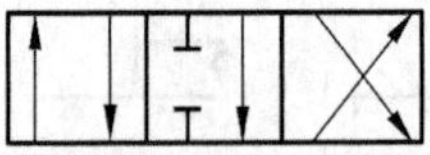	P与A口封闭，B与T口相通，活塞停止，外力作用下可向一边移动，液压泵不卸载
N	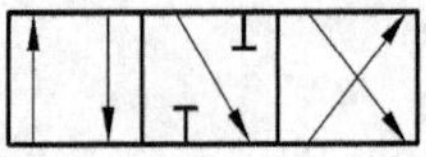	P和B口皆封闭，A与J相通。与J型换向阀机能相似，只是A与B互通了，功能也类似
U	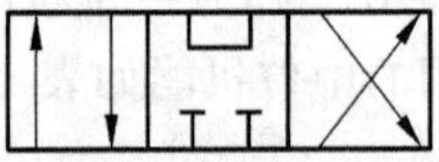	P和T口都封闭，A与B相通，活塞浮动，在外力作用下可移动液压泵不卸载

3) 几种常用的换向阀

(1) 手动换向阀

手动换向阀是用手动杠杆操纵阀芯换位的换向阀。它有自动复位式(如图10-33(a)所示)和钢球定位式(如图10-33(b)所示)两种。自动复位式可用手操作，使换向阀左位或右位工作；但当操纵力取消后，阀芯便在弹簧力作用下自动恢复至中位，停止工作。因此，自动复位式换向阀适用于动作频繁、工作持续时间短的场合。对于钢球定位式换向阀，其阀芯端部的钢球定位装置可使阀芯分别停止在左、中、右三个位置上；松开手柄后，阀仍保持在所需的工作位置上，因而可用于工作持续时间较长的场合。

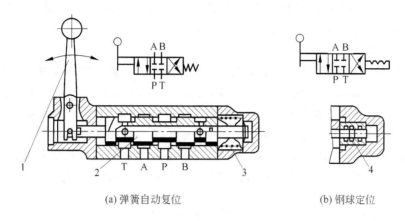

(a) 弹簧自动复位　　　　　(b) 钢球定位

图 10-33　手动换向阀
1—手柄；2—阀芯；3—弹簧；4—钢球

(2) 机动换向阀

机动换向阀又称行程阀，它需安装在液压缸的附近，主要用来控制机械运动部件的行程。它是借助于安装在工作台上的挡铁或凸轮来迫使阀芯移动，从而控制油液的流动方向。机动换向阀通常是二位的，有二通、三通、四通和五通几种。其中，二位二通机动阀又分常闭和常开两种。图 10-34(a) 所示为滚轮式二位三通常闭式机动换向阀。在图示位置，阀芯 2 被弹簧 1 压向上端，油腔 P 和 A 通，B 口关闭。当挡铁或凸轮压住滚轮 4，使阀芯 2 移动到下端时，就使油腔 P 和 A 断开，P 和 B 接通，A 口关闭。图 10-34(b) 所示为其图形符号。

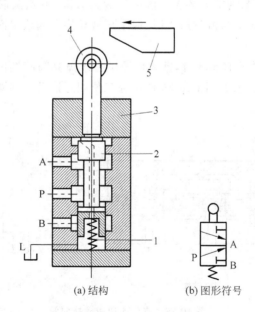

(a) 结构　　　(b) 图形符号

图 10-34　二位三通机动换向阀
1—弹簧；2—阀芯；3—端盖；4—滚轮；5—挡铁

机动换向阀结构简单，动作可靠，换向位置精度高。但是，由于必须安装在液压执行元件附近，所以连接管路较长，液压装置不紧凑。

(3) 电磁换向阀

电磁换向阀依靠电磁铁吸力推动阀芯在阀体内做相对运动来改变阀的工作位置，一般为二位和三位，油口通道数多为二、三、四、五。图 10-35 所示为三位四通电磁换向阀的结构原理和图形符号。由图 10-35(a)可以看出，当右端电磁铁通电、左端电磁铁断电时，阀芯左移，油口 P 通 B，A 通 T；当左端电磁铁通电、右端电磁铁断电时，阀芯右移，油口 P 通 A，B 通 T；当左、右电磁铁皆断电时，阀芯在两端弹簧作用下处在中间位置（即图示位置）。此时，A、B、P、T 四油口互不相通。图 10-35(b)所示为其图形符号。

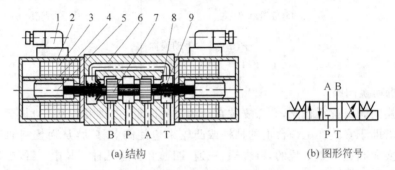

图 10-35　三位四通电磁换向阀

1—电插头；2—壳体；3—电磁铁；4—隔磁套；5—衔铁；6—阀体；7—阀芯；8—弹簧座；9—弹簧

电磁换向阀按使用电源的不同分为交流和直流两种。交流电磁阀的电源电压为 220V，直流电磁阀的电源电压为 24V。因电磁吸力有限，电磁换向阀只适用于小流量通过，一般不超过 63L/min；当流量过大时，应采用液动换向阀或电液动换向阀。

(4) 液动换向阀

当换向阀的通径大于 10mm 时，常采用液压力来操纵阀芯换位。采用液压力操纵阀芯换位的液压阀称为液动阀。图 10-36 所示为三位四通液动换向阀的结构原理图和图形符号，K_1、K_2 为液控口。

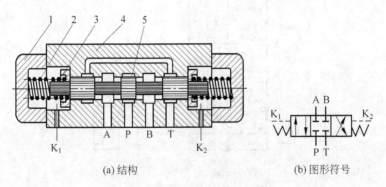

图 10-36　三位四通液动换向阀

1—阀盖；2—弹簧；3—弹簧座；4—阀体；5—阀芯

(5) 电液动换向阀

电液动换向阀是由电磁换向阀为先导阀,液动换向阀为主阀所组成的组合阀。图 10-37(a)所示为电液动换向阀的结构原理图,上方为电磁阀(先导阀),下方为液动阀(主阀)。当电磁先导阀的电磁铁 3 和电磁铁 5 不通电时,电磁阀阀芯 4 处于中位,液动主阀阀芯 8 因其两端油室都接通油箱,在两端对中弹簧的作用下也处于中位,此时四油口 $P'A'B'T$ 互不相通。电磁铁 3 通电时,电磁阀阀芯移向右位,压力油经单向阀 2 接通主阀阀芯的左端,而主阀阀芯的右端油室的油经节流阀 6 和电磁阀而接通油箱,于是主阀阀芯右移,右移速度由节流阀 6 的开口大小决定,此时主油路的 P 通 A、B 通 T。同理,当电磁铁 5 通电时,电磁阀阀芯左移,主阀阀芯 8 也左移,其移动速度由节流阀 1 的开口大小决定,此时主油路的 P 通 B、A 通 T。电液动换向阀的图形符号如图 10-37(b)所示,其简化图形符号如图 10-37(c)所示。

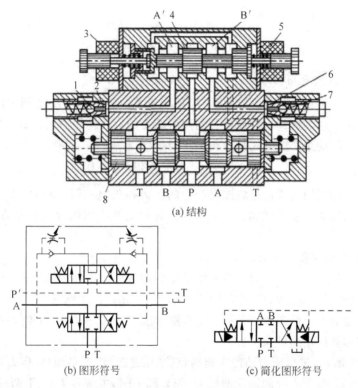

图 10-37 三位四通电液换向阀

1,6—节流阀;2,7—单向阀;3,5—电磁铁;4—电磁阀阀芯;8—主阀阀芯

电液动换向阀中控制主油路的主阀芯不是靠电磁铁的吸力直接推动,而是靠电磁铁操纵控制油路上的压力油推动的,故推力较大,操纵较方便,换向性能较好,适用于高压、大流量的场合。

4) 转阀

图 10-38(a)和(b)所示分别为转动式换向阀(简称转阀)的结构原理图和图形符号。该阀由阀体 1、阀芯 2 和使阀芯转动的操作手柄 3 组成。在图 10-38(a)所示位置(左),油

口 P 和 A 相通，B 和 T 相通；当操作手柄带动阀芯顺时针转到"止"位置时，油口 P′A′B′T′ 互不相通；当手柄转到另一位置（右）时，油口 P 和 B 相通，A 和 T 相通。

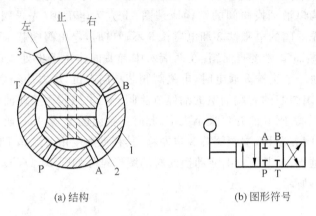

(a) 结构　　　　　　　　　　(b) 图形符号

图 10-38　转阀
1—阀体；2—阀芯；3—操作手柄

10.1.8　压力控制阀

压力控制阀在液压系统中，主要用于控制液压系统压力的大小或利用压力的大小来控制油路的通断。这类阀的工作原理是利用阀芯上的液压作用力与弹簧力保持平衡进行工作的。在液压制动系统中常用减压阀和压力继电器等。

1. 减压阀

减压阀是一种利用液流流过缝隙时产生的压力损失，使其出口压力低于进口压力的压力控制阀。减压阀有直动式和先导式两种。先导式减压阀因为性能较直动式好，故比较常用。

1）减压阀的结构和工作原理

图 10-39(a)所示为一种先导式减压阀的结构原理图。上部为先导阀，下部为主阀，阀中的 P_1 腔与进油口 P_1 相通，P_2 腔与阀的进油口 P_2 相通。主阀芯下端的中心有阻尼孔 9，减压油经过端盖 8 上的通道、阻尼孔 9、油腔、阀盖 5 上的小斜孔和锥阀座上通道 a1 流到先导阀的右部并作用到锥阀上。

如图 10-39 所示，进口压力油经主阀阀口（减压缝隙）流至出口，压力为 p_2。开始工作时，出口油压 p_2 低于先导阀调定的压力，先导阀关闭，主阀芯 7 上、下两端的油压相等，主阀弹簧 10 将主阀芯压在最下端位置，主阀芯与阀体间形成的减压缝隙最大。此时，油液通过阀口时不起减压作用，即减压阀处于非工作状态。当出口油压超过减压阀调定压力时，先导阀阀口开启并溢流，主阀芯上阻尼孔便有油液通过，产生压力降。此时，主阀上、下两腔出现压力差(p_2-p_3)，主阀芯在此压力差的作用下克服上端弹簧力向上运动，主阀阀口减小，起减压作用。当出口油压 p_2 下降到减压阀调定压力时，先导阀和主阀芯同时处于受力平衡状态，出口压力稳定不变。综上所述，减压阀是以出口油压作为控制信号，利用反馈原理自动调整减压缝隙（主阀阀口）的大小，改变液流阻力，以保证出口油压力基本恒定。若调节调压弹簧的预压缩量，即可调节减压阀的出口压力。图 10-39(b)所

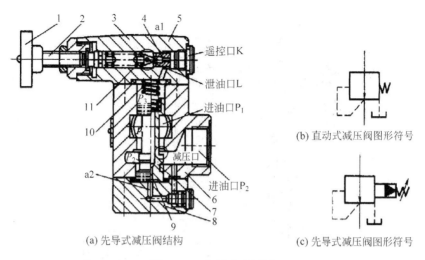

图 10-39 先导式减压阀

1—调压手轮；2—调节螺钉；3—锥阀；4—锥阀座；5—阀盖；6—阀体；7—主阀芯；8—端盖；9—阻尼孔；10—主阀弹簧；11—调压弹簧

示为直动式减压阀的图形符号，图 10-39(c)所示为先导式减压阀的图形符号。

2) 减压阀的应用

① 降低液压泵输出油液的压力，供给低压回路使用，如控制回路、润滑系统、夹紧定位和分度等装置回路。

② 稳定压力。减压阀输出的二次压力比较稳定，供给执行装置工作可以避免一次压力油波动对它的影响。

③ 与单向阀并联，实现单向减压。

④ 远程减压。减压阀遥控口 K 接远程调压阀，实现远程减压；但远程控制减压后的压力必须在减压阀调定的范围之内。

2. 压力继电器

压力继电器是一种将液压系统的压力信号转换为电信号输出的元件。它的功用是在液压系统中的油压达到一定的数值后，发出电信号，控制电器元件动作，实现系统的程序控制或安全保护。

1) 压力继电器的结构和工作原理

压力继电器按其结构特点，分为柱塞式、弹簧管式和膜片式等，图 10-40(a) 所示为单柱塞式压力继电器的结构原理，它主要由柱塞 1、顶杆 2、调节螺钉 3、微动开关 4 和弹簧 5 等零件组成。压力油从控制油口 K 进入，并作用于柱塞 1 的底部。当压力达到弹簧的调定值时，便克服弹簧阻力和柱塞表面摩擦力，推动柱塞上升，通过顶杆 2 触动微动开关 4 发出电信号。图 10-40(b) 所示是压力继电器的图形符号。

压力继电器发出电信号的最低压力和最高压力间的范围称为调压范围。拧动调节螺钉 3 即可调整其工作压力。压力继电器发出电信号时的压力称为开启压力；切断电信号时的压力称为闭合压力；由于开启时摩擦力的方向与油压力的方向相反，闭合时相同，故

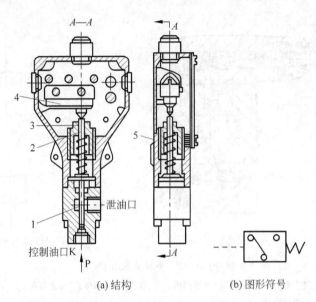

图 10-40　单柱塞式压力继电器
1—柱塞；2—顶杆；3—调节螺钉；4—微动开关；5—弹簧

开启压力大于闭合压力，两者之差称为压力继电器通断调节区间。它应有一定的范围，否则系统压力脉动时，压力继电器发出的电信号会时断时续。中压系统中使用的压力继电器调节区间一般为 0.35~0.8MPa。

2) 压力继电器的应用

压力继电器在液压系统中的用途很广，主要作用如下所述。

① 用于安全保护。

② 用于控制执行装置的动作顺序。

③ 用于液压泵的启闭或卸荷。

10.1.9　流量控制阀

流量控制阀是通过改变阀口通流截面积的大小或通流通道的长短来改变液阻，实现流量调节的液压阀。常用的流量控制阀有节流阀、调速阀、溢流节流阀和分流集流阀。

1. 流量控制阀的节流口的结构形式

任何一个流量控制阀都有一个节流部分，即节流口。改变节流口通流截面积的大小，即可达到调节执行装置运动速度的目的。节流口的形式很多，最常用的如图 10-41 所示。其中，图 10-41(a)所示为针阀式节流口，阀芯作轴向移动，便可调节流量。图 10-41(b)所示为偏心槽式节流口，转动阀芯来改变通流截面积大小，即可调节流量。这两种节流口结构简单、工艺性好，但流量不够稳定，易堵塞，一般用于对性能要求不高的场合。

图 10-41(c)所示为轴向三角沟式节流口。轴向移动阀芯，便可调节流量。这种节流口结构简单，容易制造，流量稳定性好，不易堵塞，故应用广泛。图 10-41(d)所示为周向缝隙式节流口。阀芯沿圆周上开有一段狭缝，旋转阀芯可以改变缝隙的通流截面积，使流量得到调节。图 10-41(e)所示为轴向缝隙式节流口。在套筒上开有轴间缝隙，轴向移动

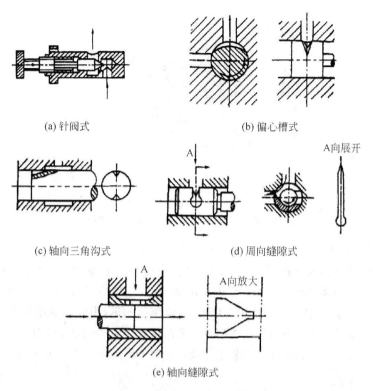

图 10-41 典型节流口的结构形式

阀芯就可以改变缝隙的通流截面积大小以调节流量。后两种节流口性能较好,但结构复杂,加工要求较高,故用于流量调节性能要求高的场合。

2. 节流阀

节流阀是一个最简单、最基本的流量控制阀。图 10-42(a)所示为一种普通节流阀的结构原理图。这种节流阀的节流口形式为轴向三角沟式,压力油从进油口进入节流阀,经孔道 a 流至环形槽,再经阀芯 2 左端狭小的轴向三角沟(节流口),由孔道 b 和出油口流出。转动调节手柄 4,可使推杆 3 做轴向移动。推杆左移,使阀芯左移,节流口通流截面积变小,弹簧 1 被压缩;推杆右移,阀芯在弹簧力作用下右移,节流口通流截面积变大,这样就调节了流量大小。阀芯在弹簧力作用下始终贴紧在推杆上。图 10-42(b)所示是它的图形符号。

这种节流阀结构简单,制造容易,体积小,使用方便,但负载和温度的变化对其流量稳定性影响较大,因此只适用于负载和温度变化不大或速度的稳定性要求较低的液压系统中。

3. 调速阀

调速阀与节流阀的不同之处是带有压力补偿装置。它是由节流阀和定差减压阀(进出口压力差为定值)串联而成的组合阀。节流阀用于调节调速阀的输出流量。定差减压阀能使节流阀前、后的压力差不随外界负载的变化而变化,使流量达到稳定。故调速阀常用于执行元件负载变化较大、运动速度稳定性要求较高的液压系统中。其缺点为结构较

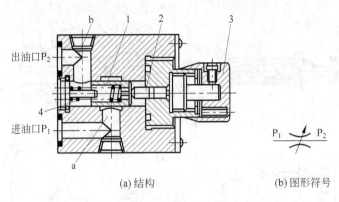

(a) 结构　　　　　　　(b) 图形符号

图 10-42　普通节流阀
1—弹簧；2—阀芯；3—推杆；4—调节手柄

复杂，压力损失较大。

图 10-43 所示为调速阀的工作原理图和图形符号。进油口油压为 p_1 的压力油，经减压阀的开口流至节流阀的入口处（压力由 p_1 减至 p_2），然后经过节流阀的节流口流出，至出油口压力降为 p_3。从图 10-43 中可以看出，节流阀的进、出口油液压力 p_2、p_3，经过阀体上的通道分别作用于减压阀阀芯的两端。若忽略液动力和摩擦力，则阀芯上只有油液压力 Ap_2 和 Ap_3 以及弹簧力的作用。当阀芯平衡时，有 $Ap_2-Ap_3-F_s=0$，即 $p_2-p_3=$ 常量。

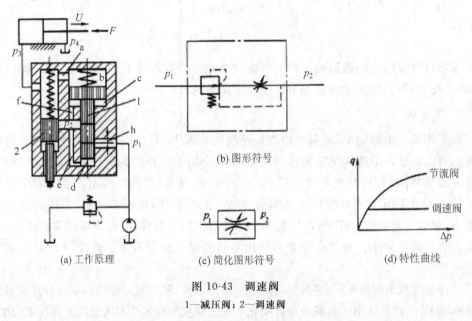

(a) 工作原理　　　(b) 图形符号　　　(c) 简化图形符号　　　(d) 特性曲线

图 10-43　调速阀
1—减压阀；2—调速阀

当进油口压力 p_1 增大时，p_2 也增大，则阀芯右端面的油液压力随之增大，使阀芯左移，减压阀的开口减小，减压作用增强，于是 p_2 减小至原来的数值；进油口压力 p_1 减小时，p_2 也减小，则阀芯右端面的油液压力随之增大，阀芯右移，减压阀的开口增大，减压作用减弱，于是 p_2 增大至原来的数值；当出油口压力 p_3 增大时，阀芯右移，减压阀的开口变大，减压作用减弱，p_2 随之升高；当出油口压力 p_3 减小时，阀芯左移，减压阀的开口变小,减压作用增强,p_2 随之降低。因此,小管调速阀的进、出油口的油液压力如何变化,调速阀内的节流阀前后的压力差 $p_2-p_3=A_p$ 始终保持不变,从而保持通过节流阀(即调速阀)的流量近似稳定。

10.1.10　城轨车辆液压制动系统

液压制动系统因其制动性能稳定,制动力平稳,且在较低温度下不易产生蒸气、不易结霜,适用于气温较低的城市轨道交通车辆制动系统中。

1. 液压制动系统

液压制动系统由液压单元、蓄能器、制动管路、制动夹钳、制动盘、制动控制单元等部分构成,用于轨道车辆的常用制动和停放制动。

1) 动车制动系统

每个电机转向架的制动控制单元是用来控制和监测电机转向架的液压制动系统。液压单元使用一个公用的制动回路,为电机转向架的两个弹簧制动夹钳提供液体压力。每个电机转向架轴上装有一个弹簧制动夹钳及与其相连接的制动盘。

弹簧制动夹钳上装备有一个机械松开装置,允许手动(使用专用工具)松开单个夹钳。该装置在车间维修车辆时用来缓解制动夹钳;还可以使用牵车开关(列车拖拽时,用于全车液压制动缓解控制)来强制松开弹簧夹钳。但是使用牵车开关必须在带电的情况下操作,并且使用牵车开关会使全列车缓解。因此,要松开一个单独的夹钳,必须通过手动缓解执行一个独立的液压回路。另外,为完善机械制动系统,每个电机转向架装有两个磁力轨道制动器,它的作用是利用磁吸力将磁力轨道制动器与轨道吸合在一起,使轨道车辆停车,特别是在紧急制动情况下,轨道制动器提高了车辆的减速度,制动效果甚佳。

2) 拖车制动系统

拖车转向架上的每个车轮弯轴都安装一个弹簧制动夹钳及与其相连接的制动盘,其中液压单元使用公用的制动器回路为所有拖车转向架制动器夹钳提供压力。拖车制动控制单元用于控制和监测拖车转向架制动夹钳。电子控制、监测单轮制动器的防滑保护由拖车制动控制单元保持。对于防滑保护,拖车制动控制单元用每个单轮上的速度传感器监测单轮的速度。

2. 液压单元

1) 液压单元的功能

液压单元的设计用于电力驱动的轨道车辆的操作,例如有轨电车,还有城市与地下轨道客车等。液压单元的外部结构如图 10-44 所示,它们是电动液压制动系统的控制单元。液压单元的作用是负责制动夹钳的制动与缓解。液压单元由制动控制单元触发。液压单元有两个主要功能:压力发生和压力调整。

2) 液压单元工作原理

(1) 动车液压单元

如图 10-45 所示,动车制动夹钳的工作原理为主动式制动夹钳。主动,意味着制动力的来源是制动夹钳自身的弹簧力,弹簧力通过液压压力抵消。液压单元把油泵入外部蓄能器。蓄能器通过压力开关增压。当压力降低到某个最小值时,泵电机接通;当达到蓄

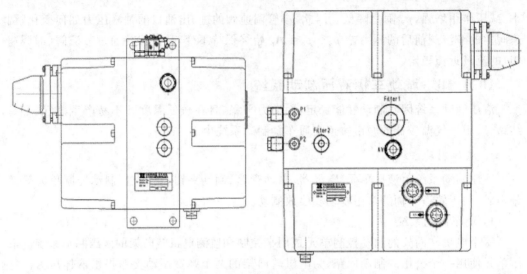

图 10-44 液压单元外部结构

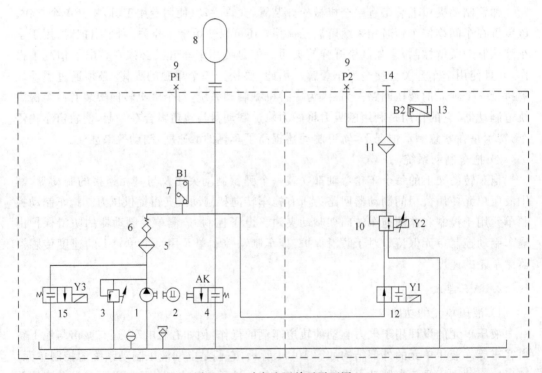

图 10-45 动车液压单元平面图

1—齿轮泵；2—直流电机；3—安全阀；4—排水阀；5—过滤器（初始压力）；6—止回阀；7—压力开关（储压器储压回路）；8—外部储压器；9—压力计接头；10—比例压力控制阀；11—过滤器（二级压力）；12—二位二通阀；13—压力传感器；14—压力接头；15—二位二通通道阀

能器限定的最大压力后断开。蓄能器能够使制动回路产生快速压力，也支持车辆的防滑保护。该储压器为比例压力控制阀提供压力。液压单元装有各种压力计接头，用于检查和调整使用。

(2) 拖车液压单元

如图 10-46 所示，拖车制动夹钳工作原理为被动式制动夹钳，拖车制动夹钳制动力由液压压力产生。液压单元把油泵入一个外部蓄能器。蓄能器通过一个压力开关和相应的制动控制单元控制。当压力降低到某个最小值以下时，泵电机接通；当达到（蓄能器补充压力回路）最大压力时，它断开。车辆实施制动操作时，液压油到达制动缸，通过制动缸活塞产生制动压力。蓄能器能够使制动回路产生快速压力，也支持车辆的防滑保护。

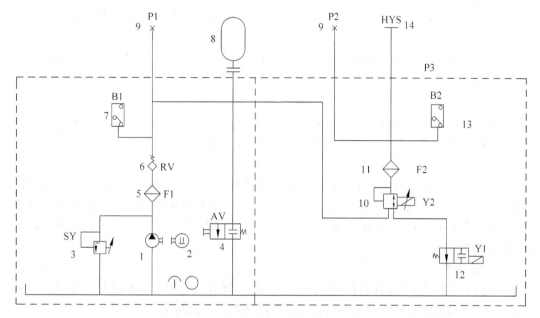

图 10-46 拖车液压单元平面图

1—齿轮泵；2—直流电机；3—安全阀；4—卸压阀；5—过滤器（初始压力）；6—止回阀；7—压力开关（储压器储压回路）；8—外部储压器；9—压力计接头；10—比例压力控制阀；11—过滤器（二级压力）；12—二位二通阀；13—压力开关；14—压力接头

3）液压单元压力的产生

(1) 压力发生元件的构成

在液压单元中，用于压力发生的元件有油箱、齿轮泵、直流电机、安全阀、止回阀、卸压阀、过滤器、液压块、储压器、压力开关。

① 油箱。

油箱通过通风口通风。为了避免油箱充满的油排出，液压单元的运输、操作和储存都要按照总成图纸中指明的位置放置。油液面通过油液面视窗检查，视窗上标有最上和最下两个标记，表明油液面的容许范围。油箱的注入和排出装置位于油箱下部。

② 齿轮泵。

齿轮泵安装在液压块的油箱上，通过一个凸轮由直流电机驱动。它从油箱泵油直接进入液压块的孔。随后，油经过过滤器和止逆阀流入储压器及压力控制元件。

③ 直流电机。

直流电机安装在油箱对侧的液压块上，它通过一个凸轮驱动齿轮泵。

④ 安全阀。

安全阀安装在液压块上。安全阀保护液压单元,防止不容许的高压。当调整的压力值达到时,阀打开,油流进入油箱,使调整的压力值不会超过。

⑤ 卸压阀。

卸压阀安装在液压块上,用于排出储压器中的压力,通过手动操作使其降到0bar。

⑥ 过滤器。

过滤器安装在液压块上。它在油被泵入蓄能器之前,清洁来自齿轮泵的油。

⑦ 止回阀。

安装在液压块上的止回阀保证由齿轮泵泵入的压力油在断开电机后不流回油箱,保证储压器压力值。

⑧ 液压块。

液压块是液压单元内的基础装置,用于压力产生和压力调整的所有元件安装在液压块内或液压块上。需要的开关功能通过在块内的连接孔起作用。

⑨ 压力开关。

压力开关安装在液压块上。它测量蓄能器内的压力,并显示相应的信号。当油被制动夹钳消耗时,在蓄能器内的压力下降。当压力下降到较低值时,泵电机接通,蓄能器开始储压。当达到上限压力值时,泵电机又断开。压力值设定为90~120bar,工作时间允许范围是12~15s。

⑩ 蓄能器。

蓄能器不位于液压块内,但它是压力产生的一部分。它用于储存通过齿轮泵泵入的油,并且通过蓄能器内的氮气产生压力,提供给比例压力控制阀。

⑪ 二位二通阀。

二位二通阀安装在液压块内,其作用是保证齿轮泵每次启动时的无压启动。这样,在每次压力建立起来之前,在齿轮表面建立起润滑油膜,用于降低齿轮泵磨损。

(2) 压力产生的路径

液压油(油箱内)→直流电机工作带动齿轮泵,使油箱内的液压油经过滤器、止回阀、安全阀、压力开关、二位二通阀到蓄能器,产生压力。

4) 液压单元压力的调整

(1) 压力调整元件的构成

在液压单元内的用于压力调整的元件有:液压块、比例压力控制阀、过滤器、二位二通阀。

① 液压块。

液压块是液压单元内的基础装置,用于压力产生和压力调整的所有元件安装在液压块内或液压块上。需要的开关功能通过在块内的连接孔起作用。

② 比例压力控制阀。

比例压力控制阀安装在液压块上。它影响电子输入信号(名义值)和液压输出。制动夹钳的压力通过调整在比例电磁铁的输入电流而改变。最大的释放压力通过在比例电磁铁内的最大压力调整。如果比例电磁铁被断开,压力释放进入油箱。

③ 过滤器。

过滤器直接安装在液压块上,防止单元有脏物的积累。这些脏物可能来自连接的制动系统。

④ 二位二通阀。

安装在液压块内,二位二通阀的作用是保证齿轮泵每次启动时的无压启动。这样,在每次压力建立起来之前,在齿轮表面建立起润滑油膜,降低齿轮泵磨损。

(2) 压力调整过程

蓄能器内的液压油通过过滤器,到达比例压力控制阀。比例压力控制阀通过电子输入信号(电流值)的变化决定输出的压力大小,实现液压单元自行进行压力调整。

5) 压力测量

使用专用仪器压力测试仪,将液压单元上方的测试接口与压力测试仪相连接,测试液压单元的压力开关是否为 90bar 开启,120bar 断开;打开制动夹钳上方测试接口与测试仪的连接,测试制动夹钳的压力,压力值应该随比例压力控制阀的电流值改变而改变。

岗位实践

1. 制动软管的安装标准

(1) 必须避免软管扭筋(如图 10-47 所示)。

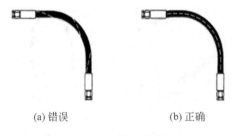

图 10-47 软管安装

(2) 直线安装软管时,软管要足够松弛,以补偿压力作用阶段的长度变化(如图 10-48 所示)。

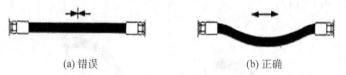

图 10-48 直线安装软管

(3) 许用弯曲半径尽量大(如图 10-49 所示)。

(4) 减小弯曲应力(如图 10-50 所示)。

两个运动物体之间安装软管时,必须给出足够长度,以避免小半径弯曲。为了在柔性状态下运动和避免拖地磨损,必须给出适当的软管长度。

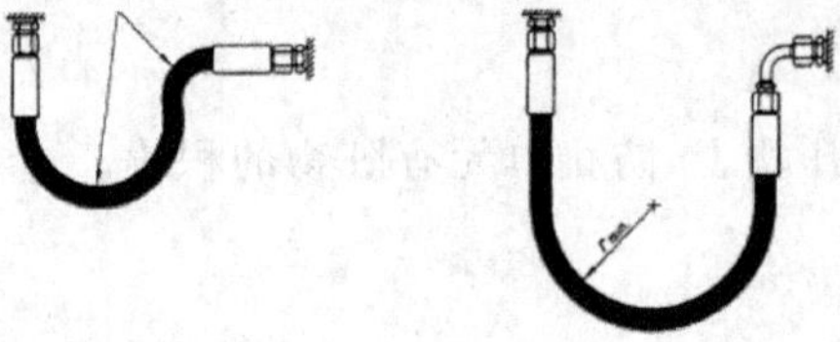

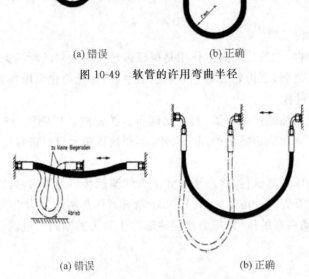

(a) 错误　　　　　(b) 正确

图 10-49　软管的许用弯曲半径

(a) 错误　　　　　(b) 正确

图 10-50　软管的弯曲应力控制

(5) 必须避免扭应力。在运动物体之间安装软管时,必须考虑运动方向(如图 10-51 所示)。

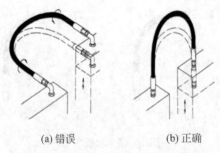

(a) 错误　　　　　(b) 正确

图 10-51　在运动物体之间安装软管

(6) 软管在 $1.5d$ 下弯曲,软管长度必须选好,使软管的弯曲是从管接头起 $1.5d$ 距离处开始(如图 10-52 所示)。

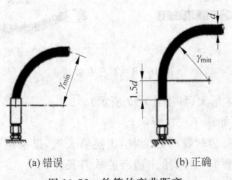

(a) 错误　　　　　(b) 正确

图 10-52　软管的弯曲距离

(7) 使用合适的管接头。使用合适的管接头可避免软管的附加应力(如图 10-53 所示)。

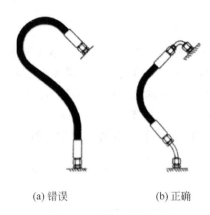

(a) 错误　　　　(b) 正确

图 10-53　管接头的选择

(8) 必须避免外部损伤(如图 10-54 所示)。

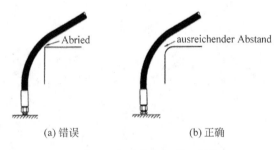

(a) 错误　　　　(b) 正确

图 10-54　软管外部物体的结构

(9) 软管必须在没有自然运动和长度变化的部位上固定(如图 10-55 所示)。

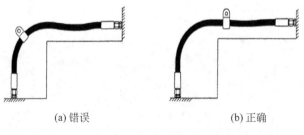

(a) 错误　　　　(b) 正确

图 10-55　软管的固定

2. 液压管路分解与安装

(1) 转向架与车体分离后,使用 13 号棘轮将固定液压软管的装置拆下。

(2) 使用 17 号棘轮拆下液压软管,更换所有软管与钢管连接处的橡胶圈。

(3) 将拆卸下来的软管使用安可舒清洁。

(4) 根据配管注意事项,对全车软管进行正规配管,按照分解的逆顺序将软管安装回车体。

思考题

1. 液压制动的基本原理是什么？
2. 液压制动的辅助元件有哪些？在制动系统中起什么作用？
3. 液压制动的控制及调节元件有哪些？在制动系统中起什么作用？
4. 城市轨道交通车辆的液压制动系统由哪些部分组成？
5. 动车液压单元怎样进行压力调节？
6. 在检修液压制动系统时,安装制动软管需要注意哪些问题？

参 考 文 献

[1] 张旺狮. 车辆制动装置[M]. 北京：中国铁道出版社, 2010.
[2] 李益民, 阳东. 城市轨道交通车辆制动系统[M]. 北京：机械工业出版社, 2012.
[3] 张旺狮. 车辆新技术[M]. 北京：中国铁道出版社, 2004.
[4] 刘凡, 王俊勇, 袁锦林. F8 型空气分配阀及其电空制动机[M]. 北京：中国铁道出版社, 2003.
[5] 张开文. 制动[M]. 北京：中国铁道出版社, 1987.
[6] 殳企平. 城市轨道交通车辆制动技术[M]. 北京：中国水利水电出版社, 2009.
[7] 杨鲁会, 卢桂云. 城市轨道交通车辆制动系统[M]. 北京：中国铁道出版社, 2012.
[8] 陈大名, 张泽伟. 铁路货车新技术[M]. 北京：中国铁道出版社, 2004.
[9] 张中央, 孙中央, 王长明. 论列车常用制动限速[J]. 铁道机车车辆, 2004(6)：11-14.
[10] 张中央. 列车牵引计算[M]. 北京：中国铁道出版社, 2006.
[11] 张振淼. 城市轨道交通车辆[M]. 北京：中国铁道出版社, 1998.
[12] 国家标准局. 铁道车辆名词术语[M]. 北京：中国标准出版社, 1985.
[13] 夏寅荪. 机车车辆及城轨车辆电空制动机[M]. 北京：中国铁道出版社, 2000.
[14] 曾青中, 韩增盛. 城市轨道交通车辆[M]. 2 版. 成都：西南交通大学出版社, 2009.
[15] 内田清五. 日本新干线列车制动系统[M]. 陈贺, 李毅, 杨弘, 译. 北京：中国铁道出版社, 2004.